公共管理文库

政策与行政

——过程及其理论

胡象明　著

北京大学出版社
PEKING UNIVERSITY PRESS
北京航空航天大学出版社

内容简介

本书探讨了公共政策与公共行政的有关理论与实践问题，特别是政策过程与行政过程的有关理论与实践问题，对于政策科学及行政理论与政治科学的关系、政策与行政过程研究的哲学基础也有所论及。全书的研究成果跨越了20多年的历史，从一个侧面反映了我国20多年来政策科学与行政理论发展的历程。

图书在版编目(CIP)数据

政策与行政——过程及其理论/胡象明著. —北京:北京航空航天大学出版社,2008.3

ISBN 978-7-81077-914-2

Ⅰ.政… Ⅱ.胡… Ⅲ.①公共政策—研究 ②行政学—研究 Ⅳ.D0

中国版本图书馆CIP数据核字(2008)第006651号

政策与行政——过程及其理论

胡象明 著

责任编辑 何晓慧

*

北京大学出版社
北京航空航天大学出版社 出版发行

北京市海淀区学院路37号(100083) 发行部电话:010-82317024 传真:010-82328026

http://www.buaapress.com.cn E-mail:bhpress@263.net

北京市松源印刷有限公司印装 各地书店经销

*

开本:850×1 168 1/32 印张:12.625 字数:339千字

2008年3月第1版 2008年3月第1次印刷 印数:3 000册

ISBN 978-7-81077-914-2 定价:22.00元

关于《政策与行政》一书致作者的信

林左鸣*

胡老师：

您好！

《政策与行政——过程及其理论》的书稿很粗的通览了一下，着重把《3.2 广义的社会福利理论及其对公共政策策意义》读了一遍，感到非常好。希望此书能尽快面世，丰富行政管理理论的宝库。

我在研究广义虚拟经济时，一直在思考一个问题，从“人的类生活对象化”的意义来看，研究经济问题不能把人类社会活动仅仅限定在与劳动有关的价值增值的范畴。应该反过来把包括虚拟价值在内的广义的价值增值视为一种人类活动驱动力，从而促使人类活动更加丰富。从这个意义上来讲，人类活动比如就像古代排兵布阵的战场活动，士兵的行动要看令旗行事。我们过去总把行政管理的政策视为是这种令旗，其实在经济活动中，体现价值存在的货币也是这种令旗，货币流动方向即是令旗的指向。我致力于研究的是把这种“货币令旗”指挥扩大到非物质的人类生活。把全部人类生活尽可能纳入市场这个人类社会中少有的“自组织现象”中去，我相信在“自组织现象”的市场体系内，只要健康运行，不破坏其自组织性，它是效率最高的一种社会活动形态。

---

* 林左鸣博士系十六届、十七届中共中央候补委员，中国航空工业第一集团公司党委书记、总经理，北京航空航天大学兼职教授，博士生导师。主要研究领域为广义虚拟经济、企业家精神等。

您提出的广义社会福利是从行政管理角度为出发点研究了和我研究的同一问题。我想这是异曲同工的。现在我们可以来讨论一下，是否可以用广义虚拟经济的新平台来兼容这两个方面。把过去货币这种“令旗”由主要指挥物流，发展到指挥人类生活流（也许主要表现为信息态），则行政就有了更广泛的活动范畴和更深刻的内涵。

要发展广义的福利，很显然一个重要的基础是它应该能“自成长”，“自成长”也是“自组织现象”一个重要功能，所以发展广义福利或许要突破原有的行政组织（政府组织）和突破原有的指挥驱动方式（公共政策）来实现，也就是说不单纯依靠“政策令旗”也许会更有效率。从这个意义来说，当前我们发展各类非政府组织对于解决广义社会福利问题或许是个很好的选择。有些非政府组织完全可以是自助式的或者产销合一式的，比如在广义虚拟经济范畴内的体验经济中，有很多商业俱乐部获得很大的成功，原因是它既满足了某些消费者个性化心理需求，又促使了消费者接受相应的从众约束，同时还具备较高效率，严格来讲，社保、医保这类社会体系也是一种自助式的俱乐部，只不过它是由政府行政管理的形式来实现而已，但是还有很多福利，比如体育、保健、文化艺术等等。也许非政府组织加市场运作机制能起到很大效果，从而丰富和完善今天的人类社会活动。建议在行政管理这一块开辟对非政府组织及其活动的研究，这样就很容易和广义虚拟经济对接了。

以上是拜读你的著作后的一点体会，可能会有谬误，敬请斧正。

林左鸣

二〇〇八年三月二十五日

序

高小平[*]

胡象明教授的《政策与行政——过程及其理论》即将出版，他坚持要我写个序，拗不过他那份近乎偏执的劲，我提笔——凝思，反思，三思。

想了许久，我似乎明白了一个道理：写书也罢，写序也罢，其实是对一段历史做个总结，诚如每半年、每一年、每五年要进行干部考核，要做个人总结一样。象明嘱我作序，无非就是希望我对自己、对他或者对他人，做个“小结”而已。

这本书是象明20多年研究政策科学和行政管理的缩影。

象明走过的学术历程，基本上与我国行政学的恢复研究与发展同步。他1985年从武汉大学研究生毕业，留校任教，适逢武大作为全国第一批开始培养行政管理学本科学生试点的时候。他加入了这个行当，并且选择了决策研究，于是成为全国最早研究科学决策和公共政策的为数不多的几个学者之一。

我国行政学的恢复与发展，与国家行政管理体制改革同步。20世纪80年代初期，农村承包的威力迅速发挥出来，城市经济体制改革走上前台，行政管理体制改革随之被提出，敏感的学者立即行动起来，倡导恢复研究已经中断了30多年的行政学，于是，学术的繁荣与行政管

---

* 高小平：研究员，曾任《中国行政管理》杂志社社长，总编辑；现任中国行政管理学会副会长兼秘书长，国务院应急管理专家组成员，《中国应急管理》杂志主编。

理体制改革实践的深入，相得益彰。

我国行政管理体制改革步伐的节奏，基本上与国家经济体制、政治体制改革，与国家全面的发展同步。在改革初期，体制改革并没有得到充分认识，而主要是依靠政策改革。一条恢复高考的政策，激活了人们压抑了10年的学习科学文化的热情，带给了整整两代人巨大的希望；一条农村家庭联产承包的政策，点燃了亿万农民心中的灯，田野才真正成为大有作为的广阔天地。但仅靠政策就能起作用的时期很快过去，深层次的问题显现后需要深化改革，于是体制改革的任务提上日程。最初是经济体制改革，接着是政治体制改革，当这些体制改革都起了一定作用，并都遭遇到阻力的时候，人们想到了行政管理体制改革，于是，政府机构改革（属于政策改革范畴）变成了行政管理体制改革。而且，行政管理体制改革正在日益成为经济体制改革和政治体制改革的突破口，成为经济发展和政治发展的巨大动力。

我国的政策科学、行政科学所走的路径，与我国行政管理体制改革所走的路子基本上同步。行政管理体制改革从机构改革转变过来后，立即提出了“转变职能”的要求，可谓抓住了核心，起点很高。但是，操作层面的问题没有很好解决，使转变职能成为口号和愿望，却迟迟得不到落实，停留了10年左右时间才找到了行政审批制度改革作为关键环节，使转变政府职能的工作取得了突破性进展。在政府决策和管理科学化方面，也有类似情况。提出决策和管理科学化、民主化，是在20世纪80年代中期，但是真正把这一理念转为实践，在制定重大政策、作出重要决策前及其日常管理中把“赛先生”、“德先生”请来帮助，还是在近几年才做得比较实，有了实实在在的进步。

我们每一个人，每一个学者，都是与自己所处的时代同步的。只是有的人比较自觉地投入，主动地同步，有的人则较少自觉性，事后验证了同步而已。自觉者，往往能体会其中的真味；不自觉者，体会不到真味，还会闻到“异味”。象明属于自觉地与时代同步的学者。我们从本书的阅读中，就可以看到他在艰辛的探索中，深深呼吸着国家改革开放的新空气，深深汲取着国际行政学界的新营养，研究着政策，思考着行政，享受着过程，创新着理论。

象明的学术领域集中在政策科学和行政管理两个方面，他出版的著作、发表的论文很多，大多是关于公共政策的研究，但都没有离开行政，是关于行政的政策、决策和执行。他始终在寻找好的、可以应用的决策方法、政策过程和管理形态。可以说，他研究的东西在更多意义上说，是一种思路，一种方法，一种理念。这便让我联想到近几年来国内（据说国外更早些）关于行政、行政管理、公共行政、公共管理（management）的争论。不能认为这种争论没有意义，对于新引入（或产生）的概念，因为它有现实的需要，又要为解释现实服务，总会有各种各样的理解，不展开便不能充分表达各自的意见，也不便于挖掘概念中丰富的内涵和拓展其广阔的外延。但是，我不得不说，现在很多关于这方面概念的争论变成了利益的争执，变成了一些学者对另一些学者、急于想成名的学者对已经成名的学者或反之，对某一研究领域、某些概念词语所有权的争夺。学术的圣洁之坛沦陷为粗俗的“口粮”战、“口水”战的阵地。对于此，我们能不能如象明那样，多一些严谨的深入的研究，少一些无谓的词汇的诠释，多一些理性的辩证的普遍联系式的冷静思考，少一些个人的片面割裂的情欲式的感性冲动，多一些对真问题的实证的实地的调查研究，少一些哗众取宠的对伪问题的所谓研究。

象明这本书，与其说是书，不如说是论文。写“书”往往容易些，而写“论文”难。因为，一本书里有一两个新观点，就很好了，而象样的论文，每一篇都要有新观点。我们阅读象明的这本书，就可以获得很多的启迪，因为，这里汇集了原来是分别写就的40多篇论文的元素，会有40多个研究成果等待读者去收获。

现在，2007年正是深秋。香山的叶，红得很透。象明正处在人生最佳的收获期。

是为序。

2007年10月28日，于北京

自　序

我是1985年开始涉足行政管理学的。对我来说，从事行政管理学的教学和研究工作纯粹属于偶然，并非本人自愿选择的结果。

1985年夏我从武汉大学哲学系毕业，获硕士学位，被分配到武汉大学政治系任教。当时武汉大学政治系主要是负责全校的公共政治课教学，当然包括作为政治理论课的哲学课程的教学，除少量研究生外，并没有本科生。在我报到后大概一个星期左右的一天晚上，我拜访了当时的系主任刘德厚老师，请教他一些与教学有关的事情，实际上也想打听一下他对我的工作有何安排。谈话中他突然问我一个问题：不教哲学行不行？我说，我学的是哲学，如果不教哲学改教其他的课，我担心我教不好，比如政治经济学、中共党史，不过可以试试，我表示愿意服从组织安排。刘老师话锋一转，说本系计划开办一个本科专业，这个专业的名称是行政管理，中国的高校还没有这样的专业。教育部批准武汉大学等高校试办，并于1986年秋季招生。由于属于新专业，找不到这方面的专业教师，需要一些教师改行，并对我说你还年轻，是否可以转到这个专业去。听了刘老师的话后，我心里犯嘀咕，对这个专业的前景我没有把握，还考虑到自己学了7年哲学就这样与之告别，也有点依依不舍。但我新到一个单位也不能叫领导为难，所以也就答应了。就这样，我糊里糊涂地进了当时还在筹建的行政管理学教研室，一共有4个人，张安庆老师、傅明贤老师、我和另一位年轻教师。当时国内行政管理学的资料很少，中文版大陆出版的仅仅有几本学科介绍性质的书籍，除此之外，还有少量的港台版图书。就是英文原版图书也实在太少，但总算还有一些。我尽可能地去找相关著作阅读，刚开始有点读不进，慢慢地对她产生了兴趣。谁能想到，我竟一辈子与之结下了不解之缘。

我研究行政管理学是从研究行政决策理论开始的，这与我当时在哲学系受的教育和硕士研究生期间的研究方向有关。我在研究生期间主要研究方向是认识过程，尤其是认识过程的后半阶段即从理论到实践的过程。当我阅读了相当数量的行政管理学著作时，我认识到决策制定过程其实就是从理论到实践的认识过程，而决策实施过程则是具体实践的过程。这样，我就在理论上从我原来的哲学专业过渡到行政管理专业，并且找到了两者的结合点。在20世纪80年代末90年代初，学界开始关注政策科学，由于我的研究重点是行政决策理论，自然地也很关心政策科学，因为从决策理论的角度看，所谓政策科学，其实就是政治决策理论。后来我在攻读政治学理论博士学位时，更是把政策科学作为我学术研究的重点。20余年来，公共决策与政策问题一直是我最关心的问题，既是我最关心的现实问题，也是我最关心的学术问题。

收入本书的论文是我这20余年有代表性的研究成果的一部分。书中的全部论文是我个人独立撰写并以我个人的名义公开发表的。凡是与他人合作发表的论文均未收入，即使是我个人独立完成并发表的，但本人认为不具代表性或不符合专题要求的论文也不在此列。这些论文没有按发表时间先后排列，而是按专题进行排列的，分10个专题，共42篇，除有两篇外，全部公开发表过。它们主要发表在:《中国行政管理》4篇，《政治学研究》3篇，《哲学研究》1篇，《武汉大学学报》、《华中师范大学学报》等高校学报13篇，《国家行政学院学报》、《北京行政学院学报》等行政学院学报3篇，其余则主要发表在《江海学刊》、《社会主义研究》、《毛泽东思想研究》、《求索》、《探索》、《江苏社会科学》等杂志上。

在我的学术生涯中，曾经得到过很多人的关心和帮助。他们中有学界的前辈，也有我的同时代人，还有年轻的朋友；有我的老师、同事、同行，也有其他方面的朋友和我的家人。由于人数太多，我在这里就不一一予以列举。如果没有他们的指教、关心和帮助，也许我在学术生涯中将会遇到更多困难。在此，对关心和帮助过我的学界前辈、朋友，对关心和帮助过我的所有人致以衷心的感谢！

目　　录

1. 政策价值取向与政策权威

1.1 论政府政策行为的价值取向*

一、政府政策行为的三种价值取向

政府政策行为的基本目的是什么？或者更抽象地说，政府行为的目的是什么？政府政策行为或政府行为追求怎样的目的才是正当的？这就是政府政策行为或政府行为的价值取向问题。个人行为离不开一定的价值准则，这个价值准则决定着个人行为的目的及行为本身的正当性。人们判断个人行为是否正当，就是根据一定的价值准则进行的。每个特定的个人行为都有基本的价值取向。同样，政府行为也有判断其正当性的价值准则，因而也有其特定的价值取向。

政府行为的价值取向问题，一直是政治学家们争论不休的一个问题。早在古希腊时代，亚里士多德等学者就开始谈论这个重要的问题。在亚氏看来，凡是“正宗政体”，其行为的价值取向自然是公共利益；只有“变态政体”行为的价值取向才是统治者个人的利益或部分人的利益。① 亚氏的这一思想对后世的政治学家产生了很大影响。例如英国政治学家大卫·休谟认为，自由政府的目的就是为公众谋利益。② 法国政治学家卢梭认为，建立于社会契约基础上的国家及其政府是一种“公共人格”，其活动的意志是一种“公意”，这种“公意”反映了全体人民的“共同利益”。③

现代公共行政理论将政府看成一个管理社会公共事务的组织，特别强调政府管理的公共性质，认为政府是社会公共利益的代表，政府行

---

* 本文原载《政治学研究》2000 年第 2 期。

① [古希腊]亚里士多德：《政治学》，北京：商务印书馆，1996 年版，第 133－134 页。

② [德]列奥·施特劳斯等：《政治哲学史》，石家庄：河北人民出版社，1993 年版，第 657 页。

③ [法]卢梭：《社会契约论》，北京：商务印书馆，1996 年版，第 135 页。

为的价值取向理所当然地是公共利益。美国公共行政学家E·彭德尔顿·赫林曾专门写过一本著作论述这一问题，书名就叫《公共行政与公共利益》。在书中他明确指出："我们必须把联邦行政机构看成是一个整体：它必须发展成为执行公共利益政策和促进总的社会福利事业的机构。"并且认为"'公共利益'就是指导行政管理者执行法律时的标准。"[④]在这里，公共利益作为政府政策行为的价值取向，被提到特别突出的地位。当代美国政策科学家詹姆斯·E.安德森也认为："政府的任务是服务和增进公共利益。"[⑤]由此看来，把公共利益作为政府政策行为的价值取向，无论在政治学家中，还是在行政学家和政策科学家中，都有很多人持这种观点。

现代政治科学的发展，打破了有关政府是公共利益代表的神话。与此同时，有关把公共利益作为政府政策行为价值取向的观点也受到了挑战。随着各种政治理论和学说的兴起，有关政府政策行为价值取向的各种观点被提了出来。其中团体主义的理论家们所提出的"团体利益论"受到了广泛的关注。这种观点认为："在任何时候，公共政策都反映占支配地位的团体的利益。随着各团体的力量和影响的增长，公共政策将变得有利于其影响增加的那些团体的利益，而不利于其影响下降的那些团体的利益。"[⑥]在他们看来，公共政策是各个利益团体相互冲突和相互斗争的产物。因此，公共政策的真正制定者实际上不是通常所说的政府，而是他们所说的利益团体。或者换句话说，公共政策由政府制定，这只是一种表面现象。而实际上，在整个公共政策的制定过程中，都是由利益团体在背后操纵的。而各个利益团体在参与公共政策的形成过程中，都是根据自己的利益来进行政策选择的。也就是

---

④ 彭和平、竹立家等：《国外公共行政理论精选》，北京：中央党校出版社，1997年版，第56、58页。

⑤ [美]詹姆斯·E.安德森：《公共决策》，北京：华夏出版社，1990年版，第222页。

⑥ 同上书，第22—23页。

说，作为公共政策制定者的利益团体，它们在选择政策时的价值准则，不是谋求公共利益的最大化，而是为了本利益团体的利益最大化。这样，公共政策的形成过程，也就是不同的利益团体进行利益争夺的过程。在这种利益争夺过程中，每一个利益团体都希望从公共政策中得到最大利益。然而，公共政策所代表的利益作为一种社会利益，其总和是一定的。这就意味着其中一个团体占有的利益越多，其他团体占有的利益就越少。因此，各个利益团体围绕着公共政策的制定，必然会展开一场利益争夺和斗争。在这种利益争夺和斗争中，必定会有一个或一些利益团体取得优势地位。相反，其他的团体则相对地处于弱势地位。公共政策所代表的社会利益就这样被这些利益团体所分配，而且完全是按照他们在政策形成过程中的地位来进行分配的。因此，作为利益团体进行利益争夺和斗争产物的公共政策，无论是从其最后结果还是从其价值取向看，都不是公共利益，而是团体利益。

长期以来，关于政府行为的研究一直是政治学和公共行政学的重要领域。然而，20 世纪 50 年代以来，随着公共选择理论的产生，经济学家们也卷入了有关这一课题的研究。公共选择理论从经济学的基本理论前提出发，在政府政策行为价值取向问题上，提出了与政治学家、公共行政理论家截然不同的看法。

在公共选择理论家看来，政府政策行为的价值取向既不是公共利益也不是团体利益。政府政策的制定行为作为一种政治决策行为，必须通过一定的个人行为才能得以实现，具体说来，主要是通过政治家的个人行为来实现的。政治家的政治决策行为，如同企业家的经济决策行为一样，也是以个人利益作为价值取向的。所不同的是，企业家的个人利益具体表现为利润，而政治家的个人利益具体表现为选票。正如企业家在进行经济决策时追求利润最大化一样，政治家在为政府制定政策时也在追求选票的最大化。用保罗 · A. 萨缪尔森的话来说，“政治家被假设为具有能使他们再次当选的机会最大化的行为。他们被假定是选票最大化者——正像厂商被看作是利润最大化者一样。”[7]概而言之,政府的政策主要是由政治家来制定的,因而政府的政策行为也就主要成了政治家的政策行为,政府政策行为的价值取向问题也就成了政治家的价值取向问题。政治家在政治游戏中的行为如同企业家在市场游戏中的行为一样,他们的价值取向都是个人利益的最大化。政治家在制定政策时固然也要考虑其他公民的利益,但这并不是因为政治家具有利他动机,而是因为公民是作为选民而存在的。选民行为的价值取向也是个人利益的最大化。哪位政治家提出的政策有利于选民,选民就会投哪位政治家的票。政治家为了再次当选,为了实现其选票的最大化,在政策制定过程中不得不考虑选民的利益。因此,无论从政治家制定政策的动机来看还是从选民的投票或参与的动机来看,政府政策行为的价值取向实质上不是公共利益,而是与政府政策行为有关的政治家或选民的个人利益。

二、对上述三种观点的评析

把公共利益作为政府政策行为价值取向的认识,是建立在以下几个论点的基础之上的:

其一,是否把公共利益作为其行为价值取向,是区分政府行为与非政府行为的主要标志之一。个人行为的价值取向是私人利益,团体行为的价值取向是团体利益。政府则不同,其行为的价值取向不能是政府自身的利益,而必须是公共利益,因为政府不是一个“自利性”团体,而是一个或者叫做“公共人格”的组织,或者叫做“社会代表”的组织,因此它的职责不是为自己谋利而是为公众服务。

其二,是否把公共利益作为其行为价值取向,是区分好政府与坏政府的标志之一。并不是所有的政府都把公共利益作为其行为的价值取向。只有好政府,例如亚里士多德所说的“正宗政体”、卢梭所说的“人

---

⑦ [美]保罗·A.萨缪尔森等:《经济学》(第12版),北京:中国发展出版社,1992年版,第1176页。

民主权"的政府、彭德尔顿等人所说的"民主政府",才以"公共利益"作为其行为的价值取向。相反,坏政府,如亚里士多德所说的"变态政体",彭德尔顿等人所说的"专制政府",往往都是以统治者的私人利益或某部分人的利益作为其行为价值取向的。以公共利益作为政府政策行为的价值取向,从一般意义上说是合理的。这一方面体现了政府作为一个行为主体具有特殊的性质,表明它是社会公共利益的代表,具有维护社会整体利益的功能;另一方面,也表明了公共利益确实不同于私人利益,这种公共利益不可能由任何非政府的个人或团体来代表,从而说明了政府存在的必要性。但是,有关以公共利益为政府行为价值取向的理论,也存在着不可克服的内在矛盾,这主要表现在以下两个方面:

第一,什么是公共利益?到底以什么作为划分公共利益与私人利益的标准?这几乎是所有的"公共利益论"者都没有说清楚的问题。正如美国政治学家、公共政策理论家查尔斯·林德布洛姆所指出的那样:"公共利益的概念是否为政策分析提供了一个公认的标准?显然,在什么构成公共利益这一问题上没有普遍一致的意见。"⑧有人认为公共利益就是全体国民普遍分享的利益;有人认为公共利益就是在围绕政策问题展开斗争的过程中获胜的那些团体的利益;有人认为公共利益是一种神话,事实上不存在全体国民普遍认可和接受的公共利益,等等。既然人们在关于"什么是公共利益"的问题上不可能有普遍一致的看法,那么,抽象地谈论公共利益并把这种抽象的公共利益作为政府政策行为的价值取向又有什么意义呢?

第二,在阶级社会的条件下,由于各个阶级之间的利益从根本上来说是尖锐对立的,因而事实上不存在各个阶级普遍承认和普遍分享的公共利益。另一方面,自从阶级社会产生以来,或者说自从国家的政府产生以来,所有的国家都是在经济上占统治地位的阶级的国家,所有的

⑧ [美]查尔斯·林德布洛姆:《决策过程》,上海:上海译文出版社,1988年版,第27页。

政府都是统治阶级的政府。在阶级利益尖锐对立的情况下，这样的政府能真正地以所谓各阶级共同分享的利益即全体国民的公共利益作为其政策行为的价值取向吗？

由此可见，所谓政府政策行为以公共利益为价值取向，如果仅仅从抽象的意义上来谈论"公共利益"，也许有一定道理。但是，如果我们要进一步深究公共利益的实质的话，这种观点还有待于进一步商榷。

团体主义关于政府政策行为价值取向的解释，是以团体主义的政治学说为基础的。具体说来主要是建立在以下几个论点的基础之上：第一，公共政策的制定过程或形成过程是一个政治过程，而并非政策决策者的理性行为过程。而所谓政治过程，实际上也就是各个利益团体相互冲突和斗争的过程。正是在这个意义上，他们把公共政策归结为利益团体相互作用的产物。第二，由于社会被分裂为不同的利益团体，而利益团体彼此之间的利益又是相互对立的，因此，社会事实上不存在普遍公认的公共利益，而只存在为一定的利益团体成员所认可的团体利益。追求这种团体利益，正是团体及其成员参与政治过程的动机。第三，公共政策是社会价值的一种权威性分配。各个利益团体对社会价值或利益的争夺正是通过参与公共政策的形成过程来实现的。自然地，每个利益团体在参与公共政策的过程中，都是从本团体的利益出发，以本团体的利益最大化作为公共政策的价值取向的。

以团体利益作为公共政策的价值取向，并非毫无道理，它其实也有一定的合理性。比如说，它承认，在美国这样的国家，政府的公共政策并不一定能代表真正的公共利益，更谈不上代表全体人民的利益。事实上，政府的政策行为在相当大的程度上受美国各种利益团体的影响，特别是受那些势力大的利益团体的影响。而决定这些利益团体在社会中势力大小的主要因素之一是金钱。因此，说到底，像美国这样的国家的政府政策行为在相当程度上受金钱所左右。政府所制定的公共政策就其所反映的利益而言，实际上主要是富人的利益。从这个意义上说，这种观点从客观上暴露了资本主义国家公共政策的本质，以及这些国家的政府政策行为价值取向的实质。

但是,这种观点也存在着明显的不足。这主要表现在以下两个方面:第一,为了证明公共政策在价值取向上主要是团体利益而不是公共利益,团体主义者事实上否认了社会公共利益的客观存在。按照他们的观点,“提出一个能被普遍接受或关于公共利益概念的客观的定义是不可能的”,据此,他们进一步认为,所谓的公共利益实际上是“就政策问题发生的政治斗争的结果”。⑨ 这就等于是说公共利益就是为公共政策所认可的团体利益,从而从根本上取消了客观存在的公共利益。但事实上,普遍存在的、甚至可以说是为全社会所共享的公共利益也不能完全否认。例如,环境污染的治理,在一定意义上说就是一种具有普遍价值的公共利益。完全不承认社会公共利益的存在,这等于否认了社会中不同团体之间的共同利益,从而否认了国家中全体国民实际上存在的某种共同利益,进而否认了人作为一种“类”而共同具有的某种利益。第二,为了证明公共政策在价值取向上是团体利益而不是公共利益,他们“过分地夸大了团体的重要性,而低估了行政官员在政治过程中所起的独立的又富有创造性的作用。”⑩事实上,在绝大多数国家,政府官员在公共政策的制定过程中,都起着主导作用。尽管在这一过程中,政府官员的行为在很大程度上也受到利益团体的影响作用。换句话说,在政策制定过程中,政府官员的价值取向也受到利益团体价值取向的影响。但是由于政府官员特别是文职官员毕竟是一支独立于各利益团体的官僚队伍,因此,他们在考虑公共政策时并不一定仅仅从某个团体的利益出发。换句话说他们存在着关心公共利益的可能性。只要我们承认社会公共利益的存在,同时承认政策官员在政策过程中的主导地位,那么那种认为政府政策行为的价值取向仅仅是团体利益的观点就不一定正确,至少没有逻辑上的必然性。

---

⑨ [美]詹姆斯·E.安德森:《公共决策》,北京:华夏出版社,1990年版,第223页。

⑩ [美]詹姆斯·E.安德森:《公共决策》,北京:华夏出版社,1990年版,第23页。

公共选择理论关于政府政策行为个人利益价值取向的观点是基于以下认识提出来的:第一,认为在政府政策行为中,作为政治家的个人仍然是最终的决策者或行为者。尽管公共选择理论家们并不排除利益团体、选民在公共政策过程中的作用,甚至还非常重视他们的作用。但是,他们认为,公共政策主要是政治家制定的,至少,政治家们在公共政策的形成过程中起着决定作用。第二,认为任何个人都是一种有理性的经济人,政治家也不例外。正如美国公共选择理论家丹尼斯·缪勒所说:“公共选择的基本行为假定是:人是一个自私的、理性的、效用最大化者。”[11]他们对政策制定者和参与者的行为的解释都是从这一理论原则出发的。追求个人利益的最大化既是政治家的行为动机,也是选民的行为动机。第三,他们在研究作为集体选择行为的政府政策行为时,所采用的研究方法却是一种个人主义的方法。按照布坎南的说法,“集体行动被看成是个人在选择通过集体而不是经由个人来实现目的时的个人活动,政府被视为不过是一系列过程,或允许上述活动产生的机构。”[12]他们虽然也讨论社会福利问题,但是他们所说的社会福利只是个人偏好相加的结果。所以,在公共选择理论家看来,从政府政策制定者或参与者的动机来看,政府政策行为的价值取向并不是社会福利或公共利益,而是政策制定者和参与者的个人利益。第四,公共选择理论在讨论公共政策时也要讨论社会福利函数的最大化问题。但他们认为这并不是政府政策行为的价值取向问题。因为政府行为是通过个人行为实现的,而个人行为的价值取向只能是个人利益的最大化。在公共政策的形成过程中,社会利益的最大化只能通过一定的行为规则来加以解决。如果有一套合理的行为规则,在政策的形成过程中就能将个人利益的最大化与社会利益的最大化有效地结合起来。

以个人利益作为政府政策行为的价值取向,从政治学的角度来看,

---

⑪ [美]丹尼斯·缪勒:《公共选择》,上海:上海三联书店,1993 年版,第 1 页。

⑫ 文建东:《公共选择学派》,武汉:武汉出版社,1996 年版,第 18 页。

显然是一种反传统的观点。但如果把我们观察和分析问题的角度转向经济学,那就不难看出,这种观点也有其合理之处。这首先表现在公共选择理论把经济学的方法引入政治学和政策过程的分析,给政治学和政策过程的分析与研究提供了新的思路,开阔了新的视野,特别是对于研究政府的政策制定过程或决定过程具有重要的参考价值。其次,公共选择理论对政府决策者行为动机的研究,从一个方面揭开了罩在政治家头上的道德面纱,为政府决策行为的合理性问题提供了一种经济学的解释。从而有可能使政治学与经济学在现代意义上统一起来,为对政府的经济行为进行政治学的分析提供了参考依据。因为它给了政治学者和政策分析理论家这样一种启示:既然经济学家可以运用经济学的方法分析政府政治行为,那么,至少也存在着政治学家运用政治学方法分析政府经济行为的可能性。

然而,公共选择理论把政府政策行为的价值取向归结为个人利益最大化的观点,显然也有其不足之处。这主要表现在:这种观点把政治家、选民仅仅归结为经济人的假设至少是不全面的。如果单从经济学的角度来解释市场活动中的个人,也许把人仅仅解释为经济人并没有错,正如亚里士多德从政治学的角度来解释政治活动中的个人,仅仅把人解释为政治人一样没有错(亚氏认为人是天生的政治动物)。但现实中的个人既可能是经济人,也可能是政治人。前一特征使他仅仅追求个人利益,后一特征使他有合群的要求,正是这种要求使人具有某种追求群体利益的内在冲动,而这一点恰好被公共选择理论家们所抹杀掉了。但在我们看来,缺少对人的这一特征的认识,我们就很难全面地解释人的政治行为,尤其是很难解释作为社会公共组织活动的政府行为。

三、从阶级利益到人民利益的价值取向

政府政策行为的价值取向问题,也是马克思主义的理论家们关心的一个重要问题。在马克思主义看来,政府政策行为的价值取向,既不是所谓抽象的全社会的公共利益,也不能一般地归结为某些利益团体的利益,更不能仅仅把它归结为某些个人的利益。马克思主义认为,政

府政策行为的价值取向问题，是一个与政府的实质有关的问题，只有深刻认识政府的实质，才能正确地认识政府政策行为的价值取向。

政府，是国家用来管理社会事务的一系列组织机构，其实质与国家的实质一脉相承。因此，政府的实质问题，也就是国家的实质问题。那么，国家的实质又是什么呢？恩格斯曾经就此问题深刻地指出："国家是文明社会的概括，它在一切典型的时期毫无例外地都是统治阶级的国家，并且在一切场合在本质上都是镇压被压迫被剥削阶级的机器。"⑬自从文明社会即阶级社会产生以来，就出现了国家，出现了政府。虽然我们并不否认政府具有管理社会公共事务的职能，但从本质上而言，它像国家一样，是为抑制阶级冲突而产生的，是统治阶级用来镇压被统治阶级反抗的机关。因此，包括政府政策行为在内的政府的所有行为就其最终目的而言，几乎都是用来为统治阶级服务的。正因为如此，所以，政府作为统治阶级维护其统治的机关，其政策行为的价值取向，不可能是全社会所有阶级、所有成员的所谓普遍利益或公共利益。如果是这样的话，国家也就不成其为阶级的国家，政府也就不成其为阶级的政府。然而，自国家和政府产生以来，人们还不曾见过非阶级的国家、非阶级的政府。因此，至少到现在为止，还不能说哪一个政府的政策行为在价值取向上是在追求真正的全社会的普遍利益或公共利益。迄今为止，在现实的国家中，几乎可以说，所有政府的政策行为，在价值取向上都是统治阶级的阶级利益，这才是问题的实质。正如列宁在谈到当时苏维埃政权的政策与阶级利益的关系时所指出的那样："我国的内外政策归根到底是由我国统治阶级的经济利益和统治地位所决定的。"⑭

还需要进一步澄清的是，在马克思主义看来，利益团体的利益并不等于阶级利益。这里的关键在于马克思主义所说的阶级在本质上不同

⑬ 《马克思恩格斯选集》第4卷，北京：人民出版社，1995年版，第176页。

⑭ 《列宁全集》第34卷，北京：人民出版社，1985年版，第306页。

于现代西方学者所说的利益团体。在马克思主义看来,阶级是一个经济范畴。就其本质而言,阶级是一个在特定的生产关系或经济结构中在经济上处于同等地位的人们组成的共同体。利益团体则不同,它是一个政治范畴。一般说来,这些团体是因一些人对某些问题有着共同的利益或共同主张,他们为维护自己的共同利益和共同主张而组织起来的行动集团,人们参与利益团体的目的是为了能够使自己在政治上取得优先权。一个阶级可能有多个利益团体,在一个利益团体中也可能存在着多个阶级的成员。既然政府是作为统治阶级维护自己利益的机器即国家的管理机关,其行为的价值取向必须服从其行为功能,即维护统治阶级的阶级利益,因此,它只能是统治阶级的阶级利益,绝不能用利益团体的团体利益来代替这种阶级利益。

马克思主义认为,作为阶级统治机器即国家的管理机关的政府,其政策行为的价值取向也不能是个人利益,即使是政治统治者的个人利益也不行。因为个人利益与阶级利益既相统一又相矛盾。在同一个阶级(统治阶级亦如此)中,不但个人之间的利益是相互冲突的,个人利益与阶级利益也可能是相互冲突的。即使是政治统治者的个人利益也存在着与本阶级利益冲突的可能性。因此,如果政府政策行为以个人利益(即使是政治统治者的个人利益)为价值取向,那么,这样的政府政策行为就难以实现其应有的功能,因此还有可能与它的功能相冲突。尽管在政府政策制定和执行的实际过程中,也有一些官员假政府之名以求个人利益之实,但这并不是政府政策行为本身的价值取向所决定的,相反,这是对政府政策行为的滥用,从而扭曲了政府政策行为的价值取向。

把统治阶级的阶级利益作为政府政策行为的价值取向,这是从政府政策行为中所反映的根本利益而言的,或者说,是从政府政策行为所反映的利益本质而言的。它并不意味着政府政策行为不包含任何非统治阶级的利益。事实上,在任何一个社会,除了统治阶级外,还有其他的阶级。这些其他的阶级,有的是作为统治阶级的联盟阶级出现的,有的是作为统治阶级的统治对象出现的。政府尽管掌握在统治阶级手里,但政府的政策行为也应在一定程度上反映其他阶级的利益,不但要反映统治阶级的联盟阶级的利益,而且多少也要对被统治阶级的利益有所考虑。尽管被统治阶级的利益与统治阶级的利益是对立的,但统治阶级为了维护其长治久安,也不能不顾及被统治阶级的某些利益。正是在这个意义上说,各个时代的政府,其政策行为就其价值取向而言是统治阶级的阶级利益,但为了实现这种阶级利益,也要在一定程度上考虑其他阶级的利益。正因为如此,统治阶级及其代表人物往往把政府政策行为的价值取向规定为社会利益或社会利益的最大化。其实,这里所说的社会利益从本质上而言就是统治阶级的阶级利益。其中所涉及的其他阶级的利益,归根到底是为统治阶级的利益服务的。统治阶级的阶级利益才是目的,其他阶级的阶级利益则只不过是实现这种目的的手段罢了。从这个意义上说,马克思主义不但不排斥"社会利益"的提法,而且十分重视对"社会利益"的研究。不过,马克思主义文献中的"社会利益"概念有其自身的特定含义。

在现代社会,政府往往是由政党来领导的。政府的政策行为所体现的就是政党的政策。政党是有阶级性的,政党政策所反映的利益关系当然也是有阶级性的。资产阶级政党及其所领导的政府的政策行为的价值取向自然是资产阶级的利益。与此相反,无产阶级的政党及其所领导的政府的政策行为的价值取向必然是无产阶级及广大人民群众的利益。毛泽东在谈到中国共产党的政策与人民利益的关系时指出:"我们的责任,是向人民负责。每句话,每个行动,每项政策,都要适合人民的利益,如果有了错误,定要改正,这就叫向人民负责。"[15]毛泽东所阐述的这些观点虽然是在一定的特殊条件、特殊环境下提出来的,但其中确实也包含了一些具有普遍意义的基本原则,这就是无产阶级政党在制定政策时所必须坚持的价值取向原则,即人民利益的价值取向

⑮ 《毛泽东选集》第 4 卷,北京:人民出版社,1991 年版,第 1128 页。

原则。这一原则对于我们分析社会主义国家的政府政策行为的价值取向具有重要的指导作用。

在社会主义社会,由于剥削阶级作为一个阶级已经消灭,社会主义国家与过去所有的其他类型的国家相比,有着更加广泛的阶级基础。人民则是作为国家主人的各个阶级成员的总称。国家的一切权力应该真正属于人民。政府是受人民委托管理社会公共事务的组织机构。因此,在社会主义条件下,政府政策行为的价值取向理所当然地只能是人民的利益。人民的政府不应该有超越于人民之上或存在于人民之外的特殊利益,因此,政府在制定和执行政策时决不能以政府自身的特殊利益为出发点,否则,人民的政府就有可能走向人民的对立面。同样,人民的政府在制定和执行政策时也决不能以某些团体成员的利益为出发点,更不能以某些政府官员个人的利益为出发点,因为这从根本上违反了社会主义国家政府政策行为的价值取向。明确这一点,对于我们正确理解当代中国各级政府的政策过程,矫正政府特别是某些地方政府在政策过程中业已存在的一些不良行为不无重要意义。

1.2 论政府政策行为的政治性质、功能与价值准则*

公共政策理论与政治科学的关系问题既是政策科学所关心的问题,也是政治科学所关心的问题。从政策科学的角度看,政策科学起源于政治科学,但经过半个世纪的发展,自身已成为一门相对独立的科学;而从政治科学的角度来看,似乎今天的政策科学仍然是政治科学的一个分支学科。本文不打算就此问题作一个非此即彼的回答,只想就政府政策行为与政治之间的关系进行一些探讨。至于上述问题的具体答案留待读者自己去思考。

一、政治性质:政府政策行为过程是一个政治过程

尽管人们普遍认为,对政策行为的系统研究开始于20 世纪 50 年代所产生的政策科学,但这并不否认在这之前学者们对政策行为有过相当深入的研究和思考。事实上,至少自从行政学产生以来,政策行为或政策活动、政策过程就进入了学者的视野。在美国早期的行政学理论中,古德诺是政治—行政两分法的主要代表人物。他把政府的行为一分为二:一是政治行为,一是行政行为。但这两种行为是统一的,这就是统一于政策过程。他认为,政府行为过程实际上是一个制定政策和执行政策的过程,前者表现为一个政治过程,后者表现为一个行政过程。① 这样,古德诺实际上就政府政策行为的性质提出了自己的看法,这就是把政府政策行为理解为政治行为与行政行为的统一。古德诺的这一思想不仅对以后行政学的研究产生了非常深刻的影响,而且对以后的政治学研究也产生了很大的影响。

自从政策问题作为一个主要的研究领域被纳入政治学的范围以来,政治学的各种理论对政策行为或政策过程做出了各种不同的解释。

---

* 本文原载《武汉大学学报》(哲学社会科学版)2004 年第 6 期。

① [美]古德诺:《政治与行政》,北京:华夏出版社,1987 年版,第 11 页。

政策科学的创始人哈罗德·拉斯韦尔把政策过程描述为一个由7种行为功能构成的过程。相应地，他提出了7个功能范畴，即情报、建议、规定、行使、运用、评价、终止。这7个功能范畴所反映的实际上是政策制定与执行过程中的7种基本行为。在他看来，上述政策制定过程就是一个“决策过程”。他对政策制定过程的这种解释为政策科学从政治学中分离出来、形成一门独立的学科奠定了理论基础。但是，正如有的研究者所指出的那样，“由于这一理论所强调的是功能范畴，可能会导致研究者忽略政策形成中的政治，忽略政策形成过程中各种环境变数的影响。”②

与拉斯韦尔的功能过程理论所不同的是，政治制度理论、精英理论、团体理论和政治系统理论都从不同的角度把政策形成过程解释为一个政治过程。政治制度理论虽然没有对政策过程进行具体描述，但它着重探讨了政府机构的组织、安排和程序对公共政策过程的影响作用，从而从一个方面说明了政策的形成过程与政治是不可分的。精英理论把公共政策看作是一个握有统治权的精英的价值观和偏好的反映，认为政策形成过程就是精英为社会分配价值和做出决策的过程。团体理论则认为，公共政策是团体间斗争的产物。政策形成过程就是不同的利益集团围绕着社会利益的分配而进行的斗争和冲突的过程。当这种斗争或冲突达到某种平衡时，公共政策就形成了。对政策过程的这种解释，明确无误地把政府的政策过程描述为一个政治过程。这是团体理论对政策过程解释的一个明显特点。政治系统理论同样十分重视公共政策和政策过程的研究。戴维·伊斯顿认为，政治学应“以政策为研究方向”，而“一项政策的实质在于通过那项政策不让一部分人享有某些东西而允许另一部分人占有它们”③。政策过程是一个政治

② [美]詹姆斯·E.安德森：《公共决策》，北京：华夏出版社，1990年版，第23页。

③ [美]戴维·伊斯顿：《政治体系——政治学状况研究》，北京：商务印书馆，1993年版，第123—125页。

系统输入-输出的过程。政治系统首先从环境中输入要求和支持，然后政治系统为满足要求而做出决定或采取行动，对社会价值进行权威性分配，这就是公共政策，即系统的输出。在这一过程中，无论是输入还是输出，不但与政治系统有关，而且与政治环境中的各种政治因素相关。例如，他认为，“输入将起着概括性变量的作用。这种变量集中并反映与政治压力相关的环境中的每件事”④。而反馈不仅意味着公共政策可以改变环境，还可能改变政治系统自身的特点；政策输出可能导致新的政治要求的产生，这种新的要求将进一步导致新的政策的输出。

政府的政策行为过程究竟是非政治的还是政治的？这关系到人们对政策过程性质的认识问题。如果像拉斯韦尔那样，仅仅把政策的形成过程描述为一个纯操作性的“决策过程”，因而政策过程的政治性质也就被掩盖了，这显然与政策行为的实际过程不相符合。相反，其他各派政治学理论对政策行为过程的解释尽管存在着各种差别，但在确认其政治性质这一点上是共同的。当然，由于它们各自在理论上存在着难以避免的局限性，因而它们对政策行为过程及其政治性质的解释也并非是完全科学的。

人们能否对政策行为过程及其政治性质做出科学的说明，这在一定意义上取决于人们对政治的认识。只有在科学的政治观的指导下，才有可能对政策行为过程及其政治性质做出科学的解释。

迄今为止，政治学家们关于“政治”的解释，可谓形形色色。但归纳起来，不外乎以下几种观点：一是伦理政治观，把政治解释为一种最高境界的道德，如孔子所说的“政者，正也”；柏拉图所说的“公正”，亚里士多德所说的“至善”；⑤二是法治政治观，把政治说成是一种法律现象，认为政治就是一个立法、守法和执法的过程。⑥ 三是政策政治观，把政

④ [美]戴维·伊斯顿：《政治生活的系统分析》，北京：华夏出版社，1999年版，第31页。
⑤ [古希腊]亚里士多德：《政治学》，北京：商务印书馆，1996年版，第148页。
⑥ 王惠岩：《政治学原理》，北京：高等教育出版社，1991年版，第3页。

治解释为一个政策的制定过程,如前面提到的古德诺就是这种观点的主要代表人物。四是权力政治观,把政治描述为权力的获取与运用。马基雅维利就是持这种观点的典型代表。五是管理政治观,把政治看作一种对社会事务的管理,这就是孙中山所说的"管理众人之事,便是政治"。以上的每一种政治观都从一个侧面对政治现象做出了说明,但无论哪一种政治观都未对政治的实质进行全面阐述,因而都有其不可避免的片面性。在政治学说发展史上,马克思主义的政治学第一次对政治的实质进行了全面而科学的阐述,认为政治是一种有规律的社会现象,是一种特定的社会关系,是社会经济的集中表现。政治与社会公共权力有关,在无阶级社会中,这种公共权力真正代表全社会的利益,为全体社会成员所共同享有;在阶级社会中,这种社会公共权力主要代表社会中在经济上占支配地位的阶级的根本利益,这个阶级通过夺取政权来控制公共权力,因而政治的核心问题是政权问题。[⑦] 依照马克思主义的观点,所谓政治,就是政治主体通过获取和运用社会公共权力来实现政治主体的根本利益及其所认可的社会公共利益的一种社会活动。从这一基本观点出发,可以认为,政府政策行为过程的政治性质主要体现在以下几个方面:

第一,政府的政策行为是通过政治主体来进行的。政策行为过程具体表现为政策的制定和执行过程。如前所说从政治学的角度看主要是政策的制定的过程,其中关键的问题是选择什么样的政策问题。谁来制定政策,或者说谁来选择政策?这就是一个政策的主体问题。制度理论认为,政策是由政府机构制定的;精英理论认为,政策是由政治精英制定的;团体理论认为,政策是由利益团体制定的;系统理论认为政策是由政治系统制定的。在这些观点中,都认为政策是由政治主体制定的,只不过是对政治主体的认识不同而已,或政府机构,或政治精英,或利益团体,或政治系统。马克思主义同样认为政策是政治主体政

⑦ 王浦劬:《政治学基础》,北京:北京大学出版社,1995 年版,第 6—7 页。

治活动的产物，但对政治主体的认识是以历史唯物主义为基础的。马克思主义认为，任何政府的政策，都是阶级的政策，正如列宁所说，“政策就是阶级间的相互关系”。[⑧] 因此，政策总是代表一定阶级利益的政治组织制定的。政府的政策制定过程实质上是作为政治主体的、在社会上占统治地位的阶级及其组织的政治活动过程，因而具有明显的政治性质。

第二，政府的政策行为过程是一个社会公共权力的运用过程。[⑨] 公共政策被认为是“对一个社会进行的权威性价值分配”。[⑩] 这种权威性来源于社会公共权力。实际上，公共政策的制定过程就是政治主体对社会公共权力的运用过程。如果我们问一下，为什么政府能够制定政策？为什么政治精英能够代表社会分配价值？答案只有一个，这就是因为他们掌握了社会公共权力。同样，利益集团通过相互之间的冲突与平衡来确定一项政策，实际上也是通过对公共权力的争夺或在参与公共权力的运用过程中实现的。一个不握有公共权力的组织或个人无法为政府制定公共政策，一个不参与公共权力运用过程的组织或个人也无法参与公共政策的制定过程。没有社会公共权力做后盾，任何个人和组织制定的政策都不可能成为公共政策，不可能对全社会具有权威性。因此，社会公共权力是公共政策权威性的根本保证。其实，在任何一个国家，一项合法性的公共政策的形成，都是通过政府或在政府的组织下进行的。政府之所以能够在政策形成过程中发挥这种作用，其原因就在于政府握有社会公共权力。因此，政府政策行为过程作为政府行使和运用社会公共权力的过程，从而也必然是一个政治过程。

---

⑧ 《列宁全集》第 32 卷，北京：人民出版社，1958 年版，第 217 页。

⑨ Lindblom, Charles E. The Policy-making policy , Englewood Ciffs, New Jersery: Prentice Hall, Inc, 1980, P2.

⑩ [美] 戴维・伊斯顿：《政治体系——政治学状况研究》，北京：商务印书馆，1993 年版，第 122 页。

二、政治功能:调控社会利益关系

社会利益关系是一种客观的存在。自从人类社会产生以来,这种利益关系就一直伴随着人类社会的发展而发展。起初,在原始社会时期,这种利益关系还未分化,只是以原始的形态出现。随着阶级的出现和国家的产生,这种利益关系不断分化,并逐步得到了充分的发展,甚至转化为对抗性矛盾,导致利益冲突。[11] 为了抑制这种冲突,因而也就产生了国家。国家作为由统治阶级所控制的社会公共权力机关,其实质是用来为统治阶级的根本利益服务的。统治阶级为了保证国家的长治久安,不至于因社会利益的冲突而使国家毁灭,国家就要抑制这种利益冲突。政府所制定的公共政策就是国家或政府用来调控社会利益关系、抑制社会利益冲突的基本工具。[12] 我们这里所说的调控社会利益关系,主要包括以下两方面的含义:一是指对社会利益关系的控制,即把社会利益关系控制在统治阶级所需要的范围以内,以确保统治阶级的根本利益不受损失;二是指对社会利益关系的调节,即理顺社会中的各种利益关系,以保证社会正常运行。前一个方面的内容反映了政府政策行为的阶级性,后一个方面的内容反映了政府政策行为的公共性。在这两者的关系中,前者是目的,后者是手段。在下面的论述中,为了阐述的方便起见,我们把政府政策行为政治功能的这两个方面的内容统称为利益调控。

社会利益关系的表现形式是多种多样的。从不同的角度可以对利益关系进行不同的考察,从而可以从不同的方面来认识社会利益关系的性质及其内容。但是,我们不论从哪个方面来考察社会利益关系,这种利益关系的合理化都离不开公共政策的调控作用。

如果我们从质的意义上来考察社会利益关系,那么,社会利益关系

---

⑪ 《马克思恩格斯选集》第4卷,北京:人民出版社,1995年版,第168—169页。

⑫ 李先念:《在中国工会第十次全国代表大会上的致词》,《新华月报》,1983年10月,第68页。

则表现为社会经济利益、社会政治利益和社会文化利益之间的关系。一个社会在这些不同方面的利益之间常常也存在着难以避免的矛盾。为了解决这些矛盾，政府需要制定相应的公共政策。例如，我国改革开放以来，为了充分调动劳动者的积极性，以加快经济发展的速度，采取了一些更加灵活的劳动政策，允许劳动力自由流动。这一政策的实施确实促进了我国经济发展，给我国带来了经济利益。然而，随着流动人口不断增多，政府对劳动力市场管理的难度越来越大，加之就业困难，导致一部分人铤而走险，犯罪率上升，治安状况令人担忧，从而从负面影响了公民对政府的支持，降低了社会政治利益，这就导致了经济利益与政治利益的矛盾。为了解决这一矛盾，我国政府提出了“两手都要硬”(一手抓经济建设，一手抓打击刑事犯罪)的政策方针，通过实施取得了良好效果。这就是公共政策调控社会利益关系的一种表现。

如果我们从量的意义上来考察社会利益关系，那么，社会利益关系则是一种成本与效益的关系。在社会的任何一个领域的利益关系中，都存在着成本与效益的关系。要获得一定的利益，必须付出相应的代价。从成本与效益的关系来考察社会利益关系，我们发现社会利益关系表现为三种形态：一是当社会成本小于社会效益时，社会利益关系表现为正利益；二是当社会成本大于社会效益时，社会利益关系表现为负利益；三是当社会成本等于社会效益时，社会利益关系表现为零利益。在这里，所谓社会成本，就是社会在创造和获取社会利益的过程中所消耗的经济资源、政治资源与文化资源的总和；所谓社会效益，就是社会所获取的有效利益。公共政策作为调控社会利益关系的一种工具，其目的就是要促使社会以最小的社会成本获取最大的社会利益，即社会利益的最大化。这就是一个所谓的政策效率问题。这样，从公共政策的功能来看，社会成本便转化为政策成本，社会效益便转化为政策效益。

如果我们从利益分配的角度来考察社会利益关系，那么，我们便会发现，上述社会成本与社会效益之间的关系便转化为人与人之间或社会团体与社会团体之间的利益关系。我们知道，无论是社会成本还是社会效益，最终都要通过公共政策这个调控机制落实到具体的社会群体或社会成员身上。这样，社会成本与社会效益关系又会转变为以下四种形态的利益关系结构。[13]

一是成本范围窄与效益范围窄的利益关系结构。这种利益关系结构的特点是：社会成本即政策成本由某个群体或某一部分人承担，社会效益即政策效益也由某个群体或某一部分人分享。当成本的承担者与效益的分享者合二为一时，公共政策的调控作用的重要性也许不特别明显。然而，当成本的承担者与效益的享有者发生分离的时候，公共政策的调控作用就显得特别重要了。例如，前些年某地方政府鼓励大量发展乡镇企业，结果一个县出现了100多家小型造纸企业，造成这些企业周围的农田严重污染，粮食产量降低。要治理这里的污染，承担成本的是这些企业，而获益的则是周围的农民。在这里的利益关系结构中，显然成本的承担者和利益的享有者范围明确且相对较窄，并且二者是分离的。如果没有公共政策作为调控手段，环境污染就得不到治理，这种利益关系结构就无法建立起来。

二是成本范围窄与效益范围宽的利益关系结构。这种利益关系结构的特点是：社会成本即政策成本由少数团体或少数人承担，而社会效益即政策效益则由多数团体或多数人分享。在这种情况下，如果承担社会成本的是一些可识别的团体，这些团体从自身的利益出发，也不一定愿意为了多数团体或多数人的利益而由自己付出代价。因此，在这种利益关系结构中，也有必要充分发挥公共政策的调控功能。对高收入者征收个人收入调节税就是一个典型的例子。在这一实例中，需要为社会付出代价的是少数高收入者。而税收一旦进入国库，用来为公众提供更多的公共服务，受益的人口就不仅仅是高收入者，而是更多的国民。如果没有强制性的税收政策，很难说高收入者愿意把自己的收入拿出来让国民分享。也就是说，如果不通过公共政策进行强制性调

---

⑬ [美]詹姆斯·E.安德森：《公共决策》，北京：华夏出版社，1990年版，第212—215页。

控,这样的利益关系结构是无法建立起来的。

三是成本范围宽与效益范围窄的利益关系结构。这种利益关系结构的特点是:社会成本或政策成本由多数团体或多数人承担,而社会效益即政策效益则由少数团体或少数人分享。在这种情况下,为了保证少数人的利益,需要多数人付出代价。但这些多数人也并不必然会自愿付出这种代价,只是在公共政策的强制性调节下,多数人才承担起这方面的社会成本。同样,少数人对这些利益的获得,也是通过公共政策实现的。例如,对某个特殊行业进行行政补助,获益的仅仅是从事这个特殊行业的部分社会成员,而增加的财政负担则由全体国民分摊。对这类社会利益关系的调控,也离不开公共政策的作用。

四是成本范围宽与效益范围宽的利益关系结构。这种利益关系结构的特点是:社会成本或政策成本广泛分布,同样,社会效益或政策效益也广泛分布。在这种情况下,每个人为社会所支付的成本或所付出的代价,不一定就是用来为自己创造效益;或者他从社会得到的某方面的利益也不一定与他为社会在这方面支付的成本成比例。因此,对于个人来说,他为社会支付的成本与他从社会获得的利益之间的关系是模糊不清的。所以,如果没有公共政策的强制性调控,个人或团体也就不会自觉地为社会支付这方面的成本。例如,关于教育附加税的征收,征收面相当广泛,但受益面也相当广泛。尽管如此,若没有公共政策的强制性规定,绝大多数个人或团体还是不会自觉地为社会教育提供公共资金的。也就是说,这种社会利益关系结构的建立仍然需要通过公共政策的强制性调控才能得以实现。

从上面的分析中可以看出,在政府的政策行为与社会利益关系之间,至少存在着这样一些逻辑联系:第一,社会利益关系的客观存在,要求政府对其进行必要的调控,而政府用来调控社会利益关系的工具则是公共政策。第二,社会利益关系的形式是多样化的,各种形式的社会利益关系的合理化均离不开政府政策行为的调控。第三,凡是存在社会利益关系的地方,就一定是需要政府政策行为的地方;反过来说,凡是公共政策能够发挥作用的地方,也一定是存在社会利益关系的地方。

从政府政策行为与社会利益关系之间的这些逻辑联系中我们可以看出,政府制定和执行公共政策的原因和目的就在于社会利益关系的存在以及对之调控的需要。政府政策行为的政治功能正是在调控这些多种多样的利益关系中得到充分的体现。

三、政治价值准则:社会政治利益的最大化

正如我们前面已经证明了的那样,政府政策行为过程是一种政治过程,因此,在价值取向上必然少不了政治利益。按照理性主义者的观点,决策的基本准则是利益的最大化。其实,对于政策的制定者来说,利益的最大化仍然是政策决策者所必须遵循的基本准则。由于政策决策的主体总是以政治人的身份出现的,因此,在政策制定过程中,社会政治利益的最大化应该视为政策决策的基本准则。当然,按照有限理性主义者西蒙等人的说法,绝对的"利益最大化"是不可能的,对于政策决策而言更是如此。但如果我们从相对意义上来理解"利益最大化",对于政策制定过程的分析来说,还是有其意义的。作为决策准则的"利益最大化"的概念就其理论渊源而言,属于一个经济学范畴。在经济学家看来,政府的政策主要是经济政策。经济政策的直接目的就是通过采取一系列政策措施,如财政政策、金融政策等,或者促进社会经济成果总量的增长,或者调控社会经济利益关系,以实现社会经济利益的最大化。社会经济利益的最大化,既包括社会经济成果的最大化,也包括社会经济效用的最大化。所谓社会经济成果的最大化,就是指在已有经济资源一定的情况下按照社会需要为社会生产出最大量的物质产品。因为能够有效地满足社会经济需求的物质产品越多,社会经济利益越大。但另一方面,社会经济利益的最大化还与社会经济效用有关。经济效用是经济人对经济利益的反应。由于不同的经济人对经济产品的需求不同,因此,不但同一个人对不同的物质产品有不同的利益反应,而且不同的经济人对同样的物质产品也有不同的利益反应。例如一个面包,对于一个酒足饭饱的人来说,其效用很小;但对于一个饥肠辘辘的饿汉而言,其效用则要大得多。这同样一个面包,对两者来说,有着完全不同的效用。社会经济效用可以看成是全体社会成员经济效用的综合,其量的大小既与社会经济成果总量的大小有关,也与社会物质产品的结构有关;同时又与这些经济成果在不同的群体之间进行分配有关。从政府经济政策的角度来看,影响社会经济效用最大化的政策有经济效率政策、经济公平政策和经济稳定政策。政府的经济效率政策行为,有助于对社会经济资源进行有效配置,以最小的投入获得最大的产出,以增加社会经济成果总量;政府的经济公平政策行为,有助于对社会经济利益关系进行有效调控,在社会经济成果总量一定的情况下,通过提高个人的经济效用来增加社会成员的经济效用的总和;政府的经济稳定政策行为,有助于实现全社会的充分就业和物价稳定,因而既有利于经济效率又有利于经济公平,既有利于增加社会经济成果总量,又有利于在社会经济成果总量一定的情况下增加社会经济效用的总和。

经济学家关于政府经济政策行为价值准则的分析方法,同样适用于我们关于政府政策行为的政治价值准则的分析。社会政治利益最大化的内涵也包括两个方面:一是社会政治成果的最大化;二是社会政治效用的最大化。社会政治成果最大化是社会政治效用最大化的基础,但后者又不同于前者,因为社会政治效用的最大化除了要以政治成果的最大化作为基础性内容外,其内容还涉及社会政治产品体系结构以及政治产品的分配问题。

如同社会经济活动会产生经济成果一样,社会政治活动也会产生一定的成果。彭诺克认为,政治成果或政治产品主要包括安全、正义、自由和福利。[14] 哈罗德·拉斯韦尔认为,政治产品可以分为八种基本

---

⑭ [美]加布里埃尔·A.阿尔蒙德:《比较政治学:体系、过程和政策》,上海:上海译文出版社,1987年版,第458页。

类型:权力、财富、尊重、仁爱、技艺、启迪、福利和正直。[15] 保罗·西格蒙德认为,政治产品应包括平等、自由、仁爱和共同感等方面。[16] 我们认为,政治成果或政治产品应该是政治系统所产生的用来满足公民对社会权利和政治权力需求的产品。所谓社会权利,是指个人作为公民所应该具有的为社会所认可的资格,也可以抽象地被称之为人权,主要包括生存权、发展权和参政权;所谓政治权力,即社会公共权力,是社会公共机关(在阶级社会表现为国家政权机关)用来维护公共利益的一种力量。能够用来满足公民对社会权利和政治权力的政治产品上要包括四个方面:公共福利、公共安全、社会公正和社会自由。根据阿尔蒙德的意见,公共福利主要包括收入、保健和教育,它与社会经济生产力的发展直接相关,但作为制约社会生产力发展的经济体制和在社会经济成果一定的条件下决定公共福利大小的分配方式则是政治的直接产物,因此,公共福利也可视为政治系统的产品;[17]公共安全包括人身和财产(即经济)安全两部分,主要与国家安全和社会治安状况直接相关,因而也可看成政治系统的直接产物。社会公正意味着人与人之间的平等,在社会中享有平等的地位,并受到平等的对待;社会自由按照约翰·密尔的看法,是指社会权力施用于个人的性质和限度,[18]即社会公共权力在施用于个人时能否受到限制以及受到多少限制,个人的私生活的领域在多大的意义上受到保护,这些内容都是政治系统运行的直接结果。以上四个方面的产品对于满足公民对社会权利和政治权力的需求是十分必要的。公共福利、公共安全对于满足公民对生存权、发展权的需求具有非常重要的意义;社会公正、社会自由对于满足人们对作为社会权利的参政权的需求和对政治权力的需求具有非常重要的意

⑮ [美]加布里埃尔·A.阿尔蒙德:《比较政治学:体系、过程和政策》,上海:上海译文出版社,1987年版,第461页。

⑯ 同上书,第462页。

⑰ [英]约翰·密尔:《论自由》,北京:外文出版社,1998年版,第470页。

⑱ 同上书,第1页。

义。其中，最重要的是公共福利，因为在上述概念中，“中心的概念是政府应该帮助每一个人使他们过上最好的生活。”[19]它是用来满足公民最基本的人权或社会权利即生存权的基础。

社会政治产品量的大小，直接决定着社会政治利益的大小。在社会政治资源一定的情况下，政治体系所生产的政治产品越多，社会政治利益越大；反之则越小。另一方面，从社会政治效用的角度看，社会政治效用越大，社会政治利益也越大。正像社会经济效用是个人经济效用的综合一样，社会政治效用是社会成员中作为政治人的个人政治效用的综合。由于个人社会经济地位的不同，从而不同个人的政治偏好不同，不同的个人对同一种政治产品也有不同的利益反应。例如，有人热衷于社会自由，有人则更热望得到更多的公共安全和公共福利。前者认为社会自由的效用大于公共安全或公共福利的效用；后者则认为公共安全或公共福利的效用大于社会自由的效用。一般说来，个人对不同政治产品的效用评价，与其社会经济地位相关。就对社会自由与公共福利的效用评价相比较而言，社会经济地位高的人认为社会自由的效用高于公共福利，而社会经济地位较低的人则认为公共福利的效用高于社会自由。为了提高社会全体成员的政治效用，实现社会政治效用的最大化，政府不但要努力增加社会政治产品，以最大限度地满足全体社会成员的政治需求，而且应该努力改善政治产品的结构，调控不同社会成员之间的政治利益关系，在社会已有政治产品的基础上尽量扩大社会政治效用。政府政策行为不仅可以通过增加政治产品来实现社会政治成果的最大化，而且可以通过改善政治产品结构和调控社会政治利益关系来增加社会全体成员的政治效用，并进而实现社会政治利益的最大化。

---

⑲ Eyestone，Robert. *Policy Formation*，Jai：Press Inc，1984，P28.

1.3 论以人为本的政策价值理念*

中国共产党十六届三中全会明确提出科学发展观，并将科学发展观的基本内容概括为以人为本，全面、协调与可持续发展。科学发展观的提出，标志着我国公共政策的价值理念有了一次新的飞跃，即由政策操作层面以经济建设为中心的政策理念进一步深化为政策价值层面的以人为本的政策价值理念。这是对以经济建设为中心的政策理念的重大发展和升华，标志着我国公共政策价值理念的发展进入了一个新的阶段。

一、人本政策价值理念确立的历史背景

任何公共政策总是建立在一定的政策价值理念的基础之上的。所谓政策价值理念，就是指对公共政策的制定过程及其内容起指导作用的基本观念，因而也可以简称政策观。从一定意义上说，具体的公共政策往往是政策价值理念的具体化。因此，政策价值理念的转变，往往意味着公共政策的转变。我国改革开放前后政策的重大变化，源于1978年中国共产党十一届三中全会上确立的政策理念的重大变更，可以这样说，没有十一届三中全会把政策理念从“以阶级斗争为纲”转变为“以经济建设为中心”，就不会有以后的一系列的经济改革和对外开放的政策。

纵观中国共产党领导的人民政府的公共政策理念的发展过程，总的来说是一个政策理念不断更新和不断进步的过程，但在这个过程中也有曲折，甚至存在着某种倒退和异化。在中华人民共和国成立初期至20世纪60年代初，中国共产党及其所领导的人民政府就确立了一种基本适合当时中国国情的公共政策理念，即改造与建设并举的政策理念。在这一政策理念的指导下，当时我国的公共政策主要集中在两个方面：一方面，围绕着社会主义改造制定和执行了一系列正确的方针、政策，比较顺利地完成了对农业、手工业和资本主义工商业的社会

* 本文原载《国家行政学院学报》2007年第2期。

主义改造;另一方面,围绕着社会主义建设制定和执行了一系列正确的方针、政策,在国民经济的恢复以及经济、政治、文化建设方面取得了举世瞩目的成就。然而,20世纪50年代末、60年代初,随着中国共产党内"左"倾错误思潮的发展,政府的公共政策理念也在不断改变,到60年代中期以前,已经基本上形成了较为系统的"左"倾政策理念,这就是以阶级斗争为纲的公共政策理念。随着这一错误公共政策理念的形成,我国政府的公共政策在总体上以阶级斗争为主要内容,政府制定和执行的一系列公共政策也主要是与阶级斗争相关联。这些公共政策推行的结果是使我国经济建设走到了崩溃的边缘,民主、法治、科学、教育、文化事业也受到了严重摧残。

1978年12月召开的中国共产党第十一届三中全会,是建国以来中国共产党历史上具有深远意义的转折。① 以这次会议为标志,将公共政策的理念由阶级斗争为纲转变为以经济建设为中心。随着公共政策理念的转变,政府的一系列公共政策在内容上发生了根本的变化。例如,在农村政策问题上,主要以家庭联产承包责任制为基本内容;在工商业政策问题上,主要以国有企业转变经营机制、引进外资、鼓励非公有制经济发展、实行多种所有制并存与共同发展等为基本内容;等等。这些政策的推行极大地推动了我国生产力的发展,2003年,我国人均国内生产总值突破1000美元,教育、科学、文化事业的发展也提高到了一个新的水平。改革开放二十多年以来的实践证明,在我国生产力较为落后的情况下,坚持以经济建设为中心的政策理念,是我国制定所有公共政策的出发点,也是保证我国公共政策能够取得良好效果的根本前提。

然而,在我国社会主义建设事业取得一系列辉煌成就的同时,由于存在着对以经济建设为中心的政策理念的片面理解,在一些具体政策的制定和执行过程中也出现了一些难以避免的偏差。同时,随着时代

---

① 胡绳:《中国共产党的七十年》,北京:中共党史出版社,1991年版,第487页。

的发展，我国社会经济出现了一些不同于以前的新特点，一些原来是正确的政策在今天看来也不再完全适应今天的时代要求。尽管以经济建设为中心的政策理念仍然显示着其强大的生命力，但是也不可否认，从目前我国的实际情况看，在我国的公共政策中也暴露出一系列新的问题和矛盾。这些问题和矛盾主要表现在以下几个方面：

首先，公共政策 GDP 取向导致经济发展过程中成本与效益失衡，致使人们实际体会到的用于满足人的需求的政策效益低于政策所产生的形式上的成就。改革开放 20 多年来，我国经济有了很大的发展，人民的生活水平有了很大的提高，这是一个不争的事实。但是，相对于经济总量增长的速度而言，我们的经济效益则大打折扣。所以，往往是经济总量在攀升，而人民的生活质量的提高却不如经济发展的速度快，有些发展则增产不增收，特别是在农业方面的发展表现得尤其如此。这也从一个侧面说明我们的经济质量有问题。在经济建设方面，我们还有很多人热衷于走在拼资金、拼资源、拼环境的粗放型的经济增长方式的老路上，各级地方官员更热心的是 GDP 数字上的提高，而对有关 GDP 给人民带来的实际福利则被置于次要地位。更有甚者，为了追求 GDP 的高增长，不惜牺牲人们赖以生存的环境甚至个体的生命，大量的小煤矿的出现即是如此，它们不仅是造成环境污染的根源，而且每年还吞噬大量的人的生命，这样的经济增长显然与以人为本的政策价值理念是背道而驰的。

其次，经济优先政策前提下所造成的经济与社会发展失衡，致使人的全面需求得不到应有的满足。温家宝总理在 SARS 肆虐期间到北京高校察看疫情时提出“长短腿论”，即中国经济发展和社会发展存在着“一条腿长、一条腿短”。经济发展和社会发展的不平衡，使社会矛盾比较集中，造成社会危机的某些因素有所增加。事实上，经济数字的增长背后有着诸如就业、教育、科技、环保、文化、卫生、社保以及社会公正等许多问题的滞后，这些关系着人民切身利益的问题并没有随着经济的发展而不断改善，在某些方面还有所增加，经济发展与社会进步严重不协调。细细察看，近年来牵引公众注意力的，不是过去常见的重大政治和经济方面的新闻，而是SARS危机、孙志刚事件、农民工工资被拖欠、医疗等社会问题。据有关资料，我国还有44.8%的城镇人口和79.1%的农村人口没有任何医疗保障。② 还有相当部分的适龄儿童不能享受应有的义务教育，在大学至少还有20%的贫困生因学费和生活费发愁。总之，正是由于我国当前的公共政策片面追求经济的高增长率，导致经济与社会发展失衡，使人们在卫生、教育、文化及其他社会方面的需求得不到应有的满足。

再次，非均衡政策战略导向下中西部地区与东部沿海地区发展、城市与农村的发展严重失衡，以及精英政策导向下强势群体和弱势群体利益的失衡，致使公共政策的成果没有真正均衡地惠及全体国民。改革开放初期，由于我国经济发展非常落后，为了吸引外资，为了使我国的改革开放尽快取得成效，在当时的条件下我国不得不选择了非均衡发展的政策战略。首先开放东部沿海地区，并给予这些地区较多的优惠政策，以便这些地区更好更多地吸引国外的资金和技术，加快发展的速度，参与国际竞争。毫无疑问，这一政策战略的选择在当时是正确的，它对于促进我国东部沿海地区的发展起了非常重要的作用。然而，经过20多年的发展，由于中、西部与东部相比存在着政策上的不平等，从而使两者原本就存在的差距越拉越大。在城乡差别问题上，经过20多年的改革开放，非但没有缩小还反而拉大。据有关资料，我国城市市民与农民的年平均收入1978年为2.56∶1，2003年已拉大到3.23∶1。同样，在城镇的穷人与富人之间、在农村的贫者与富者之间，收入差别也在不断扩大。我国的基尼系数已达0.45，大大超过国际上公认的警戒线。有关数据表明，我国占人口20%的最贫困人口在收入或消费中所占的份额只有4.7%；而占总人口20%的最富裕人口占收入或消费

② 高强：《发展医疗卫生事业，为构建社会主义和谐社会做贡献》，《中国卫生法制》，2005(07)。

份额则高达50%。[③] 由此造成的利益主体的多元化呈现加快发展的趋势，谁是强势群体，谁是弱势群体，逐渐泾渭分明，社会利益结构正在快速形成当中。其中，以下岗工人、广大农民为主体的弱势群体有逐步扩大的趋势。由此看来，我国经济发展了，但地区经济发展的过度失衡，城乡差别的不断拉大，贫富鸿沟的迅速扩大，使改革的成果主要是惠及部分国民而不是全体国民，从而使相当部分国民的需求得不到应有的满足。

当我们继续坚持以经济建设为中心的政策理念时，我们会进一步深化我们关于公共政策的认识，进一步思考经济建设的根本目的是什么？特别是当我们发现在我们的社会现实中存在着一些与人的本性需求相矛盾的现象时，提出"以人为本"的政策价值理念就成为当代中国的迫切需要。

二、人本政策价值理念的基本内涵

什么是"以人为本"？按照当代中国最权威性的解释是："坚持以人为本，就是要以实现人的全面发展为目标，从人民群众的根本利益出发谋发展、促发展，不断满足人民群众日益增长的物质文化需要，切实保障人民群众的经济、政治、文化权益，让发展的成果惠及全体人民。"[④] 如果我们从公共政策的理论视角来解读上述论述，不难发现，"以人为本"作为一种公共政策的价值理念，主要具有以下几个方面的内涵：

(一)公共政策的最终目标是为了实现人的全面发展。政府为什么要制定公共政策？公共政策的最终目的是什么？从一定意义上说，这是一个比目前的政策理论所讨论的政策内容与政策目标更深层次的问题，可以说它是政策哲学问题。政策的内容应该以什么为主？具体政策的目标是什么？这是当前公共政策学讨论的基本问题，这些问题基本上属于政策操作层面上的问题。以经济建设为中心的政策观正是在

---

③ 车海刚:《贫富差距:高度重视,妥善处理》,《学习时报》,2005-09-12。

④ 胡锦涛:《在中央人口资源环境工作座谈会上的讲话》,《人民日报》,2000年3月13日。

这个层面上所确立的政策理念。而以人为本的政策理念,回答的则是有关政策的最终目的的问题,因而它实质上所回答的是一个有关政策哲学的问题。

以人为本的政策理念并不是一种与以经济建设为中心相对立的政策理念,而是一种对以经济建设为中心的政策理念的深化,它不是要求政府在制定公共政策时改变以经济建设为中心这一政策主题,相反,它还要求进一步强化这一政策主题。因为按照以人为本的政策价值理念(简称为人本政策观),政策的根本目的是为了实现人的全面发展,而这一目的实现必须有强大的物质基础做后盾,如果不以经济建设为中心,社会就无法建立起强大的物质基础,也就谈不上人的全面发展。但是,我们也要认识到,经济建设本身并不是公共政策的最终目的,它只是实现公共政策最终目的的手段。因此,确立以经济建设为中心的政策理念,表明我们对我国公共政策的基本目标和当前的主要任务有了正确的认识,但这种认识还只是在政策操作内容的层面上,它所回答的是政策制定过程中的一个极为现实的问题,而不是一个政策哲学问题。就政策的内容而言,以经济建设为中心的政策理念无疑是正确的,不但过去和现在需要坚持这一政策理念,在今后的公共政策过程中我们仍然需要坚持这一政策理念。它不但不会随着人本政策观的提出而被取而代之,相反,为了贯彻落实人本政策观,还需要进一步强化以经济建设为中心的政策理念,以加快经济的发展,为人的全面发展提供充足的物质保障。由此可见,人本政策观是从政策哲学的高度进一步深化了我们对政策目的的认识,它不但不与以经济建设为中心的政策理念相矛盾,而且它事实上回答了经济建设的最终目的是为了什么这样一个带根本性的问题,因而进一步加深了对以经济建设为中心的政策观的认识。

(二)公共政策的利益导向必须有利于惠及全体人民。任何政策的制定和实施都需要投入一定成本,同时也会产生出一定的效益。对于公共政策来说,还有一个利益的分配问题。从一般意义而言,政策制定者和执行者的目的是希望实现政策效益的最大化。这里的政策效益最大化是指政策的社会效益的最大化，那么它实际上涉及两个问题：一是政策实施后所产生的实际成果的最大化；二是政策成果在不同群体分配中所产生的效用的最大化。对于一项公共政策来说，如果要使其实际成果即产出效益最大化，就需要尽可能降低政策成本并提高政策产出；如果要实现政策社会效益的最大化，则除了使其成果最大化外，还需要使其成果的分配尽可能合理，使之达到社会边际效益的最大化。经济学的研究已经证明，作为公共政策结果的社会财富的分配是否合理，必然会影响社会财富使用的社会效用。由于同样 1 元钱对穷人与对富人的效用是不同的，因而社会财富分配的过分集中，必然会造成政策的社会效用的减少。因此，从公共政策追求的公共目标来看，应该努力实现公共政策社会效用的最大化，不仅要努力提高公共政策的产出效益，而且要将这种产出效益惠及全体人民，努力实现政策效益由全体人民共同享有，以期提高公共政策的社会效用。

根据人本政策观的要求，良好的公共政策不仅要追求其成果的最大化，而且要尽可能使其成果惠及全体国民。改革开放 20 多年来，由于我国政府始终坚持以经济建设为中心的基本政策，我国的国民生产总值在 2004 年已达到 13.65 万亿元，占世界生产总值的 12.6%，在世界上已名列第 7 位。这表明，就总体政策的产出效益来说，相对于我国过去的贫穷落后而言，我国公共政策的效益是很高的。然而，对于我国改革开放 20 余年来的成果，不同阶层所得到的利益是有很大差别的。究其原因，在于我国改革开放以来的公共政策更多地惠及政府官员、企业家阶层、私营企业主、专业技术人员、外企员工和国有垄断行业的职工等阶层，而广大工人、农民则从中得到的实惠较少。同样，我国东部沿海地区与中、西部地区的经济差距在不断拉大，固然有历史上和自然环境上等诸多原因，但由于政策的倾斜进一步加剧它们之间的差距，也是一个不争的事实。从公共政策理论的视角看，这种因政策造成的过分不公平的分配，不仅可能造成社会的不稳定，而且也会造成社会福利的净损失。这与我们发展经济的最终目的不相符合,从而违背了以人为本的政策价值理念,需要尽快加以改变,使改革的成果真正惠及全体人民。

(三)公共政策的各项措施必须有利于满足人民群众的全面需求。既然公共政策的价值目标或最终目的是有利于全体人民的全面发展,就必须最大限度地满足全体人民各方面的合理需求,即全面需求。人的全面发展的含义相当广泛,既包括身体方面的发展,也包括心理方面或精神方面的发展,还包括能力方面的发展。人的身体发展是以满足一定的物质需求为前提的,为了促进人的身体发展,公共政策系统必须尽可能创造更多的物质财富来满足人们在衣、食、住、行等方面的物质需求;而人的心理发展,固然也离不开一定的物质需求,但仅有物质需求是不够的,还必须要有政治、文化等方面的精神需求。因此,为了促进人的心理方面的发展,公共政策系统还应创造更多的政治产品、文化产品来满足人们在政治参与、娱乐活动等政治、文化方面的需要;人的能力发展,主要取决于受教育程度的高低,为了促进人的能力的提高,公共政策系统有必要创造更多的教育产品来满足人们的教育需求。由此看来,公共政策有必要采取一系列措施创造更多的经济、政治、文化等多方面的即全面的产品,以满足人的全面需求。

人的全面发展与人的全面需求之间存在着一种内在的必然关系。没有人的全面需求的满足也就不会有人的全面发展;同样,没有人的全面发展,也不会有人的充分的全面需求。很难设想,一个人如果得不到必要的营养食品和能使他或她保暖的衣服,他或她能够有健康的身体发展;如果他或她没有必要的文化生活,不能受到良好的教育,他或她能够有健康的心理发展和能力上的提高。事实上,人只有其全面需求得到必要的满足,他或她才可能全面发展。另一方面,发展产生需求,尤其是在政治和精神方面更是如此。人在政治和精神上越是发展,他或她在政治和精神上的需求就越旺盛。因此,不仅人的全面需求的满足会促进人的全面发展,而且人的全面发展会使人产生更多的需求,二者之间存在着一种辩证统一的关系。进而言之,公共政策系统为了满足人的全面需求,就必须创造能够满足人的全面需求的多方面的产品,既包括物质产品,也包括精神产品;既包括经济产品,也包括政治和文化产品,而这些多方面产品的生产和提供,则需要社会在经济、政治和文化等多方面的发展。因此,从发展观的角度来看,公共政策所采取的一切措施应该有利于社会的全面发展,同时,人的全面需求是一个个连续不断的过程,人的发展也是一个连续不断的过程,因此公共政策推动社会在经济、政治和文化上的发展应该是可持续的。由此看来,人本政策理念在深层次的价值层面上蕴含着全面发展和可持续发展观,因此它无疑地应该是科学发展观的出发点,也是以科学发展观为导向的公共政策的最后归宿。

三、实现"以人为本"价值理念的政策途径

"以人为本"作为一种政策价值理念,只有通过一定的政策途径,才能转变为现实。所谓政策途径,就是指制定政策和实施政策的过程和方法。要使"以人为本"政策价值理念变为现实,就首先必须制定一系列体现以人为本的政策,然后通过实施这些政策,从而使这种观念真正成为现实。实现"以人为本"价值理念的政策途径主要包括以下几个方面的内容。

(一)政策目标途径。所谓政策目标途径就是指通过制定与政策价值理念一致的政策目标来实现政策价值理念的一种政策途径。这是在政策实践中普遍运用的一种政策途径。以人为本政策理念的核心观点是把公共政策的最终目的归结为满足全体人民的全面需求,促进人的全面发展。在制定我国具体政策时,都应该在政策目标中体现"以人为本"的政策价值理念,特别是在处理政策具体目标与其最终目标的关系问题上,必须把满足人的全面需求、促进人的全面发展作为与之相关政策的最终目的,并坚持所有政策的具体目标都必须服从这一最终目的的原则。在我国当前条件下,无论是经济政策还是社会政策以及其他政策,都应该以提高人民幸福、促进人的全面发展为最终目的。例如,

在我国当前条件下，经济增长的目标内容仍然包括 GDP 的增长，但这种增长必须以有利于人民幸福和人的全面发展为前提和最终目的。如果违反这一最终目标，这样的 GDP 增长就是得不偿失。如以破坏环境为代价的 GDP 增长就属于此例，因为这样的 GDP 增长给人民带来的幸福可能是负数，因而与“以人为本”的政策价值理念是背道而驰的，是必须加以禁止的。相反，对于那些有利于人民幸福、促进人的全面发展的 GDP 的增长，必须加以鼓励。总之，要实现以人为本的政策价值理念，必须在政策目标上充分体现这一价值理念，以此作为判断政策目标是否正确或合理的重要依据之一。

（二）政策内容途径。所谓政策内容途径就是指通过制定与政策价值理念一致的政策内容来实现政策价值理念的一种政策途径。任何政策都是有其特定内容的，政策的价值理念往往要通过特定的政策内容来得到体现。政策的内容是多方面的，从根本上说，就内容而言，政策是社会价值的权威性分配。所谓政策内容无非就是与社会利益的增长和分享有关的内容。如果从“以人为本”的政策价值理念的角度来看，政策内容既涉及公共政策的利益导向是否有利于惠及全体人民的问题，即利益在人与人之间的分配问题；又涉及公共政策的各项措施是否有利于满足人民群众的全面需求问题，即人民从政策中所获利益与人民需求的关系问题。前者涉及如何处理效率政策的问题，后者涉及如何处理经济政策与社会政策的问题。从“以人为本”的政策价值理念出发，一方面，必须重新认识效率与公平的关系，在当前条件下要特别注重公平的重要性。具体而言，在经济发展政策方面要进一步加大中西部地区的投入和社会主义新农村建设的投入，以促进中西部地区和农村更快的发展，缩小中西部经济欠发达地区和东部经济发达地区的差距，以及农村和城市的差距；在经济分配政策方面，要进一步向低收入者和弱势群体倾斜，加大社会保障和扶贫基金的投入，特别是要加大农村社会保障和扶贫基金的投入，尽快建立包括农村人口在内的全民社会保障体系，以让城市平民和农民更多地分享改革开放和经济发展所带来的成果。另一方面,必须重新认识经济发展投入和社会事业投入的关系,在当前条件下要特别加大对社会事业的投入。具体而言,特别是要加大教育、文化和卫生事业的投入,因为随着经济的发展,总体而言人民生活水平的提高,人民的需求层次也在不断提高。我国经过近30年的改革开放后,人民温饱基本得到解决的情况下,我们的政策理念必须转变,与之相对应的政策内容必须作出调整,公共政策除应注重满足人民的经济需求外,还应注重满足人民有关发展、娱乐和健康等多方面的需求,因而政府在公共政策的内容方面应加大教育、文化和卫生事业的投入,尽最大可能保证人们多方面需求的满足,以促进人的全面发展。

(三)政策过程途径。所谓政策过程途径就是指通过对政策制定与执行过程进行与政策价值理念相一致的变革,即通过政策过程来体现政策价值理念的一种政策途径。以人为本的政策价值理念所包含的满足人的全面需求、促进人的全面发展的理念,必然包含着应该满足人的政治需求、促进人的政治能力发展的理念。从政策过程的角度看,公民参与政策过程有助于满足公民的政策需求、促进人的政治能力的发展。因为政策过程实质上是一个政治过程,通过政治过程的参与,不仅使人的政治需求得到满足,而且能够提高人的政治能力,促进人的政治能力的发展。因此,实现“以人为本”的政策价值理念的政策过程途径,事实上就是政治的民主化建设途径,在我国当前的条件下,为保证政治民主化建设的循序渐进,可考虑先从一些与公民切身利益相关的具体政策过程的民主参与入手,逐步扩大政策的民主参与渠道,加大政策制定与执行过程的民主化建设,为我国民主政治建设积累更多的经验。

1.4 试论建立政策权威的必要性及其原则*

在现代政策科学中，有的政策科学家给公共政策所下的定义是："个人或集体制定的政府法规或措施，即每一政治系统的权威性决定的输出。"①政策是政治系统权威性的输出，就是说，政策有一个重要性，这就是它的权威性。"所谓公共政策，它是政府的一种行为，或者准确地说，是社会公共权威的一种行为。"②如果缺乏权威性，那就不构成一项公共政策。那么，什么是政策的权威性呢？所谓权威，是指一种使人信从的力量与威望。恩格斯在《论权威》一文中指出：权威包含两个方面的含义：一方面"是指把别人的意志强加于我们；另一方面，权威又是以服从为前提。"③在这里，恩格斯揭示出权威的本质特征：

第一，权威对于公众来说，是一种外在的力量，是强加于公众的。"权威是被要求服从的人所做出的让步。"④

第二，权威对于公众来说，又是一种内在的力量，因为公众自觉服从这个权威。

权威可分为个人权威和集体权威。个人权威是某种个人的意志，这种意志强加于公众并为公众所自觉服从；集体权威则是一种强加于公众并为公众自觉服从的集体意志。领导者的权威一般带有个人权威的特点，而政策权威则是一种集体权威，这是由政策的特点所决定的。因为现代政策一般说来不是个人意志的产物，而是集体意志所决定的，即"政治系统的权威性输出"。虽然有的政策是以某个领导者个人名义发布或签署的，但它仅仅是代表某一组织而已。当然，在政策制定过程中，一个组织的主要领导者往往起着很重要的作用。即使如此，这样产

---

* 本文原载《社会主义研究》1993 年第 2 期。

① [美]杰克·普拉诺等：《政治学分析辞典》，北京：中国社会科学出版社，1992 年版，第 134 页。

② 桑玉成、刘百鸣：《公共政策学导论》，上海：复旦大学出版社，2001 年版，第 2 页。

③ 《马克思恩格斯选集》第 3 卷，北京：人民出版社，1995 年版，第 224 页。

④ [美]查尔斯·林德布洛姆：《决策过程》，上海：上海译文出版社，1988 年版，第 62 页。

生的政策也不能简单地看成他个人意志的产物，因为没有组织中其他成员的赞成或认可，主要领导者的个人意志是很难上升为政策的。在现代社会，建立政策的权威性是十分必要的。正如恩格斯所指出的那样，现代社会"有一种使各个分散的活动愈来愈为人们的联合活动所代替的趋势"。"联合活动就是组织起来，而没有权威能够组织起来吗?"⑤权威为现代社会能够有秩序地运行规定了活动的目标、方向和准则，只有建立政策的权威，政策才能发挥自身的功能，对社会的运行起到一种调节作用。

从理论意义上说，在现代社会必须建立政策权威，是由现代社会的特点与公共政策的功能所共同决定的。第一，现代社会的特点之一是人类活动的高度集中化，而公共政策的重要功能就是要对这种高度集中的人类活动进行调节。现代社会随着大工业的发展，人们由过去的分散劳动走进了工厂，而工厂劳动的特点则是集体行动、联合活动。由于生产方式的改变，导致整个社会高度地组织起来，使人类活动高度集中化。在这样的社会环境下，几乎可以说，没有一定的权威；社会就不能正常运转。在现代社会，这种权威往往通过政策(包括法律)体现出来。因此，对于现代社会来说，建立政策权威，是协调现代社会越来越复杂的人类共同劳动、共同工作、共同生活、共同学习的需要。第二，现代社会是一个利益多元化的共同体，公共政策的另一个重要功能就是要合理调整各种利益关系。"所谓政策，无非是正确处理各方面的关系。"⑥公共政策要实现其这一特定的功能，就必须赋予它一定的权威性。如果政策缺乏必要的权威性，这种调整就会成为一句空话。第三，现代社会纷繁复杂，并非每一个人都能正确地认识和把握其中的客观规律性，而政策的再一个重要功能就是要引导人们按客观规律办事。政策权威的建立，要求社会中的人们严格按政策办事。由于正确的政

⑤ 《马克思恩格斯选集》第3卷，北京：人民出版社，1995年版，第224—225页。

⑥ 《陈云文选》(1956—1985)，北京：人民出版社，1986年版，第32页。

策客观地反映了事物发展的规律，因而能对人们的行动起一种引导作用。否则，一些认识水平低和自觉程度差的人，既不懂得事物的发展规律，又不按政策办事，就会使自己的行动陷入盲目甚至错误的境地。因此，在现代社会通过政策来引导人们按客观规律行动，甚至迫使人们服从政策所反映的集体意志，仍然是十分必要的。

从实践意义上说，在政策的制定和执行过程中必须建立政策的权威性，这是由政策的目标和政策执行的特点所决定的。首先，从政策的目标看，政策的权威是实现政策目标的基本前提。任何一项政策，都有其特定的目标，而政策目标的实现，是由广大的政策执行者来通过其共同的、相互协作的活动来完成的。没有政策的权威，就不可能形成人们这种共同的、相互协作的活动。在一种各行其是的情况下，是无法实现政策目标的。例如，关于廉政建设问题，机构人员的编制管理问题，目前我国已制定了一系列相应的政策，但廉政建设的现状仍然不尽如人意，各类机构的人员也大大超编。也就是说，廉政建设的政策，编制管理的政策，实际上没有达到其应有目标。其中一个重要原因就是政策的权威性不够。否则，就不会出现“有令不行、有禁不止”的现象。可见，政策目标与政策权威的关系十分密切，没有政策的权威，政策目标只是一种纸上谈兵的东西。其次，从政策执行的特点看，政策权威是政策执行的根本保证。政策执行的基本特点是，需要很多的人共同活动，而共同“运转的首要条件也是要有一个能处理一切所管辖问题的起支配作用的意志”。⑦ 这个意志就是权威。建立政策的权威，就是要使政策成为统治阶级的意志即国家的意志，强加于每一个执行者，迫使每一个执行者服从它。否则，政策就无法执行，或执行过程中走样。毛泽东指出：“政策和策略是党的生命，各级领导同志务必充分注意，万万不可粗心大意。”⑧当前，在我国政策执行过程中不同程度地存在着“上有政

⑦ 《马克思恩格斯选集》第3卷，北京：人民出版社，1995年版，第226页。

⑧ 《毛泽东选集》第2卷，北京：人民出版社，1991年版，第1298页。

策、下有对策"的现象,就是政策权威性不够的一种表现。可见,没有政策的权威,政策就不会对执行者的行为起一种严格约束、规范的作用,政策的执行过程也必然会受到影响。

影响政策权威的诸因素,从另一个角度说,也可以称之为政策权威的渊源,即政策的权威性来源于哪些因素。从理论和实践两个方面看,影响政策权威的因素主要有:政策的合法性和合理性、政策的效益性和公平性、政策的可接受性和政策传播的适时适地性。

(一)政策的合法性和合理性。任何一项政策,只有当它是合法的时候,它才是权威性的。所谓合法性,至少应包含以下两个方面:一是政策的内容不得与宪法及其他现有的基本法律相冲突;二是政策的制定和通过过程必须符合法定程序。政策的合法性是政策权威性的一个重要来源。在这里,政策的权威性本质上来源于国家的意志,即统治阶级的意志。因为法律是统治阶级意志的体现,政策的合法性就是符合统治阶级的意志。在任何国家,统治阶级意志作为国家意志,是最富有权威性的。"一般说来,政策或有关规定与法律是一致的,但也很难排除相违背的时候或地方。"⑨这就会影响政策的权威性。除了政策的合法性外,政策的合理性也是政策权威性的一个重要来源。所谓政策的合理性,是指政策的内容必须正确地反映客观实际,必须符合客观事物发展的规律性,同时必须反映广大人民的愿望。凡是正确地反映客观实际、符合客观事物发展的规律性、并且反映广大人民愿望的政策,就一定具有权威性,否则就谈不上有权威性。即使暂时看起来有权威,随着时间的推移,这种没有根基的权威性终究也会丧失。政策的合法性与合理性本质上是一致的,它们都是政策权威性的一个重要来源。但是,政策的合法性与合理性也有不一致的时候和地方。这种情况在新政策刚刚产生的过程中往往表现得比较明显。例如,我国的家庭联产承包责任制政策在其产生过程中,就遇到这种情况。家庭联产承包责

⑨ 胡象明:《行政决策分析》,武汉:武汉大学出版社,1991年版,第82页。

任制本来是群众创造的，但作为一项政策出台则几经反复。虽然它一开始就受到了农民群众的广泛欢迎，并表明它对于提高农业生产力有巨大促进作用，即表明了它的合理性，但在当时的条件下它的合法性则受到很多人的怀疑。产生这种现象的原因主要在于法律具有一定的稳定性，它对发展着的客观事物和社会现象的反映常常滞后，而一项新产生的或正在成长着的新政策则对客观事物和社会现象能做出迅速的反映。当政策的合理性与合法性不一致时，政策的权威性往往受到不同程度的影响。

（二）政策的效益性和公平性。制定政策的目的是为了执行，在政策的执行过程中，需要付出一定的代价，同时也会带来一定的收益。在政策执行的收益与代价之间往往会产生一个差额，这就政策的效益。任何正确的政策都会给人们带来一定的实际效益（这里暂且不分析负效益的政策）。一般说来，政策效益越大，政策的权威性可能越高；反之亦然。但影响权威性，除其效益外，还有一个政策效益在不同的人们之间的分配关系问题，这就是所谓公平的问题。一项政策，一般说来，“当效果或效益有效地增长时，公平同样有可能改善”[⑩]。随着政策效益的增加，在效益分配上越公平，拥护、支持的人越多，政策的权威性就越高。实现政策效益分配上的公平性，有利于调动各方面的积极性，从而进一步促进政策效益的提高。这就是政策的效益性与公平性的一致性，它有助于政策权威的提高。反之，一项政策，即使其效益较大，但由于在效益分配上存在着过大的悬殊，即不公平，也会影响政策的权威性。这就是政策的效益性与公平性之间的矛盾。例如，我国现在推行的“让一部分人先富起来”的政策，有利于调动广大劳动者的积极性，对于发展生产力来说，效益是比较好的。但在效益的分配上，则造成贫富悬殊有可能扩大，一些先富起来的人有可能利用自己的资本获取一定

---

⑩ ［美］斯图亚特·S. 尼古：《政策学：综合与评估》，北京：中国人事出版社，1991 年版，第 44 页。

的剩余价值，这就出现了一个分配不公的问题，政策的效益与公平的矛盾性，也必然会影响政策的权威性。

（三）政策的可接受性和人们对政策的态度有着直接的关系，而人们对政策的态度又取决于人们对政策内容的可接受程度。这就是一个政策的可接受性问题。具体说来，人们对政策的态度主要取决于以下两个因素：一是政策与人们实际利益的关系；二是政策与人们行为方式的关系。从政策与人们实际利益的关系而言，政策的一个重要内容就是对人们之间的利益进行调整。在这种调整过程中，一部分人获得更多的利益，就意味着另一部分人相对地减少了某些利益。在利益分配过程中，得到不同利益的人们对政策的接受性往往持不同态度。一般说来，那些获得较多利益的人们对政策往往持积极支持态度，而那些获益较少、特别是相对利益减少的人们往往对政策持消极态度，甚至产生抵触情绪。当后者的人数较多时，即多数人对政策不满或持有抵触情绪时，政策的可接受性就成了问题，这时政策的权威性也必然会降低。一般说来，政策的权威性与政策的可接受性成一种正比例关系。当政策的可接受性程度越高时，政策的权威性程度也越高；反之，当政策的可接受性程度越低时，政策的权威性程度也随之降低。政策的可接受性除受利益关系的制约外，还受人们行为方式的影响。[11] 人们的行为方式与人们的观念、习惯有关。一项本质上是对公众带来根本利益的新政策，在执行之初由于与人们的习惯、传统观念和行为方式不相符合，也往往使人们对政策产生抵触情绪，即起初表现为难以接受。例如，我国的计划生育政策就是如此。尽管这一政策从根本上来说，对所有公民都是有益的，但由于它与中国人的“多子多福”观念相矛盾，因而在一定时期也会为部分公民所不理解，甚至难以接受。政策的可接受性和传播的适时适地性有着紧密的关系。所谓政策传播的适时适地性，是指政策公布、宣传的时机和范围要适当。从时机上看，如果政策

---

⑪ ［美］詹姆斯·E. 安德森：《公共决策》，北京：华夏出版社，1990 年版，第 225 页。

传播的时机选择适当，就能提高政府的可接受。相反，如果政策传播的时机选择不恰当，就会影响政策的权威性。从范围上看，如果政策传播的范围不适当，也会影响政策的权威性。

建立政策权威的途径是多种多样的，如搞好政策公布和宣传，制定奖惩措施，对政策执行加强检查、监督等等。但是不管是采取哪些措施，通过哪些途径，都应该遵循某些基本原则。建立政策权威的基本原则是由影响政策权威的诸因素所决定的。这些基本原则是：政策的合法性与合理性相统一的原则，政策的效益性与公平性相统一的原则，政策的可接受性与传播的适时适地性相统一的原则。

（一）政策的合法性与合理性相统一的原则。政策制定和通过的程序要合法，即符合一定的法定程序；政策在内容上既要合法，即符合现有的法律，又要合理，即符合实际，符合客观事物和社会发展的规律性。在政策制定的实际操作过程中，政策的内容在合法性和合理性上有时不免发生矛盾，而这种矛盾常常影响政策的权威性。因此，为了提高政策的权威性，必须妥善解决好政策的合法性与合理性的矛盾。这是坚持政策的合法性与合理性相统一原则的基本要求。由于政策合法性与合理性的矛盾常常发生在新政策的产生之初，因此，在新政策的制定过程中，首先必须考虑到新政策的内容要尽量与现行法律相一致。当然，当客观事物和社会发生了新的变化时，新政策必须适应新的情况，而法律又没有及时对新情况做出反映，此时新政策就不能囿于现行的法律，而应该及时对新情况做出反应。这时新政策在内容上为避免与法律的冲突，可以不必一开始就普遍推行，而是先在一定的小范围内加以试点。在新政策的试点过程中，法律部门应给予一定的“自主权”使其试点工作具有一定的合法性，待试点工作取得成果，新政策得到证实后，法律在有关内容上应作些适当调整，对新政策予以确认。这样就逐渐使新政策在内容上把合法性与合理性统一起来，从而提高政策的权威性。目前我国正处于改革开放时期，很多政策在内容上并无先例。新政策产生有时不可避免地在内容上要超出现有法律的限制，再通过试点证实后逐步由法律所承认，几乎是一个带普遍性的问题。家庭联产承包责任制改革政策的产生过程是这样，其他如经济体制改革政策、科技体制改革政策，等等，也是这样。新政策由试点到被法律正式确认的过程，也是一个提高政策权威的过程。

（二）政策的效益性与公平性相统一的原则。政策的效益性与公平性是政策权威性的两个重要来源，而二者的矛盾构成了影响政策权威性的一个重要因素。要解决这一矛盾，必须坚持政策效益性与公平性相统一的原则。其前提是：政策首先必须要有效益，在高效益的基础上实现效益分配的公平。因此，当政策的效益性与公平性发生矛盾时，解决矛盾必须从提高政策效益入手，注意调整效益的分配，以解决分配上的不公平问题。但对分配的不公平只能根据实际情况做适度调整。在目前，我国社会主义还处于初级阶段，因而还不能实现效益分配上的完全公平。因为我国目前的物质财富还十分有限，人民的思想觉悟也远未达到共产主义的思想境界。例如，在政策上允许一部分人先富起来，对效益的分配实行适度的倾斜，虽然这里面多少包含了一些"不公平"的因素，但在目前的条件下对于调动各方面的积极性，提高政策的效益性，是十分必要的措施，也是提高政策权威性的一种重要手段。实践证明，只有能够充分调动各方面积极性的政策，才是一种有权威性的政策。当然，政策上允许存在的分配"不公平"的因素应该是十分有限的，如果超过了一定的限度，不但不能起到调动各方面积极性、提高政策效益的作用，反而会影响人们的积极性，减低政策的效益。

这里需要指出的是，所谓公平是从"公正、平等"的意义上而言的，绝不能理解为"平均"，更不能理解为绝对平均。在政策制定过程中，应努力将效益性与公平性统一起来，在政策上找到效益性与公平性最佳结合点，以达到提高政策权威性的目的。

（三）政策的可接受性与政策传播的适时适地性相统一的原则。政策的可接受性是政策权威的一个重要来源。政策传播对政策权威性的影响，是通过政策的可接受性起作用的，只有当政策传播有利于公众接受该项政策时，它才有利于提高政策的权威性。当政策传播与政策的可接受性发生矛盾时，就不利于政策权威的提高，甚至还会影响政策的权威性。从有利于政策的可接受性出发，政策的传播在时间和范围上要选择适当，即适时适地。如果政策传播时机选择适当，就可以使"人们常常自愿地认可权威。"[12]这个适当的时机就是人们乐于接受该项政策的时机。例如，降低银行存款利率政策的公布，就要选在市场商品丰富、物价比较稳定的时候。同样，政策传播的范围选择恰当，也有利于提高政策的权威性。政策由于内容的不同，因而决定了其传播范围的有限性。有些政策只适宜于传播到城市，而有些政策只适宜于传播到农村；有些政策可以在报纸上公开宣传，而有些政策只适宜在省、军级或县、团级以上干部的范围传达。政策传播的范围从实质上看是由政策的内容决定的，从形式上看是由政策文件规定了的，从目的上看是为了有利于政策的可接受性，从而强化政策的权威性。

---

⑫ [美]查尔斯·林德布洛姆:《决策过程》,上海:上海译文出版社,1988年版,第63页。

2. 政策过程的行为模式

2.1 论一体化民主决策模式*

决策模式是决策体制、决策程序和决策方法在决策理论上的一种综合反映。在美国,关于"精英决策模式"与"多元决策模型"的争论,一直是政策科学讨论的热点话题。然而,一个国家的政策决策模式或政策制定模式往往是由该国的具体国情所决定的。以上两种决策模式均不符合中国国情。探索我国政策决策模式,对我国政策决策做出理论概括,无论对于我国政策决策理论的发展,还是对于我国政策决策的科学化和民主化,都具有重要的意义。

一、影响我国政策决策模式的诸因素

一个国家的政策决策模式与另一个国家的政策决策模式往往存在着很大差别,这些差别是由一系列因素所决定的。这些因素主要有经济结构、政治结构和政治文化结构等等,下面我们将对上述诸因素及其与政策决策的关系做一个简单的分析。

第一,我国经济结构的特点及其对我国政策决策模式的影响。马克思主义认为,整个社会结构好像是一座极其复杂的建筑物,它有自己的基础,又有自己的上层建筑。经济结构属于基础的范畴,它在这个结构中处于决定者的地位,而政策决策属于上层建筑的内容或范畴。由于上层建筑处于被决定者的地位,因此,政策决策模式也必然为经济制度所决定。那么,我国现有的经济制度具有什么特征呢?简言之,就是以社会主义所有制为主体的多种经济成分并存。这就表明,我国的经济结构是一种"一与多"并存的结构。所谓"一",就是一种所有制即社会主义所有制为主体;所谓"多",就是多种经济成分并存。这种"一"与

---

* 本文原载《武汉大学学报》(哲学社会科学版)1995年第3期。

"多"并存的经济结构,必然地决定着我国的政治结构也有相应的特点,从而必然地决定着我国的政策决策模式也相应地具有这些特点。

第二,我国政党制度的特点及其对政策决策模式的影响。一个国家的政党制度是该国政治结构中的一个重要组成部分。现代各国政治本质上是一种政党政治,而政策过程只不过是政治系统的一种输入、转换和输出的过程。事实上,在当代绝大多数国家,政党在政策决策过程中发挥着重要的作用。一个国家的政策,或者是由执政党所直接制定与执行的,或者是由执政党所操纵的。在不同国家的政治系统中,由于政党制度的不同,因而政党在政策决策过程中所发挥的作用也不同,从而各国的政策决策模式也存在很大差别。美国政策科学家詹姆斯·E.安德森在谈到这种区别时指出:在多党制国家(例如美国),"在政策制定过程中,政党更多的是作为各种特定利益的经纪人而非倡导者存在。在某些一党制的政治系统(如前苏联)中,政党是制定政策的主导力量。"①我国的政党制度,一方面与以美国为代表的资本主义国家的政党制度有着重要区别,即不是多党制。这种区别决定了我国的政党组织在政策制定过程中不是以利益团体代表的身份出现的,从而决定了我国的政策决策模式不是"多元化"的。另一方面与以原苏联为代表的一党制相区别,所实行的是中国共产党领导下的多党合作制度。这种区别决定了我国各政党组织在政策制定过程中是"群言堂",即在共产党领导下的政治协商,从而决定了我国的政策决策模式不是"一言堂"式的,而是民主型的。并且由于我国政党制度具有不同于其他国家政党制度的特点,从而决定了我国的民主也具有自身的特点。在我国中国共产党领导下的多党合作制中,正如我国的经济结构一样,实现了"一与多"的统一。这种"一与多"统一的特点,同样会影响我国政策决策模式的特点。

第三,我国政权组织结构的特点及其对政策决策模式的影响。政

① [美]詹姆斯·E.安德森:《公共决策》,北京:华夏出版社,1990年版,第55—56页。

策是国家政权机关的重大决策。在不同的国家,国家政权具有不同的组织结构。一般说来,国家政权的权力主要有以下三种:立法权、行政权、司法权。相应的现代国家政权机关也可以划分为以下三类:立法机关、行政机关和司法机关。无论哪个国家,这三类机关都参与了政策的制定和执行过程。但是,在不同的国家里,由于国体和历史传统、具体国情不同,这三类机关的结合方式、相互关系以及它们各自在国家政权中的地位是不同的。正是由于这种不同,决定了立法机关、行政机关和司法机关在政策制定与执行过程中所发挥作用的方式不同,所起作用的程度不同。也就是说,由于国家政权组织结构的特点不同,决定了不同国家具有不同的政策决策模式。中华人民共和国实行的是人民代表大会制度,在这种政治制度下,政权组织结构是由一个权力机关即人民代表大会统一行使权力条件下的行政机关与司法机关两者分工负责制。也就是说,国家权力不是分立的,而是统一的,即统一于国家权力机关,这就是我国政权组织结构的统一性特点。另一方面,在行政、司法均由权力机关产生并向权力机关负责、受权力机关监督的前提下,行政与司法又是相互独立的,两者实行有效的分工负责制,并且司法机关又一分为二,即分为审判机关和检察机关,以达到互相制约的目的。也就是说,我国的政权组织结构又具有分工制约的特点。这样,在我国政权组织结构中,前一个特点的实质是“一”,后一个特点的实质是“分”,分即多。因此,从我国政权组织结构看,也体现了“一与多”的统一或一体化,这种“一与多”的一体化也必然地要在我国的公共决策模式中得到体现。

第四,我国政治文化结构的特点及其对我国政策决策模式的影响。政治文化结构是由各种政治观念所组成的系统,其中核心的内容是意识形态。一个国家的政治文化结构是由该国的经济结构所决定的,但它又具有相对的独立性。其中,这种相对独立性的一个重要表现就是对政治结构和政治过程具有一定的反作用。政策过程作为政治系统的一个输入、转换和输出的过程,必然地要受到政治文化结构的影响作用。也就是说，一个国家的政治文化结构的特点，在一定程度上影响政策决策模式的特点。我国的政策文化结构是一种在马克思主义指导下的“百花齐放、百家争鸣”的结构模式。在这个结构模式中，“指导我们思想的理论基础是马克思列宁主义”[②]。占主导地位的意识形态是马克思主义(包括中国化的马克思主义即毛泽东思想)。这是指导思想，我们必须用这一个主义统一全国人民的思想。但统一人民的思想，不等于禁锢人民的思想。我们主张的马克思主义是发展的马克思主义，允许在马克思主义的指导下，实行学说与言论自由。主张一切属于思想意识方面的问题，允许“百花齐放、百家争鸣”[③]。虽然我国在这方面的实践上过去犯了不少错误，但毕竟提出了一系列正确的方针。这种方针中的“一”与“百”的关系，也充分体现出“一”与“多”的统一或一体化。政治文化结构的这种“一与多”的一体化的特点，也必然地要在政策决策模式中得到反映，影响我国政策决策模式的特点。

二、一体化民主决策模式的特点

根据以上分析，我们认为，我国政策决策模式，无论从经济基础、现有政策决策主体的结构，还是从政治文化结构看，均具有“一与多”一体化民主的特点。我们姑且将这种政策决策模式称之为“一体化民主决策模式”。这种决策模式主要有如下几个具体特点：

(一) 这种决策模式是民主的，它有着“多”方面的参与机制。一种决策模式是民主的还是独裁的，主要看这种决策模式能否为政策决策过程提供广泛的参与机制。从历史上看，封建主义的政策决策模式是典型的独裁模式，政策决策权集中在皇帝和少数官僚手里，广大人民群众无法参与决策过程。资本主义的政策决策过程总的说来要比封建主义的政策决策过程民主得多。但是，正如精英决策模式所指出的那样，即使像美国这样典型的资本主义社会，民主也只是少数精英人物的民

② 《毛泽东著作选读》下册，北京：人民出版社，1986年版，第715页。

③ 同上书，第783页。

主，政策决策并不反映绝大多数劳动人民的意志，而只是反映少数所谓杰出人物的利益。而我国的这种“一与多”的一体化民主决策机制，则为各党派、各阶层和广大劳动人民参与政策决策过程提供了广泛的参与渠道。在共产党的领导下，各党派、群众团体和广大人民均可通过自己的代表参加政治协商会议、人民代表大会等来参与政策制定过程，也可通过大众传播媒介和信访等途径参与政策决策过程。在一体化民主决策模式中，充分体现了“一”与“多”的统一。把“一”与“多”统一起来，这是中国共产党人在马克思主义指导下，结合中国国情创造出的一种现代民主形式。一体化中的“多”既是民主的前提，也是民主的表现形式。

（二）这种政策决策模式所提供的民主机制，是一种有效的民主机制。这种有效性主要表现于“多”的统一性。在我国的政策决策模式中，有“多”的存在，但这种“多”又没有导致“多元化”，而是实现了“多”的统一，这种统一性保证了民主的有效性。西方有些学者把民主化与多元化联系起来，甚至把民主化等同于多元化，认为只有多元化才是民主，否则就是专制。他们据此把像美国这样的多元化国家称之为民主制国家，而把像原苏联（甚至包括中国）这样的国家称之为专制国家。这里除了有意攻击之外，还有一个关于“民主”的认识问题。其实把民主化与多元化等同起来的公式并不成立，就是在美国这一公式也遭到了严厉批评。有人认为这种多元化民主“对国家的统一构成了威胁”④。因为按照这种理论，多元化国家不可能有统一的价值观，权力的高度分化可能损害公共秩序，甚至会导致国家的瓦解。也就是说，这种民主的多元化与民主的有效性可能是矛盾的，而失去了有效性的民主，其意义就值得怀疑了。所以，我们认为，民主化与多元化之间的结合，未必就是最好的结合。也就是说，民主并不简单地等于“多”，而“一”与民主之间未必存在着不可跨越的鸿沟。相反，“一”与“多”相统一的一体化，不但较好地解决了政策决策过程中的民主问题，而且也较

④ [美]E. R. 克鲁斯克等:《公共政策词典》,上海:上海远东出版社,1992 年版,第 25 页。

好地解决了民主的有效性问题。因为在这种决策模式中,虽然决策主体具有“多”的性质,但决策主体“多”的方面都是以参与者的身份出现的,彼此之间并不存在你争我斗的关系。同时,由于“一”的存在并处于某种特殊的地位,能够对“多”起一种领导或指导作用,这就保证了“多”的活动能够有秩序地进行,从而保证了民主的有效性。

(三)在这种政策决策模式中,“一”与“多”的相互结合构成了一个有机体。在这个有机体中,“一”与“多”的关系不是一种简单的并列关系,而是一种领导与被领导、主导和从属的关系。具体说来,这种关系主要表现在以下几个方面:

第一,“一”是“多”的前提。例如,在政党组织结构中,没有共产党就没有共产党领导下的各民主党派;在政权组织结构中,国家权力机关的存在是行政机关和司法机关存在的前提,没有国家权力机关就没有从属于国家权力机关的行政机关和司法机关;在政治文化结构中,“百花齐放、百家争鸣”是以马克思主义为前提的,没有马克思主义就没有马克思主义指导下的“百花齐放、百家争鸣”。

第二,在“一”与“多”的矛盾统一体中,“一”处于主导地位,“多”处于从属地位。例如,在政党组织结构中,共产党处于领导地位,而各民主党派处于被领导地位;在政权组织结构中,国家权力机关处于主导地位,而行政机关、司法机关处于从属地位;在政治文化结构中,马克思主义处于指导地位,而“百花齐放、百家争鸣”处于被指导地位。

第三,“一”的活动对“多”的活动具有一种导向性作用,而“多”的活动是在“一”的指导下围绕着“一”的活动而展开的。例如,在政党活动中,共产党的活动对各民主党派的活动具有一种导向性作用,而各民主党派的活动则是围绕着共产党的活动而展开的。这样,在整个政策决策系统中,各子系统的活动就能够做到“活而不乱”,“民主而有秩序”,形成一种沿着既定方向而又有规则的运行方式。因此,这样的一个政策决策系统实现了民主性和有效性的统一。一方面这个决策系统充满了活力,它使社会中各组织、各阶层和广大人民群众在政策决策过程中享有充分的民主；另一方面，这个决策系统中的各子系统的活动又是围绕着决策过程有秩序地进行的，保证决策过程民主的有效性。

三、一体化民主决策模式论的理论意义

一体化民主决策模式论的提出，对于科学地、正确地分析我国的地方政策决策过程具有重要的方法论意义。

第一，一体化民主决策模式论为科学地、合理地解释我国的政策过程提供了理论前提。要解释一种政策过程，就必须要回答这样一个问题：即这种政策到底是由谁制定的？是通过怎样的途径制定的？这是任何一个政策理论家都不能回避的问题。美国学者在解释美国政策的形成过程时，虽然产生了各种理论，但在回答上述问题时主要有影响的观点是如下两种：即精英决策论和多元决策论。前者认为政策仅仅是少数精英制定的，并且认为政策仅仅反映少数人的利益，而广大群众则是"愚氓"，他们是被排斥在政策过程之外的。显然，这种观点是违反历史唯物主义的，我们不能用它来解释我国的政策过程。后者认为政策是社会各种力量相互作用的结果，并且承认普通群众对政策过程也有影响作用，甚至认为群众也可以通过参与利益集团达到参与政策制定的目的⑤。这种理论看来很"民主"，但它仍然不能用于解释我国的政策过程，因为这种理论是以"多党制"、"政治多元化"为前提的，因而这种理论是我们所不能接受的，也不符合我国的实际情况。相反，我们提出的"一体化民主决策模式"，在理论上，它与马克思主义的立场、观点是一致的，坚持了马克思主义关于政党、群众等基本理论原理，又根据我国的实际情况把马克思主义的政治学说具体化为当代的政策理论。在实践上，它既能比较合理地解释我国目前的政策过程，又能对我国的政策决策起指导作用。

第二，一体化民主决策模式论为科学地、合理地解释我国的民主政

---

⑤ 胡象明：《地方政策分析——体制、文化与过程》，武汉：武汉大学出版社，1994 年版，第 32－34 页。

治过程提供了理论支持。就民主的本质而言，马克思主义已给予了明确的回答。但是，就民主的具体实现形式而言，还有待于进一步的探索，特别是需要进行理论上的探索，对实践上已存在的民主形式进行高度的理论概括。目前西方发达资本主义国家的民主，我们暂且不谈它的实质，就它的具体实现形式而言，绝大多数都是采用多元化形式。据此，我国也有少数人误认为民主化就是多元化，或者说民主只有多元化一种形式。显然，这种观点无法解释发生在20世纪后半叶中国社会的民主进程。一体化民主决策模式论则对当代中国社会的民主进程进行了科学而又合理的解释。今天的中国社会无论是从政党制度、国家政权体制，还是从政治文化看，都是“一与多”的统一体，如政党制度的中国共产党领导下的多党合作，国家政权体制的一院制下的行政、司法分工负责制，政治文化方面的马克思主义指导下的“百花齐放、百家争鸣”，等等。我国政治过程正是在这种“一与多”的统一中体现出“一体化民主”的特点。

第三，“一体化民主论”的理论模式为预测中国未来政治的发展趋势提供了理论依据。根据中国特色的社会主义理论，我国在经济体制方面将坚定不移地走向社会主义市场经济。随着社会主义市场经济的发展，我国社会主义政治也必然会向着民主化的方向发展。问题在于：中国的社会主义民主有什么特色？其具体实现的途径是什么？正如市场经济模式不仅仅有资本主义一种模式一样，民主政治模式也不应该只有资本主义一种模式。既然可以存在以公有制为主体的市场经济，那就也可以存在一体化的民主政治。正如前面所指出的，一体化民主是一与多的统一。因此，中国未来的民主政治建设，不在于一与多的分离，不在于到底是以一代多还是以多代一，而在于使一与多结合得更好。“一体化民主”作为一种具有现代民主意识的政治模式，将代表着中国未来政治的发展方向。

2.2 论地方政策的决策模式*

广义而言,地方政策决策包括地方政策的制定过程和执行过程;狭义而言,仅指地方政策的制定过程。本文是从狭义上来理解的。所谓地方政策的决策模式,是指地方政策制定的过程模型。下面我们将从不同的角度对地方政策过程模型做一个简要分析,并在此基础上提出地方政策决策的基本模式。

一、过程模型一:"中央—地方"或"上级—下级"过程模型

我国的政权组织体系属于中央集权制类型。其特点是国家的重大政策由中央统一制定,地方政策主要是具体落实中央的重大政策。当然,这一过程本身也包括了地方政策制定的内容,即依据中央政策并结合地方实际因地制宜地制定贯彻落实中央重大政策的具有地方特色的具体政策措施。因此,地方政策的制定过程也可以说是中央政策的具体落实过程。

但是,由于中国地大人多,经济、社会发展不平衡,各地情况各异,中央政策往往只是一些原则规定。地方政策的制定过程,既是对中央政策的具体落实过程,但又不能是中央政策的机械照搬。从制定过程而言,中央政策是制定地方政策的前提。作为前提,它也可以看成地方政策制定过程的逻辑起点。这样,地方政策制定的过程就表现为"中央政策(一般政策)—地方政策(特殊政策)"过程,这个过程也就是毛泽东所说的从一般到个别的过程。

由于地方政府本身就是一个层级节制体系,因此,实际的地方政策过程比上述过程模型要复杂得多,即在"中央政策—地方政策"这一过程中还存在很多中间环节。例如,对于县级地方政策来说,其过程表现为:中央政策—省级政策—市级政策—县级政策。因此,对县级地方政策制定过程来说,不仅有一个"中央政策—地方政策"的关系问题,还有

---

* 本文原载《武汉大学学报》(哲学社会科学版)1997 年第 2 期。

一个“上级地方政策—下级地方政策”的关系问题，我们简称上级政策与下级政策的关系。一般说来，从中央政策与地方政策或上级政策与下级政策的关系看，中央政策或上级政策具体化为地方政策或下级政策的过程是：

第一，中央政策一旦通过，便以文件的形式或通过大众传播媒介传达到地方政府。在我国，中央的重大政策一般以文件的形式逐级向下传达。先传达到上一级地方政府，再由上一级地方政府传达到下一级地方政府，依此类推。

第二，地方政府接到中央文件后，组织有关人员深入学习，并开展调查研究。在调查研究的基础上，依据中央文件精神，制定适合本地实际情况的具体政策。

第三，上级地方政府制定的地方政策进一步向下一级地方政府传达。下一级地方政府不但要深入学习中央政策，还必须领会上级地方政策的精神，并对本地情况进行调查研究。在此基础上，以中央政策为指导，根据上级地方政策的具体要求和部署，结合本地实际情况因地制宜地制定具体的地方政策。

地方政策制定过程中的“中央政策—上级地方政策—下级地方政策”模型，是建立在中央集权制的国家政权组织体系基础上的。因此，中央政策对地方政策的影响、制约程度取决于中央集权的程度。在过去中央高度集权时，地方很少有自主权，地方政策的制定过程往往只是一个照搬中央政策的过程，地方政策缺少应有的相对独立性和灵活性，全国各地出现了政策上“一刀切”的现象。由于我国地大人多，各地条件不同，中央政策对地方政策的影响和制约只能从一般意义上去理解，在具体措施上只能由各地方去确定。因此，我们不能把“中央政策—上级地方政策—下级地方政策”的过程模式简单地理解为后者照搬前者的过程，而应该看成一个内容不断具体化、措施不断特殊化的过程。

另一方面，我们还应看到，政策是一种利益机制，不同的政策反映了不同的利益关系。中央政策所反映的是全国的整体利益，而地方政策所反映的则是地方的局部利益。在社会主义条件下，整体利益与局部利益也存在矛盾。要解决好这个问题，就必须正确处理好集权与分权的关系问题。改革开放以前，我国曾就地方分权问题进行过多次试验，较大规模的一次是1958年的权力下放，但不久又将权力上收了。这也表明过去我们对中央政策与地方政策关系的处理还是处在不断探索、完善之中。

随着我国经济体制改革的推行和深入，我国对政治体制、政策制定和执行体系也进行了一系列相应改革，总的方向是中央向地方下放权力，即扩大地方自主权。毫无疑问，这对于调动地方的积极性确实发挥了很大作用。但是，从目前的情况看，在中央向地方下放权力的过程中，又产生了一些新的问题，这就是政策失控，出现了所谓的“擦边球”、“踩红线”、“上有政策、下有对策”等一系列问题，必须引起我们的高度重视。

二、过程模型二：“民主—集中”过程模型

民主集中制是我党重要的组织原则，也是我国政权建设和政策制定与执行过程中的一项重要原则。在地方政策制定过程中，它不但具有一般意义，而且具有特殊意义。

关于民主集中制对政策过程的一般意义，毛泽东曾经有过两种解释。一种解释是把民主和集中看成同一政策过程的两个阶段，民主即是政策制定的阶段，而集中则是指政策执行的阶段，并认为这两个阶段是统一的，相互联系的。另一种解释是，认为政策制定过程本身就包括了民主和集中两个阶段，是民主与集中的统一。所谓民主，就是首先要广泛听取各方面的意见；所谓集中，就是要在广泛听取各方面意见的基础上形成统一的政策。因此，政策过程的“民主—集中”过程模型就表现为先民主、后集中。我们理解的政策过程的民主集中制，绝大多数是从这个意义上而言的。

以上我们对“民主—集中”过程模型的讨论，仅仅是从一般政策过程而言的。从地方政策过程看，“民主—集中”过程模型不仅包含了以上两层含义，而且包含了另一层含义，即上级与下级的关系。在地方政策过程中，“民主—集中”模型在上级地方政府（直到中央政府）与下级地方政府的关系上，表现为“民主—集中—再民主—再集中”的关系。所谓“民主”是指通过听取本地方有关单位和成员（即下级）的意见，提出地方政策问题；所谓“集中”是指在提出政策问题后，请示上级，在征得上级同意前提下将该问题列入政策议程；“再民主”则是指通过民主程序制定地方政策；“再集中”即是指本级地方政府制定的政策报上级批准或备案。地方政策制定过程中在上级与下级之间形成的这种几上几下的过程，也可简略地称之为“民主—集中”过程。

地方政策过程中的“民主—集中”过程模型较好地解决了政策过程中决策参与和决策统一的矛盾。决策参与和决策统一是一对相互联系又相互冲突的矛盾。如何正确处理好这一矛盾，这不仅仅是一个理论问题，而且是一个如何正确地制定政策的实践问题。如果把民主与集中对立起来，实际上也就是把决策参与和决策统一对立起来。多元决策论认为，政策决策的民主性是指有无数的观点、个人、团体、思想和价值观争夺权力，即通过竞争而获得影响和制定政策的权力。换句话说，在多元主义看来，没有政治的多元化就没有民主，政策过程中的民主与集中是截然对立的。这种观点从政策过程来看，会遇到一个无法解决的矛盾，这就是政策统一问题。政策的统一只有通过集中来实现，没有集中如何实现政策的统一？在美国已经有人认识到这种绝对民主化的多元主义对国家的统一构成了威胁。与此相反，精英决策论认为政策是由一些为数不多的掌权人物做出的。这种观点更多地倾向于政策制定过程的集中性。但是，它的中心命题是制定政策的并不是群众，政策并不反映群众的利益和要求。这样在事实上排除了政策过程的民主性，同样是不可取的。

“民主—集中”过程模型是对我国政策制定过程的真实描述，在我国地方政策制定过程中，正如我们在前面已分析过的那样，这一过程模型得到了广泛的运用。因此，在地方政策制定过程中，只要真正地坚持了民主集中制原则，按照“民主—集中”过程模型进行决策，就能够做到决策过程的民主化，又能够保持政策的统一性。

第一，我们所说的民主不是多元主义所说的绝对民主，而是在集中指导下的民主，是一种有领导有秩序的民主。对民主进行指导和领导，目的不在于限制民主和压抑民主，而在于充分发扬民主，以确实保证各方面的各种意见能够充分发表出来。从这个意义上说，集中指导和有秩序的领导本身就是民主的一种保障机制。我国地方政策过程的民主行为，就是在必要的指导下进行的。这种集中指导包含了两层含义：一是一般意义上的“集中领导”，即要在当地领导机关的组织下进行；二是特殊意义上的“集中领导”，这就是地方政策的制定要以上级政策为依据并要向上级组织报告或由上级组织审查或备案。

第二，我们所说的集中是在民主基础上的集中，是对民主过程中提出的各种意见的综合统一。在地方政策的制定过程中，集中不是与民主相对立的一种行为，而是民主阶段的继续和发展，是民主的进一步升华。即是说，集中是对通过民主途径所获得的各种意见、建议的“去粗取精、去伪存真”的综合分析过程，通过这种综合分析形成共识，统一思想，达成一致的政策。这样的“集中”既是民主的内在要求，也是民主发展的必然结果。把民主与集中结合起来，这是我国政策过程的特点，也是我国政策过程的优点。

第三，地方政策过程中民主与集中的关系，也反映出政策体制集权与分权的关系。从政策体制的角度来看政策过程集权与分权的关系，民主是分权在政策过程中的反映，而集中则是集权在政策过程中的反映。政策过程中民主的存在，表明中央政府允许地方政府有一定程度的地方政策制定权。而政策过程中的集中要求，则表明地方政府必须执行中央政策，地方政策必须以中央政策为依据，特别是不得与中央政策相违背。在中央政策的指导下因地制宜地制定地方政策，并在总结地方政策经验的基础上进一步完善和发展中央政策的过程，也可以看成是一个在集中指导下的民主和民主基础上的集中的过程。

三、过程模型三："领导—群众"过程模型

在政策的制定过程中，民主过程表现为群众的决策参与；集中过程则是表现为领导者的决断和选择。因此，在我国地方政策制定过程中，与"民主—集中"过程模型相一致，还存在着一个"领导—群众"过程模型。

所谓"领导—群众"过程模型，是指在政策的制定过程中，既注意发挥领导的积极性和创造性，又注意发挥群众的积极性和创造性，把两种积极性和创造性结合起来，集思广益，有利于政策制定过程中决策的民主化和科学化。

"领导—群众"过程模型有着深刻的思想基础，这个思想理论基础就是中国共产党提倡的群众路线。关于群众路线的内容，毛泽东简略地将它概括为"从群众中来，到群众中去"，认为这是一种有效的领导方法，其中特别谈到"从群众中来"与政策制定的关系。从政策制定过程看，所谓"从群众中来"，就是说领导者在制定政策时要广泛动员群众参与，充分发挥群众的积极性。政策方案的形成，包括方案的提出和论证、评估，都需要一定的智慧和经验。智慧和经验从何而来，只能从群众中来。所以，领导者在政策制定过程中应善于集中群众的智慧和经验。另外，政策，无论是中央政策还是地方政策，均应反映群众的愿望和要求。只有这样的政策才能得到广大人民群众的拥护。但是，要在政策中反映群众的愿望和要求，政策制定者即领导者在制定政策时必须了解群众的愿望和要求。这就要求领导者在政策的制定过程中必须倾听群众的呼声，体察群众的情绪，把握群众的需要和要求。这也是"从群众中来"的应有之义。"到群众中去"的过程，主要是指领导执行政策的过程。但从检验政策的正确性的角度看，也是政策制定过程中的一个重要环节。毛泽东指出："在我党的一切实际工作中，凡属于正确的领导，必须从群众中来，到群众中去。这就是说，将群众的意见(分散的无系统的意见)集中起来(经过研究，化为集中的系统的意见)，又到群众中去作宣传解释，化为群众的意见，使群众坚持下去，见之于行

动，并在群众中考验这些意见是否正确。”[①]这里“将群众的意见（分散的无系统的意见）集中起来（经过研究，化为集中的系统的意见）”所描述的就是一个“领导—群众”或“群众—领导”的政策制定过程模型。即政策的制定过程是一个由群众分散的无系统的意见到领导的集中的系统的意见的过程。这里所谓“集中的系统的意见”就是我们所说的政策。

“领导—群众”过程模型所描述的政策制定过程，也可以称之为从个别到一般的过程。因为作为分散的无系统的群众意见，往往是只反映群众中某个人或某个单位的事实、经验和要求，因而具有个别性的特点。而集中的系统的领导意见往往属于从个别总结上来的“一般口号”，因而具有一般性的特点。对整个政策制定过程来说，群众的作用主要是提供原材料，而领导的主要作用则是把原材料加工成产品。没有原材料固然制造不出产品，没有加工工厂也同样制造不出产品[②]。因此，政策制定过程中既不能没有群众，也不能没有领导，它是一个领导与群众相结合的过程，中央政策的制定过程如此，地方政策的制定过程也如此。当然，对于地方政策来说，领导与群众相结合，不仅仅是本地方的领导与群众相结合，而且还有一个把当地群众的意见与上级领导意见相结合的问题。如何正确地把上述两者结合起来，这既能反映出政策制定者的水平，也是地方政策制定过程不同于中央政策制定过程的特点所在。

地方政策在我国国家政策体系中属于一种执行性政策，绝大多数地方政策处于中央政策或上级政策与具体执行方案的中间层次。它既要与中央和上级的政策精神相一致，又要具体反映本地群众的利益和要求。因此，地方政策一方面要受上级政策和上级领导的制约，另一方面又要受本地群众意见的影响。在绝大多数情况下，上级领导的观点与本地群众的意见是基本一致的。但这种基本一致并不排除在特殊情

① 《毛泽东选集》第3卷，北京，人民出版社，1991年版，第899页。

② 《毛泽著作选读》（下册），北京，人民出版社，1986年版，第819页。

况下会发生特定矛盾。当群众意见与上级领导的观点发生矛盾时，往往给地方政策的制定者带来一定困难。一般来说，这种困难与上述矛盾正相关，即矛盾越大，给地方政策制定者所造成的困难程度也越大，反之亦然。所以，在地方政策制定过程中，如果按照“领导—群众”过程模型决策，关键在于正确处理好领导的观点和群众意见、要求之间的关系。

地方政策制定者如何解决上述矛盾？这就要求一方面要认真搞好调查研究，并对群众的意见进行实事求是的分析，注意把那些被实践证明正确的群众意见吸收到地方政策中去；另一方面要掌握好中央政策和上级政策，深入领会政策精神，寻找出上级政策精神与本地群众愿望要求的结合点。总之，我国地方政策是领导和群众相互作用的结果。地方政策的制定者处于本地群众与上级领导的中间交叉地位。他们既要通过调查研究了解群众的意见、要求和愿望，又要向上级领导反映这些群众的意见、要求和愿望；既要在总结群众经验的基础上根据上级的有关政策精神制定出具体的政策方案，又要向上级领导报告本地方的政策方案并争取得到上级领导的支持和批准。善于把正确的群众意见、愿望、要求结合起来，形成因地制宜的地方政策，这是地方政策制定过程中正确处理好领导的要求和群众的愿望之间关系的关键，也是地方政策制定过程中“领导—群众”过程模型的核心内容。

四、基本模式：一体化民主有限决策模式

地方政策的制定过程也是一个地方政策的决策过程。因此，我们在探讨了地方政策制定的过程模型之后，将进一步探讨地方政策决策的基本模式问题。地方政策决策的基本模式在很大程度上是由它的制定过程模型决定的。当然，地方政策的从属地位对其也起影响作用。

第一，我国地方政策的几种过程模型不同程度地体现出“一”与“多”一体化民主的特点，从而使我国地方政策决策模式具有了一体化民主的特点。所谓“一体化民主”，是说这种民主不仅具有民主自身所要求的“多”的特征，而且具有内在的统一性的特征。在“中央—地方”过程模型中，地方政策的制定一方面必须接受中央政策的指导，另一方面又必须因地制宜，结合本地方的具体情况制定具有本地特色的地方政策。“民主—集中”过程模型也是这样。“民主”要求群众参与，收集“多”方面的意见；而“集中”则要求对“多”方面的意见进行综合统一。这是一个由“多”到“一”的过程，体现了“多”与“一”的一体化。“领导—群众”过程模型所描述的动态过程是整个政策的制定和执行过程，即“从群众中来，到群众中去”的过程。而在“从群众中来”这一前半过程中，核心的内容是将群众的“分散意见”化为“集中的系统的意见”，这实际上也是一个从“多”到“一”的过程，是“多”与“一”的一体化。由此可见，一体化民主构成了我国地方政策决策模式的一个基本特征。

第二，地方政策相对于中央政策而言，处于从属地位。一般说来，地方政策的制定必须以中央政策为指导，地方政策方案必须以中央政策精神为依据，其内容一般不得超出中央政策所允许的范围。有些地方政策因为具有试点的性质，因而其内容往往比现有的一般中央政策更具有超前性质，但这并不能否认地方政策的制定必须以中央政策为依据这一事实。地方政策的制定总是从属于中央政策，这一特性也必然要在地方政策的决策模式中反映上来，这主要表现为地方政策决策权力的有限性，即受中央或上级地方政府的限制。

综上所述，我国地方政策决策的基本模式是一种“一”与“多”一体化的民主的、有限的决策模式，我们简称为一体化民主有限决策模式。一方面，从地方政策制定过程模式看，体现了“一”与“多”一体化民主的特点；另一方面，地方政策制定过程又不是一种完全自主型的决策，而必须从属于中央政策，接受中央政策的指导。由于地方政策制定过程的决策权力是有限的，因而可称之为有限决策模式。我国地方政策制定过程的一体化民主有限决策模式，既反映了中国政治体制、文化结构和领导方法上的特点，又反映出地方政策必须从属于中央政策这一具体特征。因此，它在理论上，对于建立具有中国特色的政策科学具有重要的学术价值；在实践上，对于实现我国地方政策决策的科学化、民主化具有重要的指导意义。

2.3 地方政策执行：模式与效果*

政策执行模式是现代政策科学研究的一项重要内容。美国政策科学家T.B.史密斯在其《政策执行过程》一文中较早地提出了政策执行模式的理论。在该文中他把政策执行模式描绘为理想化的政策、目标群体、执行机构和环境因素相互作用的过程。这一政策执行模式理论为较多的政策科学家所接受，具有较大影响。在本文中我们所要探讨的是中国地方政策执行模式。这就决定了我们的研究必须从中国实际出发，通过总结中国地方政策执行的经验，提出一个较为完善的并具有中国特色的地方政策执行模式。

从我国国家结构形式看，我国所实行的是一种中央集权体制。在这种体制下，地方的自主权是中央授予的。地方政策的执行过程必须严格在中央的监督和控制下进行，下级地方政府的政策执行过程必须严格在上级地方政府的监督和控制下进行。中央政府对地方政府的政策执行过程的监督和控制主要表现在以下几个方面：

第一，中央政府对地方政府起领导作用，地方政府在地方政策执行过程中必须自觉接受中央政府的领导；

第二，中央政府对地方政府的政策执行具有纠偏作用，即中央政府一旦发现地方政策执行偏离了原有目标，中央政府可以责令地方政府政策执行者纠正执行过程中的偏差，确保地方政策执行过程沿着正确的方向进行；

第三，中央政府对主要的地方政策执行者或地方政策执行的主要负责人具有相当大的人事管理权。这主要表现于对地方政府主要负责人的提名、推荐和最后审批权，甚至对地方政府主要负责人进行直接任命；对于那些违反政策或对政策执行不力的地方领导者有权给予纪律处分直至撤职。中央政府对于地方政策执行过程的这种严格监控，对

---

* 本文原载《经济研究参考》1996年第6期。

于保证全国政令畅通和政策统一具有重要的意义。地方政策执行过程中上级地方政府与下级地方政府之间的关系，也存在着如同中央与地方的关系。这里还需指出的是，虽然我国地方政策执行过程是在中央或上级政府的严格监控下进行的，但同时在地方政策执行过程中，地方政府或地方政策执行者又具有相当大的自主性和灵活性。这种自主性和灵活性反映出我国地方政策执行过程在方式方法上的多样性。特别是在改革开放以来，为了适应形势的需要，中央向地方下放了大量权力，进一步扩大了地方政策执行的自主权。当然，随着地方自主权的扩大和地方经济发展不平衡的加剧，中央对地方政策执行的监控权实际上有所削弱。关于这一点，已引起了一些有识之士的关注。但这个问题最终只有通过不断改革才能解决。总之，地方政策执行过程是在中央监控下自主地进行的，这既反映出我国地方政策执行过程的统一性，又反映出我国地方政策执行过程在方式方法上的多样性。

从我国地方政策执行的程序看，我国地方政策执行过程一般要经过两大阶段。第一阶段是试点。在政策执行过程中首先必须经过试点，并把试点作为一种政策执行方法或工作方法，这是中国共产党的创造。早在 1943 年 6 月，毛泽东在《关于领导方法的若干问题》一文中，就把试点方法提到了领导方法的高度来加以认识。他指出领导工作必须先“突破一点，取得经验，然后利用经验去指导其他单位。”在改革开放过程中，我国在各项政策执行过程中，均十分注意强调先试点的重要意义。例如，邓小平曾指出，体制改革方案的实施，要做到方法细密，步骤稳妥，就应先进行试点，“最好先搞一两个部门，有些什么典型经验，有些什么反应，有些什么问题，跟大家见见面，这样别的部门进行起来就心中有数，事情好办。”试点方法作为我国政策执行的一种具有普通意义的方法，在地方政策执行过程中得到了广泛的应用。地方政策执行过程一般要经过试点这一阶段。试点的目的就在于“取得经验”，以便于做到“心中有数”。地方政策执行过程在试点之后，便进入全国推广或普遍实施阶段。这是真正意义上的政策执行阶段。一项政策的执行能否取得预期效果,主要是由这个阶段决定的。

综上所述,我国地方政策执行模式可以简略地概括为中央监控下的"点—面"模式。"中央监控"的特点,既反映出地方政策执行模式与中央政策执行模式的不同,也反映出我国地方政策执行模式不同于美国等分权制国家的地方政策执行模式的特点。因为,就中央政策执行与地方政策执行的区别而言,中央政府自身为执行主体的政策执行行为,不存在自身监控的问题。而地方政府作为执行主体的政策执行行为则不同,在我国它必须要受到中央政府的监控;就我国地方政策执行行为与美国等分权制国家的地方政策执行行为比较而言,在美国等分权制国家,地方政府基本上是自治的,中央对地方政府的政策执行行为没有严格的监控。"点—面"模式从政策执行过程的阶段性和方法上反映出我国地方政策执行过程的特点。所谓"点",就是"试点";所谓"面",就是"全面"即"全面推广"。"点—面"模式反映出我国地方政策执行过程是一个先试点再全面推广的过程。

政策执行过程是一种追求客观结果的物质活动。政策的效果主要受以下两个因素的影响:一是政策执行结果,一是政策执行的成本。从这一基本原理出发,政策的效果可能表现为三种形式:当政策执行的结果的效益高于政策执行的成本时,则表明政策执行有效果。政策结果的效益比成本越大,表明效果越大;政策执行结果的效益比成本越小,表明效果越小。当政策执行结果的效益低于政策执行的成本时,则表明政策执行的效益为负,即负效益。特别是当政策执行的结果违背政策的目标时,不但没有给政策对象带来一定效益,反而会给政策对象带来一定损害时,这种负效益就特别明显。当政策的执行结果的实际效益与政策执行的成本相等时,即表明政策执行无效益。但是,一般说来,这种情况仅仅在理论上存在,在实际的政策执行过程中是很少发生的。

从上面的简要分析中可以发现,要确定地方政策的效果,关键是要确定地方政策执行的结果和成本。关于地方政策执行的成本问题需要一整套专门的方法予以测算,这里不作分析。下面我们重点分析地方政策执行的结果及其对地方政策执行效益的影响问题。

为了确定政策执行的结果,我们首先有必要对地方政策输出与地方政策结果进行区分。地方政策输出,是指地方政府所做的事情;地方政策结果是指地方政策执行行为所引起的政治系统和环境的变化。这种变化通常表现于以下三个方面:一是对有关政策问题解决的实际结果;二是对有关人员的作用;三是对政策目标以外的环境和人员发生作用。地方政策执行的第一种结果与地方政策执行的效果或效益的关系,主要取决于结果与政策目标的关系。若政策执行结果与政策目标一致,在成本一定的情况下,地方政策执行是有效益的;反之,就是无效益或负效益。第二种情况与第一种情况相同。在以上两种情况下,地方政策执行的结果是地方政策执行者可预见的。政策执行结果是否符合政策的原定目标,主要取决于地方政策执行者对政策的态度和执行的方法、措施是否有力、有效。第三种情况则不然,政策执行结果与政策效果的关条存在两种可能:一是与政策目标相反的结果,此时政策执行为负效益。出现这种情况并非政策执行者主观所为,而是由于政策本身不当或客观情况变化所致。二是政策执行存在两个结果,即主结果与副结果,前者与政策目标一致,表明政策执行是有效的;后者属于政策目标以外的结果,这个结果可能是有益的,也可能是有害的。但无论如何都会对政策执行效益发生影响。

地方政策执行所产生的不同效果,将对地方经济、政治、社会发展和地方政策乃至国家的经济、政治、社会发展及其政策产生不同影响,追求较好的效果,是地方政策执行所应达到的基本目标。

2.4 论刘少奇的政策执行思想及其现实意义*

公共政策的基本功能在于调节社会利益关系。然而,社会利益关系中充满着各种矛盾,这些利益矛盾往往会对政策执行过程发生重要的影响作用,甚至会使政策执行过程出现扭曲现象。如何有效地执行政策并防止政策执行过程被扭曲?刘少奇作为一位党和国家的重要领导人,长期从事政策的制定和执行工作,对上述问题作了精辟阐述。他所提出的政策执行必须遵循原则性与灵活性的观点,不但具有重要的理论意义,而且具有重要的现实意义。

一、不折不扣:政策执行的原则性

政策过程中全局利益与局部利益的矛盾既可能表现在政策制定过程中,也可能表现在政策执行过程中。从政策制定过程来看,全局利益往往是通过中央政策来体现的。"中央制定的政策,是从全局的情况出发的"①。但是,如果中央政策不仅能够反映全局利益,而且也能够广泛地反映各地方的局部利益,即如果"中央的政策,既集中体现全局的利益,又照顾局部利益"②,那么在中央政策中全局利益与局部利益的矛盾就会更小,反之则更大。然而,"中央制定的政策,要把每一个县、每一个地方的特殊情况规定到,那是不可能的。"③因此,在中央政策中全局利益与局部利益的矛盾总是存在。从政策执行过程来看,中央政策只有通过地方政府的执行才能得到落实,而地方政府一方面是中央政府派驻地方实施行政管理的机关,是维护全局利益的中央政府派驻地方的代表;另一方面,作为中央政策执行者的地方政府又是地方利益的代表,在执行体现全局利益的中央政策的过程中又往往要为地方谋利益。因此地方政府在政策执行过程中往往会产生矛盾的现象,导致

---

* 本文原载《中国行政管理》2001年第4期,中国人民大学《管理科学》2001年第7期转载。

① 《刘少奇选集》(上),北京:人民出版社,1981年版,第388页。

② 同上。

③ 《刘少奇选集》(下),北京:人民出版社,1981年版,第456页。

政策执行的偏差，使政策执行行为偏离原定目标。鉴于全局利益高于局部利益，刘少奇提出地方政府在政策执行过程中必须首先不折不扣地执行中央政策，这是全局利益得以保证的一个基本前提，因而它是政策执行的一个原则性问题。按照刘少奇的观点，政策执行的原则性包括以下两个要点：

一是"必须切实地、不折不扣地执行政策"④。刘少奇认为，尽管全局利益与局部利益有不一致之处，但二者的统一是主要的、基本的，而且地方局部利益的实现是以全国全局利益的实现为前提的，中央政策主要体现了全国的全局利益，同时也照顾了各地方的局部利益。因此，地方政府在政策执行过程中，必须切实地、不折不扣地执行政策。

二是即使中央政策的"某些方面不适合当地当时的具体情况"，"在中央没有做出新的规定之前，仍然必须坚决执行中央既定的政策。"⑤由于各地方情况差距很大，加之实际情况在不断变化，因而中央政策不可能总是适合每一地方任何时候的情况，但这不能成为地方不执行中央政策的理由。政策不仅有其空间上的相对局限性，不可能在空间上适合每一地方的具体情况；而且有其时间上的相对稳定性，不可能随着实际情况的变化立即发生变化。事实上政策的变化在时间上总是滞后于客观实际的变化。政策的这种稳定性是必要的，否则会削弱政策的权威性。为了维护政策的稳定，政策执行者在政策制定部门没有制定新的政策之前，必须坚定执行原有的既定政策。刘少奇认为，为了保证政策的有效执行，坚持政策执行的原则性，必须反对三种错误倾向：

一是必须反对借口"情况特殊"而任意修改或拒不执行政策的错误倾向。正是由于中央政策不可能反映或照顾到每一个地方的所有特殊利益，因此有的地方政府在政策执行过程中常常在本地情况特殊的借口下，或者按照自己的利益要求将中央政策修改得面目全非，使之成为

---

④ 《刘少奇选集》(上)，北京：人民出版社，1981年版，第389页。

⑤ 同上。

实现当地特殊利益的工具；或者将中央政策束之高阁，使之成为一句空洞的口号。刘少奇强调："对于中央政策，……决不允许借口'情况特殊'、'因地制宜'，而任意修改，甚至拒不执行。"⑥

二是必须反对执行者不认真执行政策而专挑政策毛病作为拒绝执行借口的错误倾向。在政策执行问题上，有那样一些人，他们自己不认真地执行政策，使政策不能达到原定的目标和效果。然而他们不是从自己主观上去找原因，不去找他们在政策执行过程中存在的问题，简单地把政策执行的无效果或效果不理想归结为政策本身的原因，甚至以此为拒绝执行的借口。针对这种错误现象，刘少奇坚决地指出："不能因为自己执行得不好，而说中央的政策有毛病。"⑦事实上，执行好政策"需要动一番脑筋"，但这种"动脑筋"不是想如何"不执行"，而应该思考如何使中央政策得到最好的执行。⑧

三是必须反对执行者对政策"各取所需"的错误倾向。有的执行者表面上并不拒绝执行政策。不过，由于受利益的驱使，他们没有执行政策的全部内容，而只是执行了政策的部分内容，即对他们有利的那些方面。这些人"对党的政策各取所需，只执行自己所需要的，不需要的就不执行，或者执行反了、偏了"。刘少奇认为，"这就会危害党的事业"⑨。因此，对于政策执行过程中的这种错误现象也必须予以坚决反对，因为它也是从根本上违反政策执行的原则性的。

二、因地制宜：政策执行的灵活性

刘少奇强调政策执行的原则性，主张政策执行者必须不折不扣地执行中央政策，但他并不反对政策执行过程中的灵活性。相反，他十分重视政策执行者的主动性、能动性，反复强调在政策执行过程中坚持

---

⑥ 《刘少奇选集》(上)，北京：人民出版社，1981年版，第388页。

⑦ 《刘少奇选集》(下)，北京：人民出版社，1981年版，第456页。

⑧ 同上。

⑨ 同上书，第457页。

“因地制宜”和对政策灵活运用的必要性。

首先，刘少奇认为，因地制宜是把一般政策具体化为行动方案的基本途径。他指出，“中央的政策是一般的规定”，而各个地方的情况则“特殊一些”，刘少奇把政策的执行过程称为“使中央的政策在地方具体化”的过程，政策执行者必须善于寻找“一般规定”与“特殊情况”的结合点，根据中央政策的精神和当时当地的具体情况因地制宜地制定一些具体规定，只有通过这一途径，中央政策才能够真正得到有效执行。基于这种认识，刘少奇反复强调“方针政策应根据不同地区的情况贯彻执行。”政策执行“在特殊地区……可以特殊一些，务使适合于当地的环境”[10]，“各地方在执行中央政策的时候，可以而且必须研究当时当地的具体情况，因时因地制宜”[11]，“使中央的政策在地方具体化，得到最好的执行。”[12]

其次，刘少奇认为，因地制宜意味着可以使政策执行者根据地方的实际情况对中央政策进行必要补充，从而使政策更加适合地方的实际情况，使政策更加完善，“中央制定的政策，有的可能不恰当，或者不完全恰当”[13]，尤其是不可能“把每一个县每一个地方的特殊的情况都规定到”，因此，各个地方在执行中央政策时必须“因地制宜”。地方政策的执行者应根据本地的实际情况对这些原则的内容予以补充、充实，“做出某些补充规定”，使之成为适合本地实际情况的具体的行动方案。刘少奇特别指出，强调政策执行的原则性，“绝对不是否认因地制宜，也绝对不是否认各地方、各部门、各单位在工作中有自己的特点和灵活性。”[14]

再次，刘少奇认为，坚持因地制宜也是在政策执行过程中坚持群众

---

⑩ 《刘少奇选集》(上)，北京：人民出版社，1981年版，第393页。

⑪ 同上书，第388页。

⑫ 《刘少奇选集》(下)，北京：人民出版社，1981年版，第456页。

⑬ 《刘少奇选集》(上)，北京：人民出版社，1981年版，第389页。

⑭ 同上。

路线的需要。他指出,“制定政策是集中起来的过程,执行政策是到群众中去的过程”,[15]因此,在政策执行过程中应该“使中央政策更好地同当地群众的经验结合起来。”[16]因此在政策执行过程中,政策执行者必须依靠群众,必须把一般的政策与群众的特殊经验相结合。只有这样,政策才能为群众所接受,否则,就会脱离群众。而只有为群众所接受的政策,才能真正成为群众行动的指南。不同地方群众经验的特殊性反映了不同地方情况的特殊性。从这个意义上说,政策执行中注重政策与群众经验的结合,也就是注意政策与地方实际情况的结合,因而也是坚持因地制宜。把政策执行过程中坚持因地制宜与坚持群众路线统一起来,这是对马克思主义政策执行观的一种精辟论述。

最后,刘少奇认为,政府执行者注意因地制宜,也是政策执行者在政策执行过程中发挥主动性、能动性的一种主要表现形式。刘少奇深深认识到,政策执行并非一个“机械地执行”的过程,并非把这些政策“照搬下去就完事了”。相反,“执行这些政策,要注意因地制宜,要有主动性,要有能动性”。“这种主动性、能动性”是为了“更好地、更正确地执行中央的政策。”[17]这种主动性、能动性表现为政策执行者在政策执行过程中就要考虑各个地方的情况怎么样,局势怎么样,什么时候执行,经过什么过程执行,如何执行才能执行得好、执行得通。

三、现实意义:有助于深刻认识“上有政策下有对策”现象的表现形式及其治理措施

政策在执行过程中被扭曲的现象长期存在,正如前面所阐述过的那样,刘少奇就曾对那种借口情况特殊,因地制宜而任意修改政策等错误现象提出过严厉批评。然而,在今天政策执行过程中的一些错误现象不但没有得到有效抑制,反而愈演愈烈,以至于产生了一种更为严重

---

[15] 《刘少奇选集》(下),北京:人民出版社,1981年版,第457页。

[16] 《刘少奇选集》(上),北京:人民出版社,1981年版,第388页。

[17] 《刘少奇选集》(下),北京:人民出版社,1981年版,第456页。

的现象,这就是"上有政策下有对策"。刘少奇关于反对政策执行过程中的三种错误倾向的论述,当然不是直接针对"上有政策下有对策"这一现象而言的,但它实际上深刻剖析了"上有政策下有对策"现象的各种具体表现形式,可以用它来分析"上有政策下有对策"现象。

表现形式之一,是任意修改政策或自行制定"土"政策。由于利益矛盾的存在,一些地方领导人或部门领导人为了本地方或本部门的利益,往往在"情况特殊"借口下,任意修改中央政策,甚至制造一些土政策来对抗中央的政策精神。比如说,中央规定农民负担不得超过农民当年纯收入的5%,但有的地方却寻找种种借口,变相增加农民的负担。有的地方在发展教育事业的借口下,在5%之外又向农民收取教育集资款等其他杂费,便是典型的一例。

表现形式之二,有些地方或部门借口中央政策不完善或不全面,没有对当地情况做出规定或不适应本地情况而不愿执行中央政策,自行其是,甚至对上级政策阳奉阴违,采取各种手段予以抵制。这种表现形式与刘少奇所分析的那种执行者不认真执行政策而专挑政策毛病,作为拒绝执行借口的错误倾向一脉相承。

表现形式之三,就是一些政策执行者从本地方、本部门的利益出发,曲解政策,使政策为我所用。具体的做法是:或者对政策进行肢解,对自己有益的部分则执行,对自己无益的部分则束之高阁;或者对政策进行所谓"变通",使某些政策条文适合自己的"口味",并用来为自己(本地方、本部门)服务。这种曲解政策或为我所用的表现形式与刘少奇所分析的政策执行过程中的"各取所需"的那种错误倾向也是一致的。

从上面简短的分析可以看出,尽管在刘少奇生活的时代,人们还没有将政策执行过程中产生偏差的种种形式归纳为"上有政策下有对策"这一现象,因而刘少奇不可能对这一现象进行直接剖析。但是,由于他对政策执行过程中产生偏差的种种形式进行了剖析,因而实际上他已间接地分析和批评了"上有政策下有对策"这一错误现象。他关于以坚持政策执行的原则性来反对政策执行过程中三种错误倾向的观点，仍然适用于对“上有政策下有对策”现象的治理。在当前条件下，为了更有效地治理“上有政策下有对策”现象，有必要按照刘少奇关于政策执行的上述论述，强调以下三点：

第一，必须强调对政策执行的“不折不扣”。要求政策执行者着眼于全局利益而不为局部利益所左右，在政策执行过程中坚决按照政策精神办事，做政策的忠实执行者。

第二，必须强调，即使中央政策有不完善之处，政策执行者“在中央没有做出新的决定之前，仍然必须坚持执行中央既定的政策”。当然，作为政策执行者必须向政策制定系统负责，一旦发现上级制定的政策存在某些问题，有责任向上级反映情况，以利于上级了解信息及时修正政策。但是，这不能作为政策执行者歪曲政策和拒绝执行政策的借口，坚定地执行现有政策仍然是政策执行者的一种责任。

第三，必须强调，政策执行的原则性与灵活性是统一的，既不能用“不折不扣”来反对“因地制宜”，也不能用“因地制宜”来反对“不折不扣”。用“不折不扣”来反对“因地制宜”，就会使政策执行成了照搬了事；用“因地制宜”来反对“不折不扣”，就有可能走向“上有政策下有对策”的边缘。只有坚持政策执行的原则性和灵活性的统一，才能真正有利于克服“上有政策下有对策”的现象。这就是刘少奇政策执行思想的现实意义之所在。

3. 政策过程效应分析

3.1 利益相关性原理对分析政府经济政策行为的方法论意义*

一、经济政策与政府行为研究的逻辑前提

马克思主义认为,人类的经济利益关系、政治利益关系和文化利益关系就构成了“全部社会关系的总和”,只有这种“社会关系的总和”才是人的本质的体现。在“社会关系的总和”中,由于文化利益关系只不过是现实的经济利益关系、政治利益关系在观念形态上的反映,因此最能反映人的本质的当是经济利益关系和政治利益关系。由此看来,就人本质而言,人既不仅仅是经济学家们所说的“经济人”,也不是行为科学家们所说的社会心理学意义上的“社会人”,而是一种“经济—政治人”。现实的人不仅要通过一定手段满足经济的需要,而且要通过一定的手段满足政治需要。经济需要表明人对经济利益的追求,而政治需要表明人对政治利益的追求。这两种利益既相互区别又相互联系,它们共同构成人类行为的基本动力。这就是我们进行政策分析和政府行为研究的理论前提或逻辑前提。

二、经济利益与政治利益的相关性

所谓利益,无非是指人们对于能够满足自己需要的处于稀缺状态的客观对象的占有程度:人与人之间的利益关系实质上是一种对能够满足自身需要的稀缺的客观对象的占有关系。谁对这种与需要有关的稀缺对象占有得越多,谁的利益就越大。经济利益是人们对于能够满足自己经济需要的稀缺物质资料的占有程度,人们之间的经济利益关

---

* 本文原载《中国行政管理》1999 年第 12 期。

系则表现于人们之间对这些能够满足其经济需要的稀缺物质资料的占有关系；政治利益是人们对于能够满足自己政治需要的稀缺的政治资源的控制程度，人们之间的政治利益关系则表现于人们之间对这些能够满足其政治需要的稀缺的政治资源的控制关系；文化利益是人们对于能够满足自己文化需要的稀缺的精神资料的占有程度，人们之间的文化利益关系则表现于对这些能够满足其文化需要的精神资料的占有关系。精神资料在形式上是主观的，但它对于试图占有它的主体而言，仍然是客观的，即不以这些人的意志为转移的。所以，利益和利益关系虽然与人的主观需要有关，但它们都有其客观内容，这是我们对利益和利益关系进行分析的基本前提。

经济利益和政治利益相互区分，但又是彼此关联的，它们之间的关系主要表现于正相关性。从相关性原理来看，一事物与他事物的相关性呈现出以下三种状态：一种状态是一事物的变化必然会引起他事物的变化，并且后者和前者的变化在方向上是一致的，即朝着同一方向变化；另一种状态是一事物的变化必然会引起他事物的变化，但后者和前者的变化在方向上是相反的，即朝着相反的方向变化；第三种状态是一事物的变化不会引起他事物的变化，或者两者虽然都在变化但它们之间没有任何因果关系。第一种状态称之为正相关性。第二种状态称之为负相关性，第三种状态称之为无相关性或不相关性。经济利益与政治利益之间的关系主要属于第一种状态的情况，即正相关性。这种正相关性主要表现在以下几个方面：

第一，在经济利益与政治利益的相互关系中，经济利益是一种最基本的利益，在二者相关性中，处于基础地位。马克思恩格斯指出："全部人类历史的第一个前提无疑是有生命的个人的存在。因此第一个需要确认的事实就是这些个人的肉体组织以及由此产生的个人对其他的自然的关系。""一当人开始生产自己的生活资料的时候，这一步是由他们的肉体组织所决定的，人本身就开始把自己和动物区别开来。”①这段话再明白不过地告诉我们，对人乃至人类来说，在所有的需要和利益中，经济需要和利益是第一位的，它事关有生命的个体的存在。这是全部人类历史的第一个前提。因为没有这些有生命的个人的存在，人类的所有其他活动都无从谈起。因此，经济利益关系是人们之间所有的利益关系中一种最基本的利益关系，因为经济利益是人们赖以生存的基础。离开了经济利益，政治利益就不可能存在。

第二，经济利益是政治利益之源，政治利益是在经济利益的基础上产生和发展起来的。人类最初的活动主要是生产活动，这种生产活动的直接动机就是为了获得经济利益。在劳动生产力极低且分工尚不发达的情况下，由于社会尚未分裂为阶级，国家尚未产生，社会利益还没有分化，还未出现个人之间和个人与社会之间的利益对立，因此，经济利益对于个人和社会来说是直接同一的，即社会的经济利益也就是个人的经济利益，反之亦然。但是，随着生产活动的发展，不可避免地出现了劳动分工，在分工进一步发展的基础上产生了私有制，从而导致了阶级的出现和国家的产生。由于阶级的出现导致了不同阶级之间的利益对立，从而在不同阶级之间甚至在一个阶级内部出现了个人之间利益的对立。同时，随着国家的产生，国家成了一种超社会的力量，成为社会共同利益的代表。因而出现了个人利益与社会利益的分离。这种社会利益即共同利益采取国家这种独立的形式而出现，从而政治利益也就产生了。正如马克思恩格斯所指出：“随着分工的发展也产生了单个人的利益或单个家庭的利益与所有互相交往的个人的共同利益之间的矛盾”。“正是由于特殊利益和共同利益之间的这种矛盾，共同利益才采取国家这种与实际的单个利益和全体利益相脱离的独立形式”。国家的出现，导致公共权力的出现。谁拥有了这种公共权力，谁就拥有了对公共利益的支配权，这就是政治利益。马克思在谈到资产阶级的

① 《马克思恩格斯选集》第 1 卷，北京：人民出版社，1995 年版，第 84 页。

政治利益产生时指出："如果说现代资产阶级的全体成员由于组成一个与另一个阶级相对立的阶级而有共同的利益，那么，由于他们互相对立，他们的利益又是对立的，对抗的。这种利益上的对立是由他们的资产阶级生活的经济条件产生的。"[2]由此可见，政治利益并非是一种与经济利益无关的利益，而是从社会生活的经济条件中产生的，因而是一种在经济利益的基础上产生的更高形式的利益。

第三，经济利益关系的变动必然会引起政治利益关系的变动，二者在变动的方向和频率上基本是一致的。马克思主义认为，经济基础决定上层建筑。随着经济基础的变化，上层建筑或迟或早要发生相应的变化。经济基础是经济利益关系的体现，而上层建筑则是政治利益关系的体现。因此，当经济利益关系发生变动时，政治利益关系必然会发生相应的变化。并且，在正常情况下，两者变化的方向和频率基本上是一致的。也就是说当经济利益关系朝某个方向变化时，政治利益关系也会朝某个方向变化；当经济利益关系以某种速度或步伐变化时，政治利益关系的变化也或迟或早要赶上经济利益关系所变化的速度和步伐。在每一个社会，其经济利益关系都不可能是静止不动的，而经济利益关系的变动不可能不引起政治利益关系做相应变动。当然，两者变化在频率上的同步是相对的。虽然经济利益关系的变动和政治利益关系的变动都有可能存在着渐变和剧变两种形式，但一般说来，经济利益关系变动一般以渐变为主（当然也有剧变的时候），而政治利益关系的变动在历史上则多次以剧变的形式出现（当然也有渐变的时候）。但政治利益关系的这种剧烈变动毫无疑问是由经济利益关系的或慢或快的变动所引起的。

第四，政治利益一经产生，它又会反过来成为获取、保护和发展经济利益的一种重要手段。正如我们在前面已经指出的那样，政治利益是利益主体对能够满足其政治需要的政治资源的控制程度。人们一旦

② 《马克思恩格斯选集》第1卷，北京：人民出版社，1995年版，第153页。

获得某种权利和权力，特别是公共权力，又反过来可以用它获取更多的经济利益，或者用它来保护和发展已经取得的经济利益。这就是恩格斯在晚年多次加以强调的上层建筑对经济基础反作用原理在经济利益与政治利益关系上的具体体现。在历史上和现实生活中，这样的事例举不胜举。从历史上看，资产阶级在取得了政权以后，即在掌握了社会公共权力以后，就凭借其所掌握的公共权力去发展资本主义经济，以扩大本阶级的经济利益，并对破坏这种经济利益的阶级予以镇压，以最大限度地保护其本阶级的经济利益。无产阶级在夺取政权后也是如此。在现实生活中，一些握有公共权力的政府官员的所谓“寻租”活动，也是凭借公共权力获取经济利益的一种表现。

第五，在历史的特定时期和特定场合，经济利益和政治利益也有出现分离甚至负相关的情况，但这往往是一种暂时的现象。例如，在西方封建社会的晚期，随着新兴资本主义生产关系的成长，当时的市民阶级是经济上获得经济利益最多的阶级，但在最初阶段他们的政治利益并没有得到相应改善。甚至在法国直到大革命前，资产阶级仍然处于第三等级，这与他们的经济地位极不相称。但这种经济利益与政治利益不相关的状况只能是暂时的。随着资产阶级革命的成功，这种状况终于得到了改变。同样，经济利益与政治利益负相关的状况也不能完全排除，但出现这种状况往往也是偶然的、暂时的，随着时间的推移，这种状况也必然会得到改变，仍然回复到二者的正相关状态。这是因为，经济利益与政治利益的分离或负相关是由生产关系和政治制度的不相适应所引起的，这种不相适应的情况一般主要发生在新的生产关系产生而旧的政治制度依然存在的一定时期内。但新的生产关系的进一步发展终究要冲破旧的政治制度对它的束缚。随着新的政治制度的建立，新的政治制度与新的生产关系相适应，由此导致经济利益与政治利益沿着正相关的方向发展。

上述分析表明，在经济利益与政治利益的相互关系中，尽管二者之间也可能存在着不相关和负相关状态，但这只是一种偶然现象或暂时现象。从它们之间的必然性和总趋势看，二者之间的关系总是表现出一种正相关性。

三、利益相关性原理对分析政府经济政策行为的方法论意义

传统的经济政策理论主要是研究政府如何制定经济政策的问题，包括经济政策目标和经济政策手段的选择及其经济效果等问题。从政治学的角度看，这些问题都属于政府的政策制定问题，具体说来，即是政府的经济政策制定问题。按照威尔逊的政治与行政两分法，这些问题理所当然地属于政治学的研究领域。然而，以往的政治学和行政学却对这一领域几乎没有进行过专门的论述。长期以来，这一领域一直被认为仅仅是经济学的领域。在当代社会，随着政府经济政策行为在解决政治问题中所发挥的作用越来越突出，政治学家们越来越认识到对政府经济政策行为进行政治分析的必要性。经济利益与政治利益的相关性原理，为运用政治学理论分析政府的经济政策行为提供了方法论前提。

首先，经济利益与政治利益相关性原理，为我们进一步认识政府经济政策行为的政治性质提供了新的理论依据。威尔逊已经证明，政策的制定过程是一个政治过程。政府的经济政策行为作为政府对经济政策的一个选择过程，属于政治过程的一个重要组成部分，其政治性质是不言而喻的。然而长期以来，由于关于经济政策问题的研究一直从属于经济学，人们在认识政府经济政策行为的性质时更多的是从这种行为的内容即它所涉及的利益关系来加以认识的。因而更多地将政府经济政策行为仅仅理解为一种经济行为。经济利益与政治利益的相关性原理告诉我们，即使从政府经济政策行为所涉及的利益关系来看，政府经济政策行为也具有二重性质，即不仅仅具有经济行为的性质，而是经济行为和政治行为的统一。

其次，经济利益与政治利益相关性原理，为我们正确认识政府经济政策行为的政治效用提供了理论依据。政府经济政策行为的直接目的在于调控社会经济利益关系，任何一种经济政策的运用，都可能导致社

会经济利益关系的变动。因此，在现代国家，政府往往运用经济政策来实现其经济目的或经济利益。然而，由于经济利益与政治利益之间存在着相关性，政府对经济政策运用的结果，还有可能导致社会政治利益关系的变动。因而，政府的经济政策行为不仅仅会产生直接的经济结果，而且还会产生间接的政治结果。我们将政府经济政策行为所产生的这种间接的政治结果，称之为政府经济政策行为的政治效应。由于经济利益与政治利益之间的相关性是一种必然联系，因而，政府经济政策行为产生政治效应也具有必然性。

再次，经济利益与政治利益相关性原理，为我们正确认识政府经济政策行为的政治功能提供了理论依据。经济政策理论的基本原理告诉我们，经济政策，例如财政政策、货币政策、产业政策、分配政策，都是政府用来解决经济问题和调控社会经济利益关系的手段。解决社会经济问题和调控社会经济利益关系是政府经济政策行为的基本功能。依据利益相关性原理，由于经济利益与政治利益之间存在着相关性，政府在运用经济政策调控社会经济利益关系从而产生经济效果的同时，也必然会产生一定的政治效应。这就意味着政府经济政策行为不仅具有调控经济利益关系的功能，而且具有调控社会政治利益关系的功能。邓小平曾经指出，“政治问题要从经济的角度来解决”，要用经济政策解决政治问题和社会问题。深入领会经济利益与政治利益相关性原理，有利于我们加深对邓小平上述思想的正确理解。

最后，经济利益与政治利益相关性原理，为我们正确认识政府经济政策行为在整个政府行为中的重要性提供了理论依据。在当代社会，各国政府越来越成为经济政府，制定和执行经济政策成了各国政府最基本的职能。因此，政府政策中政府经济政策行为处于重要地位。但这并不是说，现代政府只重视经济职能而忽视了政治职能。其实，在现代政府职能中，政治职能仍然占有很重要的位置。但是，现代各国政府在履行其政治职能的策略上确实发生了变化，即在条件许可的情况下尽量避免直接运用剧烈的政治手段去履行其政治职能，而是更多地运用经济手段来间接地履行其政治职能。这实际上是经济利益与政治利益相关性原理的政府行为策略上的具体运用。由于政府经济政策行为不但在解决经济问题方面发挥重要作用,而且在解决政治问题、社会问题方面发挥着广泛作用,因而它在整个政府行为中占有越来越重要的地位。

3.2 论政府政策行为超域效应原理及其方法论意义*

一、政府功能与政府行为的一般逻辑关系

政府政策行为与其效应的关系，从一定意义上说，是政府行为与其功能的关系。因为政府行为实际上就是制定政策和执行政策的行为，即政策行为，而政府政策行为的效应就是政府通过相应政策实现其功能的结果。

从历史上看，有关政府（广义的）功能的划分大致有以下三种观点：一是亚里士多德最早提出的立法、行政、司法三功能说；二是古德诺等人提出的政治与行政两功能说；三是目前比较流行的按照政府所调控的社会利益关系内容的不同而区分的经济、政治、文化三功能说。在这三种学说中，都存在着同一种逻辑，即认为政府的每一种功能主要是通过其相应的行为来实现的。

关于政府行为与其功能之间关系的讨论，我们至少可以追溯到古希腊思想家、《政治学》一书的作者亚里士多德。在该书中，亚氏比较详细地讨论了政府功能与政府活动的关系问题。他认为："一切政体都有三个要素，作为构成的基础"，"三者之一为有关城邦一切公务的议事机能（部分）；其二为行政机能部分……；其三为审判（司法）机能"[①]。在这里，亚氏明确地提出了政府具有议事、行政和司法三种功能的学说。不仅如此，亚氏在他对其所说的政体的活动分析过程中，将政体的活动分为议事活动、行政活动和司法活动，并对这些活动进行了详细探讨。透过亚氏的种种论述，我们不难看出，在他看来，政府的功能决定政府活动。正是由于政府存在着三种基本功能，从而产生了政府的三类活

---

* 本文原载《武汉大学学报》（人文社会科学版）2000 年第 3 期，《高等学校文科学报文摘》2000 年第 5 期转载。

① ［古希腊］亚里士多德：《政治学》，北京：商务印书馆，1996 年版，第 215 页。

动。但是，政府某种功能的实现，又必须通过其相应的活动。每一种政府活动都是为了完成政府与之相对应的功能而存在的。在近代，直接继承和发展了亚氏这一思想的主要代表人物有英国的洛克和法国的孟德斯鸠，他们不再提政府的机能或功能，而是称政府的权力。洛克认为政府有立法、执行和对外三种权力，孟德斯鸠认为政府有立法、行政和司法三种权力。不难看出，他们的这些观点都是来源于亚里士多德的上述思想。与亚氏一样，他们也认为与政府的上述三种权力相一致存在着三种相应的政府活动。每一种特定的政府活动都是与之相应的政府权力的体现。而每一种政府权力只不过是用来实现政府某一特定功能的力量。从这个意义上说，同样意味着政府功能决定政府活动，而每一特定的政府活动的效应就在于实现与之相对应的政府功能。

现代行政学十分关注政府功能与政府行为关系问题的研究，早期的行政学家正是通过对政府行为及其功能的区分来确定行政学的研究对象的，从而使行政学成为一门独立的科学。德国学者布隆赤里最早对政府的两种基本活动进行了区分。他认为政府有两种基本活动，即政治活动和行政活动。这两种活动的区别在于：“‘政治’是在‘重大而且带普遍性的事项’方面的国家活动，而另一方面，‘行政管理’则是‘国家在个别和细微事项’方面的活动”②。这里很明确地告诉我们，政府有两种基本活动，即政治活动和行政活动。这两种活动有着严格的区分界限。正是从这种观点出发，威尔逊主张建立一门独立的行政科学。古德诺则在上述观点的基础上明确提出了政府功能的概念，并进一步阐述了政府功能与政府行为（活动）的关系。他认为，“在所有政府体制中都存在着两种主要的或基本的政府功能，即国家意志的表达功能和国家意志的执行功能”，“这两种功能分别就是：政治与行政”③。政府

② [美]伍德罗·威尔逊：《行政学之研究》，《国外公共行政理论精选》，北京：中共中央党校出版社，1997年版，第15页。

③ [美]古德诺：《政治与行政》，北京：华夏出版社，1987年版，第6页。

功能与政府行为(活动)的关系是:政治功能存在于政府表达国家意志所必需的活动(行为)中,行政功能则存在于政府执行国家意志所必需的活动中。由此看来,在现代行政学中,像传统政治学一样,也是主张政府功能与政府行为(活动)之间存在着一种对应的关系,每一种政府功能要求有一种行为与之相对应,而每种政府行为的目的就在于实现与之对应的功能。政府行为的目的是否能够实现,主要取决于行为的结果及其作用,这也就是我们所说的政府行为效应问题。

从上面简短的分析中我们不难看出,政府功能与政府行为之间在逻辑上存在着这样一种关系:一方面,政府功能决定政府行为。政府之所以存在某种类型的行为,是因为政府存在某种类型的功能,而不是相反。例如,政府具有立法、行政、司法等功能,从而也相应具有立法行为、行政行为和司法行为。因此,不同类型行政行为的存在,是以政府不同类型功能的存在为前提的。另一方面,政府功能的实现,又有赖于政府行为。只有通过一定的政府行为,一定的政府功能才能实现。没有国会的提案、辩论、表决等一系列活动,政府的立法功能也就无法实现;没有行政机关的决策、执行、监督等一系列活动,政府的行政功能也就无法实现;没有法院的审判和裁决等一系列活动,政府的司法功能也无法实现。因此,就政府行为的目的和效应而言,政府行为与政府功能之间存在着一定的对应关系:某种性质的政府行为就其直接目的而言,是为了实现政府相应性质的功能;换句话说,政府某一行为的直接效应就是使其相应的功能得到实现。但是,政府行为除了直接效应还有没有其他的效应呢?或者说,政府的某一行为除了实现它所直接对应的功能外,还有没有可能间接地使其他的功能得到实现?传统的政治学对这些问题似乎没有明确的回答。

按照马克思主义的观点,国家是实行阶级统治、维护阶级利益的机器,政府的基本功能就在于通过调控社会利益关系来维护统治阶级的统治地位。一般说来,社会利益关系可分为经济利益关系、政治利益关系和文化利益关系。因此,依据政府对不同利益关系的调控,我们可将政府功能分为经济功能、政治功能和文化功能。政府的经济功能是指政府在调控社会经济利益关系中的作用;政府的政治功能是指政府在调控社会政治利益关系中的作用;政府的文化功能是指政府在调控社会文化利益关系中的作用。与这三种政府功能相一致,政府的行为可分为经济行为、政治行为和文化行为。它们分别是政府调控经济利益关系、政治利益关系和文化利益关系的三种不同活动。按照上述关于政府行为在目标和效应上与政府功能之对应关系的观点,政府的经济行为与政府的经济功能之间存在着特定的对应关系。同样,政府的政治行为与政府的政治功能之间存在着特定的对应关系,政府的文化行为与政府的文化功能也存在着特定的对应关系。也就是说,就政府的经济行为与政府的经济功能的关系而言,政府的财政、税收、金融、物价和市场管理等一系列经济行为,就其直接目的而言,都是为了实现政府的经济功能,因而它所产生的直接效应是经济效应;同理,就政府的政治行为与政府的政治功能的关系而言,政府的政权组织建设、政治领导、政治决策、政治教育、政治管理、公安、民政、国防、外交等一系列政治行为,就其直接目的而言,都是为了实现其特定的政治功能,因而它所产生的直接效应是政治效应;就政府的文化行为与政府的文化功能的关系而言,政府组织发展科学、教育、新闻、出版、广播电影电视事业等文化行为,就其直接目的而言,也都是为了实现政府的文化功能,它所产生的直接效应是文化效应。在这里,某一利益领域的政府行为直接对应同一利益领域的政府功能。因此,我们可以把某一特定利益领域的政府功能的效应称之为政府行为的直接效应。考虑到在这种情况下,政府行为与政府功能在利益领域是相同的,因此,我们也可以把政府行为的这种效应称之为同域效应。政府制定和执行了扩大财政开支等一系列经济政策,结果导致经济的增长,这就是这一特定政府行为(制定和执行经济政策)所产生的直接效应或同域效应。

政府行为的直接效应或同域效应与其功能的一致性关系反映了政府行为与政府功能之间的一般逻辑关系,即一方面政府功能决定政府行为，另一方面，政府功能的实现又有赖于政府行为，采取调控某一特定利益关系的政府行为有助于与其利益关系领域相同的政府功能的实现。我们之所以把政府行为与政府功能之间的这种关系称之为一般逻辑关系，是因为这种关系的存在是政府行为有计划、有目的地进行的一个基本前提。否则，政府将无法制定其行动计划，其行为也将无所适从。试设想一下，如果政府行为与政府功能之间不存在直接的对应关系，这就意味着政府既不能知道为了实现其某一功能到底应该采用何种行为，也不能预测其某一行为所产生的直接效果，那它该如何行动呢？然而这只是政府行为与政府功能之间的一种较为一般的、甚至是相对简单的关系。在具体的政府行为过程中，政府功能与政府的关系还要复杂得多。因为对于绝大多数政府行为来说，除了具有直接效应外，还存在间接效应。

二、政府政策行为的超域效应

上文我们考察了政府行为与政府功能之间的直接对应关系，这种关系是两者之间最基本的关系，但并非两者关系的全部内容。否则，我们就会使政府行为与政府功能之间的关系过分的简单化，从而有可能对这种关系做片面的认识。

政府的功能是通过政府的一系列制定政策和执行政策的行为来实现的。政策是政府用来调控社会利益关系的工具，而社会利益关系包括社会经济利益关系、政治利益关系和文化利益关系。根据政策所调控的利益关系性质的不同，政策可以区分为经济政策、政治政策和文化政策。同样，我们也可以按照人们在社会生活中所发生的利益关系的性质的不同，可以把社会生活领域区分为三个基本的领域，即经济领域、政治领域和文化领域。从这个意义上说，政府的经济政策行为作为一种调控社会经济利益关系的政策行为主要在经济领域发生作用，即产生经济效应。例如，我国政府在 20 世纪 80 年代初在农村实行家庭联产承包责任制政策的直接结果，就是极大地推动了农业生产力的发展，提高了农民的经济生活水平，并为其他行业的经济发展打下了基础；同样，政府的政治政策行为是一种调控社会政治利益关系的政策行为，主要在政治领域发生作用，即产生政治效应。例如，我国政府近年来所采取的一系列反腐败政策，其直接结果就是在相当大的程度上提高了政府在人民群众中的威信，加强了政府的权威；政府的文化政策行为作为一种调控社会文化利益关系的政策行为，主要在文化领域发生作用，即产生文化效应。例如，我国目前正在推行的素质教育政策，其直接结果将是导致教育观念的变化和培养出一大批适应我国社会主义现代化建设需要的德才兼备的人才。政府政策行为所产生的这种直接效应，我们将它称之为同域效应。

在现实生活中，我们通过对政府行为及其功能的观察发现，政府的很多政策行为除了对其所对应的领域产生效应外，还会对其他领域产生效应。例如，在经济不景气和失业比较严重的情况下，政府通过财政政策、金融政策等手段来扩大投资的行为是一种经济政策行为，其直接效应是推动经济发展。但不仅如此，由于这种政策行为的作用，社会减少了失业人口和就业压力，因而能有效地降低人们对政府的不满情绪，减少了导致社会政治动乱的诱因，从而起到维护社会政治稳定的作用。这就是说，政府的上述经济政策行为，不但对它所直接调控的利益关系领域即经济领域产生了效应，即推动经济发展的效应，而且对另一个领域即政治领域也产生了效应，即维护社会政治稳定的效应。由于这后一种效应不是发生在政府上述政策行为所直接调控的利益关系领域，而是超出了这些政策行为所直接调控的利益关系领域而在另一个相关的领域所产生的效应，因而我们将这种效应称为政府政策行为的超域效应。④

---

④ 当代西方经济学将经济主体在经济活动过程中所产生的外部效应称为溢出效应。我们在这里所说的超域效应与经济学所说的溢出效应不同。在经济学中，溢出效应即外部效应，是指一个经济主体的经济行为对另一个经济主体所产生的影响作用；在这里，超域效应即是指由政府的某一种政策行为对它所直接调控的利益关系领域之外的其他相关领域所产生的效应。

任何一种政府政策行为，除了会对其所直接调控的利益关系领域产生效应外，还有可能超出这一利益关系领域而对另一个利益关系领域产生效应，即有可能产生超域效应。出现这种超域效应的原因，就在于社会利益的相关性。我们知道，政府的每一政策行为就其直接效应而言，即是对它所直接调控的利益关系的领域产生效应，从而使该领域发生与政策目标相一致的变更。例如，政府经济政策行为的直接效应，即是使社会经济利益关系发生与经济政策目标相一致的变更；政府的政治政策行为的直接效应，即是使社会政治利益关系发生与政治政策目标相一致的变更；政府文化政策行为的直接效应，即是使社会文化利益关系发生与文化政策目标相一致的变更。然而，不同领域的社会利益是相互关联的，随着某一领域的某种利益关系的变更，必然会引起与它相关的另一领域的某种社会利益关系的变更。因此，当政府的某一政策行为在其特定领域产生效应后，随着这个特定领域的利益关系的变动所引起的另一个领域的利益关系的变动，这一政策行为在这个相关的利益关系领域也会随之产生相应的效应。根据上面的讨论，我们可以得出如下几个结论：

第一，任何一种政府行为都有可能产生超域效应，这是因为政府行为总是与调控利益关系有关，而不同领域的利益关系之间存在着一定的相关性。这种利益的相关性表明当政府在调控某一领域的利益关系时也有可能连续地引起另一领域利益关系的变化。因此，政府某一领域的政策行为不仅有可能引起这一领域的利益关系的变化，从而对这一领域产生效应，而且由于这一领域的利益关系与其他领域的利益关系存在着相关性，从而有可能由这一领域利益关系的变化而引起相关领域利益关系的变化，从而对相关领域产生效应，即超域效应。例如，政府的经济行为不仅会引起社会经济领域利益关系的变化，从而对社会产生经济效应，而且由于利益的相关性，它还会引起社会政治领域利益关系的变化，从而对社会产生政治效应。甚至可以这样说，只要利益的相关性具有必然性，政府政策行为的超域效应就同样具有必然性。

第二，如果政府政策行为对它所直接调控的利益关系领域产生的效应即同域效应是一种直接效应的话，那么，由这种直接效应所引起的对其相关领域产生的效应即超域效应则是一种间接效应。这种间接效应并不是由特定的政府政策行为直接产生的效应，而是在其直接效应的基础上所引起的一种连锁反应，即由于直接效应的原因，某一领域的政策行为改变了这一领域原有的利益关系，又因为这种利益关系与另一领域的利益关系相关联，从而导致这另一领域利益关系的重新调整。由于这后一种效应实际上是以政府政策行为的直接效应为前提的，是其直接效应所连续引起的一种新的效应，因而可以说是一种效应之效应，由于它超出了政策行为所直接调控的利益关系领域，所以我们将其称之为超域效应是符合逻辑的。

第三，与政府政策行为在它所直接调控的利益关系的领域产生的效应相比，政府政策行为的超域效应总是处于从属的地位。从逻辑上讲，一种特定的政府政策行为首先产生的是对其所直接调控的利益关系领域产生直接效应，然后在此基础上才产生超域效应。因此，就这两种效应的关系而言，其直接效应应该是第一位的，起着决定性的作用；其超域效应作为一种间接效应处于从属地位。直接效应的这种决定性的作用具有双重含义：一方面，某一种政府政策行为的效应如何，主要取决于其直接效应如何，即主要应根据其直接效应来进行评价；另一方面，其超域效应即间接效应的大小也是由其直接效应所决定的。如果其直接效应程度很低，其间接效应程度必然也很低，反之亦然。例如，我国政府今天推行的一系列经济政策，其效应的大小应主要依据我国当前和今后一段时期的经济发展状况来决定；作为其超域效应的政治效应的大小也是由其直接效应即我国的经济发展水平所决定的。

第四，政府政策行为的超域效应可分为正面的超域效应和负面的超域效应。当政府政策行为的超域效应与这种政策行为的同域效应或直接效应正相关时，这时的超域效应为正面效应；反之，当政府政策行为的超域效应与其同域效应或直接效应负相关时，这时的超域效应为负面效应。前者所指的是一种良性超域效应，我们前面所举的范例都属于这种情况；后者所指的是一种劣性超域效应。例如，在一些发展中国家，政府的某些经济政策行为虽然对该国的经济发展有一定的促进作用，但同时也导致了收入分配的不公平，从而有可能引发社会政治的不稳定。这就是政府经济政策行为产生负面的政治效应即超域效应的一个范例。同样，政府的政治政策行为既可能产生正面的经济超域效应，也可能产生负面的经济超域效应。我国在党的十一届三中全会后从政治上实现了党和政府工作重心的转移，其结果是不但使我国在政治上走上了正确的轨道，而且极大地推动了我国的经济发展，它所产生的正面经济超域效应是显而易见的。但在某种情况下，政府的政治政策行为也会产生负面的经济超域。在文化大革命时期所采取的一系列“抓革命”政策，不但没有真正“促生产”，而且对我国的经济发展产生了相当严重的破坏作用。需要进一步指出的是，政府政策行为超域效应的性质也是由其同域效应的性质所决定的。一般说来，当政府政策行为的同域效应为正面效应时，其超域效应也为正面效应；反之，当其同域效应为负面效应时，其超域效应也为负面效应。当然，由于政府政策之中自身包含着某种矛盾性，无论其同域效应还是其超域效应都存在着矛盾性。

第五，无论是政府政策行为的正面超域效应，还是其负面超域效应都会反过来对政府政策行为的同域效应或直接效应起着重要的影响作用。如果说，特定的政府政策行为的直接效应对这种行为的间接效应即超域效应具有决定作用的话，那么，其超域效应即间接效应对其同域效应或直接效应具有重要的反作用。正面的超域效应对其同域效应起到一种强化作用，而负面的超域效应则对同域效应起到一种弱化的作用。例如，我们前面提到的党的十一届三中全会以后的经济发展又会反过来对我国民主政治的发展起着重要的促进作用；而在有些国家存在的因收入分配不公引起的政治不稳定，则会反过来对该国的经济发展起着重要的阻碍作用。

三、政府政策行为超域效应原理的方法论意义

关于政府政策行为超域效应原理的方法论意义，我们可以从理论和实践两个方面来加以认识。从理论上看，有助于完善政府政策行为评估理论，正确地、全面地评估政府政策行为的实际效果，从而对政府政策行为做出公正的评价；从实践上看，有助于政府在实际行动的过程中正确地选择行为策略，为政府制定正确的行为决策提供理论依据。

效应问题就是政府制定和执行的政策所产生的实际效果问题。如何正确地、全面地评估政府政策行为所产生的实际效果，这是政策评估理论所要研究的一个十分重要的问题。政府政策行为超域效应原理的提出，对于如何全面地、正确地评估政府政策行为的实际效果提供了重要的理论依据。

第一，为政策评估理论增添了新的内容。政策评估理论是当代公共政策理论的一个重要组成部分。在政策评估理论中，对于如何评价政策行为的实际效应已经提出了一系列理论观点。在这些观点中，也已经考虑到了政策效果的复杂性。例如，美国公共政策理论家詹姆斯·E.安德森在《公共决策》一书中指出，在政策评价中应注意对政策的“外在作用”的评价。因为“公共政策的许多结果可以从外在作用中得到很好的理解”⑤。他在这里所说的“外在作用”是“政策可能对并非他们针对的环境或团体产生作用”。安德森这里所说的外在作用也是一种间接效应，但并非我们所说的超域效应，而是经济学意义上的“外部效应”⑥。虽然他也注意到了政府的某种经济政策行为是为了达到

---

⑤ [美]詹姆斯·E.安德森：《公共决策》，北京：华夏出版社，1990年版，第187页。

⑥ 该书中说明政策行为“外在作用”的一个典型事例是：“当为了美国出口商的利益降低关税以刺激出口的增加时，美国的消费者也有可能从低关税刺激下进口的增加中得益于低价商品”。

某种政治结果,[7]但他并未从理论上做出说明,只是把它看成是政策结果分散性的一种现象。他所说的"外在效应"既可能发生在特定政策所直接调控的利益关系领域之外,如上面提到的经济政策行为产生政治效应;也可能发生在特定政策所直接调控的利益关系领域之内,如政府有关农村的经济政策行为会对城市的经济生活产生效应。政府政策行为超域效应原理认为,政府的政策行为不仅会对某一政策所直接调控的利益关系领域产生效应,而且还存在着由直接效应所引起的超域效应,即会超出政策所直接调控的利益关系领域而对另一个相关的利益关系领域产生效应,这就比安德森所说的"外部效应"更全面、更具体化了,而且也更能够从理论上说明政策行为结果分散性的问题,从而为政策评估理论增加了新的内容,使这一理论更加完善,更加系统化。

第二,深化了对政府政策行为效应的认识。当代公共政策理论由于主要遵循实证主义传统,比较注重对事实材料进行经验分析,这有其自身的合理性或优点。但是,这一理论也存在着明显的缺陷或不足,这就是不重视对事物进行本质的分析,从而使这一理论对事物的认识总是停留在表面现象上。在对政府政策行为评估的过程中,这一理论比较注重对政府政策行为所产生的各种结果进行具体描述。在这些具体描述过程中,尽管对政府政策行为与行为结果之间的因果关系也有所分析,但这种分析仍然停留于现象的分析,至于这一结果的本质以及这一结果与政府政策行为之间的本质联系,则基本上不作分析。我们所提出的政府政策行为超域效应原理,从理论上说明了政府政策行为超域效应的本质是这种政策行为对其所直接调控的利益关系领域之外的另一个相关的领域之利益关系的调控,同时也说明了政府政策行为产

---

⑦ 该书中谈到了这样一些事例,如政府"某一牛肉控制计划是为了在政治上讨好牧牛人"。换句话说,政府关于牛肉控制的政策有可能产生在政治上讨好牧牛人的效应。显然,安德森在这里已接近我们所说的经济政策产生政治效应的意思,表明他已开始关注政策行为的超域效应。

生超域效应的根本原因在于不同领域之间的利益的相关性。这就表明，政府政策行为产生超域效应并不是一种偶然现象，而是一种必然现象。这样，我们就能从理论的高度深刻认识政府政策行为的效应问题，发现政府政策行为与其效应之间的内在联系，找出其中的规律性，从而提高对政府政策行为效应的预测能力。

第三，有助于对政府政策行为做出全面的评价。对政府政策行为的评估，重在对其效果的评估。这是当代公共政策评估理论的共识。正如前面所说，当代公共政策评估理论在评估政策行为的效果时，已经注意到了这种行为的部分间接效应，即安德森所称的“外在作用”。政府政策行为的超域效应原理证明，对政府政策行为效果的评价，仅仅评价其直接效果是不够的，因为政策还存在着“外在作用”。在这些“外在作用”中，相当一部分属于我们所说的“超域效应”，这种“超域效应”是政府政策行为结果的一个重要组成部分。它不但像政府政策行为的直接效果和在政府所直接调控的利益关系领域内产生相对意义上的“外在作用”一样，也是政府“政策行为”对“真实条件的作用效果”，而且对政府政策行为的直接效果有着重要的反作用，即影响作用。因此，要全面而正确地评价政府政策行为，必须对这种行为所产生的结果进行全面评价。而若缺少对其超域效应的评价，我们就很难说这种评价是全面的。而一种不全面的即片面的评价，也就称不上是正确的评价。因此，由于政府政策行为超域效应原理的提出，增加了对政府政策行为效果评价的新视角，扩展了对政府政策行为评价的范围，从而有助于对政府政策行为做出全面的、正确的评估。

政府政策行为超域效应原理的实践意义主要在于：它有助于政府在实际行动过程中正确地选择行为策略。这一原理告诉我们：在政府政策行为与这种行为之效应的关系中，政府有关某一利益关系领域的政策行为可能对另一个相关利益关系领域产生效应。从政府行为与政府功能的关系看，这就意味着政府在某一特定利益关系领域的行为可能会对另一个相关利益关系领域产生功能作用。因此，当政府面临某一种需要解决的问题时,政府用来解决这一问题的行为既可以从直接调控存在这一问题之领域的利益关系入手,也可以采用间接调控的办法,即通过调控另一个领域的利益关系而促使存在这一问题之领域的利益关系发生相应变化,从而间接使这一问题得到解决。这样就极大地扩大了政府选择行为策略的视野。例如,当政府面临的是一个需要解决的政治问题时,政府可以选择直接调控政治利益关系的行为即政治行为来解决这一问题,也可以选择直接调控经济利益关系的行为即经济行为来解决这一问题。我们称前者为同域选择,称后者为异域选择。当然,在实际的策略选择过程中到底选择何种行为,即究竟是实行同域选择还是实行异域选择,则要依具体情况而定。一般说来,对绝大多数政策问题的解决,首先宜采用同域选择的策略,这是一种较直接、较易行的行为策略。例如,通过个人收入所得税这种经济手段来解决分配不公的问题即属于此类策略;通过打击贪污、行贿受贿等犯罪活动和开展廉政教育的方式来解决公共权力的腐败问题也属于此类策略。除此之外,采用异域选择也不失为一种明智的策略。例如,当一个城市的社会政治秩序出现了问题,而且这个问题主要是由于该城市失业人口太多引起的时候,采用发展经济、增加就业人口的策略来解决这一问题应视为上策。当然,这种选择是有条件性的。

这种条件性首先在于引起政策问题原因的异域性,即只有当某个政策问题是由其异域的事件所引起时,解决这个问题的行为策略才宜实行异域选择。同时,这种条件性还在于同域选择的效果次优性(成本太高或效果不理想),即只有当解决某个政策问题的策略在实行异域选择优于同域选择时,才宜实行异域选择。

当代政府所面临的各种问题极为复杂,尤其是经济问题与政治问题往往是相互交织在一起的。对于有些问题如果采用同域的办法加以解决,还有可能使这一问题更加复杂化。相反,如果采用异域办法,反而会使问题迎刃而解。例如,在经济不景气时期,当因失业者过多而对社会政治的稳定带来某种威胁时,如果仅仅采用政治强制、甚至镇压等手段来加以解决，往往会把问题弄得更糟。而采用经济手段，即运用经济行为来加以解决，例如通过提高失业救济金标准和扩大救济金的发放范围，以使失业者的生活有保障；或者通过增加投资以提供更多的就业机会来减少失业人口，采取这些措施对于解决上述问题，也许效果会更好些。实际上这就是政府运用经济政策行为解决政治问题的一种行为策略。关于这一点，一些经济学家早就有所认识。例如，凯恩斯在论述经济政策的作用时就曾指出，正确的经济政策有利于增加工人的就业机会，降低失业率，从而有可能起到避免革命发生的作用⑧。在当前我国处于以经济建设为中心的时代，除了有大量的经济问题需要解决外，也还有大量的政治问题需要解决。而在这些政治问题中，绝大多数与经济问题紧密相关，因而宜采用经济政策行为解决为佳。邓小平曾明确指出过，要用经济手段来解决当代的政治问题，即强调在解决政治问题时在行为策略上的异域选择。他说："政治工作是要做的，而且是要好好地做。但是，政治工作要落实到经济方面，政治问题要从经济角度来解决。比如落实政策问题，就业问题，上山下乡知识青年回城市问题，这些都是社会政治问题，主要还是从经济角度来解决。所谓政策，也主要是经济方面的政策。现在北京、天津、上海搞集体所有制，解决就业问题，还不是经济的办法？这是用经济政策来解决政治问题，要想得宽一点，政策上应该灵活一点。总之，要用经济办法解决政治问题、社会问题。"⑨可见，政府经济政策行为的超域效应原理早已为经济学家们和政治家们在理论研究和实际工作中所运用。同样，用政治行为来解决经济问题的事例更是屡见不鲜，理论家们也早有论述，这里就不再赘述了。

---

⑧ 刘涤源，谭崇台：《当代西方经济学说》，武汉：武汉大学出版社，1982 年版，第 254 页。

⑨ 《邓小平文选》第 2 卷，北京：人民出版社，1994 年版，第 195－196 页。

3.3 广义的社会福利理论及其对公共政策的意义*

一、狭义的社会福利概念及其方法论特征

长期以来,福利问题一直是经济学家研究的一个重要领域。在经济学家的著作中,收入、财富、个人福利、社会福利等这些概念构成了经济学的基本概念。福利与收入、财富既有联系又有区别。按照经济学家的说法,收入是指个人在特定的时期所挣得的货币的数量,财富则比收入概念的外延要宽,它泛指个人在特定时期所获得的全部商品和劳务。① 这两个概念所反映的内容是客观的,无论是货币还是有形的商品和无形的劳务,都是客观地存在着的,而且是可以计算的,可以转让给他人的。福利则不同,它是一个主观的概念。福利是指收入、财富给人们带来的效用,或者说是指人们的需要得到满足的程度。同样的收入和财富给予不同的人的效用是不一样的,因而给人们所带来的福利是不一样的。例如,300 元人民币对一个百万富翁来说是微不足道的,因而给他或她所带来的福利也是微不足道的;但对于一个城市失业工人来说,这可能是他或她一个月的生活费,因而这 300 元人民币给后者带来的福利要比给前者所带来的福利大得多。进而言之,相对于一个贫困地区的中国农民而言,这 300 元人民币可能是他或她一个五口之家一个月甚至两个月的生活费,因而给他或她所带来的福利就更大了。由于同样的货币或财富给不同的人所带来的福利是不一样的,因而福利与人们的主观感受有关(当然需要以特定的客观资源为基础),具有主观的特征。福利是客观的资源对人们所产生的一种效用,这种效用

---

* 本文原载《武汉大学学报》(社会科学版)2002 年第 4 期,中国人民大学《公共行政》2002 年第 6 期转载;《新华文摘》2002 年第 11 期摘登。

① [美]汉斯·范登·德尔,本·范·韦尔瑟分:《民主与福利经济学》,北京:中国社会科学出版社,1999 年版,第 17 页。

有正负之分。正效用包括个人得自所有那些原则上能够满足人类需求的商品和劳务的愉悦,负效用包括取得这些商品和劳务所需的成本(例如闲暇时间的丧失)以及由他人行为引致的负的外部效应。这种正负效用的总和构成了我们所说的福利。从这个意义上说,经济学家所说的福利与我们前面所说的利益在内涵上基本是一致的。

在经济学家的眼中,福利有个人福利与社会福利之分。个人福利是指个人需要得到满足的程度。经济学著作在论述福利问题时总是从个人福利出发的,因而其所谈的福利首先是个人福利。但是,经济学家并不反对社会福利的存在,相反他们还十分重视社会福利的研究。他们所理解的社会福利是指所有个人的共同福利,或者称之为所有个人福利的加总②。例如,伯格森学派的福利经济学认为,社会福利是由以下因素构成的:被几个个人消费的 m 种商品和劳务的数量;他们的工作努力程度;以及任何其他影响社区成员的福利因素。庇古学派的福利经济学认为,社会福利是几个个人各自效用的总和。罗尔斯将社会福利做了这样的描述:社会福利是由社会中处境最差的人决定的。只有当社会中最差的人的处境得到改善时,社会福利才会增长。帕累托则为社会福利制定了这样一个标准:当群体中一个或更多成员的处境被改善而没有一个成员的处境被恶化时,社会福利就被增进了。根据这一标准,如果在不降低一个人或更多人的效用的前提下,已无法提高一个或更多个人的效用水平,那么社会福利就达到了所谓的帕累托最优。③

以上我们对经济学家的社会福利概念只是做了简单的概述。从这里我们不难看出,经济学家的社会福利概念及其理论在方法论上主要有以下几个基本特征:

---

② [美]汉斯·范登·德尔,本·范·韦尔瑟分:《民主与福利经济学》,北京:中国社会科学出版社,1999 年版,第 29 页。

③ 同上书,第 31—34 页。

第一，经济学家们所说的福利主要是一个经济学的概念，所指的仅仅是或者主要是经济福利。无论是个人福利还是社会福利，都是从经济学的意义上来阐述的。用经济学的术语来说，“个人福利(效用)指的是个人需要的满足程度，只要这种需要是基于经济因素的。④”这种个人或社会基于经济因素对人们需要的满足程度的福利，把其称之为经济福利不仅仅是恰如其分的，而且是更为准确的。因此，我们有理由把这种福利概念下所描述的社会福利称之为狭义的社会福利，把这种社会福利理论称之为狭义的社会福利理论。

第二，社会福利是基于个人福利产生的。没有个人福利就无所谓社会福利。在个人福利与社会福利的关系上，一些经济学家直接主张社会福利就是个人福利的加总或总和。因此，没有个人福利就没有社会福利。从这个意义上来说，个人福利总是优于社会福利。从理论研究的过程来说，只有先探讨个人福利问题，才能进一步探讨社会福利问题；从理论的表达方式上来看，只有先描述个人福利，然后才能描述社会福利；从政府的实际作为来看，只有先保证绝大多数个人的福利，然后才能谈得上保证社会的福利。总之，个人福利不但先于社会福利，而且是社会福利的基础。

第三，狭义的福利理论在基本的方法论上是以个人主义的假设为前提的。所谓个人主义方法就是假定每个个人都是具有理性的经济人，他们都在根据理性的要求有意识地追逐自己的利益或福利。因此，狭义福利理论的分析是从单个居民的个人偏好和行为出发的。正是从这种个人主义的方法论原则出发，狭义的福利理论才能解释为什么同样的经济资源对不同的人具有不同的效用即福利，这种不同的原因就在于个人偏好的不同。例如，有人偏好面包，有人偏好白酒。对于一个偏好面包的人来说，白酒对他或她的效用(福利)肯定不如面包对他或

---

④ [美]汉斯·范登·德尔，本·范·韦尔瑟分:《民主与福利经济学》，北京:中国社会科学出版社，1999年版，第17页。

她的效用(福利);相反,对于一个偏好白酒的人来说,面包的效用(福利)肯定不如白酒对他或她的效用(福利)。按照这种个人主义方法一个经济中的个人总是根据自己的价值偏好做出倾向于自己福利最大化的决策。与此同时,这种理论不仅仅将这种个人主义的方法运用于个人经济决策行为的分析,而且还将这种方法运用于政府的经济决策行为的分析之中。按照他们的假定,政府被视为一群为另一群个人生产公共物品的个人,即供给者,而那另一群个人即需求者,他们按照其自身的偏好对公共物品进行价值评估。社会福利既是个人福利的加总,也是政府决策行为的结果。

二、广义的社会福利及其理论依据

行为科学已经证明人并非仅仅是经济人,而且也是社会人。人除了具有经济需求之外还有社会需求。著名行为科学家马斯诺在《人类动机的理论》、《激励与个人》等著作中,把人类的需要按其重要性和发生的先后次序排列成以下五个层次:第一层次,生理上的需要,包括维持生活必需的各种物质上的需要,如衣食、住房、医药等;第二层次,安全上的需要,如不会失业、生活有保障、生病和老年有所依靠等;第三层次,感情和归属上的需要,如成人对于爱情和婚姻的需要;第四层次,地位和受人尊敬的需要,如对社会声望、名誉等的需要;第五层次,自我实现的需要,如有事业心,希望成就自己的事业等等。马斯诺认为,人们一般是按照这个层次序列来追求其需要的满足的[⑤]。按照福利经济学的观点,个人福利是对个人需要满足的程度。人的经济需要固然只能由经济因素来满足,从而产生经济福利;同样,人的其他非经济需要也只能由非经济因素来满足,这样一来,福利就不仅仅是经济福利,还应包括一系列非经济福利。

按照马克思主义理论,人们的社会生活领域一般可以分为经济、政

⑤ 林秉贤:《社会心理学》,北京:群众出版社,1985年版,第165页。

治和文化三个基本领域。与这三个基本领域相对应，人们的利益一般可以划分为经济利益、政治利益和文化利益三种基本利益，而且这三种基本利益是相互关联的，经济利益是最基本的利益，它对人们的政治利益和文化利益起着最终的决定作用；人们的政治利益是在经济利益的基础上产生的，并为经济利益所决定，同时又反过来影响经济利益的存在和发展；人们的文化利益是其经济利益和政治利益的反映，它直接受政治利益所支配，但最终由经济利益所决定。[⑥] 根据这一理论原理，人的福利也不仅仅是经济方面的，除了经济福利外，还存在政治福利和文化福利。如果说人的经济福利是各种经济因素对人的经济需求的满足程度的话，那么，人的政治福利则是各种政治因素对人的政治需求的满足程度，这种满足程度越高，则其政治福利越大；人的文化福利是各种文化因素对人的文化需求的满足程度，这种满足程度越高，则其文化福利越大。这三种福利，构成了人们福利的基本内容。

早在 2000 多年前，古希腊的大思想家亚里士多德就说过，人是天生的政治动物。人与动物的区别就在于人必须过群体生活。如果脱离了群体，人就不成其为人。这种过群体生活的需求就是人们的政治需求。政治需求是在经济需要的基础上发展起来的一种更高层次的需求。具体说来，这种需求主要表现为人们对政治自由的渴望、对政治权力取得和运用的需要和参与政治过程的愿望，等等。对人们这方面需求的满足只有通过一系列政治因素才能实现，这些因素如权力、制度，等等。人们对政治需求的满足程度便构成其政治福利（效用）。政治福利也有个人政治福利与社会政治福利之分。个人政治福利是个人政治需求的满足程度，它是社会政治福利的一个有机组成部分。社会政治福利是社会中的全体成员对其政治需求满足程度的总和，这种总和并非个人政治福利的简单相加，而是社会政治系统综合作用的结果。人

---

⑥ 胡象明：《利益相关性原理及其对分析政府经济政策行为的方法论意义》，《中国行政管理》1999 年第 12 期。

们的政治需求如同人们的经济需求一样重要，因此，政治福利往往与经济福利有着同样的重要性。当然，具体到各个具体的个人而言，每个个体对经济的需求与对政治的需求是不一样的。有些人经济需求更强烈，对他们而言，经济福利比政治福利更加重要；而另一些人可能政治需求更强烈，对他们而言，政治福利比经济福利更重要。但不论是哪些人，一般说来，都既有经济需求，也有政治需求，既要考虑经济福利，也要考虑政治福利。只考虑经济福利而完全不考虑政治福利的人几乎是不存在的，即使存在这样的人，这种人也很难是真正意义上的社会中的人，因为完全不考虑自己权利、权力、自由而只考虑吃喝的人，无异于被人们圈养起来的动物。所以，单纯的经济福利不可能真正代表人的全面的福利。当然，与政治福利相比较，经济福利是一种更为基本的福利，人们只有在得到了基本的经济福利之后，才可能谈得上政治福利。

与政治福利一样，文化福利也是人们所必不可少的。文化福利根源于人们的文化需要。生活于社会之中的人不但具有经济方面和政治方面的需求，而且还有文化方面的需求，这种需求也是在经济需求的基础上产生的并高于经济需求的一种真正人的需要，它是动物所不具有的一种需要。是否具有这方面的需要，从一定意义上而言，也是人与动物的区别之所在。文化需要是人的一种精神需要，因而是一种高层次的需要，人们只有通过科学、艺术等精神产品才能满足这方面的需求，而人们这方面需求所获得的满足程度便构成人们的文化福利。一个精神正常的人都必然会对文化福利产生兴趣，当然，不同的人对文化福利的需求是有所差别的。同一个精神产品对不同的人也具有不同的效用（福利）。例如，同一首歌曲，对一个爱好音乐的人，特别是对于一个喜爱这首歌曲的人来说，会产生很大的效用（福利），但对于音乐盲来说，其效用（福利）则要小得多。文化福利也有个人的文化福利和社会的文化福利之分。个人文化福利是个人文化需求的满足程度，它是社会文化福利的一个有机组成部分。而社会的文化福利则是全体社会成员的文化需求得到满足的程度之总和，它是社会文化系统各种因素综合作用的结果。社会只有不断发展文化事业，增加多样性的文化产品，才能不断满足全体社会成员的文化需求,从而提高全社会的文化福利。

把社会福利由社会的经济福利扩大到社会的经济福利、政治福利和文化福利的总和,这既扩大了社会福利概念的外延,也加深了社会福利概念的内涵,我们将这个意义上的社会福利理论称之为广义的社会福利理论。与狭义的社会福利理论相比,广义的社会福利理论具有以下几个特点:

第一,广义的社会福利理论所讲的福利并非仅仅是一个经济学的概念,而且也是一个政治学、社会学的概念。在狭义的社会福利理论看来,社会福利主要是甚至仅仅是经济福利,因而这样的福利概念主要是甚至仅仅是一个经济学的概念。因此,长期以来,社会福利问题仅仅是或主要是经济学的研究对象,其中福利经济学则代表着这方面研究的主要成果。广义的社会福利理论则不同,它所理解的社会福利不仅包括经济福利,而且还包括政治福利和文化福利,因此从广义上理解的福利概念就不是经济学一个学科所能概括的,而且还包括了政治学和社会学的内容。实际上,这一理论对社会福利的研究从学科上进行了扩展,由经济学学科扩展到了政治学和社会学等学科。

第二,广义的社会福利理论虽然也重视个人的福利问题,但更为重视社会的福利,认为个人福利的好坏是以社会福利的好坏为前提的。广义社会福利理论也认为社会福利是社会中全体个人福利的总和,但它不赞成把社会福利看成是个人福利的简单相加(即加总)的观点。广义的社会福利理论把社会看成一个系统,个人只是这个系统中的一分子。如果把社会看成一个整体,个人只是这个整体中的一分子。如果把社会福利看成一个整体,个人福利也只是这个整体中的一部分。在整体与部分的关系上,系统论强调整体决定部分,而不是相反。因此,在广义社会福利理论看来,社会福利优先于个人福利,个人福利是由社会福利决定的,只有当整个社会的福利水平提高了的时候,个人福利才能从根本上得到改善。或者说,只有当社会福利得到改进时,个人福利的改进才是合理的。

第三,广义的社会福利理论不仅仅以经济学为理论基础,而且还要以政治学、社会学等其他社会科学为其理论基础，是运用各门社会科学综合研究社会福利问题的结果。既然狭义的社会福利理论的福利概念主要是甚至仅仅是一个经济学的概念，很自然，其理论基础也主要是甚至仅仅是经济学。广义的社会福利理论则不同，它所讲的福利既是一个经济学的概念，也是一个政治学、社会学的概念，因此其理论基础就不仅仅是经济学，还有政治学和社会学。这一理论需要运用经济学、政治学和社会学及其他相关社会科学对社会的经济福利、政治福利和文化福利问题进行综合研究，因而它实际上是一门综合性的社会科学理论。对广义社会福利理论的学科基础的这种理解，与当代公共政策理论对其学科基础的理解是一致的。

三、广义社会福利理论对公共政策的重要意义

公共政策是政府用来调控社会利益关系的基本工具，就其基本目标而言，从根本上讲是为了谋求公共福利即社会福利的最大化。根据广义社会福利理论对社会福利的解释，政府在制定公共政策时，应从广义上来理解公共政策的目标，并采用相应的利益调控手段，以有利于实现广义上的社会福利的最优化。

第一，公共政策的制定必须从社会整体利益出发，以实现社会整体利益即社会福利的优化作为根本目标。广义社会福利理论在个人福利与社会福利的关系问题上坚持社会福利决定个人福利的原则，把社会福利置于个人福利之上，认为只有当全社会的福利得到改善，个人福利才能最终得到改善。这种观点与公共政策的基本价值观是一致的。从这种观点出发，政府在制定公共政策时，应从社会整体利益出发，坚持公共利益的价值取向，以社会福利的优化作为公共政策所要达到的最终目标。公共政策的价值取向是什么？是公共利益还是团体利益？甚或个人利益？这是公共政策理论中长期争论不休的问题。[⑦] 主张公共政策的价值取向是个人利益的观点，正是基于经济人的理论观点提出

⑦ 胡象明：《论政府政策行为的价值取向》，《政治学研究》，2000 年第 2 期。

来的,这种经济人的观点也是狭义的社会福利理论的基础。因此,从这种狭义的社会福利理论出发,我们是很难得出公共政策的价值取向是公共利益这一结论的。只有建立广义的社会福利理论,以公共利益作为公共政策的价值取向的观点才有了有说服力的理论基础。

第二,公共政策必须关注社会中个人的福利,但要求个人福利以服从社会福利为前提。按照广义福利理论的观点,公共政策的目标是为了谋求最大的公共福利即社会福利,但这并不意味着公共政策不关心个人福利。广义社会福利理论认为,社会福利仍然是个人福利的总和。社会福利的改善最终要落实到个人福利的改善上。广义社会福利理论与狭义社会福利理论在这个问题上的区别,不在于是否承认个人福利及其重要性的问题,而在于个人福利与社会福利何者为因何者为果的问题。狭义的社会福利理论将个人福利看作社会福利的原因,而把社会福利看作个人福利的结果;与此相反,广义的社会福利理论则把社会福利看作个人福利的原因,而把个人福利看作社会福利的结果。因此,按照广义社会福利理论,评价一种公共政策的效果,最终还是要看个人福利是否得到了改善。但公共政策对个人福利的关注,是以关注社会的整体福利为前提的,要求个人福利必须服从社会福利,任何超越于社会福利之上的个人福利都是为公共政策所排斥的。

第三,公共政策应该全面关心人的福利,包括经济福利、政治福利和文化福利。从广义福利理论的观点来看,人的福利不仅仅是经济福利,还应包括政治福利和文化福利,尽管经济福利是最基本的福利,是其他福利的基础。公共政策以社会的公共福利的最大改善作为目标,这里所说的社会公共福利首先是社会的公共经济福利,但也包括公民所应当享有的政治福利、文化福利。因此,在公共政策的制定过程中,不但应当考虑公共经济产品,即物质方面的公共产品,如公共交通的建设、社会经济保障水平的提高,等等;还应考虑公共政治产品,如政治制度的优良、政治参与渠道的畅通、公共治安和国家安全能力的增强等等;以及公共文化产品即精神产品,如健康的文学作品、电影电视节目等等。如同公共经济产品对于提高社会的公共经济福利具有重要的意义一样,公共政治产品和公共文化产品对于提高公民的政治福利和文化福利也具有十分重要的意义。事实上,在当今各国的公共政策中,除了有关公共经济福利的内容外,有关公共政治产品和公共文化产品的内容也占有非常大的比例。关心社会的政治福利与文化福利,如同关心社会的经济福利一样,都是公共政策内容的应有之义。

第四,公共政策在关心人的全面福利的同时,必须把经济福利放在优先考虑的位置,正确处理好经济福利、政治福利和文化福利之间的关系。正如前面已经指出的,在经济福利、政治福利和文化福利三者的关系中,经济福利是最基本的福利,是其他两类福利的基础。政治福利和文化福利是在经济福利的基础上产生和发展起来的,前者的发展水平受后者所制约。尽管政治福利与文化福利有一定的相对独立性,但它最终是由经济福利所决定的,有怎样的经济福利就有怎样的政治福利和文化福利,政治福利水平与文化福利水平虽然也有超越或落后经济福利水平的时候,但这种现象只是暂时的,终究要回到或赶上经济福利的水平。因此,公共政策在考虑社会福利问题时,必须优先考虑经济福利问题,特别是在社会主义初级阶段,经济发展是我国当前的中心任务,改善和提高人民的经济福利水平是当务之急,在公共政策的制定过程中,必须坚持社会经济福利优先的原则,同时要注意政治福利、文化福利与经济福利的协调发展。

第五,公共政策的研究应该是运用各门科学知识的一种综合性研究,公共政策的制定应该广泛地借鉴各门科学的研究成果。由于公共政策所追求的社会福利不是一种单纯的经济方面的福利,而是一种全面的公共福利,即经济的、政治的和文化的社会公共福利,因此对公共政策的研究包括对公共政策制定过程及其方案的研究就不仅仅需要运用经济科学的知识,而且需要运用政治科学和社会学、文化学等多学科的知识。不应该把对公共政策的研究看成是某一门科学知识的具体应用,而应该看成是各门社会科学知识的综合应用。研究公共政策中的社会经济福利问题当然离不开经济科学知识的运用,不运用经济学的基本原理来探讨社会经济现象及其规律,不运用经济学的基本分析方法来对各种经济政策方案进行分析和测算,就不可能找到经济福利最优化的政策方案。从这个意义上说,经济科学是研究公共政策问题的重要的基础学科。但是,对于公共政策的研究来说,政治科学、社会学及其他社会科学同样具有非常重要的作用。公共政策要以谋求社会政治福利和文化福利作为目标,在公共政策的研究过程中就必须运用政治科学、社会学、文化学方面的知识,探讨社会政治和社会文化现象及其规律,并运用政治学和社会学的方法对有关政治福利和文化福利的政策方案进行论证和分析。唯有如此,才能制定出政治福利最优化和文化福利最优化的公共政策方案。

总之,社会福利应该是一种以经济福利为基础的包括政治福利和文化福利在内的广义的社会福利,公共政策以公共福利最大化为目标,这种福利应该是广义的,既包括经济福利,又包括政治福利和文化福利。因此,我们所提出的广义福利理论不但在方法论上与当代公共政策理论是一致的,而且在实践上对于我们制定和理解以公共利益为价值取向的公共政策也具有十分重要的意义。

3.4 公共政策研究应关注农村社会保障与社会稳定*

社会保障政策是公共政策的重要组成部分，它是国家通过立法，采取强制手段对国民收入进行分配和再分配以形成专门基金，对基本生活困难的社会成员给予物质上的帮助，以及对全体社会成员提供普遍福利，以确保社会成员生活权利，从而实现社会安定的一项重要政策。改革开放以来，为了适应市场经济发展的需要，我国在建立和完善社会保障制度方面进行了一系列努力，取得了初步成就。但是从总体而言，这方面的改革主要是在城市进行的，农村的社会保障问题虽有所关注但没有引起足够的重视。

第一，就养老保险政策而言，我国目前的养老保险政策主要是针对城市居民的，除个别试点的地方外，绝大多数农民被排斥在这一最基本的社会保险体系之外，农民的养老问题还主要是由家庭及其子女来承担的。虽然无法定抚养人或法定抚养人无能力抚养者可享受“五保”（保吃、穿、住、医、葬）待遇，但这种“五保”也很难说是真正意义上的“社会保险”，这种以村组为单位（近年来有的地方开始以乡、镇为单位）的“五保”制度，与其说是一种社会保障制度，倒不如说是一种村民互助制度。时至今日，农村社会养老保险在绝大多数地方还未提上议事日程。

第二，就失业保险政策而言，农民的失业一向不被承认是种失业，因而也就无农民的失业保险之说。也许有人会说，农民有土地，他或她可以种地去，何来“失业”一说？国家给了农民土地，这不就给他或她进行了失业保险吗？但事实上是，很多地方地少人多，很多人根本无田可种，这种人一旦找不到工作，基本生活就成了问题。

第三，农村的医疗保险政策在绝大多数地方还是纸上谈兵。20多年前，农村基本上普遍建立起了合作医疗制度，尽管当时这种制度也有

---

* 本文原载《江苏社会科学》2001年第6期。

不少问题，但总算能解决一些农民的一般病痛问题，尤其是对那些贫困农民来说是必不可少的。近几年，我国政府又多次提出了农村合作医疗的问题，但除了个别试点的地方外，全国绝大多数的农民仍然享受不到真正的医疗保障，甚至任何意义上的医疗保障也不存在。

第四，在农村，工伤保险似乎还是一个没有人谈过或者人们觉得没有必要谈的问题。其实，由于农民所从事的是一些重体力劳动，风险很大，因劳动而伤亡的事情时有发生。尤其是那些外出务工的农民，他们干的往往是那些城里人不愿干的重体力、高风险的活计，而恰恰又是这些人得不到必要的工伤保险，常常造成悲剧。一旦某个家庭发生此类事情，特别是当主要劳力出现伤亡时，往往会使这个家庭陷入绝境。

从社会保障政策的本义来讲，它应该是对社会全体成员的一种最低生活的保障，而我国的社会保障政策实际上只对社会中的少数成员（城市人口）进行生活保障，因而不能说是一种全面的社会保障政策，而只能称得上一种片面的即少数人的社会保障政策。由于农村缺乏基本的社会保障体系，因而使农村存在着一系列不稳定的潜在因素。

第一，由于农村缺乏基本的社会保障，造成农村中一些家庭及其成员极端贫困，这是引发农村不安定的一个重要因素。贫困生乱，这似乎是一条普遍真理。当一个人生活无保障甚至面临着无法生存下去的时候，他或她对自身生命的价值评估是非常低的，而当他或她不珍视自己的生命价值时，他或她就有可能铤而走险。这部分人的存在就会对社会公共秩序和其他人的安全造成威胁。因此，要维护农村的社会治安和社会稳定，对农村犯罪分子进行打击是必要的，但仅仅靠打击是不行的，重要的是要尽可能消除农村产生犯罪的环境因素，消除贫困则是其中的内容之一，而加强农村社会保障又是其中必不可少的措施。

第二，由于农村缺乏起码的失业保险和失业救济制度，致使部分失业的或潜在失业的青壮年农民游手好闲，甚至铤而走险，使农村社会治安变得越来越复杂。根据笔者在农村的调查和观察，在我国一些落后的农村，确实存在着一些无业者，而且有相当部分人想找份工作做，哪怕是一份非常艰苦且报酬低的工作也行，但由于自身条件的限制加之其他各种原因，他就是找不到这样的工作。由于目前农村没有失业保障，往往使这种人及其家人陷入非常贫困的甚至是极端贫困的状况，这个群体往往是农村中违法犯罪率最高的群体。

第三，农村中生活无保障的贫困人员，特别是那些老、弱、病、残者和无特长、无谋生能力者流入城市，既会给城市形象和城市管理造成损害，也会加剧城市社会治安的不良状况。目前在城市街道上看到的一些乞讨人员，除去一些不良分子外，相当部分属于农村流入城市的老、弱、病、残者，这个群体进入城市既有损城市形象，又恶化了城市的社会治安状况。如果通过农村社会保障体系的建立使这些人中的绝大部分能在农村得到安置，对于改善城市形象和城市的社会治安状况都是有好处的。

第四，由于农村中的贫困人口得不到应有的社会保障，这些家庭的子女入学问题得不到解决，因而又在制造新一代弱者和贫困者，他们又可能成为未来社会不安定的重要因素。当前农村确实存在着部分失学儿童，而且他们主要来自这些家庭，应该引起政府和全社会的高度重视。

由此看来，农村社会保障问题是一个急需研究和解决的问题。它不仅仅关系到农村的社会治安和社会稳定问题，而且关系到城市的社会治安和社会稳定问题。可喜的是，这一重要的公共政策问题已经引起政府有关决策部门的重视，并将此问题的解决初步纳入了政策议程。早在 1986 年民政部就组织了“建立农村社会保障制度问题”的调研，并在经济较发达地区开始试点。到 1997 年 5 月，全国农村社会保障体系建设的试点县(市)已达 300 多个，各省、市、自治区已开始形成不同形式的农村社会保障体系的政策框架①。尽管目前尚未形成具有普遍意

---

① 多吉才让：《建立最低生活保障制度 推进社会保障体系建设》，《中国社会报》，1997 年 5 月 31 日。

义的农村社会保障体系，但这方面的探索确实取得了一些应有的成果。

公共政策研究者应该以高度的社会责任感关注中国这一世纪初的难题，认真探讨建立农村社会保障体系的必要性、可行性及其具体途径，呼吁政府的有关政策制定部门对这一公共政策问题引起逐步的重视，在已初步纳入政策议程的基础上，尽快拿出比较可行的、覆盖面更广的、更具有普遍意义的政策方案，初步建成具有普遍效力的农村社会保障体系，确保农村乃至全国的社会稳定，以便为社会主义现代化建设创造一个良好的社会政治环境。

4. 政策科学的性质与理论创新

4.1 关于政策科学学科性质的辨析*

关于政策的性质问题，自20世纪50年代政策科学产生以来，就一直是一个争论不休的问题，20世纪80年代政策科学引入我国以来，这个问题至今也没有解决。关于政策科学的学科性质问题，学术界已经有过很多讨论，但观点不尽一致，仁者见仁，智者见智。尤其是那些从事基础理论研究的专家，往往从自己所要研究的学科领域出发，来讨论政策科学的学科性质问题。如政治科学家往往从政治科学的角度出发，来讨论政策科学的学科性质问题，把政策科学归结为政治科学的分支学科；经济学家在讨论政策科学的学科性质时，则强调政策科学与经济学之间的内在联系；同样，社会学家、法学家、公共行政学家也非常关注政策科学的学科性质问题，他们也是从各自学科的观点出发来理解政策科学的学科性质的。因此，要讨论政策科学的学科性质问题，有必要从导致政策科学产生的动因、理论渊源以及政策科学与其他学科之间的关系来全面地进行分析，以期得出比较正确的、综合性的结论。

一、从政策科学产生的动因看政策科学的学科性质

一门学科的产生，并非某个天才主观思维的结果，而是社会现实的必然产物。政策科学的产生也是如此。没有社会现实对政策科学的需要，也就不会有政策科学的出现。当代政策科学产生于20世纪50年代，这与当时的特定历史条件是分不开的。这种历史条件的根本特点在于：政府的政策对于当时的社会、经济和政治生活来说变得越来越重要，如何正确地制定政策和执行政策已受到越来越多的人所关心，对政策研究的重要性也越来越为人们所认识，这就是导致政策科学产生的

---

* 本文原载《江苏行政学院学报》2004年第3期。

现实动因。

凡是了解一些西方经济思想史的人都知道，自从现代资本主义诞生以来，资本主义国家及其政府就在处理社会经济生活问题时，长期信奉的教条是不干涉主义，政府只是扮演一个“守夜人”的作用，至于如何运用政策去积极地干预社会经济生活则一直在政府的视野之外。特别是在经济领域，政府相信市场这只“看不见的手”能自发地调节好经济生活，自己只需要当一个“旁观者”就够了。然而，在一次又一次的经济危机面前，市场这只“看不见的手”往往显得软弱无力。特别是当20世纪30年代那场前所未有的经济危机降临美国的时候，“市场失灵”已为人们深信不疑，迫使当时的美国政府不得不采取一系列政策来干预社会经济生活。1933年3月罗斯福就任美国总统，为了应付这种严重的经济危机，他所领导的政府出台了一系列新的政策，被称为罗斯福“新政”[①]。罗斯福的“新政”虽然不能从根本上治理资本主义的经济危机，但是对于缓解资本主义的经济危机确实起到了一定的作用。政府通过经济政策来干预社会经济生活能起到一定作用，因而政策的重要性也越来越为人们所认识，如何制定和执行政策的问题自然地成为学者们所关注的一个重要课题。

在政治领域，人们有关政策研究重要性的认识早在20世纪20～30年代就提出来了。众所周知，人类社会在20世纪20年代发生了一次深刻变革，这就是俄国十月革命的发生和世界上第一个社会主义国家的建立。这一惊人事件的出现，使资本主义世界惊慌失措。一些资本主义国家的领导人及政治家们，一方面对当时的资产阶级政治学大失所望，怀疑政治学存在的价值，因为当时的政治学在俄国十月革命发生前没有对俄国即将发生的革命做出有价值的预测，因而没有为这些政治学家所在国家的政府制定如何应付这场革命的政策方面提供有价

① 樊亢等:《主要资本主义国家经济史》,北京:人民出版社,1997年版,第207—209页。

值的建议或见解。这实际上给政治学的研究提出了严重的挑战：或者不为政府或社会所重视，或者把研究的重点转向公共政策研究，使政治学成为对政府和社会有用的一门学问。

从当时导致政策科学产生的现实动因来看，首先是社会经济问题的出现推动了政策科学的产生，其次是社会政治问题的出现促使了政策科学的出现。因此，从导致政策科学产生的现实动因来看，既有经济问题也有政治问题。如果换一个角度来看，当时的经济问题与政治问题也是严重的社会问题，正是这些错综复杂的问题需要政府加以解决，所以最终促使了政策科学的形成。从政策科学所要解决的问题来看，我们很难把它归于某一个传统学科或说是某一个传统学科的分支学科。

二、从政策科学的理论来源看政策科学的学科性质

现代政策科学的诞生，与社会学、经济学、政治学对政策问题的研究及其相关理论的产生和发展是分不开的。正是这些学科对政策及其理论研究的成果为政策科学的产生创造了理论前提。

在社会学方面，专门以政策作为研究对象的社会学理论最早产生于德国。早在19世纪末，德国的一些社会学家就开始研究社会政策问题，并提出要将社会政策作为科学研究的对象。1873年，德国学者西蒙拉尔(G. Schmoller)发起成立了社会政策学会。此后，英国、日本等国的一些社会学者在社会政策的研究方面也取得了重要成就。如英国伦敦经济学院社会科学系主任、著名社会学家马歇尔(T. H. Marshall)所著的《社会政策》一书曾经在西方产生过重要影响。日本在1897年就建立了社会政策学会，并出版了有关社会政策方面的著作[②]。社会学有关社会政策研究的成果，是政策科学的一个重要理论来源。

在经济学方面，早在19世纪末德国的历史学派就提出了研究经济

② 陈振明：《政策科学》，北京：中国人民大学出版社，1998年版，第6页。

政策的重要性。20 世纪 30 年代出现的凯恩斯理论被称为“凯恩斯革命”,其实质就是使西方经济学的主流学派出现了研究政策化的倾向,从而使经济政策学逐渐从经济学中分离出来,成为一门独立的科学③。凯恩斯经济学最基本的内容就是主张政府对经济的干预,其理论核心即是其政策主张,包括所谓的宏观财政政策和货币政策等。自凯恩斯以后,西方经济学争论的中心是实行何种经济政策,他们的实证研究不断地定量化,但目的是为政策主张提供依据,而政策主张则成为规范研究的核心,规范研究不断地政策化,并导致经济政策学作为一门独立的学科而产生,从而为政策科学的兴起奠定了理论基础。

在政治学方面,政策科学的产生在一定意义上说与行为主义政治学的发展是分不开的。在 20 世纪 20 年代,当西方政治学遭到非议的时候,一些政治学家企图通过革新政治学来重振政治学的雄风。

1921 年,芝加哥大学的一些教授发起了所谓的“新政治科学运动”,主张用社会学、心理学、地理学、人类学、生物学和统计学的成果与方法来革新政治学,从而拉开了行为主义政治学研究的序幕。新政治科学运动在很大程度上出于对社会公共政策的关心。这一科学运动的发起者认为,“新政治科学运动”将促使人类明智地控制政府机构运转的过程,从而可以消除政治行为中的浪费,减少或消除各种动乱因素。他们认为,政治科学必须研究“政治谋略”,这一概念后来进一步发展为“政策”。“新政治科学运动”以后出现的行为主义政治学认为,政治学应该成为一门对政治现象加以解释和预测的科学,应注重研究可以实际观察的政治行为,其研究应该是“纯粹”学术性的、科学性的,研究方法应该尽量科学化、定量化,这些观点为政策科学的产生和发展奠定了重要的理论基础④。在行为主义的政治科学中,对政策科学产生具有较大影响的理论主要是系统理论、团体理论、精英理论和决策理论。政

③ 周炼石,张国庆:《经济政策学》,重庆:重庆出版社,1991 年版,第 33 页。

④ 孙光:《政策科学》,杭州:浙江教育出版社,1988 年版,第 26 页。

治学理论对政策科学的形成产生了重要的影响作用，这主要表现在以下三个方面：

第一，他们都力图对政治过程做出自己的解释，从而为研究政策过程奠定了理论基础。无论是政治系统理论，还是政治集团理论、政治精英理论和决策理论，都力图运用自己所提出的理论观点来解释政治过程。如果把公共政策的制定过程看成是一个政治过程，那么，上述各种观点同样适用于对政策制定过程的解释，因此这些理论实际上为政策科学的形成奠定了理论基础。后来政策科学的发展也证明，政策科学的不同学派正是建立在这些不同的政治理论学派的基础之上的。

第二，在研究政治过程时，他们都把政府的决策过程置于一个十分重要的地位，从而为探讨公共政策的制定提供了理论框架。在行为主义政治学上，对政府决策问题的关注不仅仅是决策理论学派。其实，系统理论、集团理论和精英理论都同样十分关心政府的决策问题，并从不同的角度对政府的决策过程进行理论探讨。从宏观的角度看，公共政策的制定过程也是一个政治决策过程。因此，这些理论所提出的政府决策的规则、程序等理论模式或框架同样适用于对政策制定过程的研究，这就为政策科学的研究提供了现成的理论模式或框架。⑤

第三，行为主义政治学重视对政治现象的分析和对分析方法的研究，从而为公共政策的分析提供了方法论基础。行为主义政治学与传统政治学不同的一个重要特点在于：不是像传统政治学说那样重视政治制度和政治哲学的研究和探讨，而是转而重视对所谓政治事实的分析，它们所说的政治事实即是指政治现象和政治过程。系统理论、团体理论、精英理论和决策理论在分析政治现象和政治过程中，形成了自己所特有的分析方法，这些分析方法也就是后来政策科学用来分析政策过程的方法。因此，行为主义政治学说也为政策科学准备了分析方法。

从上面简短的分析不难看出，政策科学的理论来源主要有三个方

---

⑤ [美]詹姆斯·E.安德森：《公共决策》，北京：华夏出版社，1990年版，第5页。

面:社会学、经济学和政治学。如果单从这一点来看,政策科学既可以看成是社会学的分支学科,也可以看成是经济学的分支学科,更可以看成是政治学的分支学科。如果这样来认识政策科学的学科性质,这就等于说政策科学没有自身的学科性质。显然,这是不利于政策科学的发展的。

三、从政策科学与其他学科的关系看政策科学的学科性质

政策科学的学科性质究竟是社会学的还是经济学的?抑或是政治学的?在上面的阐述中,我们只是回答了这样一些问题:政策科学与社会学、经济学、政治学之间存在着十分密切的关系,但并不能证明政策科学就是政治学、经济学、社会学或者是它们中某一学科的分支学科。那么,政策科学作为一个相对独立的学科究竟是一个什么性质的学科呢?这还有待于我们做进一步的探讨。

第一,政策科学是将各门社会科学综合地运用于解决社会公共问题的一门应用性学科,可以简称为社会科学的综合应用学科。在上面的分析论证中,我们反复阐明了这样一个观点,政策科学的研究目的在于为解决社会公共问题寻找有效的方案和途径。这就表明,政策科学并不是一门仅仅局限于对客观事件做出某种解释的学科,而是一门以行动为目标取向的学科,即一门应用性学科。在这门学科的研究过程中,虽然也要运用某些自然科学的原理和方法,例如定量分析技术。但从总体上讲,主要是运用社会科学的基本原理和方法来解决社会公共问题的一门学科。不过,这门学科在对社会科学的应用时与其他社会科学的应用学科有所不同。这种不同主要在于:一般说来,其他社会科学的应用学科主要是应用某一门社会科学来解决社会中某一方面的问题,如工商管理学主要是运用经济学的基本原理和方法来解决企业中的经济管理问题;财政学主要是运用经济学的基本原理和方法来解决政府中的经济管理问题;人口学主要是运用社会学和经济学的理论原理与方法来解决社会人口的管理问题,等等。政策科学则不同,由于其所研究的对象是公共问题的解决途径和公共政策过程中的规律问题,

对象的公共性决定了其研究方法上的综合性。因此，在公共政策科学的研究过程中，不仅要运用政治学、经济学、社会学、法学的理论原理与方法，而且要运用管理学、心理学、哲学、统计学以及各种定量分析技术。政策科学正是在上述学科的基础上产生和发展起来的，如果没有这些学科的支撑，政策科学就无法形成，也无法继续存在下去。当然，政策科学决不是将这些不同学科的知识杂乱无章地堆积在一起，而是把它们有机地结合起来。通过这种有机的结合，形成了一种新的学科体系并具有自己特色的研究方法。其基本特点是提供以研究问题和解决问题为中心，而不是以建立某种学科的逻辑体系为中心，主张将各种知识应用于解决社会公共问题，应用于政府的公共决策过程，以提高公共政策的质量。因此，政策科学既具有应用科学的特征，又具有综合性学科的特征。同时，与自然科学相比，它又具有社会科学的特征。正是从这三重意义上说，我们把政策科学的学科性质初步规定为社会科学的综合性应用学科。

第二，政策科学是现代公共管理学科的基础性学科之一。公共管理学是研究政府以及非政府公共机构管理社会公共事务的过程及其规律的应用性学科。从政府的角度来看，政府对社会公共事务的管理主要是通过政策调控来实现的，公共政策是政府用来管理社会公共事务的基本工具和手段，政府主要是通过制定和执行公共政策来达到管理社会公共事务的目的。因此，在整个公共管理过程中，公共政策都发挥着十分重要的作用。正是从这个意义上说，研究公共管理必须研究公共政策，政策科学是现代公共管理学科的一门基础性学科。

第三，政策科学是当代方兴未艾的软科学学科群中的一个重要组成部分。软科学是相对于硬科学而言的。人们通常所说的硬科学是指那些需要运用定量分析手段和实验技术来研究某一个专门领域的精确科学，如数学、物理学、化学、生物学、计算机科学与技术、工程科学与技术等；人们通常所说的软科学是指那些应用各种相关学科知识的理论和方法，对包括人和社会在内的广泛对象进行跨学科研究的知识领域，如人工智能、战略研究、系统分析、未来研究、科学学、决策学、领导科学以及政策科学等。软科学的发展有一个过程，一般说来，它主要是在20世纪上半叶以后，特别是在第一次世界大战以后发展来的一门新兴学科。从整个软科学发展的过程来看，20世纪50年代发展的重点是科学学，尤其是科学社会学的研究；60年代的重点是运筹学；70年代的重点是未来学与预测科学；80年代以后的重点则是政策科学。[⑥] 在当今软科学的发展潮流中，政策科学不仅是其中的一个重要组成部分，而且已成为其中的核心学科。

综上所述，从学科性质来看，政策科学是综合地运用各门社会科学知识来研究社会公共问题的解决途径以及政府制定和执行公共政策的过程及其规律的专门学科，是现代公共管理学科群的一门基础性学科，是软科学的一个重要分支学科。政策科学不仅仅是应用性的，而且也是基础性的。更重要的在于它的综合性，这种综合性在政策科学中既体现在多门学科知识的综合性上，也体现在应用学科与基础学科的综合性上。综合性才是这门学科的本质特征，正是这一本质特征决定了这门学科的基本性质。

---

⑥ 陈振明：《政策科学》，北京：中国人民大学出版社，1998年版，第24页。

4.2 政策科学的中国化与理论创新*

政策科学这一名词，对于20世纪80年代以前的中国学人来说，还是一个从未听说过的概念，有关这一学科的系统研究更是一件根本不可能的事情。自从20世纪80年代中叶以来，这一学科已经受到部分学者的关注。1992年全国政策科学研究会的成立，极大地推动了我国政策科学的发展，一些研究成果得以发表和出版。政策科学和公共政策理论作为一个学科已为学术界所公认，并获得了应有的地位。对于目前所取得的这些成绩，我们当然必须予以充分肯定。但是，政策科学研究在我国的历史毕竟不长，要使之成为一门具有中国特色的重要学科，还有很多工作要做，而理论创新则是其中的重中之重。

我国目前的政策科学研究大致有以下特点：

第一，从其他学科进行理论移植，套用其他学科的理论术语来解释政策现象，使政策科学缺乏应有的独创性。在我国目前出版的政策科学著作中，有一部分几乎是用其他学科的语言特别是哲学的语言写成的。整本书写的都是一些制定政策要坚持实事求是原则、辩证唯物主义原则、政策过程是一个辩证发展的过程之类的话。除此之外，很难找到一句能够反映政策过程实质并有自己特色的术语。当然以上那些话并没有错。但一个学科要独立发展，除了要有自己独立的研究对象外，还应该有自己相对独立的研究方法和术语，否则这门学科就很难成为一门独立的学科了。这种简单地把哲学或其他学科的语言移植过来生硬地与作为研究对象的政策结合在一起的做法，是不能产生真正的政策科学的。因为它表面上是在进行学科创新，实际上还是没有自己特有的术语和理论体系，因而使政策科学没有相应的独创性，这样的所谓新学科是不会有生命力的。

第二，从西方引进政策科学理论，学术语言和理论体系的西方味道

---

* 本文原载于《北京行政学院学报》2000年第1期。

太浓，政策科学的中国味道太淡。在最近10多年时间，学界在翻译和介绍西方政策科学或公共政策理论方面做了大量的工作。对于我国政策科学的创建和发展来说，这些工作是十分必要的，对于推动我国政策科学的发展产生了积极的影响。西方特别是美国政策科学的发展已有半个世纪，其理论体系已相对完善，其中一些带有共性的东西非常值得我们学习和借鉴。但是，在我国研究政策科学必须以建立有中国特色的政策科学为目标，而要实现这一目标，仅仅介绍是非常不够的。由于中国在政治制度、历史文化传统和社会经济环境等方面不同于美国等西方国家，因此在美国等西方国家产生的政策科学并不能完全解释我国的政策现象，而要建立一种能够反映中国政策过程实际的政策科学，就必须在借鉴西方政策科学已有研究成果的基础上进行理论创新，使政策科学中国化。

第三，把政策科学写成了对我国目前方针、政策的介绍和概括，对政策过程规律性的探讨较少，缺乏理论深度。我国较早时期出版的有些称之为政策学的著作，实际上是我国当时政策内容的一些介绍。尽管这些介绍是必要的，研究政策科学的人也应该熟悉这些内容，但是仅仅停留于对政策内容的介绍还是非常不够的，因为政策科学应该着重于对政策过程规律性和政策分析方法的探讨，而这方面的探讨也离不开理论创新。

我国政策科学研究的以上特点，也反映出我国目前政策科学研究中存在着一些不足之处，而其中的核心问题则是如何使政策科学中国化。要做到这点，就必须坚持理论创新。就当前而言，应从以下几个方面入手：

首先，政策科学的研究必须坚持方法论上的创新。方法论是一个学科的灵魂，一个学科的独创性首先表现为方法论上的创新。任何一门学科，除了遵循一般的方法论原则外，还必须有其自己所特有的研究方法。西方政策科学的方法论是建立在西方政治科学的理论原理基础之上的，如制度理论、精英理论、集团理论、系统理论和功能过程理论等，这些理论只是西方政治现实的反映，它们并不完全适合中国，因此，建立中国式的政策科学必须把其研究方法论建立在中国政治哲学或政治理论的基础之上，但又不是对这些理论的简单照搬，而是在深入研究的基础上使之具体化为政策科学研究的方法论，为政策科学的研究提供具体的指导作用。

其次，建立中国式的政策科学需要努力去发现中国政策过程中的新问题，探讨中国政策过程中的新规律，并在此基础上形成具有中国特色的新的理论体系。政策科学是一门应用性很强的学科，要在中国的土壤上真正扎下根，必须服务于现实的政策过程，为此政策科学的研究者们必须了解当代中国政策过程中的问题和规律。发现新问题，总结新规律，当然离不开创新思维的作用，但这种创新不能凭空设想，而应该进行大量的实际调查研究，包括做大量的政策案例分析。如果缺乏这些必要的基础工作，政策科学的理论创新也只能是纸上谈兵，建立有中国特色的政策科学也无从谈起。

再次，在西方政策科学与中国政策思想的结合点上进行理论创新。学术创新离不开理论借鉴和综合思维。在建立中国特色的政策科学过程中，既要善于借鉴西方政策科学的理论和方法，也要注意吸收中国已有的政策思想和研究成就，并把两者有机地结合起来，在结合点上进行综合思维，通过理论综合实现理论创新。虽然我们不能说中国已有现成的或成体系的政策科学或政策理论，但在几千年中华文化和学术思想中，具有大量的政策思想是毫无疑问的。如老子的“无为”思想、孔子的“中庸”思想、墨子的“兼爱”思想，在一定意义上也是一种制定政策的准则。在当代，毛泽东、刘少奇、邓小平等人都有丰富的政策思想。当前，我国的政策科学研究必须大力吸收中国古代和现当代的政策思想，在此基础上进行理论创新，建立新的政策科学理论体系，使政策科学真正具有中国特色。

总之，政策科学的中国化既是当前我国政策科学的一种发展趋势，也是摆在政策科学研究者们面前的一项紧迫任务，而要实现这一目标，在政策科学的研究过程中必须坚持理论创新。

5. 行政决策过程的理论模式

5.1 行政决策学引论*

当我们提到决策理论时，几乎是众所周知的了。但是，如果我们进一步说，需要建立一门相对独立的行政决策学时，也许有人会向我们提出异议。在实践上有这个必要吗？理论上能成立吗？它有独立的研究对象吗？等等，诸如此类，举不胜举。诚然，任何学科的产生，都不是某个人的主观臆想，而是社会实践的产物和理论自身发展的结果，而研究对象的相对独立性，则是这门学科赖以存在的前提条件之一。行政决策学也不例外。它的产生也有其实践基础和理论前提；作为一门学科，也有其相对独立的研究对象和任务；在现代行政学中占有自身的特殊地位，起着特殊的作用。

一、实践基础和理论前提

任何真正的理论，只有当社会实践提出了这种需要并为之提供了一定的经验材料，同时以往的理论也为之提供了较充分的思想资料时，它才能产生。现代行政决策学的产生也离不开这两个基本条件。只有当这两个基本条件充分具备时，它才能应运而生。

现代行政决策的科学化，不但向我们提出了建立行政决策学的迫切需要，而且为我们建立这样一门学科提供了大量具体而生动的经验材料。总结这些经验，使之上升为理论并反过来指导行政决策实践，这正是我们理论工作者刻不容缓的任务。

行政决策是一种重要的行政活动。一般说来，它是指行政人员为了国家和公众的利益，依据国家的法律为一定的行政行为确定行政目标，制定并选择所需行政方案的过程。行政决策与任何行政管理活动

---

* 本文原载《武汉大学学报》（哲学社会科学版）1987 年第 2 期。

一样，是随着国家的产生而产生的，有着漫长而悠久的历史。今天的行政决策是过去行政决策的发展。然而，古代行政决策与现代行政决策相比，却有着本质差别。

古代行政决策与那个时代的其他决策一样，所凭借的主要是决策者个人的经验和聪明才智。例如，三国时期的赤壁之战，刘备联合孙权以不足四万的兵力大败了号称百万大军的曹兵（实际兵力只有十二余万），是由于采纳了诸葛亮借东风火烧战船的英明决策。而诸葛亮之所以能作出这一决策，所靠的主要是以下三条：

（1）诸葛亮有作战经验；

（2）诸葛亮精通当时的天文、地理知识，并且有根据气象知识预测风云的经验；

（3）诸葛亮思维敏捷，有聪明过人的才智。

当然，我们说古代决策主要依赖于决策者个人的经验和聪明才智，并不是说决策者在作出决策时，就完全无视其他人的经验和意见。事实上，同道者的经验和意见也起着重要作用。例如，田忌与齐威王赛马，田忌的最后获胜就是由于其决策的正确，而这正确的决策则是在其智囊人物孙膑的协助下作出的。但是，无论如何，古代决策还停留在经验阶段，即主要依靠经验（决策者个人的以及同道者的）作出的。

古代决策始终停留在经验阶段这是有着深刻原因的。第一，在资本主义以前，人们的生产方式极为狭小，这就决定了人们社会活动的范围也相对狭小，形式也相对稳定，因而使人们有可能仅凭经验及其个人才智就能在一定程度上把握相对简单的社会现象，从而进行决策。第二，在古代，由于生产力的不发达，因而科学技术也远不如现在。人们在进行决策时，除了运用经验和才智外，再没有别的手段。正是由于这两方面，致使行政决策一直未超出狭隘的经验阶段。

在现代，行政决策已大不相同了，它正由经验阶段走向科学化阶段。这主要表现在以下几个方面：

第一，行政决策由个人决策走向集团决策。如前所述，古代行政决策主要依赖于个人的经验和才智，基本上是由个人作出的，虽然有些决策也有同道者或智囊人物参加，但这些人不是决策的主体，而只是其中的辅助者，其主体一般说来只是某个个体。现在则不同了，一般说来，一项重要的行政决策，都不是某个人作出的，而是由一个决策集团作出的。当然这里并不否定个人在其中的重要作用。今天行政决策的主体，并非个别的天才人物或某个领导者，而是一个领导集团或决策中心。行政决策主体的变化，标志着行政决策正由经验阶段走向科学化阶段。

第二，行政决策由单纯的定性分析走向定性与定量相结合的分析。行政行为所处理的是一些极为复杂的事情，要对这些事情作定量分析，本来就十分困难，在科学技术不十分发达，人们仅凭经验进行决策的时代，要对它们进行定量分析是不可能的。在现代，由于统计学、运筹学、决策分析等数学理论的发展，加上现代电子计算机的产生，能够对大量的复杂数据进行处理，这样才使行政决策的定量分析有了可能。但是，定量分析也离不开定性分析，而且在目前的条件下，行政行为所处理的一些事情暂时也无法进行定量分析。因此，在现代行政决策中，所运用的分析方法是一种定性与定量分析相结合的方法。行政决策由单纯的定性分析走向定性与定量相结合的分析，是现代科学技术应用于行政决策之中的结果，因而它是行政决策科学化的又一个标志。

第三，行政决策者由仅注重决策的结果到注重整个决策过程。古代由于人们的社会活动范围相对狭小，形式相对稳定，加之缺乏科学技术，行政决策仅凭个人经验就能作出，因此行政决策者往往在决策时只注重决策结果，而很少去注意决策的全过程。在那个时代，人们所崇拜的英明决策者，自然而然就是那些“眉头一皱，计上心来”的人物。现代的行政决策就要复杂多了。一方面，由于生产的社会化，引起整个社会联系越来越复杂，人们社会活动范围不断扩大；另一方面，由于生产和科学技术的飞速发展使人们社会活动的内容和形式也在不断变化，从而导致行政决策的复杂化。对于如此复杂的社会现象进行行政决策，并非轻而易举之事，促使决策者不得不注重整个决策过程。在当今，任何一项行政决策的形成都需要一个过程，在这个过程中有着一定的程序，其间还要运用现代科学技术进行分析和处理。行政决策者由仅注意决策结果到注意决策的全过程，是现代行政决策科学化的第三个重要标志。

行政决策的科学化，为行政决策学的产生奠定了实践基础，这是一方面。另一方面，现代决策理论的兴起，为行政决策学的建立提供了理论上的前提条件。第二次世界大战以后，美国著名管理学家西蒙等人根据实践的需要，在吸收现代行为科学、系统理论、运筹学和计算机科学等成就的基础上，建立起了一整套系统的决策理论，在管理学界独树一帜，成为一个颇具影响的决策学派。目前它的影响之大，已不仅仅局限于经济管理领域，对行政学也产生了深远的影响。这种影响，主要表现以下两个方面：

第一，决策理论学派的行政学上升为西方行政学研究的主流学派。西蒙的决策理论获得了 1978 年的诺贝尔经济学奖，单从这一方面看，决策理论是一种经济管理理论。但是，博学多才的西蒙教授不仅仅是一个经济管理学家，同时也是一位行政学家，他把决策理论贯穿于行政学的研究之中，在西方行政学界颇具盛名。早在 20 世纪 40 年代，他就出版了专著《行政行为》(1947 年初版，1957 年再版)一书，竭力主张把当时发展起来的行为科学融合到行政学研究中去，提出以行政行为研究代替传统的行政学研究，使“行政行为”这一名词迅速在行政学界传播开来，并广泛流行。1950 年他与史密斯堡和汤姆逊合著了《公共行政》一书，在行政学中独成体系。其主要特点在于他把决策理论引入行政学的研究，在行政行为引进决策行为，谋求决策的科学化，并应用数学、统计学、心理学、社会学、社会心理学和经济学等多学科手段来研究行政学，使行政学的范围大大扩展了，出现了许许多多的新领域。他的论点开始时在行政学界引起过重大争论，而目前已占上风，成为西方行政学研究中的主流学派，并受到世界范围内的普遍重视。

第二,行政管理学特别注意行政决策问题,已成为现代行政管理学发展的一个新趋势。关于现代行政管理学说发展的新趋势,1980 年出版的《英国新百科全书指出》:"正统的学说是以行政管理只是执行他人决定的政策为前提。根据这一点,行政管理人员应该寻求最高效益,而不必过问价值和目的。从 20 世纪 30 年代起,行政管理日益关注决策本身。使用新技术来改进决策"。因此,人们对行政管理的含义也有了新的理解,"根据传统的定义,行政管理包括那些涉及执行政府的政策和规划的活动。但现在人们在更广泛的意义上使用这一名词。人们常常认为行政管理包括决定以及执行政府政策,规划过程中的某些职责,在政府和各部门之间,这种职责在程度上有很大的不同。"①可见,早期的行政管理学主要是研究执行政府政策的各项活动,而现代行政管理学发展的新趋势则是进一步扩大其范围,将行政决策问题也包括在行政管理学的研究之中,关于行政管理学范围的上述新旧两种见解,《美国百科全书》也有说明。该书在《行政管理》条目中谈到:"行政管理可以说包括所有涉及执行政府意图的行动。一种观点认为,所有在中央政府或地方政府行政部门工作的人都从事行政管理的另一种观点把政策制定者排除在外。"②前者所指的正是现代行政管理学的新观点,而后者则是传统行政管理学的旧观点。可见,扩大行政管理学的研究范围,把行政决策问题纳入行政管理研究对象,并且特别注重这一问题的研究,已成为当代行政管理学发展的一种新趋势。

这里特别要指出的是,尽管我国关于行政管理学的研究直到 1983 年才正式恢复,可以说还刚刚起步,但是在追赶现代行政管理学研究的这一新趋势方面,我国行政管理学研究者们是有比较清醒的认识的。近两年来,先后出版了几本行政管理学著作,这些著作中对行政决策问题都有专章论述,这也充分反映出,现代决策理论在我国行政管理学研

---

① 转王健刚:《行政领导学》,济南:山东人民出版社,1998 年版,第 9 页。

② 同上书,第 8 页。

究刚刚恢复和起步时就已渗透其中。可以展望，这种渗透的充分发展，必将产生的结果是行政决策学的诞生。

二、对象和任务

行政决策学的产生，如前所说，一方面是现代行政决策科学化的必然产物，另一方面又是现代行政科学发展的必然结果，行政决策学之所以能从现代行政学中分化出来，形成一门相对独立的学科，另一个重要原因就在于它有相对独立的研究对象。在研究对象方面：

第一，行政决策学不同于行政管理学。行政管理学，作为一门探索行政活动及其规律的学科，它所研究的内容涉及整个行政活动过程及其规律，包括行政目标的确立、行政决策的制定、国家政策的执行与实施等活动过程及其规律。而且它的侧重面在于行政组织、行政法规、执行与实施、检查与监督等内容。因此，它的研究范围比较广泛，并且注重研究行政管理各要素之间的横向联系。行政决策学则不同，它对整个行政活动及其规律并不作全面研究，而只在于深入探索行政决策活动及其规律性，并且注重研究行政决策过程中各阶段之间的各自特点及其纵向联系。因此，在研究对象方面，行政决策学与行政管理学相比，前者研究范围相对狭小，后者相对广泛；前者着眼于行政管理各要素间的横向联系，而后者则着眼于行政决策过程中各阶段的纵向联系。

第二，行政决策学不同于一般决策理论，也不同于其他方面的决策理论。一般决策理论所研究的是人类活动的所有决策问题（包括行政决策、经济决策、军事决策、科技决策等等内容）的总体概括，属于一般性的决策理论。而行政决策学研究的对象只是行政决策问题。当然，行政决策也是一种决策，它与一般决策理论所研究的对象，是一种一般与个别的关系。因此，行政决策也要受一般决策理论揭示的规律所支配。但是，行政决策作为一种相对独立的活动，它有其自身的特殊规律。从这个意义上讲，行政决策学与一般决策理论的研究对象又有所区别。再者行政决策与经济、军事、科技决策也有共性可言，因为它们同属于决策问题。但是，二者又有本质区别，即前者决策的内容是行政事务，而后者决策的内容则是经营业务、军事行动、科技活动。正是由于行政决策问题与一般决策问题以及其他决策问题存在着以上区别，从而使行政决策学既从一般决策理论中相对独立出来，又与其他决策理论不一样。

第三，行政决策学也不同于作为应用数学分支之一的“决策论”。应用数学分支之一的“决策论”，是从数学的角度研究决策问题，如怎样建立某类决策问题的数学模型，以及怎样求最优解等。它的研究对象主要是决策中的量的关系。而行政决策学则不同，它虽然也要利用数学决策论的研究成果，但不对它作数学上的探索，而仅仅把它作为一种现成的方法或工具加以利用。行政决策学的研究对象是整个行政决策活动，对这些活动及其内容不但要进行定量分析，同时也要进行定性分析，也就是说，它不但要研究行政决策中的数量关系，而且也要研究其中的有关性质问题。因此，在研究对象方面，行政决策学与数学决策论也是根本不同的。

综上所述，行政决策学是一门研究行政决策活动及其规律的科学。它有自身独立的研究对象，即行政决策活动及其规律，从而使它与行政管理学、一般决策理论、经营决策理论和数学决策论区别开来，形成一门相对独立的学科。

行政决策学研究对象的相对独立性，决定了其研究任务的特殊性。概括地讲，它的任务就在于通过研究行政决策的标准、原则和组织机构及其程序，探索行政决策的方法、思维方式和心理特点，以揭示行政决策活动的规律性。

阐明行政决策的标准和原则是行政决策学的重要任务。任何决策都要有一定的标准，如果没有一个标准，就无法进行方案选优，因而也就谈不上决策。无论是古典经济学的决策理论，还是现代决策学派西蒙等人的理论，无不把决策标准放在首位。因此，行政决策学也不能例外，同样应该把对决策标准的研究看作自己的一项极为重要的任务。决策原则也是决策学所必须研究的问题，而且是一个极为重要的问题。

因为人们在进行决策时，总是遵循着一定原则的，只是有自觉与不自觉的区分而已。所以，行政决策学还必须认真探索行政决策的原则，并把它作为自己的一项重要任务。

研究行政决策的组织机构是行政决策学的又一重要任务。现代决策已由经验决策走向科学决策，从而由个人决策走向集团决策。在古代，决策几乎都是由个人作出的，因此决策的组织机构问题并不显得十分重要。在现代，决策则是由一个领导集团或决策中心作出的，因此，决策的正确与否，与决策集团的组织机构的关系十分密切。如果决策集团成员的素质高，组织结构合理，那么就有可能作出最佳决策，否则，决策就有可能失误。因此，行政决策学必须重视行政决策组织机构的研究。

探索行政决策的程序，也是行政决策学的一项重要任务。前面已经指出，由于现代社会活动的复杂和多变，使行政决策变得十分复杂起来，从而决策者由只注重决策结果到注重决策过程。西蒙的现代决策理论对决策过程进行了详细探索，并制定出一整套可行性程序。行政决策也应该对行政决策过程进行认真、细致、深入的研究，揭示其中的规律性，力争制定出一套切实可行的行政决策程序来。

探讨行政决策的方法，更是行政决策学的中心任务。行政决策学，既是一门理论学科，又是一门实用学科。作为一门实用学科，如果它仅仅能为行政决策提供一些指导性原则或作出合理的解释，那是远远不够的，它必须同时还要为行政决策提供一套可行的方法（不是方法论，而是方法本身），具体指导人们怎样进行决策。因此，行政决策学必须包括行政决策方法的探讨，并且把它作为自己的一项中心任务。行政决策学还必须研究行政决策的逻辑思维及其心理特点。作出科学的行政决策，有赖于决策者正确的思维方式和健康的心理活动。行政决策学必须去努力发现行政决策的思维方式和探讨行政决策的心理特点。

以上是行政决策学的五大任务，它们相互联系，构成一个有机的整体。科学的行政决策的标准和原则，是进行行政决策的根本前提；合理的行政决策组织，是进行决策的根本保证；有效的行政决策程序，是进行行政决策的根本依据；切实可行的行政决策方法，是进行行政决策的重要手段；正确的思维方式和健康的心理活动是进行行政决策的重要条件。行政决策学只有科学地、合理地、有效地、切实可行地、正确地解决以上五个方面的问题，方可成为一门真正的学问，并对行政决策的实践起指导作用。

三、地位和作用

行政决策学，作为现代行政科学的一个分支，将会在现代行政科学中占有重要地位，并对现代行政管理实践和行政科学的发展具有重要作用。尤其在现阶段，正当我国处于经济体制和政治体制改革的时代，它的作用更加重大。

行政决策学从行政学中分化出来，并且将会占有越来越重要的地位，这与行政决策在行政管理中的地位不断上升是紧密联系的。

行政决策活动虽然与行政管理活动一样古老，但是，它在行政管理中的作用及其地位，在古代与现代却并不是同等重要的。

当社会处于小生产的时代，那时由于生产力比较低下，交通、通讯很不发达，人们之间的社会联系比较少，行政管理所涉及的方面也较少，因此行政决策的后果对整个社会的影响也相对小些。例如，在封建社会，国家一般不直接干预经济生活，因而那时社会经济还处于一种自给自足的状态，一般以个体经营为主。在当时的条件下，国家方针、政策的暂时失误，并不会马上影响全国人民的物质生活。也就是说，国家行政决策的暂时失误对社会的消极影响并不会马上在各方面显示出来。现代社会则不同，由于生产日益社会化，使整个社会连成一体，加之交通、通讯的发达，人们之间的社会联系日益加强使社会关系也日益复杂起来。这样，行政管理不得不从宏观上涉及社会生活的各个方面。因此，行政决策的后果对社会的影响也越来越大。

行政决策在行政管理中的地位越来越重要，说明了行政决策学的产生不仅是由于行政决策实践的需要，而且还将会在行政学中占有重要地位。并且这种地位还将会随着社会的向前发展和对行政决策学研究的不断深入日益加强。

行政决策学对于行政管理实践和行政科学发展的作用主要表现在以下几个方面：

第一，行政决策学的建立，使我们能够自觉地对行政管理的一个重要环节——行政决策进行科学的分析和研究，从而有利于进行科学的行政决策。行政决策的正确，这是行政管理达到最佳效能的根本保证。行政管理学着重于研究行政效率问题，而行政决策学则着重于研究行政效能问题。按照决策学的观点，效能与效率是有根本区别的。效率是在方向、目标已定的前提下解决如何执行得更好的问题，效能则与方向、目标这一类根本问题有关。西蒙指出："效率的提高主要依靠工作方法、管理技术和一些合理的规范，再加上领导艺术；但要提高效能，必须有政策水平，战略的眼光，卓绝的见识和运筹能力。"③当前我国正在进行行政机构的改革，效能的原则已成为我们改革的四大原则之一。《中共中央关于经济体制改革的决定》指出："体制改了，组织机构和思想作风也要改，要坚定不移地按照为人民服务和精简、统一、效能的原则，改造机关作风，提高人员的素质。"④要提高行政效能，必须搞好行政决策。行政决策学的建立，是进一步实现行政决策科学化的重要条件。

第二，加强行政决策学研究，探讨行政决策活动及其规律、方法等，有利于促进整个行政科学的发展。现代行政学，是从 1887 年曾任美国普林斯顿大学校长和美国第 28 届总统的威尔逊在《政治学季刊》上发表《行政研究》一文开始的，至今已有近百年历史。但是，直至第二次世界大战以前，行政学尽管取得了不少成果，而其研究的中心内容还主要是行政效率问题。第二次世界大战后，西蒙决策理论的出现，行政效能

③ 转自陈天生：《领导科学教程》，北京：气象出版社，1984 年版，第 480—481 页。

④ 《新华月报》：1984 年第 10 号，第 21 页。

的问题才提上行政学的研究日程。当今我国行政学的研究方兴未艾，很多事情还得从头做起。但是，我们的起点必须高，不必重复西方行政学的发展过程，而应该总结西方行政学发展的经验和教训，借鉴现代西方行政学中的合理的东西，在新的起点上来开创和发展我国的现代行政学，从这方面讲，加强行政决策学的研究，对于开创和发展我国的现代行政学是完全必要的，并将起着重要作用。

第三，让广大行政决策的实际工作者学一点行政决策学，将有助于我国行政决策水平的普遍提高，从而推进整个行政管理水平的提高。由于历史的原因，目前我国大多数行政干部的领导水平普遍不高，尤其是决策水平较低。在目前这种科学技术高度发展、社会现象纷繁复杂，行政活动不断变化的社会，他们很难准确地把握客观情况，因而不免在决策上有失误的可能。由于决策的失误，有些领导者虽然也在辛辛苦苦地工作，不断改变行政管理的办法和措施，努力提高行政效率，然而吃力不讨好，行政效能却较差。因此，要真正搞好行政管理，就有必要提高管理者的决策水平，这就要求广大的行政管理者学一点行政决策学。当前我国正处于改革的时代，行政决策的正确与否，与改革的成败息息相关。因此，我们必须认真研究行政决策学，努力学习行政决策学，为我国当前的体制改革和四化建设服务。

5.2 论我国行政决策模式的选择*

决策活动是人类的一种有目的的制定并选择行动方案的过程。人类的决策活动总是具体的，不同类型的决策活动有着不同的决策模式。本文就如何选择我国行政决策模式的问题作一个初步的探索。

一、决策模式的含义与制约行政决策模式的诸因素

决策模式是人类行为模式中的一种特定模式。在现代政治学和行政学看来，行为模式是人类有规律的或反复出现的人类活动形式。决策模式也可叫做决策行为模式，是决策者有规律的或反复出现的决策活动形式。目前在英美社会科学文献中，并没有对“决策模式”这一名词作统一的解释。但就这一名词被运用的实际情况看，主要是从以下两个方面来解释的：一是将决策模式解释为决策活动过程的基本步骤及其所运用的方法。持这种观点的人一般将决策模式划分为理性决策模式、有限理性决策模式、渐进模式等；二是将决策模式解释为决策主体的构成及其活动方式，如美国政治学家所提出的“精英决策模式”和“多元决策模式”之分，就是这样来理解决策模式的。在绝大多数情况下，西方学者往往在以上两种意义上同时使用“决策模式”。西方学者在这个问题上的一个共同弱点是：他们企图用一个统一的模式去概括所有的决策活动，从而不免有点以偏概全。在本文的分析中，我们主要是从后一种意义上来理解决策模式的，即将决策模式理解为决策主体的构成及其活动方式。

我们认为，决策活动本身是极为复杂的，要把这些各具特色的复杂活动概括为一个统一的模式是存在着很大困难的。但是，理论的功能就在于抽象，即舍弃实际过程中的特殊的、比较次要的因素，抽取出其中共同的、主要的东西，从而归纳出一些方法、步骤或者公式、定律来。“决策模式”也是理论抽象的产物，它是决策理论家们通过对各种决策

* 本文原载《武汉大学学报》(哲学社会科学版)1990年第1期。

活动加以分析研究，抽象出决策活动的某些主要的、共同的因素，构成人们在决策活动过程中可供参考的一些基本构架和方法。由于决策活动本身的复杂性，因而决策活动本身不可能是一个单一的模式，而应该是多种模式的共存，并且互相补充。当然，我们并不否认，在某一时期或对于某一特定类型的决策来说，某种决策模式居于主导地位。从这个意义上说，现代西方决策模式理论是有一定参考价值的。但更重要的是，必须从我国国情出发，认真探索具有中国特色的决策模式，以指导我国的决策活动。

行政决策是一种特殊类型的决策，它是国家政权机关或领导者为了国家或公众的利益而有效地推行行政管理，依据国家的法律为一定的行政行为确定行政目标，制定并选择行政方案的过程。它与其他决策相比，具有以下三个基本特点：

第一，地域性。行政权是受特定的地域所限制的，行政决策所涉及的范围不能超过行政权的特定地域。一个国家中央政府的行政决策只在该国具有效力，同样，一个地方政府的行政决策只在该地方政府所管辖的范围内具有效力。

第二，合法性。行政决策必须依法进行，在国家政权机关中，各机关所具有的行政决策权，以及各机关在行政决策中的地位及其关系均由法律所规定。

第三，政治性。行政决策具有强烈的政治性，这是由于行政活动与国家统治权的不可分性所决定的。既然行政权属于国家，而国家又是统治阶级进行统治和管理的工具，当然行政决策也必须与国家的利益相一致，同时体现着国家的利益和意志，带有鲜明的政治色彩。

由于以上三个特点的存在，行政决策模式必然受以下三个因素的制约：

第一，受特定的历史和传统因素的制约。由于行政决策具有地域性的特点，各国各地具有不同的历史和传统，这些历史和传统的因素对行政决策模式具有一定程度的制约作用。或者说，各国各地由于历史和传统因素的不同,因而具有不同的行政决策模式。

第二,受现有政治结构的制约。行政决策并非一种个人决策,而是由法定的权力机关所制定的一种集团决策,因此一个国家的行政决策主体构成与该国的政治结构是一致的。有什么样的政治结构,也就必然会有与其相一致的行政决策模式。

第三,受意识形态的制约。不可否认,意识形态对行政决策具有重要的制约作用,尤其是意识形态中所包括的价值观,对行政决策更是具有直接的制约作用。行政目标的确定离不开特定的价值观,超越特定价值观的行政决策事实上是不存在的。此外,意识形态还会对行政决策的其他方面,诸如决策原则、决策的思维方式等方面,起着指导作用。

下面主要就政治结构与我国行政决策模式选择的关系问题作一些比较具体的讨论。

二、政治结构与我国行政决策模式的选择

政治结构是一个很宽泛的概念,它包括政治体系结构、政治过程结构和政策结构三个方面,而其中占主导地位、起支配作用的是政治体系结构,它是政治结构的硬件方面,其他两个方面均由它所决定。在政治结构中,对行政决策模式起制约作用的,主要是政治体系结构。所谓政治体系结构,是指那些维持或改变政治结构的组织和机构,换言之,是构成一个国家的政治体制的组织和机构及其他们的相互关系和结合方式。政治体系结构制约和影响着整个政治过程结构,行政决策是构成政治过程的一部分,它必然受到政治体系结构的制约。

马克思主义认为,一个国家的阶级关系决定着该国的政治制度(国体),而一个国家的政治制度又决定着该国的政治体系结构(政体)。因此,各国由于具体阶级关系不同,从而导致政治制度的不同,并进而导致政治体系结构各异,这就必然地决定着不同国家具有不同的行政决策模式。在像美国这样典型的资本主义国家,由于资产阶级在社会经济中占统治地位,从而决定了他们必然地在政治上占统治地位。他们所建立的政权只能是资产阶级专政的政权,与此相一致,美国的政治体

系结构则以多党轮流执政的政党组织和三权分立的国家机构形式出现，因而它的行政决策模式则是一种多元的资产阶级民主模式，即将决策权分属于总统和国会，而其司法机关也执掌着监督决策的权力。这种三足鼎立的多元决策模式与其多元政治结构是一致的。其实质也是为其资产阶级专政所决定的，而并非它们所标榜的那样，是一种超阶级的民主决策模式。这种多元民主，从实质上讲只是资产阶级的民主。恩格斯指出："由于国家是从控制阶级对立的需要中产生的，同时又是在这些阶级的冲突中产生的，所以，它照例是最强大的、在经济上占统治地位的阶级的国家，这个阶级借助于国家而在政治上也成为占统治地位的阶级，因而获得了镇压和剥削被压迫阶级的新手段。""现代的代议制的国家"也"是资本剥削雇佣劳动的工具，但也例外地有这样的时期，那时互相斗争的各阶级达到了这样势均力敌的地步，以致国家权力作为表面上的调停人而暂时得到了对于两个阶级的某种独立性。"[①]显然，把美国的民主说成一种超阶级的普遍民主，把美国的行政决策模式说成一种超越特定政治体系结构的决策模式，既不符合事实，也不符合马克思主义的基本原理。

既然不可能有一个一成不变的行政决策模式普遍适用于一切国家，既然行政决策模式为政治结构(尤其是政治体系结构)所制约，我们就不可能照搬别国现成的行政决策模式，而应该在分析我国政治结构的基础上对我国行政决策模式做出正确的选择。我国政治体系结构的基本要素主要有如下几个方面：

第一，中国共产党领导下的多党合作的政党组织结构。政党政治是现代政治的一个基本特点。我国目前的政治体系结构中，也存在着多党的特点，但这些党并不是相互竞争、轮流执政的关系，而是必须接受共产党的领导，这种领导既是历史形成的，也是中国社会稳定和繁荣发展的一个必不可少的因素。

---

① 转引自列宁：《国家与革命》，北京：人民出版社，1958年版，第12页。

第二，人民代表大会制的政权组织结构。人民代表大会制度是我国的根本政治制度。中华人民共和国的一切权力属于人民。人民代表大会是我国的权力机关，它享有最高立法权和决策权。同时司法机关和决策执行机关均由它产生，并接受它的监督。

第三，从属于权力机关的行政组织结构。这是从上述第二个要素所派生出来的，也是与西方政治体系结构的根本区别之所在。我国各级人民政府并不是与各级人民代表大会平行的机关，而是从属于人民代表大会的。因此，我国的行政组织结构并非一个独立的结构体系，而是受权力机关的结构体系所制约的。但是，权力机关与行政机关之间又存在着合理的分工。

第四，从属于权力机关的司法组织结构。这也是从上述第二个要素所派生出来的。

综观我国的政治体系结构，一般具有如下两个特点：

（一）统一性。这是我国政治体系结构的一个最基本的特点，也是不同于西方政治体系结构的一个根本区别。其表现在于以下两点：在政党制度方面，实行共产党对各民主党派、人民团体和国家政权机关的统一领导，不得有超越共产党领导之上的任何党派、团体和机关；在政权结构方面，实行议行合一制度，行政机关和司法机关均从属于权力机关，国家的一切权力统一由人民代表大会行使。这就决定了我国行政决策模式必然地具有集中性的特点。

（二）人民性。这是我国政治体系结构的又一个基本特点，也是我国政治体系结构不同于西方政治体系结构的本质区别之所在。共产党的领导从根本上保证了我国人民具有当家做主的权力，我国宪法明确规定一切权力属于人民，人民代表大会则从政权组织体系上保证了人民能够行使自己权力，选派自己的代表管理国家的大事。这就决定了我国行政决策模式从本质上讲必须具有民主性的特点。

综上所述，我国行政决策必然具有集中性和民主性两大特点，保证我国行政决策的集中性和民主性，是选择我国行政决策模式的出发点。

三、依据国情选择具有中国特色的行政决策模式

从决策主体的构成及其活动方式的角度来讨论决策模式,现代决策论主要有两种观点:一是精英决策模式论,一是多元决策模式论。

精英决策模式论认为,行政决策是由一些为数不多的掌权人物做出的,它并不反映人民的要求,而是反映了极少数决策者的利益、感情和价值观念,尽管这些决策并不一定就是压迫和剥削群众的。前些时期,我国也有人提出精英政治论,精英决策模式论是精英政治论的一个组成部分,这种模式在我国是根本行不通的,这在实践上已经做出了回答。从理论上讲,它将广大人民排斥在决策之外,与我国政治体系结构的人民性也是相冲突的。

多元决策模式论认为,在一个多元结构存在的社会中,各种力量,甚至包括人民的力量,都会对决策者的政策产生影响。决策过程是社会上各种力量相互作用的结果,虽然只有很少人能直接参与决策,但人们可以通过各种渠道迫使决策者接受其要求。这种模式表面看来考虑到了人民的要求,具有民主性的特点。但仔细分析,它是以西方的多党制、三权分立的政治体系结构为前提的。我们姑且暂不谈论它的阶级实质如何,就其与我国政治体系结构的统一性相冲突而言,显然也不能搬来作为我国的行政决策模式。

社会主义中国具有自己特定的政治体系结构,因而也应具有适合这一特定政治体系结构的行政决策模式。我国正是在这一特定政治体系结构运行的实践过程中选择了自己所特有的、具有中国特色的行政决策模式,这就是民主集中制的模式。理论家的作用不在于凭空假定一种模式要求实践者去照办,而在于对实践过程本身作出理论上的说明。因此,我国行政决策模式的选择是早已在实践中开始了的过程,我们的目的只在于对此作出理论分析,并希望通过理论分析以指导实践,使我国行政决策模式更加完善,即更加理论化和科学化。

我国政治与行政运行的基本特点是联合决策、分散执行。我国的行政机关主要地是负责执行工作,重大的行政决策实际上是由党委、人

大和政府联合制定的。因此,我国的民主集中制的行政决策模式正是在这种联合决策中得以充分体现。它具有如下几个优点:

第一,统一领导,合理分工。我国的一些重大决策都是在党的领导下,由党、人大和政府联合制定的。在联合决策的过程中,三者存在着合理的分工:党委主要是负责制定路线、方针、政策和重大的决策目标,并对重大的决策提出建议,起组织领导作用;人民代表大会作为国家的权力机关,具有最后抉择权,负责"拍板定案",作出决定,形成决议,并有权修正方案和监督决策的执行;政府作为国家权力机关的执行机关,主要是负责决策过程中的各项具体工作,包括决策方案的制定、预测、论证和执行等。

第二,互相监督,互相制约。在我国的政治体系结构中,中国共产党作为国家的领导党,它具有监督国家权力机关和行政机关的权力,宪法规定,一切国家机关都必须接受共产党的领导。同时,宪法也规定,党必须在宪法和法律的范围内活动,因此,国家机关也可以对党委行使法律监督权。这一相互监督、相互制约的关系同样适应于我国的重大决策。在党、人大和政府的联合决策中,在正常情况下总是存在着这种相互监督、相互制约的关系。

第三,博采众见,决策公开。在我国行政决策过程中,民主性和公开性在近几年有了很大的发展。凡是重大决策(特殊需保密的除外)都事先在一定范围内公开或向全民公开,广泛开展协商对话,将拟定的决策建议交由各民主党派、人民团体和广大干部、群众进行讨论,并认真吸收各方面有益的意见。这对促进重大决策的民主化起了很重要的作用。

总之,我国已初步形成了具有中国特色的民主集中制的行政决策模式,这是适合中国国情的正确选择。当然,这一模式还有待于在今后的决策过程中进一步完善。

5.3　关于县政决策过程若干关系的分析*

重大决策的民主化和科学化，直接关系到我国社会政治稳定、经济繁荣和各项事业的发展，因而越来越引起广大领导者和理论工作者的重视。江泽民同志在中国共产党第十四次全国代表大会上的报告指出："决策的科学化、民主化是实行民主集中制的重要环节，是社会主义民主政治建设的重要任务。"①陈云说："所谓政策，无非是正确处理各方面的关系。"②正确处理决策过程中的各种关系，是实现决策民主化和科学化的一项重要内容。

县是我国一级重要的地方政权，在国家政权决策体系中处于十分重要的地位。我国的人口有80%生活在县域内，党和国家的方针、政策只有通过县政决策，才能具体变为占全国80%人口的广大县域人民群众的行动指南。陈云指出："我们常说，政策要根据当地的实际情况具体化，谁来'化'，主要是县委"③。党的十四大确定我国要下决心进行行政管理体制和机构改革。在工作安排上，全国的机构改革从县级开始，全国性的县级机构改革即将进行。在县级机构改革过程中，将涉及一系列的决策问题。决策的正确与否直接关系到县级机构改革的成败，乃至影响整个国家的政治体制改革。本文试图在调查研究的基础上，就县政决策过程中存在的若干客观关系做一些理论分析，就教于县政决策的领导者及有关决策研究者。

一、全局利益与局部利益的关系

全局利益与局部利益的关系，是县政决策过程中必须处理好的首要利益关系。县政决策，即县级重大决策，包括县级政治、经济、教育、文化、卫生等方面的重大决策，这些决策涉及全县的整体利益，而且与

---

* 本文原载《武汉大学学报》(哲学社会科学版)1993年第3期。

① 《中国共产党第十四次全国代表大会文件汇编》，北京：人民出版社，1992年版，第34页。

② 《陈云文选》(1956—1985年)，北京：人民出版社，1986年版，第33页。

③ 同上书，第32页。

其所在地区、省乃至全国的利益又有着紧密的联系。从一个县的范围来看，县级重大决策所代表的整体利益可以看成全局利益；但从全地区、全省乃至全国来看，它又成了局部利益。在县政决策过程中，如何把全县的整体利益（局部利益）与全国（或全地区、全省）的整体利益（全局利益）结合起来，这是一个值得深入探讨的重要课题。就正确处理这一问题的基本原则而言，应该说我们早就解决了，这就是既要考虑局部利益，也要考虑全局利益，局部利益服从全局利益。但在实际的决策过程中，对于如何贯彻这一原则，却存在不少问题。主要表现在：

第一，在利益分配上，有的县政决策者总是试图从国家利益中谋取更多好处。例如有的县千方百计要求将本县列为贫困县，目的就在于试图从国家那里获得财政补贴。

第二，在对待利益关系上，县政决策者对有利于本县的利益行为往往采取保护政策，即使这种利益行为与全局利益发生矛盾，县政决策者也往往表现出无为而治。例如，我们在调查中发现，有的县域内有些乡办、村办和个体酿酒厂生产假酒。制造伪劣产品是一种严重影响全局利益的行为，但该县领导不闻不问。原来是生产"假酒"不但是有关县民的致富之路，而且可以增加县财政收入。以上两点只是县域利益与全局利益矛盾的主要表现。

如何解决上述矛盾？按照唯物辩证法的观点，解决矛盾的方法包含于产生矛盾的根源之中。在县政决策过程中，之所以存在着局部利益与全局利益的矛盾，首先就在于县域利益本身就受国家利益所制约。在这种制约关系中，国家既给县域一定的利益，又对县域利益起一种限制作用，并且国家利益处于主动地位，县域利益处于被动地位。在这一客观关系中，县级决策者为了扩大县域利益，就有可能发生有损于国家利益的行为，这是客观原因。其次，从主观上讲，县政领导者总是试图在自己的任期内多创造一些看得见的政绩，给县民多带来一些让他们能感觉得到的利益。这本来是无可非议的。但当县域利益受到全局利益的制约时，为了扩大县域利益，就有可能设法减少全局利益对县域利益的制约。这是主观原因。因此,为了解决或尽量减少这一矛盾,从客观上讲,国家的宏观政策应尽可能地考虑到县域利益(我国县域内共有9亿多人口)。在我国,国家利益与县域利益本质上是一致的,它们之间的矛盾主要表现在具体的利益分配形式上。国家的宏观政策应就地方(包括县域)利益与国家利益的关系在具体的利益分配形式上做出具体规定。一方面,在目前的市场经济条件下,中央和省级政府应进一步向县级政府下放权力,使县级政府有充分的权力谋求县域内的合法利益,更灵活地运用党和国家的方针、政策,因地制宜发展本县的经济、文化、教育和社会事业。另一方面,国家也应规范县政府的决策行为,既不得损害国家利益,也不得任意向国家伸手,县域利益的获取应主要建立在自力更生的基础之上。从主观上讲,应该努力提高县级决策者的思想觉悟和领导决策水平,严格遵循正确处理局部利益和全局利益关系的原则,在不损害全局利益的前提下,想方设法多方面、多角度地寻找利益资源和渠道,为全县人民谋取最大利益。把局部利益与全局利益协调起来,这既是县政决策的内在要求,也是县政领导者具有较高决策水平的外在表现。

二、长远利益与当前利益的关系

长远利益与当前利益的关系,是县政决策过程中必须处理好的又一重要利益关系。长远利益和当前利益,是县政决策目标中的两种基本利益,这两种基本利益从本质上说是一致的。任何一项重大县政决策,如果其目标中根本不包含有全县的长远利益,那它也就无当前利益可言;同理,如果其目标完全与当前利益无关,那它其中所包含的长远利益也是值得怀疑的。

但是,上述这种一致关系只是就本质而言,在具体的表现形式上,这两种利益也会发生矛盾,这在当前的县政决策中表现得较为突出的倾向是:重视当前利益,轻视长远利益,甚至为了获取眼前利益而不惜牺牲长远利益。例如,在我们调查的一个贫困山区县中,该县域内的相当一部分土地上有钒矿。在上级有关部门和有关大专院校科研人员的帮助下，县政府投资兴建了一个钒厂，连续几年获得了较好的经济效益，年利税达900万元之多。这本是一项正确的决策。但是，在这种情况下，该县领导又贸然决策，发动全县各乡、镇大办钒厂，全县一下子办了十多个大小不等的钒厂。为了获得当前的经济利益，不惜牺牲长远利益，大片山林、茶场和粮田被严重污染。结果由于资金、技术力量不足，加上市场行情的变化，不但中、小钒厂倒闭，连县办最大的国有钒厂也被迫停产，而受污染的山林、茶场和粮田仍然无法治理，每年造成的损失无法估量。这种靠牺牲长远利益而追求当前利益的做法，最终总是得不偿失。

造成上述现象的原因，归纳起来大致有如下几点：其一，从客观环境上看，目前我国绝大多数县在经济总体水平上还比较落后，而又处在现代化建设的关键时期。在市场机制的作用下，实际上县作为一个整体，也处于县与县、地方与地方的激烈竞争中。在这种竞争中，各县为了增加财政、发展各项事业和改善人民生活，无意识地使县领导更多地关心当前的利益；其二，从制度上看，目前我国县政干部的任期为三年，而且在对干部的考核指标体系中，十分强调干部任期内的政绩，而且这种政绩多数指有形政绩，即看得见的政绩。这就促使很多县政领导干部把着眼点放在任期内的有形“政绩”上，搞短期效应，从而最大限度地追求当前利益，甚至为谋求当前利益而不惜牺牲长远利益；其三，从主观上讲，还有一个县政领导干部的素质问题，尤其是政治素质。目光短浅，好大喜功，成为县政决策过程中谋求不正当眼前利益的催化剂。

正确的县政决策，在长远利益与当前利益的关系上必须协调一致。为了克服县政决策过程中重眼前利益、轻长远利益的状况，首先，有必要对现行的县政干部制度进行改革。基本的思路有二：一是延长县政干部的任期，可考虑由三年改为五年；二是在不延长任期的前提下，在县政干部制度中明确规定连任的条件。通过干部制度的改革，促使广大县政干部更多地关心县域发展战略和长远利益。其次，有必要提高广大县政决策者的政治素质和决策水平，使他们具有对党、对国家、对全县人民高度负责的政治觉悟和放眼未来的战略眼光。在我国今天的县政决策实践中，这种类型的决策者也是大量存在的。例如，山东省招远县领导面对黄金生产发展快、效益大的情况，决定从黄金生产中提取部分发展基金。在发展基金的利用上存在着两个方案：一是将基金继续投入黄金生产，这样见效快且效益高；二是将基金投入发展其他工业，实行“以金养工”，这一方案见效不及黄金生产快，且风险较大，但从长远看有利于增强全县工业发展的后劲，保证该县的长远利益。招远县领导毅然选择了后者，这不失于一种着眼于长远利益的明智选择。他们之所以做出这一明智决策，除了客观因素外，从主观上讲主要因为：

第一，县政决策者从政治上认识到，县政领导的政绩，不仅仅表现在其任期内产生了多少看得见的效益，还应表现在是否真正敢于向党、国家和县民及其子孙后代负责；

第二，从全县发展战略上说，他们认识到，利用黄金生产优势，发展其他工业，可以避免今后经济的大起大落，保证全面的长远经济利益。招远县这种注重政治责任、着眼发展战略的决策作风，也为其他县在县政决策过程中如何处理当前利益与长远利益的关系，提供了基本经验。

三、社会利益与经济利益的关系

社会利益与经济利益的关系，也是县政决策过程中有待经常处理的一对关系。在社会主义条件下，社会利益与经济利益的关系本质上也是一致的，但这种一致性也不排除它们在特定条件、特定场合和特定时候的矛盾性。这种矛盾性在县政决策过程中也常常会表现出来。而且这种矛盾性往往和长远利益与眼前利益的矛盾关系交织在一起。

在县政决策过程中，在社会利益与经济利益的关系上，往往表现出重经济利益、轻社会利益的倾向。例如，在我们的调查中，发现有些县在县政府的年度计划工作中，关于计划生育工作就不像经济建设工作那样具体；计划生育工作的重要性也不像经济建设工作那样强调得多，一般是官样文章多，具体目标表面看来有明确数据，但实际上具有弹性。这里实际上表现出县政领导在对待社会利益与对待经济利益上的两种不同态度。这两种不同态度与县政决策者在决策过程中对待长远利益与对待当前利益的不同态度是一致的。就计划生育工作与经济建设工作而言,前者代表着社会利益,后者代表着经济利益。从长远看,毫无疑问,这两种利益是一致的。但从短期看,对于一个县来说,计划生育工作带来的利益往往在短期是很难直接把握到的。因为县域绝大多数人口属农业人口,多生一个不会增加县、乡政府一分钱的负担,少生一个也不会增加县、乡财政的收入。相反,如果把计划生育工作搞好,反而需要县、乡政府投入大量的人力、物力和财力。经济建设则不是这样,往往短期就可以产生成效,其工作抓得好与坏,直接影响县、乡财政收入。因此,县、乡政府的干部抓经济建设往往比抓计划生育工作的积极性要高得多。当然,由于涉及社会利益的工作往往有国家政策的严格规定,在县政决策目标体系中还是必须作为一项重要内容来考虑。问题在于:有些县在处理经济利益与社会利益的关系时,往往表现出“一手硬、一手软”的现象。产生这种现象的原因,主要有以下两点:

第一,对“以经济建设为中心”的理解具有片面性,错误地割裂开了经济利益与社会利益之间的辩证关系。有的县领导错误地认为只有经济工作才是硬指标,才能体现干部的政绩,甚至把“以经济建设为中心”理解为“以经济建设为唯一工作”,而没有看到如果涉及社会利益的工作没抓好,也会影响该县的经济建设工作。例如,就计划生育工作而言,如果超生人口过多,不但会影响全县人均收入的增长,而且会影响投入经济建设资金的积累。

第二,不能正确理解社会利益与长远利益、经济利益与当前利益及其二者之间的关系。有些县政领导干部由于往往注意“短期效应”,从而重视经济利益胜于重视社会利益,抓涉及社会利益的工作往往不像抓经济工作那样得力,造成在县政决策过程中重经济利益、轻社会利益的现象。这里需要指出的是,我们认为社会利益与经济利益的矛盾往往和长远利益与当前利益的矛盾交织在一起。并且,相对于社会利益而言，经济利益往往与当前利益直接相关；相对于经济利益而言，社会利益往往着眼于长远利益。但这并不是说，社会利益等同于长远利益，经济利益等同于当前利益。其实，在社会利益中，也有长远利益与当前利益之分；在经济利益中，同样有长远利益与当前利益之别。下面我们还将作进一步的分析。

在县政决策过程中，为了正确处理好社会利益和经济利益的关系，首先要求县政决策者们能够正确而全面地理解“以经济建设为中心”这一新时期的根本任务。“以经济建设为中心”并不等于以经济建设为“唯一”工作或任务。县级政权作为国家政权体系中的一个重要层次，它担负着领导和管理县域范围内的政治、行政、经济、社会等一系列重大工作，对县域范围内的各项重大工作均负有全面责任，决不能重此轻彼。其次，要求县政决策者能够正确理解县政决策中社会利益与长远利益、经济利益与当前利益及其二者之间的辩证关系。如前所述，社会利益中也存在长远利益与当前利益的关系。社会利益对经济利益来说，不仅表现为长远利益，而且也可能表现为当前利益。例如，治安工作搞得好，这是一种社会利益，由于它为经济建设创造了一个安定的环境，这对经济建设来说，也是一种当前利益。但社会利益更多地表现为长远利益，例如计划生育就是如此。这项工作所带来的社会利益，从长远来看，对经济工作也有着直接的利害关系。总之，社会利益与经济利益在本质上是一致的。在县政决策过程中，如果轻视社会利益，最终也会影响经济利益。在当前，县政决策有必要更多地重视社会利益，以便将社会利益与经济利益有机地结合起来。

四、执行政策与因地制宜的关系

县政决策受多方面关系的制约，特别是受到国家政策的制约。从一定意义上说，县政决策是国家政策的一个重要组成部分。因为一方面它是对中央政策和省、地(州)地方国家机关政策的执行；另一方面它又表现为县级政策的制定过程。所以，我们可以说，县政决策是政策执行与政策制定的统一。从执行政策的功能看，县政决策必须严格与中央和上级地方国家机关的政策相一致，必须服从全局利益，对中央和上级地方国家机关的政策应不折不扣地执行；但从制定县级地方政策的功能看，它又必须照顾地方特点，因地制宜，为本县县民谋利益。从理论上说这两个方面也应是一致的。因为执行政策中本身就包含了因地制宜，而因地制宜也是以执行政策为前提的。但在实际的县政决策过程中，如何处理好两者的关系，仍然是一个值得研究的问题。

在执行政策与因地制宜的关系问题上，过去和现在一直存在着不同程度的偏差。过去主要是把严格执行政策理解为对上级政策的"照抄照搬"，"一刀切"的现象较多。究其原因，恐怕与当时的"左倾"思想有关，县政干部因怕犯错误而不敢"越雷池半步"，不如照抄照搬稳当。但现在问题是，有些县在执行政策时在"因地制宜"的口号下有时偏离了政策本身，甚至变成了"上有政策，下有对策"。这种现象在执行国家经济政策方面表现比较突出。当然，我国绝大多数的县、市在决策过程中，对于执行政策与因地制宜的关系还是处理得比较好的，其中创造了很多有益的经验。例如，山西省隰县县委、县政府结合本县实际，把县级经济体制改革与行政体制改革结合起来，将一部分县政干部（主要是涉农部门的干部）搞开发，办经济实体，这既解决了该县干部超编的问题，也成功地解决了建立农业服务体系的问题。

在县政决策过程中，要正确处理好执行政策与因地制宜的矛盾，从客观上讲，仍然有一个正确处理国家宏观利益与县域地方利益的关系问题；从主观上讲，有一个决策者的政策水平问题。

五、领导的观点与群众意见的关系

县级决策处于我国地方政治与行政决策的中间层次，对上要向省、地（州）领导负责，对下要向乡、镇直至全县群众负责。因此，它一方面要受省、地（州）领导及其决策的制约，另一方面又要受乡、镇直至县民的影响。在绝大多数情况下，上级领导的观点与群众的看法基本上是一致的。因为共产党除了广大人民群众的利益外没有特殊利益，各级领导者作为党和政府的负责人，其决策和观点是从人民群众的利益出发的。但这种基本一致，并不排除在特殊时候和特殊情况下会发生特定的矛盾，产生这种矛盾的原因主要地来自认识的不一致。当群众的观点与上级领导的观点发生矛盾时，往往给县政决策者的决策带来一定困难。一般说来，这种困难的程度与上述矛盾的程度成一种正比例关系，即群众意见与领导的观点矛盾越大，则给县政决策者带来的困难也越大，反之亦然。

面对上述矛盾，县政领导者应如何克服决策中的这类困难呢？调查中我们发现有些县在这方面创造了很多有益的经验。归纳起来，大概有如下几点：

第一，调查研究，对群众的意见进行实事求是的分析。群众的意见既有正确的，也有错误的，那么怎样辨别群众意见的正确与错误呢？主要有两种方法：一是以领导的观点为标准，凡符合领导观点的为正确，否则为错误；二是以实践作为标准，凡与实践相符合的为正确，否则为错误。不言而喻，第一个标准是错误的。县政决策者在遇到群众意见与领导的看法发生矛盾时，切忌以上级领导的是非为是非，而必须进行深入的调查研究，在实事求是的基础上对群众的意见做出具体分析。例如，在我们调查的一个县级市中，1979 年该县（当时为县）的富水村农民自发地把农活包到了户，随后有 70 多个村都模仿富水村的作法，在全县群众中要求推行大包干制的呼声越来越高，但当省、地有关领导明确提出不允许搞“大包干”。在这种情况下当时的县委书记面对来自上面的压力，并不是简单地否认群众的做法，而是深入基层，进行调查研究。在调查中发现，单从农产品产量看，凡实行大包干的村，增产 10%以上；相反，没有实行大包干的村，却减产了 10%。事实是最好的说明，群众的呼声是正确的。列宁指出：“马克思主义者只能以确切的、有凭有据的事实作为自己的政策的前提”。④ 作为县政决策者，必须把群众的正确呼声作为决策的出发点。

---

④ 《列宁全集》第 35 卷，北京：人民出版社，1959 年版，第 230 页。

第二，掌握政策，把群众的意见与国家政策有机地结合起来，形成因地制宜的县域决策。正确的群众意见与国家的根本政策是一致的。正如前面所说，造成群众意见与领导观点差距主要是认识上的原因。上级领导对国家政策的认识也有一个逐步提高的过程。群众意见与领导观点的暂时不一致，并不一定意味着群众意见与政策的不一致。在这种情况下，善于把正确的群众意见与国家政策结合起来，形成因地制宜的县域决策，这正是县政领导者决策水平的高低之所在。

上面简单的分析说明，县政决策过程中的若干关系既是客观存在的，又是十分复杂的。在实际的县政决策过程中对这些客观关系的处理，既存在着不足之处，也创造了很多有益的经验。上述分析的有关结论虽然是从少数调查实例中得出的，但笔者认为仍然具有重要的参考价值。

5.4 完善政府重大经济社会问题决策的基本程序*

政府重大经济社会决策正确与否，直接关系到地方的社会经济发展，关系到当地人民生活水平的改善，关系到当地社会政治的稳定。十六大报告明确指出："正确的决策是各项工作成功的重要前提。"这一论断充分反映了决策正确的重要性，必须引起各级领导的高度重视。为了保证决策的正确性，必须建立科学民主的决策机制。十六大报告提出，"要完善深入了解民情、充分反映民意、广泛集中民智、切实珍惜民力的决策机制，推进决策科学化民主化。"并要求"各级决策机关都要完善重大决策的规则和程序"。由此看来，完善政府重大决策程序，是党的十六大提出的一项重要任务。

决策程序的完善，是保证决策正确的重要前提。政府决策程序的确切含义是指在政府决策过程中，按一定顺序排列并依照一定规律联系在一起的各个阶段。完善政府重大经济社会决策的基本程序，就是要逐步建立一套有助于实现政府重大经济社会决策科学化民主化的决策程序。

美国著名的决策理论家西蒙认为，决策过程有四个基本程序：情报活动(或信息活动)、设计活动、抉择活动、审查活动。这里简单介绍西蒙所说的决策程序的主要内容。

第一，信息的收集和处理。这是决策过程的第一个基本程序。决策的正确与否，与信息的准确性和全面性直接相关。同决策相关的信息越准确越全面，决策正确的可能性就越大；相反，同决策相关的信息准确性与全面性程度越低，决策错误的可能性也越大。要做出正确的决策，首先必须得到准确和全面的信息。

第二，决策方案的设计。在掌握大量较为准确和全面的信息的基

---

* 本文原载《政策》杂志 2004 年第 4 期。

础上,设计出较高质量的决策方案。一般说来,决策方案的设计过程,既有领导者的思维创新,更有专家的智力投入。对决策方案的设计,领导者要提出自己的新思路,体现自己的施政方略。同时,由于决策方案的设计是一项专业性、技术性非常强的工作,因而具体决策方案的设计工作,往往交由专家学者或管理部门中的专门研究人员去做。在西蒙看来,设计方案是决策过程中第二重要的程序,应该花较多时间去进行这项工作。有了高质量的决策方案,决策的正确性也才有可能。

第三,决策方案的选择。为了保证决策的正确性,必须做好决策方案的选择工作。在这个阶段,既包括对决策方案的分析评估,也包括对决策方案的比较论证;既要有专家的参与,也要有相关利益群体代表的参与;既要有对决策方案科学性的评估,也要有对决策方案所涉及的不同利益群体之间的利益分配的平衡。决策方案的比较与评估过程既是一个科学化的过程,也是一个民主化的过程。

第四,决策方案的实施。在决策方案通过后,还必须进入实施阶段,只有经过实施,决策才能达到最终目的,决策方案的正确性才能得到检验,这就是西蒙所说的"审查活动"。

笔者认为,西蒙所讲的四个阶段,是决策过程缺一不可的四个基本程序,也是科学化民主化决策程序的基本内容,政府重大经济社会决策也应当遵循这些基本程序。

长期以来,我国政府在决策科学化和民主化方面进行了很多卓有成效的探索,并且形成了具有中国特色的决策思想和方法。但就目前政府决策的实践而言,在决策程序上还存在以下几方面的问题。

第一,决策信息的收集和处理工作存在着信息不全和信息失真的问题。信息的全面性和准确性程度对决策的正确程度起着决定性作用。可以说,目前一些地方政府在某些重大决策上的失误绝大多数与信息的不全面、不准确有关。造成这种现象的原因主要有以下几个方面:一是对信息工作不重视,在信息不足的情况下仓促做出决策;二是获取信息的方法不科学,有的习惯采用典型调查法,召开座谈会和听汇报等方法获取信息，有些甚至为了所谓政绩发布虚假信息；三是政府专业性信息机构不足，存在着职能错位的问题，且机构人员偏少。例如，国家信息中心只有 300 多人，由国家信息中心与隶属于全国各地方政府信息中心组成的国家信息系统也才 13 000 多人，而美国联邦调查局就有 27 800 多人，其中总部 9 800 多人。不仅如此，我国政府专业信息机构还承担着很多非信息工作的职能。这种职能错位，削弱了政府信息机构在收集和处理信息方面的力量。

第二，决策方案的设计存在着“粗而不细”和专业化程度低的问题。目前一些地方政府对重大经济社会问题的决策方案的设计，往往由政府官员或政府机构自行设计而不太注重专家的作用，即使请专家参与也仅仅是形式。事实上很多重大决策问题非常专业，领导者不可能是各方面的专家，精力也有限。

第三，决策方案的评估存在着“论而不证”的问题。近些年来，由于中央反复强调要实现决策的科学化民主化，很多地方政府在决策最后“拍板定案”前也往往做一些“论证”，其中很多论证是科学的、客观的，对于保证决策的正确性确实起了很大的作用。但有些论证是走形式，甚至只是长篇大“论”地为领导提出的决策方案唱赞歌，而对决策方案的“正确”与“错误”不加以客观、科学地求“证”。这种“论而不证”的“御用”论证是导致决策失误的重要原因之一。

第四，决策方案的选择存在着民主化程度低的问题。在一些地方政府的重大决策中，往往“集中”有余而“民主”不够，很多重大决策仍然是“一把手”说了算。

针对以上问题，要完善政府重大经济社会决策的基本程序，建议从以下几个方面着手：

第一，强化决策过程的信息工作。信息是决策的灵魂。为了强化决策过程的信息工作，首先应加强政府信息机构建设，增加信息工作的投入，包括增加工作人员和改善装备；其次应改革信息收集和信息处理的方法，实现信息工作的现代化，建立较为全面、真实的信息数据库；再次要强化决策者的信息意识，尽可能做到信息不全面（相对而言）不决策，信息不准确不决策。

第二，强化决策过程的咨询工作。咨询工作是决策科学化的重要保证。政府作为现代社会的公共管理部门，其决策往往又涉及社会的各个领域。因此，一些重大经济社会决策的方案的论证和评估论证，离不开专家。专家对决策的论证和评估与政府人员相比，往往更客观，更少受利益关系的影响，更敢于提出不同的意见。基于这一背景，当代世界一些发达国家的咨询业非常发达，而且有相当一部分的咨询公司的业务主要来源于政府，有的咨询公司主要是为政府服务，如美国著名的兰德公司。目前我国政府的一些重大决策往往很少有咨询机构参与。因此，专家参与政府重大决策咨询，是实现政府重大决策科学化、专业化的一条重要途径。完善政府重大决策程序，有必要把咨询工作纳入政府重大决策的程序之中。

第三，强化重大决策的民主参与。决策的民主参与既包括专家的参与，也包括群众的参与，特别是与决策问题有利益关系的群体代表的参与。专家参与既是决策民主参与的内容之一，也是决策科学化的重要保证。决策民主参与应是群众参与以及相关利益群体代表的参与。这种参与有助于提高决策的正确程度，更主要的是有利于实现决策中在利益分配上的公平和公正。政府的重大决策往往是一些公共决策，因而它必然涉及公共利益以及相关利益的分配问题。让群众直接参与决策，有助于维护公共利益；让与决策问题相关的利益群体代表直接参与决策，有助于实现决策过程中利益分配的公平性和公正性。因此，完善政府重大经济社会决策程序，有必要把民主参与作为政府重大决策程序的一项重要内容。

第四，强化重大决策的制度建设。完善政府重大经济社会决策程序，加强政府重大决策的制度建设是关键。只有通过制度强化决策程序，才能保证政府的重大决策按照科学民主的决策程序进行。正如十六大报告中所指出："要完善重大决策的规则和程序"，必须"建立社情民意反映制度，建立与群众利益密切相关的重大事项社会公示制度和社会听证制度，完善专家咨询制度，实行决策的论证制和责任制，防止决策的随意性。”例如，社情民意反映制度、与群众利益密切相关的重大事项社会公示制度，是政府重大决策信息工作的制度化，专家咨询制度是政府重大决策咨询工作的制度化；社会听证制度、决策的论证制度是政府重大决策专家参与和群众参与、利益群体代表参与的制度化；决策的责任制度，则是保证政府重大决策严格按决策程序进行并保证以上决策制度得以落实的一项重要制度。由此看来，完善政府重大决策程序，必须加强政府重大决策程序和制度进行立法。通过决策程序和制度来保证政府重大决策的科学化和民主化，通过决策立法来保证决策程序和制度得到遵守和落实，以实现政府重大经济社会决策科学化、民主化和法制化的统一。

5.5 我国行政决策的经验教训与改革方向*

我国的行政决策经过了一个复杂而曲折的发展过程。在这个过程中,既给了我们许多很好的经验,也给了我们许多深刻的教训。这些经验和教训,对于我们搞好今天的行政决策改革,仍然具有很大的借鉴作用。

一、我国行政决策的基本经验

早在中华人民共和国成立之前,中国共产党在领导中国人民进行革命斗争的过程中,就制定出了一系列英明而又正确的战略决策,如1923年党的三大作出了国共合作的战略决策,1927年党的"八·七"会议作出了土地革命和武装反抗国民党反动派的战略决策,1935年的瓦窑堡会议前后作出了逼蒋抗日的战略决策,1948年9月至12月先后作出了辽沈战役、淮海战役和平津战役的决策,等等。这些英明正确的决策,一方面把中国革命引向了胜利,导致中华人民共和国的成立,为中国共产党领导下的行政管理与决策奠定了政治基础;另一方面也为中华人民共和国成立后的行政管理与决策提供了经验,从而奠定了思想基础和方法论基础。

1949年10月中华人民共和国宣告成立。在这之前,中国共产党于同年3月召开了七届二中全会,及时作出了把党的工作重心从乡村转移到城市的战略决策;1950年10月前夕又及时作出了抗美援朝的战略决策。与此同时,还先后作出了土地改革和镇压反革命的战略决策。1952年底党中央按照毛泽东的建议提出了过渡时期的总路线,从而作出了关于我国社会主义改造道路的战略决策。1956年9月,中国共产党召开了第八次全国代表大会,并作出了把党的工作重点从革命转移到社会主义建设方面上来的英明决策。

上述这些重大战略决策都是正确而英明的行政决策。实施这些决

* 本文原载《高等教育与行政管理》,武汉大学学报编辑部出版,1987年第1版。

策的结果，使我们党和政府取得了一个又一个的伟大胜利：彻底摧毁了国民党反动政权，建立了各级地方人民政府；通过与朝鲜人民并肩战斗，打败了美国侵略者；完成了新解放区的土地改革，消灭了统治中国两千多年的封建剥削制度；基本上肃清了大陆上的国民党反革命残余势力，巩固了人民民主专政，到 1956 年底，社会主义改造的任务基本完成。社会主义经济建设也取得了重大成就。总结这一时期我党和我国政府行政决策的基本经验，主要有如下几点：

（一）坚持共产党在行政决策中的领导地位。我国是一个社会主义国家，共产党是全国人民的领导核心，行政决策中必须坚持共产党的领导。事实上，这一时期我国的每一项正确的行政决策的作出，都离不开共产党的领导。共产党对行政决策的领导作用主要表现在：党制定了正确的路线、方针、政策，这些路线、方针、政策一方面其自身就是重大的战略决策，另一方面又为政府制定其他决策提供了基本前提，为确定行政决策目标提供了依据。党的领导为行政决策起了保证作用。

（二）遵循实事求是的思想路线，重视调查研究，坚持领导与群众相结合的决策方法。实事求是的思想路线，也是我国行政决策的基本指导思想。要实事求是，必须重视调查研究。只有通过深入的调查研究，才能发现客观事物的规律性。领导与群众相结合是我党的根本工作方法，也是我国行政决策的根本方法，解放初到社会主义改造基本完成这一时期，我国在行政决策中始终遵循着实事求是的思想路线，按客观规律办事，坚决反对主观主义和唯意志论，既反左又反右，按照我国的实际情况作出适合于我国国情的决策。在决策中重视调查研究，党和国家领导人毛泽东、刘少奇、周恩来等先后到农村、工厂、军队、机关、学校作过大量的调查。与此同时，各级地方的党政领导人也深入基层，了解情况，始终强调要掌握第一手材料，并把它作为制定正确决策的基础。在这一段时间，也是决策中坚持走群众路线的最好时期。由于重视调查研究，群众的意见、愿望、要求能及时向决策机构反映，决策者也能够虚心听取群众的意见，从而使决策具有广泛的群众基础。以上种种，有力地防止了错误决策的作出。

（三）坚持民主集中制的组织原则。民主集中制是我党一贯倡导的基本原则。这一时期，在决策中充分发扬了民主作风这就是一方面，如上所述，充分征求广大群众的意见，使决策有了牢固的群众基础；另一方面，实行集体决策，发挥决策者集体的智慧和力量。在决策集团中每一个参与者都有平等的发言权，各人的意见能够自由地、心情舒畅地发表出来，而且在决策时每一个人的意见都能够加以认真地考虑。与此同时，在民主基础上的集中也是实行得很好的。一方面，通过集中能够将各种分散的意见进行归类，形成统一的意见，并最终作出决策；另一方面，集中时也体现了民主，并不是某一个人说了算，几乎很少有家长作风。集中作出的决策基本上体现了广大群众的根本要求。

（四）尊重专家的意见，按科学态度决策。在解放以后的相当一段时间里，我国制定了一系列正确的知识分子政策，这些政策的贯彻和落实，大大地调动了广大知识分子建设社会主义的积极性。他们以主人翁的姿态积极参与国家的一些重大决策。与此同时，党和人民政府也十分珍视这种积极性，在决策时充分听取知识分子、专家们的意见，并对他们的意见加以认真考虑。当涉及一些重大的社会、经济决策和重大工程项目决策时，一般都首先组织专家调查研究，进行科学论证，提出多种方案，以作出最佳选择。党和人民政府尊重知识分子，在决策中注意专家的意见，这就使行政决策的正确性有了科学基础。

二、我国行政决策的主要教训

1957 年以后，我国行政管理与决策出现了重大转折。1958 年夏，当我国社会主义革命和建设事业取得了较大成果的时候，党和政府领导人产生了骄傲自满情绪，轻率地作出了发动“大跃进”运动和农村人民公社化运动的错误决策。这次错误决策的实施，加上自然灾害和当时的苏联政府背信弃义地撕毁合同，其结果是：我国国民经济在 1959 年到 1961 年发生了持续三年之久的严重困难。工农业生产大幅度下降；国民经济各部门比例关系失调；市场供应紧张；人民生活水平下降。

三年严重困难,使国家和人民遭到严重损失。

更有甚者,1966年5月至8月,由于毛泽东在社会主义时期阶级斗争的理论和实践上的错误发展得越来越严重,党中央错误地作出了发动“文化大革命”的决策,这一决策实施的结果给党、国家和各族人民带来了一场长达十年之久的严重灾难。

党和国家每一次重大行政决策的失误,其后果都是十分严重的。但是,我国自1958年以后一直到党的十一届三中全会以前,为什么在一些重大决策上会一错再错(当然其间也作出了一些正确决策)呢？这里也有一些深刻的教训值得我们深思:

(一)没有一套完善的决策制度。《中国共产党中央委员会关于建国以来党的若干历史问题的决议》在分析作出发动“文化大革命”这一错误决策的原因时指出:由于“我们没有能把党内民主和国家政治社会生活的民主加以制度化,法律化”致使党的领袖“逐渐脱离实际和脱离群众、主观主义和个人专断作风日益严重,日益凌驾于党中央之上,使党和国家政治生活中的集体领导原则和民主集中制不断受到削弱以至破坏。”[①]我国一些重大决策的失误,尤其是发动“文化大革命”这一错误决策的作出,与当时党的领袖的个人专制和家长作风是有直接关系的。但是,在我们的决策活动中,为什么会产生个人专制和家长作风呢？这是不能由个人品质来加以解释的,根本的问题在于制度。邓小平同志在回答意大利记者奥琳埃娜·法拉奇所提出的“如何避免类似‘文化大革命’那样的错误?”这一问题时指出:“这要从制度方面解决问题。我们过去的一些制度,实际上受了封建主义的影响,包括个人迷信、家长制或家长作风,甚至包括干部职务终身制。”[②]作为我国领导核心的中国共产党,一贯十分重视决策的指导思想和基本原则的研究,但对决策制度却重视得不够。加上长期的封建主义观念的影响,使我国

① 引自《三中全会以来重要文献选编(下)》,北京:人民出版社,1982年版,第819、818页。

② 引自《邓小平文选》第2卷,北京:人民出版社,1994年版,第348页。

的决策制度很不完善。“我们至今仍然没有建立起一整套严格的决策制度和决策程序，没有完善的决策支持系统，咨询系统，评价系统，监督系统和反馈系统。决策的科学性无从检验，决策的失误难以受到及时有效的监督。”[③]在这种不完善的决策制度下就有可能出现决策中的“一言堂”，从而造成决策的失误。

（二）决策研究缺乏公开性和民主性。多年来，我国的行政决策一直是少数人的事情，而似乎与广大人民群众不相干。由于决策集团内部存在着决策的不民主，所以更谈不上决策集团之外的决策研究的民主问题。我们的行政决策被神秘化，在一项决定没有作出以前，几乎不存在公开讨论的问题，反正上级领导人或机构说了算。在思想理论方面，我们党提出了“百花齐放，百家争鸣”的方针。但是，在政治方面、行政决策方面则加以限制。对于这方面的问题，就只允许一个方案独“放”，一个或几个领导人独“鸣”。过去我们一直信奉着一个原则，即“学术问题与政治问题分开”。为什么呢？就是因为学术问题可以争鸣，人人都有科学研究的权力嘛！政治问题、行政决策问题则不能争鸣，这仅仅是某些领导人的事情！由于不允许对政治问题、行政决策问题进行争鸣，实际上也就取消了对政治和行政决策的研究，无怪乎在我们国家，政治学、社会学、行政管理学被宣布成资产阶级的伪科学！这种不允许研究行政决策的不民主的决策作风，导致了决策的非科学化，助长了一部分领导人靠“拍脑袋”过日子的官僚主义作风，这样作出的决策必然会失误。近年来，我们的党政部门也设立了政策研究室之类的研究机构，提倡可以对决策问题进行研究。可是，就大部分而言有其名而无其实。有些政策研究室实际上只是一个起草文件和报告的秘书班子，根本没有进行严格意义上的决策研究。更有甚者，有些研究不讲究科学性，不负责任，为了迎合某个领导人的需要，拼命设法去寻找所

③ 万里：《决策民主化和科学化是政治体制改革的一个重要课题》，《人民日报》，1986年8月15日。

谓的"科学根据",以支持某个领导人的某项决策,而不管这项决策正确与否。"这种所谓科学的决策论证,具有更大的欺骗性和危险性,比没有论证更坏"。④

(三)缺乏一套系统的科学决策程序。我们党和人民政府在长期的行政决策实践中,总结出了一些行之有效的方法,如调查研究、解剖麻雀的方法,从群众中来到群众中去的方法,领导与群众相结合的方法,等等。这些方法确实有一定意义上的科学性。但是,毋庸讳言,这些方法往往没有包括整个决策过程,当被运用于决策过程的某个阶段时,它是有效的、科学的。但是,对于整个决策过程来说,无论哪种方法都不能包括无遗。就是把这些方法都用上,还是只能解决决策过程的某一阶段或某几个阶段的问题,整个决策过程到底应该怎样进行,这些方法没有说明。因此,在我们的行政决策实践中,虽然有些决策就其在某个阶段而言是科学的,而整个决策过程却可能是非科学的。殊不知,决策过程中某一阶段的科学性和合理性并不能决定整个过程的科学性和合理性。相反,某一段阶的非科学性和非合理性却能够决定整个决策过程的非科学性和非合理性。因此,对于某项决策来说,尽管在决策过程的某个阶段是科学的、合理的,但是由于另一阶段的不科学性和不合理性,从而导致决策的最终失误;或者,决策过程中各个步骤的组成作为一个过程来说,即决策的程序却是非科学的、非合理的;因而也会导致决策的最终失误。例如,某项决策,在其收集决策信息、情报阶段,决策者进行了大量调查研究,收集到了第一手十分可靠的资料,这是科学的、合理的。但是却没有对这些材料加以认真的研究、分析,从而作了错误的理解,最终造成了决策的失误。这就是由于信息分析的非科学性造成的。总之,由于缺乏一套系统的科学决策程序,因而也就不可能有严格意义上的科学决策,决策失误的可能性也就越大。

---

④ 万里:《决策民主化和科学化是政治体制改革的一个重要课题》,《人民日报》,1986年8月15日。

三、我国行政决策的改革方向

党的十一届三中全会以来，我党全面恢复和发展了党的实事求是的思想路线和历来倡导的领导方法（也是决策方法），先后制定了一系列正确而英明的重大决策，如关于把工作重心转移到社会主义现代化建设上来的决策，关于改革和开放的决策，关于落实知识分子政策的决策，等等。最近，在决策方法的问题上又提出了决策的民主化和科学化的问题。这就为行政决策的改革指明了方向。

行政决策的改革，不仅仅是一个体制上的改革，除了体制改革外，还有观念上的变革和方法上的变革问题。因此，行政决策改革总的方向是实行决策的民主化和科学化，但具体内容却是多方面的，一般包括以下五个方面：

（一）决策观念的民主化。要实现决策的民主化，必须首先解决一个决策观念的民主化问题。我国是一个长期受封建主义统治的国家，旧的封建观念至今在人们的头脑根深蒂固，影响着人们的思维方式和行为方式。专制和独裁是封建主义的主要特点。在封建社会人们是不可能有民主观念的，更谈不上决策方面的民主观念，尤其是行政决策方面的民主观念。在那个时代，国家高层次的重大决策是由封建帝王亲自掌握的，“圣旨”决定一切。决策只是皇帝及其官僚的事情，在这里绝无民主可言。在这样的条件下，人们自然会形成这样的观念，似乎决策只能由少数有权的个人作出，谁的权大，谁作的决策就正确。这种错误的观念今天对我们的影响仍然非常深刻。这从以下两个方面表现出来：一方面我们的领导人在制定决策时所依靠的是自己“拍脑袋”，很少想到让人民群众参与决策，所信奉的教条是“眉头一皱，计上心来”；另一方面，我们的人民也缺乏参与决策的自觉性，好像决策这项工作完全与自己无关，而自己所要作的只是执行上级的决策而已。要在我国实行行政决策的民主化，必须首先从根本上改变这种决策不民主的思想观念和民族心理，一方面要求领导者决策时要有民主作风，另一方面要鼓励人民群众积极参与行政决策，使他们真正认识到，自己不仅是决策的执行者，同时也是决策的制定者，把决策的制定也看成是自己的事情。要改变原来的旧观念，树立这样一种全新的观念，必须大力加强宣传和引导。当然仅有宣传和引导是不够的，还必须配之以相应的实际措施。

（二）决策讨论的公开化。在我国行政决策的实践中，由于过去一直强调政治问题不可争鸣，因此实际上把行政决策排除在科学研究的范围之外。如果说，在行政决策实践中，还存在着某些意义上的"研究"的话，那也只是少数领导人的"神秘式"的研究。至于公开讨论是绝对不允许的。正如前面所指出的，我们的行政决策被神秘化了。长期以来我们的领导者已经形成了一种习惯，只要一涉及政治或行政决策问题，总喜爱秘密地讨论，时时提防自己不要"泄露机密"。如果有些与行政决策有关的材料迫不得已需要打印的话，无论是什么材料，总爱印上"绝密"二字。这种习惯就其形成原因来说，与我党老一辈领导人长期生活、工作于战争年代有关。在革命战争年代，对于任何一项决策，尤其是军事决策，保密是十分重要的。如果某项决策在实施前或实施过程中一旦被泄密，就有导致整项工作或战争失败的危险。但是，在全国解放后，我们已经建立了自己的人民民主专政的政权，我们的行政决策主要是关于社会主义革命和建设事业的决策，这些决策不但与人民群众的根本利益是一致的，而且其中的绝大多数可以让广大人民群众研究和讨论（当然有些重大决策，例如军事决策的保密仍然是完全必要的）。遗憾的是，我们很多领导人的脑子并没有转过来，对待社会主义建设时期的行政决策，还像对待战争年代的军事决策一样。所不同的是，过去向敌人保密，现在向人民群众保密。这种神秘化的结果，从根本上排除了对决策的广泛性、民主性的研究和讨论，助长了决策上的个人独断专行的家长作风和官僚主义。这是我国行政决策不民主的一个重要根源。因此，在我国要真正实行行政决策的民主化，必须彻底扫除这种习惯，否定行政决策的神秘化，允许对行政决策开展广泛的、民主性的研究和讨论，实现决策研究的公开化。要做到这一点，我们就有必要冲破“学术问题与政治问题分开”的旧框框，在一切政治问题和行政决策问题上也实行“百花齐放、百家争鸣”的方针。通过“百花齐放”，以提出更多更好的方案，便决策的选择范围更加扩大；通过“百家争鸣”，以达到对各方案的分析、比较更深入、更正确的目的。从概率论的观点看，这就为做出最佳决策提供了更大的可能性，从而大大提高了行政决策正确性的程度。

（三）决策制定的制度化。我们所说的决策制定的制度化，应该包括两个方面的含义：一是行政决策体制的合理化，一是行政决策制定的法制化。行政决策体制的合理化，是行政决策制定的制度化的一项首要内容。前面已经指出，在我们的行政决策实践中，之所以会出现主观主义和独断专行的家长作风，关键问题就在于我们的制度不完善，而制度不完善的集中表现就是行政决策体制的不合理。多年来，我们党政不分，其结果是以党代政，行政决策工作由党委包办了。而在我们党内则一再强调一元化领导，强调高度集中，其结果是很多组织或单位成了一人领导，一人说了算。因此家长作风就不可避免。要从根本上改变这种状况，必须从行政决策体制“开刀”，实行行政决策体制的改革。当前改革最迫切的任务是坚决实行党政分工，把应该属于政府的权力还给政府。同时，加强人民代表大会的权力、实行人民参政、人民参与决策。在重大行政决策问题上，应由党组织、政府、人大共同组成决策中心，共同参与决策，同时又必须分工负责，互相制约，并把最后的抉择权交给人民代表大会。只有这样，才能真正实现决策的民主化。行政决策制定的制度化还必须包括法制化的内容。行政决策制定的法制化，不但是行政决策体制合理化的一个重要条件，而且也是行政决策讨论公开化的一个根本保证。如果没有健全的法制，即使将行政决策体制改革好了，也会被破坏；即使允许对行政决策公开研究人们也不敢进行研究；或者虽然有了不同的看法，也不敢公开发表出来，这还是无益于行政决策的。因此，必须建立和完善有关行政决策的法律，明文规定各组织在行政决策中的地位、作用以及应负的责任；行政决策中的哪些方面的内容可以公开研究、讨论，采用怎样的方式研究、讨论；行政决策应按怎样的程序进行；等等。只有这样，行政决策才能真正做到有法可依，依法决策。行政决策民主化才有法律上的保证。

（四）决策研究的科学化。为适应现代决策科学化的需要，目前在国外，特别是在发达国家，出现了软科学研究的新方向。软科学研究的根本目的，是为各级各类决策提供科学的依据，是为领导决策服务的。从这个意义上说，软科学研究就是决策研究，就是把科学引入决策过程中，利用现代科学技术手段，采用科学的方法，把决策变成集思广益的，有科学依据的、有制度保证的过程，从而实现决策的科学化。目前我国的某些重大决策，也开始依据软科学的研究进行分析、论证、实行科学决策。例如，对一些重大工程项目，已经开始采用可行性研究的科学方法；对一些重大的经济社会决策，开始进行定量分析和测算，选择优化方案；现代化建设中一些重大战略、方针和政策的制定，也经过了较周密的系统分析和研究论证，具有较大的科学性。但是，科学决策直至现在在我国还未占支配优势，决策中的“拍脑袋”还是司空见惯，有些决策研究很不正常，还停留于做表面文章，或先定调子后找根据。这里一个重要原因是决策研究机构的不完善。我国的决策研究机构是近几年才兴起的，几乎全是官方机构，这些机构往往隶属于某个部门，缺乏独立性，不得不听从其上司的指挥，所以往往不能拿出什么独立的科学见解。所谓研究、论证还是围着上司的指挥棒转。如前所说，甚至有的所谓研究是领导先把调子给他们定好，然后由他们寻找“科学”根据，最后再由领导将这些决策及其“根据”公之于众。这就是因为决策研究机构组织方面的不完善。再者，决策研究机构的知识结构也不完善。决策研究机构的知识结构是通过其研究成员表现出来的。目前的决策研究机构缺乏大量专门研究人才。很多人员是拼凑起来的，一些人根本不适应于决策研究。因此，要实行决策研究的科学化，必须改革决策研究机构组织方面的隶属关系，使之成为一个有相对独立性的研究机构，培养决策研究人员，建立一支决策研究的专家队伍。与此同时，还要切实解决好软科学研究的经费问题、资料问题，应从上到下都对软科学的研究引起高度重视，使我国的决策研究真正走向科学化。

（五）决策过程的程序化。决策过程的程序化或理性化，实际上就是要求按现代决策理论进行决策。为了提高行政决策的程序化程度，研究和学习现代决策理论是很有必要的。尤其是在我国目前的条件下，当人们对科学决策还缺乏深刻的认识，而且也不大懂得现代决策的程序和方法的时候，就显得更加重要了。

为了从根本上彻底改变我国行政决策的落后局面，我国必须加强决策理论的研究，要求决策者学习决策理论。只有懂得科学的决策程序和方法，才能按科学的决策程序和方法进行决策。为此，我国应该领导带头，具体地抓一下决策理论的研究和学习，在有条件的大专院校和党校，应该开设决策科学这门课程，甚至可以设立专门的系或专业。对于在职的决策干部，应该进行有计划的培养，逐渐使他们成为通晓决策科学的内行。

目前我国正处在社会主义现代化建设的关键时代。决策的正确与否，将关系到我们的现代化事业的成败问题。因此，总结我国行政决策的经验与教训，探讨我国行政决策改革的方向，不但具有重大的理论意义，而且具有直接的现实意义。*

---

* 注：本文所指的行政决策是从广义上而言的，包括一些重大的政治决策在内，一切有关领导和管理国家与政府及其事务的决策，统称为行政决策。

5.6 学习周恩来民主决策与群众路线理论*

一

1943 年,周恩来在中共中央南方局为了向干部做报告写了一个报告提纲,这个提纲的原题是《领导与检查报告大纲》,中心议题是"怎样做一个好的领导者"。在这个提纲中,他提出了一个重要问题:什么是正确领导?在说明这个问题时,周恩来认为"正确领导"主要应包括以下三点:① 必须正确地决定问题;② 必须组织正确决定之执行;③ 必须组织对于执行这种决定的情形之审查。这里所说的三点,实际上就是领导过程的三个基本环节,即决策制定、决策执行和对决策执行的检查,这也是现代决策科学研究的主要内容。在周恩来看来,"正确地决定问题"是"正确领导"的首要内容。

那么,怎样才能"正确地决定问题"呢?周恩来认为,这应包括四个基本程序:①"要估计环境及其变动,并找出此地此时的特点";②"要依此与党的总任务联系起来,确定一定时期的任务和方针";③"要依此方针,规定当前适当的口号和策略";④"据此定出合乎实际的计划和指示"。这是周恩来对他自己和当时党的领导决策经验的科学总结。在对决策的基本程序进行了科学概括后,他进一步指出:"这一切,必须经过最实际的调查研究,并使这些实际与党的原理原则联系起来。"①可见,在周恩来看来,调查研究当贯穿于决策过程的各个基本环节之中。在谈到调查研究时,他曾深刻地指出,必须坚持三条原则:"从群众中来,到群众中去;集中起来,坚持下去;坚持真理,修正错误。"他认为:"这就是民主集中,它不但是组织原则,也是工作原则。智慧是从群众中来的,但对群众的意见领导方面还要加工,然后回到群众中去考验,在这基础上再加工。"②从以上不难看出,在周恩来的思想中,民主决

---

* 本文原载《周恩来行政管理思想与政府建设》,知识出版社,1998 年第 1 版。

① 《周恩来选集》上卷,北京:人民出版社,1980 年版,第 129 页。

② 《周恩来选集》下卷,北京:人民出版社,1984 年版,第 314 页。

策、调查研究与群众路线三者是紧密地结合在一起的。这是周恩来决策思想的一个重要特色。

第一，调查研究是正确决策的基础，而调查研究的目的之一就在于领导者要向群众学习，吸收群众的经验和智慧。真知来源于实践，而群众是实践的主体，在群众中蕴藏着无穷的力量和智慧。领导者和领导机关在决策过程中必须到群众中去进行调查研究，虚心听取群众的意见，广泛吸收群众的经验和智慧。周恩来强调，到群众中去进行广泛的调查研究，并非仅仅存在于决策过程的某一环节，而是贯穿于整个决策的全过程，“因为领导者本身知识还不完全，经验还不够，领导地位并不能使你得到知识和经验，所以面向群众，汲取群众经验，十分必要”[③]。周恩来不但是这样说的，也是这样做的。在每次重大决策前，他都要亲自到群众中去做调查研究，亲自听取群众意见。例如，1961 年为了解决“大跃进”所带来的一系列遗留问题，他到工厂、农村进行了广泛的调查研究，充分听取群众的意见。

第二，在决策过程中坚持调查研究，就是坚持决策过程中的群众路线。周恩来强调调查研究贯穿于整个决策的全过程。领导者在决策时要从群众中汲取智慧，多方听取群众意见，做到“兼听则明”。这就是“从群众中来”。但仅有这方面是不够的，“对群众的意见领导方面还要加工”，这就是“集中起来”。然后还要把这些集中起来的意见“回到群众中去考验”，这就是“到群众中去”或“坚持下去”。现代决策系统理论认为，决策过程是一个“输入—转换—输出”的过程，坚持群众路线的决策过程与系统理论所描述的决策过程基本上是一致的。“从群众中来”的过程可视为一个“输入”过程；“集中起来”的过程可视为一个“转换”过程；“到群众中去”的过程则可视为一个“输出”的过程，也即决策的执行过程。但与系统理论所描述的决策过程相比，周恩来群众路线理论所阐述的决策过程更具体、更具有可操作性。

---

③ 《周恩来选集》上卷，北京：人民出版社，1980 年版，第 131 页。

第三，在决策中坚持群众路线，也就是坚持民主集中制。周恩来认为，上述有关调查研究的三项原则，“就是民主集中，它不但是组织原则，也是工作原则”。把群众路线与民主集中联系起来，充分反映了决策的民主性与群众路线的内在关系。民主集中作为一项“组织原则”，当然就是指在决策过程中要坚持“少数服从多数”的原则，这是民主决策的应有之义。民主集中作为一项“工作原则”，具体到决策过程中就是要一方面虚心听取广大群众的意见，让群众把各种意见发表出来，从群众意见中汲取智慧，这也就是群众路线的“从群众中来”；同时还要对群众意见进行加工，并把加工后所形成的意见拿到群众中去检验，这就是“集中起来”和“到群众中去”，这既是决策民主性的内在要求，也是群众路线的重要内容。从这个意义上讲，坚持决策的民主性，也就是坚持决策过程中的群众路线。

二

社会主义民主的本质是人民当家做主，在这种民主体制下，决策民主是广大人民群众对决策的真正参与，其所制定的决策才有可能是广大人民群众利益的真实反映及其意志的表现。周恩来始终将决策民主与群众路线联系起来，以更好地实现社会主义条件下的人民当家做主。

第一，把决策民主与群众路线联系起来，就是要把为绝大多数人谋利益作为决策的基本目标。社会主义民主的本质与群众路线的实质内容是一致的，这一点在周恩来的决策思想中得到了充分体现。群众路线的基本内容是“一切为了群众，一切依靠群众，从群众中来，到群众中去”。其中“一切为了群众”更具有实质性，它反映了群众路线的基本目标。在决策中“一切为了群众”，也就是“人民当家做主”在决策中的具体体现。

第二，把决策民主与群众路线结合起来，意味着民主不仅贯穿于决策的制定过程中，而且贯穿于决策的执行过程中。在民主决策过程中，按照“群众路线”的基本精神，不但要“从群众中来”，而且要“到群众中去”，后者则反映了决策执行过程的民主性。周恩来认为，为了将群众路线贯穿于决策的全过程，特别是要把它贯穿于决策执行过程，就必须向群众公开党的政策，让群众充分了解决策内容的正确或错误及其变动情况，以提高群众执行决策的自觉性。他曾指出："任何政策的决定或改变，任何政策中正确的部分或错误的部分，必须适时地向干部和群众公开指出，才能得到群众的了解和拥护而成为力量。"④决策或政策公开，让群众了解决策的内容和掌握政策，是对群众的极大信任，充分体现了人民当家做主的社会主义民主的本质要求。

三

按照江泽民同志在党的"十五大"所作的报告精神，发展社会主义民主，是我国政治体制改革的首要任务，而发展民主的一项重要内容就是要"逐步形成深入了解民情、充分反映民意、广泛集中民智的决策机制，推动决策科学化、民主化"。⑤ 这表明，决策民主化与群众路线相结合，是我党和我国政府在社会主义现代化建设的新时期仍然需要坚持和发展的优良传统，是一种具有中国特色的民主决策机制。

第一，深入了解民情、充分反映民意、广泛集中民智的决策机制，就是一种坚持走群众路线的决策机制。决策中必须坚持群众路线，"从群众中来"，就是要求领导者在决策时要深入到群众中去进行调查研究，总结群众的经验，集中群众的智慧，体察群众的情绪，倾听群众的呼声，集中群众的愿望和要求。而这也就是江泽民同志所说的了解民情、反映民意和集中民智。所以，党的十五大所提出的建立这样一种民主化的决策机制，也就是一种建立在群众路线基础上的决策机制，它是对包括周恩来决策思想在内的毛泽东决策理论的继承和发展，是对改革开放和现代化建设以来我党我国决策实践的经验总结和理论上的进一步升华。

---

④ 《周恩来选集》上卷，北京：人民出版社，1980年版，第301页。

⑤ 江泽民：《高举邓小平理论伟大旗帜，把建设有中国特色社会主义事业全面推向二十一世纪》，《人民日报》，1997年9月22日。

第二,建立在群众路线基础上的决策机制也就是一种具有中国特色的民主化的决策机制。在我国的决策中必须充分反映民意,这就要求决策者在决策过程中要坚持走群众路线,到群众中去倾听群众的呼声,体察群众的情绪,客观地、具体地把握群众的愿望和要求,作出符合群众利益、满足群众需求的决策。这样的决策民主才是真实的民主,才能真正体现社会主义民主本质即人民当家做主的民主。

第三,建立在群众路线基础上的决策机制,不但有助于实现决策的民主化,而且也有助于实现决策的科学化。决策科学化的一项重要内容就是要客观真实,这就要求有客观真实的材料作基础。客观真实的材料只能来源于千百万群众的实践经验,也就是说只能"从群众中来"。决策者或决策机关如果不从群众中收集客观实际材料,不认真总结群众经验,也就制定不出正确的决策来,因而也就谈不上决策的科学化。

6. 体制改革与制度创新

6.1 地方政府机构改革的风险与策略选择*

众所周知,中国的现代化取决于两大基本前提:一是经济发展,二是政治稳定。这两大前提相辅相成,互为因果。我们说政府机构不改革或改革所带来的风险,首先指的是一种政治风险,最重要的也是政治风险。这种政治风险,严重地威胁着我国的政治稳定和经济发展,因而严重地阻碍着我国现代化实现的进程。

一

不改革与改革风险并存,但不改革的风险将是长期的,并随着机构的越来越膨胀而使风险不断增大;改革有风险,但它是一种短期疼痛,如果操作得当,其风险是可以避免的。

如果包括地方政府在内的政府机构不改革,政府机构的总量及其人员总量必将继续膨胀,它所带来的一系列恶果必然会给我们的国家和社会造成一系列经济和政治问题,给政府带来可以预料的政治风险。就地方政府而言,具体表现在以下几个方面:

1. 地方政府机构和人员的膨胀给地方政府带来了沉重的财政压力,严重地削弱了地方政府的能力。社会主义现代化建设,要求有一个强有力的政府对之进行组织和领导,强有力的政府就是能力很强的政府,然而政府的能力首先是一种经济能力。但我国目前的现状是,很多地方政府的财政收入入不敷出,经济能力十分软弱,这必然会影响其政治能力,即对地方现代化建设的组织和领导能力。

2. 地方政府机构臃肿,官僚主义严重,极大地降低了政府的效率。地方政府的高效率,是地方政府组织上健全和政治上成熟的一个重要

* 本文原载《地方政府机构改革研究》,湖北人民出版社,1999 年第 1 版。

标志，也是地方经济可持续发展的一个重要保证。然而，由于目前地方政府普遍存在着机构臃肿，政府部门之间职责不清，政府官员的责任心不强，官僚主义较为严重，造成政府效率偏低，这既有损于地方政府的政治形象，也有碍于地方的经济发展。

3. 地方政府公务员合法性收入偏低，在一定意义上诱发了政府官员的腐败。当前政府官员的腐败，已经成为我国一个不容忽视的严重政治问题。政府官员腐败的原因是多方面的，其中有一点，就是一些地方政府公务员，特别是基层政府公务员的合法性收入偏低，使他们无法达到当地中等偏上的生活水平，甚至有的连基本生活也比较困难。这就会使某些不能自律的官员从体制外去寻找非法收入，这是造成腐败即所谓"小"腐败的一个重要原因。对于这些小腐败我们绝不能忽视。由于它的广泛性和普遍性，它严重地腐蚀着我们的政治机体和社会机体，是造成群众对地方政府不满的一个重要原因，给我国的社会政治稳定带来了极大威胁。

以上分析表明，如果不进行地方政府机构改革，让已经臃肿的地方政府机构继续膨胀下去，它将会造成地方政府能力削弱、政府效率降低和政府官员的腐败，这不但会严重影响我国现代化建设这个最大的政治，而且有可能诱发社会的不稳定。因此，它所带来的政治风险是显而易见的，并且这种风险将是长期的。随着地方政府机构的继续膨胀，这种风险也将进一步增大。如果地方政府机构不进行必要的改革，这种风险就会继续存在。

当然，地方政府机构的改革，也不是没有风险的。从一定意义上说，政府机构改革是一场政治改革，而政治改革本身就是一种风险事业。地方政府机构改革的风险主要表现在以下几个方面：

1. 政府机构改革如同经济改革一样，是一种利益关系的调整。地方政府机构改革，意味着机构和岗位的减少，一部分人的职位要调整，甚至要下降；更有甚者，还有一部分人有可能转岗。这表明，在地方政府机构改革过程中存在着深刻的利益矛盾。由于这种利益矛盾的存在，改革过程中不可避免地会产生摩擦，如果这种摩擦超过一定限度，就会给改革带来较大风险。

2. 大批政府官员下岗，由于政府官员是一个特殊的群体，如果操作不当，也会带来较大的政治风险。一般说来，政府官员是一个素质较高的社会群体，他们熟悉政府的政策，掌握了政府内部大量的信息，对政府的运作程序也十分清楚，且有较强的组织和动员能力。如果对这部分人安排不当，他们一旦向政府宣泄情绪，必然会给政府带来麻烦。

3. 剩余人员的安置问题，既是地方政府机构改革中的难点问题，也是造成改革风险的敏感问题。据有关部门测算，1999 年国有企业将新下岗 300 万余人，党政机关将分流 167 万余人，事业单位还将分流 133 万余人，这样需要重新安排就业的人员达 600 余万，比 1998 年翻了一番。社会能否为这么多的人提供再就业岗位，政府是否有能力为这么多的人重新安排工作，这也是地方政府机构改革所面对的一个难题。这其中也可能有风险。

由此看来，对中国的地方政府机构改革的设计者来说，存在着一种两难处境，不改革有风险，改革也有风险。但比较而言，改革的风险要相对小些。因为相对于不改革的风险来说，改革所带来的风险是一种短期风险。随着改革进程的顺利推进，这种风险将在改革过程中逐步消化。

二

地方政府机构改革风险的大小与政府行政层级的高低正相关；但就地方政府机构改革的人员分流而言，其难度的大小与政府行政层级的高低负相关。这就为地方政府改革风险的降低或逐渐消化提供了可能性。

从政府机构改革的一般规律而言，政府的层次越高，政治风险越大。中央政府机构改革的政治风险高于地方政府机构改革的政治风险。就地方政府的机构改革而言，高层地方政府机构改革的政治风险高于基层地方政府机构改革的政治风险。因为政府机关是上层建筑的重要组成部分，并且是其中的硬件。政府机构的改革，意味着要对上层建筑进行部分变革，也就意味着要对国家的政治关系进行部分调整，这其中涉及一系列权力和利益关系的变革。越是对上层的这种关系进行变革，它所引起的震荡可能越大，因而造成的政治风险也越大。相反，与高层相比，对基层权力和利益关系的变革，虽然所产生的影响比较广泛，但由于层面较低，引起的震荡较小，因而政治风险也相对小些。由此看来，地方政府机构改革风险的大小与政府行政层级的高低成一种正比例关系，即政府行政层级越高，其机构改革的风险越大；政府行政层级越低，其机构改革的风险越小。这就是所谓二者的正相关。

但是，就改革过程中人员分流的难度而言，二者则负相关。也就是说，政府的层级越高，机构改革过程中对分流人员安置的难度相对越小；政府的层级越低，机构改革过程中对分流人安置的难度越大。政府机构改革过程中有很多难题，如机构的精简、合并，权力的重新分配等等，但最大的难题是人员分流。分流出来的人往何处去，这对不同层级的政府来说，困难的程度是不一样的。就中央政府的机构改革而言，其人员分流及其安置与地方政府相比，则要小得多。这是因为，一方面，中央政府机关人员的素质较高，他们一旦被分流到不同的单位适应性较强，加之他们熟悉政府的方针政策，有较强的组织和管理能力，往往会成为一些单位的“抢手货”。前一段时期，一些地方企业趁中央政府机构改革之际进京招聘人才，就充分说明了这一点。另一方面，中央政府机构改革分流的人员在数量上相对较少，而这被分流出来的人员能够去的单位较多，这一少一多的同时存在，就使中央政府机关分流下来的成员安置的难度要相对小些。据有关资料，我国 3 年内各级国家机构改革将分流约 500 万人，而 1998 年中央政府机构改革分流仅有 2 万余人，这 2 万余人可以面向 30 个省、市、自治区的各种类型的单位就业，其难度是不会太大的。对于地方政府来说，其分流人员的安置则困难得多。高层地方政府机构改革，如省、市、自治区一级的机构改革，其人员分流和安置还相对要容易些，大城市政府机关分流下来的人员重新安置虽然也有困难，但相对于中、小城市而言，也好办一点。到了县、市一级，困难就更大。至于乡、镇一级，其难度就可想而知了。改革者只有具备了这种心理准备，才有可能在设计方案时做到有的放矢，在改革的操作过程中做到难而不乱。

上述分析表明，地方政府机构改革的风险主要来源于高层；而地方政府机构改革过程中人员分流及其安置的困难则主要存在于基层（当然这并不是说高层地方政府在这方面没有困难，而是说与基层相比，困难要小些）。这种改革风险与人员分流及其安置困难在不同行政层级之间的错开，为地方政府机构改革有效地降低了风险。如果在大规模的改革前对改革方案进行精心设计，在改革过程中进行慎重操作，完全有可能把地方政府机构改革的风险降到最低程度，在改革过程中将这种风险逐步消化。

三

在地方政府机构改革的过程中，既不能采用“激进式策略”，也不能采用“渐进式策略”，唯有“一步到位”与“逐步消化”相结合的策略，才是地方政府机构改革的一种可选择的较为有效的策略。

怎样才能做到既可以有效地按期完成机构改革的任务又可以最大限度地避免改革的风险呢？这就要求地方政府在机构改革的过程中必须选择一种有效的策略。

一般说来，可供改革者选择的策略或者是激进策略，或者是渐进策略，二者必居其一。那么，地方政府机构的改革者究竟应该怎样选择改革的策略呢？

激进策略是一种“闪电式”策略，或称为“休克疗法”。这种改革策略是一种整体推进、一步到位的策略。从理论上讲，这种改革策略对于政府机构改革来说，是一种比较理想的策略。通过制定整体改革方案，使政府机构的精简、职能的转变、分流人员的安置采用一揽子方案加以彻底解决，并且一步到位，不留后遗症。但是，正因为它是一种理想的改革方式，所以它在实际的改革过程中很难行得通。原苏联和俄罗斯的改革基本上采用的是这种改革的策略，它所带来的后果我们是清楚的，在这里我们就不加评述了，也无须评述。这种策略之所以在改革过程难行得通，就是因为理想与现实之间往往存在着很大的距离。用一种理想化的模式去对待现实问题，往往会有麻烦。如果处理不当，可能会带来很大风险。因此，在我国的机构改革中，这种策略是不可选择的。3 年完成机构改革的战略部署，本身就是对这种策略的一种否定。

那么，地方政府机构的改革是不是就只能采用渐进式改革策略呢？不错，从我国的整个改革过程来说，就是一种渐进式改革。所谓“摸着石头过河”、“走一步看一步”，就是对我国改革过程特点的生动表述，也是对这种渐进式改革策略特点的生动表述。尽管如此，我们还是承认，对于目前的地方政府机构改革来说，这种策略未必是一种最有效的策略。这种策略虽然能有效地避免改革的风险，但它难以使地方政府机构改革跳出“膨胀－精简－再膨胀－再精简”的怪圈。因为多年来的实践证明，机构的膨胀具有一种自发的惯性，其速度之快，往往会超过渐进式的改革，从而会出现一边精简机构一边增加机构这样一种奇怪的局面。这样的渐进式改革是很难达到改革的目标的。由此看来，典型的渐进式改革策略也并非地方政府机构改革的良策。

在这次地方政府机构改革过程中，实际上存在着两个既相互联系又相互区别的问题：一个是地方政府机构改革是否应该一步到位的问题，另一个是机构改革所分流的人员重新安置能否一步到位的问题。毫无疑问，这两个问题是密切相关的。但是它们又是性质不同的两个问题。如果混淆这两个问题之间的界限，改革者在策略的选择方面就会出现无所适从的局面。因为从第一个问题出发，改革者可能选择激进式策略，以实现改革的理想目标；从第二个问题出发，改革者可能选择渐进式策略，以尽量减少在改革过程中由于人员分流而造成的震动。如果把两个问题看成一个问题，改革者就无法选择策略。如果把这两个问题在理解它们相互联系的基础上进行必要的区分，改革者就有可能找到第三种策略，即既非激进式策略，又非渐进式策略，而是一种兼有两者优点的混合式策略，我们称为“一步到位”和“逐步消化”相结合的策略。

所谓“一步到位”，是指机构改革必须“一步到位”，包括机构的精简、人员的分流在内，决不能采用修修补补的办法，更不允许议而不决，决而不行。必须精心组织，周密计划，确定完整方案，整体推进，一步到位。否则，地方政府机构改革又有流产的危险，难免陷入“膨胀－精简－再膨胀－再精简”的怪圈。

然而，地方政府机构改革要做到“一步到位”，必然会导致大量的人员从政府机关分流出去。对于这些分流人员的安置，能否与机构改革同步进行或者也做到“一步到位”呢？就目前社会的承受能力和政府的调控能力而言，显然是做不到的。因此，在分流人员的消化方面，只能采取“逐渐消化”的办法，在较长的时间内一步一步地将现有分流人员消化掉。

“一步到位”与“逐渐消化”相结合的策略是否是地方政府机构改革的一种有效策略，这里的关键在于两者是否能够有效地结合。而后一个问题的关键又在于：在政府机关的剩余人员一下子分流出来后，如果不及时安排会不会造成严重的社会问题。关于这一点，我们不需要更多的证明，党和政府应该有充分的信心和能力把这个问题解决好。一方面，我们相信，被分流的人员在党的多年教育下，他们有较高的思想觉悟，绝大多数会识大体、顾大局、体谅国家和政府的困难，自觉以实际行动拥护和支持这场改革；另一方面，政府也会体谅被分流人员的困难，会尽最大努力解决他们的实际问题，为他们的再就业创造充分的条件。因此，“一步到位”与“逐渐消化”相结合的策略在这次地方政府机构改革过程中不但有可能行得通，并且是一种较为有效而稳妥的策略。

6.2 国有航空科研机构改革的政策分析*

——以中国航空工业第二集团公司六〇五研究所改革为例

科技体制改革以经济体制改革为背景，根本出发点是为了调整和重构国家科技体制和运行机制，使之与变动中的社会经济体制达到新的统一和协调。① 中国原有计划体制下的科技体制的问题就在于政府超过自身能力几乎承担了向社会提供一切科研资源的责任。科研与市场结合松散，成果转化率低。中国的国有航空类科研机构同样存在这方面的问题。文章试图在对中国航空工业第二集团公司六〇五研究所的改革进行调查研究的基础上，就国有航空科研机构的企业化改革的相关政策问题做一些具体分析，以供决策部门参考。

一、"科学分类"：科研机构企业化改革的政策基点

对科研机构进行分类管理的思路肇始于 20 世纪 80 年代中期的科研体制改革。当时国家依据研究机构的研究内容、性质和手段，将其分为基础研究型、应用研究型和技术开发型三类：基础研究型科研机构主要从事数学、物理、化学、生物等基础学科和国防科研中的部分基础性研究；应用研究型科研机构主要致力于新科技和新发现的应用型研究，一般以实验产品为主；科技开发型科研机构在前两者的基础上着力于产品开发和设计，使科技成果转化为生产力。在这种分类的基础上，国家制定了相应的管理政策：对于基础性研究加大扶持和资助力度，主要体现在财政倾斜上。对于应用型研究则提倡产研结合，鼓励院所引入竞争机制，积极推行各种形式的承包制，实行两权分离。明确提出科研院所在保证基本科研任务的基础上，可以办公司等经济实体，也允许和支持科技人员兼职创收，但同时，国家实行差额财政管理，部分科研和

---

* 本文原载《北京航空航天大学学报》(社会科学版) 2007 年第 1 期。

① 唐华，刘继萍，赵萍：《制度创新：科技体制改革的关键》，《行政人事管理》，2000 年第 5 期。

事业费用由科研机构通过创收自筹，笔者调查的六〇五研究所就属于这一类。对于技术开发型机构，则加大市场化改革，有能力的可以转化为科技企业，甚至兼并收购中小型企业，能力较差的则可以进入企业或与企业联合，这部分科研机构将逐步分离出事业单位序列，实行企业化改革，成为市场主体。

这种分类管理的科技政策对于计划经济体制下国家包办科技研究的政策来说，一定程度上促进了科研和经济的结合，但问题也大量存在。首先，基础研究、应用研究和技术开发的划分方法以科研机构内部的性质为标准，而与市场需要和政府职能关系依然不大。在这种分类指导下，政府管理的对象在数目上会有所减少，但并没有实质上的改变。其次，由于政府财力有限，不应由政府承担的科研任务也占用了这些有限的资源，使得应由政府提供的公共产品性的科研成果和服务在数量和质量上都受到影响。目前，中国大量科研院所都在不同程度上创办了经济实体或者下属科技公司，这种开发经营活动一方面有利于增加院所的经济效益，提高其市场化水平，但另一方面，也不可避免地分散了国有机构的科研精力，影响了国有科研机构为社会提供必要的公共科技产品。

在完善的市场经济和准确的政府定位环境下，根据科研资源的市场性质，整个社会的科研机构可以这样分类：一部分是企业内部的技术中心、研究中心，以及以营利为目的的科研机构，称为“营利型科研机构”；另一部分则是隶属于政府的国立研究所、实验室和地方科研机构，加上部分高等院校研究所，主要从事基础自然科学、国防、能源、环保、卫生、计量、观测、空间和农业等方面的基础和应用研究，称之为“社会公益型科研机构”；最后则是部分游离于政府和企业之外的非营利性科研机构，称之为“民办非营利性科研机构”，如科技协会和非营利性科技中介组织等。当然，在许多情况下，三者的边界不可能完全清晰，部分科研机构兼具双重性质。国有航空科研机构，属于国防科技研究机构的一个重要组成部分，因而属于这种类型，其研究工作主要是为国防建设服务,但也有与社会横向合作、联合开发的动机和现实性,因而带有部分营利性质。

在这个分类中,很明显,政府只应该也必须承担第二类即社会公益性研究机构的运行和发展责任,为其提供充足而必要的财政支持,实行全额的国家预算管理,用以购买其科技成果和知识服务以作为公共产品供全社会消费。对于这些科研机构中的营利性部分,则应支持其市场化改革,同时在财务上实行独立核算,以防止政府投入的科研资金用于营利性科研项目。目前很多科研院所都兴办了各种经济实体。对于这种情况,如果其科研主体属于技术开发型,能够应用于市场,那么其整体都应进行市场化或企业化改造,转变为经营实体;如果科研主体属于国防、能源、卫生、农业等公益性基础研究,如六〇五所,则应该将两者分离,按类归并。前者通过合并、精简等方式将主体部分进入公益性研究机构序列,而经营性经济实体或科技企业则应该完全剥离原单位,成为独立的法人实体。对于兼有公益性和营利性质的科研机构,则应该实行"机构分离,政府购买"的模式。

二、"一所两制":国有航空科研机构企业化改革的过渡形式

"一所两制"是中国政府所属科研机构目前普遍存在的一种组织形式和管理制度。它是指在一个科研机构中以满足国家社会需求相关的科学研究业务工作与以追求经济效益为目的的开发经营活动并存,在同一机构同时存在两种乃至多种不同的运行机制。笔者调查的六〇五研究所就是采取的这种管理体制,其保留的航空工程发展部是进行国防科技研究的主体,而下属的航特、航安公司都是二级经济实体。两者在生产方式、管理模式、分配方式等制度方面存在很大区别。

"一所两制"的模式是在中国科技体制改革过程中逐步形成和发展起来的。20 世纪 80 年代科研机构分类管理改革开始,大部分科研机构都实行差额财政管理,国家每年只给一定数额的事业费,机构运行的部分差额要依靠科研机构和人员通过创收等各种途径弥补。因此,大量科研机构为维持自身的生存和发展,解决人员福利待遇问题和保证

正常科研任务的完成，不同程度地进行“二次创业”，兴办经济实体。很多国防科技研究机构，采用保军转民的办法，通过开发民用技术，来增加收入。[②] 在国有企业改革的大背景下，这些新创办的科技企业、公司逐渐建立了“产权清晰、权责明确、政企分开、管理科学”的现代企业制度，有的采用了股份制，如六〇五所下属的航特、航安公司就是实行模拟股份制。于是，在同一个科研机构中，就产生了两种甚至多种不同的组织：一种组织以科技研究为主，一般不能直接追求经济效益和商业利润；一种组织以科技产业化为主，以追求经济效益和商业利润为目的。这样，“一所两制”就应运而生了。“一所两制”的发展弥补了科研单位收入的不足，提高了经济效益；同时，使部分科研人员和职工转到科技企业中工作，为分流单位富余人员创建了重要的渠道；更重要的是，它改变了科研人员的传统观念，使其更主动和自觉地将科研和生产结合起来。很明显，所有这些，为目前进一步改革提供了过渡性的缓冲和支持。如在采用“一所两制”的六〇五所中，从事原有主体科研即航空科技研究的机构和人员相对于原来的机构和人员已经相当精简，规模有很大幅度的收缩，一部分人员流向了其下属的经济实体，这时进行精简、重组、调整等改革，在人员分流问题上的困难和阻力则相对较小。

同时，“一所两制”的模式现状也要求进一步深化改革，以解决现有的突出问题和矛盾。首先，经济实体的创办和发展，有可能对公益性科研机构的主体科研活动造成负面影响。如经济实体效益好，就会吸引院所内部人员向其流动，经济利益差异也会影响主体科技研究人员的积极性。其次，两种组织的并存会导致两种甚至更多的运行机制和管理模式，势必增加单位的管理成本和难度。如六〇五所在机构上设立了综合计划处等部门，承担诸如综合计划、基础设施、知识产权、内外联系等职能，代表研究所管理下属的两大产业集团，这就难免会增加科研

---

② 钟家雪：《保军促民是军工科研院所发展的长期战略任务》，《中国军转民》，2000 年第 2 期。

机构的管理成本。再次,"一所两制"的现状也不利于经营开发活动的自主经营和规范发展。由于科研院所主要依靠经济实体解决自身的资金问题,所以必须要求其经济实体上缴大部分利润;同时,院所在人事、分配等制度方面对企业也有控制和约束。从而对经济实体来说,就难以实现自身的积累和发展,也很难真正按照规范的企业模式运行。"一所两制"自身存在的问题决定了它只是科研机构改革中的一个过渡性组织形态,可以充分利用这种过渡形式,把国有航空科研管理体制改革深入进行下去。

第一,国有航空科研机构科研队伍中从事社会公益性即国防科学技术研究的主体科研部分,应该通过优化重组、机构调整等渠道形成联合的国家重点实验室、研究所,国家财政重点支持的社会公益性研究机构序列。这样不仅保证了它们对国防科学技术发展和进步的基础性作用,向社会提供有效的公共产品,而且也降低了管理成本。同时,下属的经济实体要进行剥离,使其完全脱离国有航空科研机构,成为独立的市场竞争主体和法人实体,发展成为营利性科研机构和产业。

第二,对国有航空科研机构下属的经济实体进行企业化改造,使之进入市场,也要按照具体情况采取不同的方式。目前主要有三种企业化改造的方式:直接转化成企业、进入企业或企业集团以及与企业联合。对于规模较大、基础条件好、科研和开发能力较强、拥有自己的"拳头"产品的国有航空研究机构的下属经济实体,可以通过投资倾斜、重点扶持、参股、控股的方式组建科技企业或科技产业开发集团,吸引法人和个人投资入股,将其改造成有限责任公司或股份有限公司,甚至支持其以各种方式吸收或兼并小型企业,逐步发展成为科技企业集团。对于规模小、基础差、科研和开发能力较弱的国有航空科研机构的下属经济实体,可以采取进入企业或企业集团的方式进行"企业化"改造。有的可以由企业对这些科研机构中从事市场开发的人员进行重组或消化,组建或进入企业内部的技术开发部门;有的可以进入企业集团,成为企业集团众多机构的组成部分之一。

最后，对于不适合以上两种方式改造的国有航空科研机构下属经营性科技开发实体，可以采取与企业进行横向联合、技术合作的模式。可以与企业在新技术、新工艺、新产品上直接联合与合作，企业以购买的方式获得科研成果和知识服务，科研机构获得经济效益，实现科研资源的市场化。对于这一类科研经营性开发实体也要通过各种渠道筹措资金，进行股份制改革，使之变成市场主体。

三、配套措施：为国有航空科研机构改革创造良好的政策环境

在社会主义市场经济条件下，科学研究、技术开发必须为经济建设服务，市场是它的出发点，也是它的归宿。因此，主要科研机构都要走向市场，进行市场化运作。[③] 作为国防科研机构的国有航空科技研究机构同样可以采用市场化的管理模式。[④] 然而，由于市场力量具有追求短期利润，忽视长远利益和整体利益之弊端，因此，关系国家长远利益和整体利益的科学研究，如国防科技，必须通过国家进行宏观调控，通过必要的政策进行引导、调控、约束和支持。为顺利推进国有航空科技机构的改革，政府有必要为其创造一个良好的政策环境。具体包括：

第一，以税收政策和资金支持为杠杆，引导国有航空科研机构的经营性开发公司充分利用自主知识产权转化为高新科技企业。目前，国有航空科研机构下属的经济实体改制成企业，最主要的难题就在于资金和产权。其大部分科研实体有科研能力和成果，但经济实力较差，转制启动资金匮乏。政府对国有航空科技研究机构的经济实体，应以税收优惠、比例返还等方式，为其初期发展提供支持和保障。在这方面英国政府的做法值得借鉴。为鼓励中小型企业投资高新技术领域，政府对高新技术企业实行税收优惠政策；同时为解决中小型企业贷款信誉问题，1981 年开始实施贷款担保计划（LGS），支持银行向中小企业提供中长期贷款，即由贸工部向银行提供担保，如借款人不能如期偿还债

③ 施子海：《推进科技体制改革，繁荣我国科技事业》，《宏观经济管理》，1994 年第 2 期。

④ 申瑞花：《中国国防工业的市场化改革》，《改革与战略》，2005 年第 3 期。

务,贸工部则按照25%的年息偿还贷款和利息的70%,被担保企业每年向贸工部交纳25%的保费,以此形成双方的制衡关系,达到很好的效果。

第二,鼓励各种形式的股份制改造,明确界定产权,提倡各种生产要素参与收益分配。在国有航空科研机构的经济实体中,国有资产占大部分甚至绝大部分比例。现在进行彻底的市场化、企业化、产业化改造,必然会遇到产权问题。如果国家直接投入的和通过各种渠道投入的资产从中撤离出来,就会造成一定的"资产真空"。为弥补这种"真空",必然要求通过市场以多种形式的股份制进行产权改造,支持技术要素参与分配,允许科研人员通过成果转化获得股权收益,允许设立科技人员个人股,允许放宽对技术股份所占比例的限制,允许科研人员在转让成果时获得转让费。这些都要依靠政府公共政策来规范和支持。如六〇五所下属的航特集团已实行较完善的股份合作制,研究所、高层管理人员、员工三部分是集团的股东,其中研究所占比例最大。如果在现有基础上进行彻底剥离,那么必然要求进行资产重组、产权改造。一种参考方案是由集团高层管理人员、全体员工和政府支持的银行贷款共同购买研究所占的股份,发展成完全独立的法人主体。在这个过程中,技术要素要参与股权分配,整个企业的收入分配制度也要求进行变革。

第三,建立由社会、企业、金融机构、政府参与的风险投资网络。风险资本要素在高科技企业产业发展中处于"瓶颈"地位,风险资本要素的缺乏和低效是制约其他因素发挥功能的最主要原因。处于初期发育阶段的中国风险资本业,需要国家资本大力协作,同时,国家资本投入会对民间资本起到示范与推荐作用,带动民间风险投资的发展。因此,政府有必要向风险投资者和高科技企业提供必要资助或注资入股,同时营建一个有利于风险投资发育的环境,为科研机构和高科技企业筹资提供体制保障。上海市政府在这方面的做法值得借鉴。1999年,在上海市政府出资6亿元风险资金的带动下,企业、研究所、金融部门出资参与的超过17亿元的投资资金已经形成了上海市重要的科技风险基金。这笔风险基金投入到有发展前景的科技产业，用于科研体制改造，既解决了科技企业资金缺乏的问题，又减少了政府直接投资的压力和风险，有助于形成健全的市场融资体系。

第四，推行科研院所社会化保险制度。在调查中发现，社会保险改革一直是科研人员关注的重要问题。问卷调查显示，六〇五所内对社会保障十分满意的受调人员只有2%，而不满意的比例达到了50%。很多受调者认为，医疗保险改革一拖就是好几年，尽管国家对养老保险有优惠政策，但与地方政策不配套，无法操作。可以说，社会保障体系的健全与否，已经直接关系到国有航空科研机构在转制过程中能否稳定人心、留住科研人员。政府在国有航空科研机构转制改革的过程中，应该统筹解决科研人员的医疗保险、养老保险、事业保险等社会保障问题，解决科技人员分流的后顾之忧。在有必要采取特殊政策方面，应适当制定相应的特殊政策。

四、结束语

中共十六届五中全会通过的《中共中央关于制定国民经济和社会发展第十一个五年计划的建议》中指出：国防科技工业要坚持军民结合，寓军于民的发展方针。[⑤] 六〇五所的改革是符合这一基本方针的。在当前的新形势下，国防科技研究机构的改革同样需要正确处理好发挥市场机制的作用与加强政府宏观管理的关系，政府应该通过必要的政策导向促进国防科技研究机构实现军民结合的战略方针，大力推进国防科技研究机构的体制创新。

---

⑤ 张云川：《新时期国防科技工业发展与改革》，《中国军转民》，2005年第11期。

6.3 政治体制改革中的文化障碍及克服途径*

政治体制改革是一项系统工程，它涉及政治的方方面面。本文试图从政治体制与政治文化的关系出发，探索政治体制改革中所遇到的一些障碍，并力求寻找克服这些障碍的途径，以求教于同仁。

一

目前关于政治文化的概念，我国学者大致有三种理解：(1) 最狭义的理解：认为政治文化仅是政治的心理方面，包括政治信念、情感及评价意向等。持这种观点的人，基本上接受了西方行为主义政治学的观点，认为既然政治文化概念的提出是对“传统政治学”的叛逆，我们在理解这一概念时就不应回到传统政治学上去。① (2) 最广义的理解：认为政治文化不仅指政治的心理方面，还应包括政治思想、政治行为模式和政治制度。持这种观点的人认为，政治思想、政治制度与社会政治心理构成为中国传统政治文化的三个层次，②这种观点实质上把整个政治学的研究都归结为政治文化的研究。(3) 第三种理解介于前两种理解之间，认为政治文化不应包括政治制度，但应包括政治思想。③

对于政治文化这一概念到底应作何种理解，作者认为，我们既不能照搬西方政治学者的解释，也不能作随心所欲的理解，对其外延或任意扩大，或任意缩小。我们的出发点应该是，用马克思主义的观点去分析各种政治现象，对政治文化概念作出合乎马克思主义基本观点的科学解释。马克思主义认为，一切文化现象都属于精神的范畴，这就决定了文化概念和文明概念在外延方面有着明显的区别。在文化现象中，占主导地位的属于社会的上层建筑，具有意识形态的性质。因此，我们认

---

* 本文原载《社会主义研究》1989 年第 3 期。

① 孙西克：《政治文化与政策选择》，《政治学研究》，1988 年第 4 期。

② 朱日耀：《中国传统政治文化的结构及其特点》，《政治学研究》1986 年第 6 期。

③ 戚珩：《政治文化结构剖析》，《政治学研究》，1988 年第 4 期。

为，政治文化应该包括政治思想在内，并且政治思想是政治文化中起决定作用的组成部分。

马克思主义认为，上层建筑可区分为政治上层建筑和思想上层建筑。政治上层建筑是思想上层建筑的“物质附属物”(恩格斯语)，即各种具体的政治制度、法律制度、行政管理制度及其设施。政治文化作为一种社会上层建筑，属于思想上层建筑的部分。与政治文化相对应的政治体制，包括政治结构、政治机构及其管理方式等，属于政治上层建筑部分。如果说政治文化属于上层建筑的“软件”，政治体制则属于上层建筑的“硬件”。

由此可见，政治文化，政治体制，都是建立在一定经济基础之上的。在政治文化和政治体制之间，存在着一种内在的必然的联系。

第一，政治上层建筑是通过思想上层建筑而形成的，是在一定的思想、观点指导下建立起来的。用这种观点去解释政治文化与政治体制的关系，可以得出如下结论：政治体制是在一定政治文化的指导下建立起来的。从这个意义上说，政治体制与政治文化相适应。有什么样的政治文化就有什么样的政治体制。当然，它们最终都根源于经济基础。

第二，政治一旦形成，又会成为一种既定的力量，改变着人们的政治环境，形成新的政治文化。从这个意义上说，政治文化又要同政治体制相适应。有怎样的政治体制，就会造成怎样的政治环境，产生怎样的政治文化。

第三，由此可见，政治文化与政治体制的关系是互动的，其影响是双向的。政治文化影响政治体制的建立和变革，反过来政治体制又影响政治文化的生成和发展。由此决定着：我们在进行政治体制改革时，不得不考虑政治文化的影响。我国的政治文化对我国目前的政治生活有着十分重大的影响，其中不乏有很多积极的因素。但是我们也必须看到，其中的消极因素，对我国今天的政治体制改革，将会成为严重的障碍。

二

从我们对政治文化概念的上述理解中，可以认为，政治文化主要由如下几部分构成。一是政治理论和政治思想，这是占主导地位的政治文化；二是政治传统，包括传统观念、习惯、风俗和成见，它们可看成广义政治心理的一部分；三是政治心理，这是就狭义而言的，主要指现代中国人的政治信念、情感及评价意向等，它们是在前二者的基础上形成的。在我国政治文化的上述三个部分中，既有积极的一面，又有消极的一面。下面我们仅就这三部分中的消极方面及其对政治体制改革的影响，作些具体分析。

（一）政治理论、政治思想。目前我国的政治理论和政治思想，就占主导地位的而言，属于马克思列宁主义的，是基本上适应我国政治体制改革的。我国的政治体制改革必须在马克思主义的政治理论、政治思想的指导下进行，这是毋庸讳言的。然而，马克思主义就本质而言，不是教条而是行动的指南。但在我们今天的政治理论和政治思想中，教条主义和保守倾向还占有相当大的成分。这主要表现在以下几个方面：第一，今天我们的政治理论体系，就其主线而言，还是阶级、国家、革命、专政等内容。殊不知，马克思、恩格斯、列宁所提出的这套政治理论是为无产阶级革命作准备的，因而本质上是一套武装革命夺取政权巩固政权的政治理论。在社会主义时期仍然固守这套政治理论和政治思想，显然是教条主义的。第二，马克思主义传入中国后，就成了中国式的马克思主义。在这个过程中，也包括马克思主义与中国古代思想的融合。我国今天政治理论和政治思想中的保守性，除了教条主义外，还表现为它与中国传统政治理论、政治思想有着某种千丝万缕的联系。在这种联系中，当然有积极的方面，这就是吸收了传统政治理论、政治思想中的精华，但也难以完全摆脱旧理论、旧思想中的保守成分。第三，目前的政治理论一方面没有建立起真正系统的政治哲学；另一方面其理论研究又停留于一般的抽象议论，而忽视对具体的政治实践作深入的调查分析，因此它显得十分不成熟。

政治理论、政治思想中的教条主义、保守倾向和不成熟性，给我国的政治体制改革带来了严重的障碍。第一，阶级、国家、革命、专政的政治理论模式，无法解释今天以发展社会生产力，建设社会主义物质文明和精神文明为目标的政治体制和政治现象。作为革命思想武器的政治理论是以人类的分裂和阶级对抗为前提的。而作为和平建设时代的政治理论则应以人类的和谐与国民的团结为前提。作为革命思想武器的政治理论，其功能和目标都是对现存社会的破坏性，其手段则是斗争；而作为和平建设时代的政治理论，其功能和目标应该是对现存社会的完善和发展，其手段只能是公民参与。试设想一下，用一种其功能和目标都是对现存社会破坏性的政治理论，如何指导今天以保证社会主义胜利发展为目标的政治体制的改革呢？很显然，我们今天的政治体制改革，主要的不是强化国家的镇压职能（虽然这一职能目前仍不能缺少），而是要调整好各种政治关系及其政治利益的分配。而这后者的内容，在现有的政治理论和政治思想中并未占主导地位。第二，现有政治理论和政治思想，由于其自身的保守性，实质上对西方现有的政治体制持排斥态度，而我国今天的政治体制改革又不可避免地要吸收西方政治体制中的合理成分。目前在政治体制改革过程中，出现的理论与实践的摩擦，就是这方面的反映。在这种摩擦中，现有政治理论、政治思想对政治体制改革的阻碍作用已是很明显的。例如，一方面，我们在政治体制改革的实践中，已开始逐步实行横向分权和纵向分权；另一方面，我们在政治理论上，又否定分权学说。人们已深深感到政治理论落后于政治实践。第三，政治体制的改革，有待于一种较为成熟的政治理论作指导。而目前政治理论的不成熟性，对政治体制改革的实践来说，无疑也是一个不可忽视的障碍。

（二）政治传统。这里所说的政治传统，前面已经指出，主要是指传统的政治观念、风俗、习惯和成见。从广义心理学讲，也属于政治心理的范畴。但为了突出传统这一特点，我们有意将它们与政治心理区别开来。我国的传统政治文化，是一种儒家文化为主流的宗法式的政治文化。其主要表现是大一统的政治观念,家长式的政治作风和官本位的政治心态。这些传统的政治文化对我国人民仍然有着根深蒂固的影响。作为封建主义的残余势力,对我国的政治体制改革起着十分严重的阻碍作用。关于这方面,已为很多理论工作者所论证,本文就不打算予以充分展开。

(三)政治心理。现代中国人的政治心理,首先是由特定的经济基础决定的。但上面所阐述的政治理论、政治思想和政治传统对我国人民的政治心理也有着深刻的影响。而我国三十多年来的政治体制和政治结构,则是形成现代中国人的政治心理的直接原因。

我国现行政治体制和政治结构,基本上是模仿苏联30年代以来建立的模式,其特点是政治权力高度集中、党政不分、政企不分;政治管理方式上的一言堂;政治利益分配上的平均主义。与这些特点相一致,在政治心理上,表现出如下几个特征:

第一,“正统马克思主义”的政治信仰。这与政治理论上的教条主义是一致的,与政治体制的僵化模式也是一致的。我们总认为自己是“正统的”马克思主义,而人家则是“修正主义”或“非正统的”马克思主义。从而认为我国的政治体制是“与马克思主义一致的”,并用同样的逻辑来证明我国政治体制的正确性。现在有人又力图证明,我国政治体制之所以有某些弊端,就在于它违反了马克思主义的某某原理。这种证明虽然其结果与上述证明相反,但其证明方法是一样的。都是从“正统马克思主义”的信仰出发,用“正统的马克思主义”作为衡量政治体制的标准。近年来,虽然我们不像过去那样指责人家是修正主义,但仍然认为我们所坚持的,并且必须坚持的是“正统的马克思主义”。“正统马克思主义”的政治信仰在人们的头脑中仍然根深蒂固。

第二,“党领导一切”的政治观念。这一观念根源于这样一个前提:无产阶级的阶级利益是统一而不可分的,共产党是无产阶级利益的集中代表。因此,为了维护无产阶级的整体利益,在一切领域都必须坚持党的领导。这一前提似乎是神圣不可动摇的。因此,在我们今天,即使在政治体制改革实践中，把党政分开作为政治体制改革的一个重要目标，但仍然有很多人认为“党政分开与党领导一切是一致的”，“党政分开并不意味着党的权力是可分的”。不少人还在以各种论据证明着党领导一切的合理性。在很多人的政治观念中，仍然认为党是领导一切的。

第三，“顺从的”政治心态。阿尔蒙德与鲍威尔在《比较政治学》一书中指出，在政治过程中，顺从者的特点是“他们受政府行为的影响而不是积极地去影响政府的行动。”④我国公民由于受传统政治文化的影响，缺乏参与意识，加之我国政治民主化、公开化程度较低，使我国公民在政治心理方面形成了一种“顺从”心态。例如，在法制宣传上，过多地强调义务和服从，而较少地强调权利和地位；在政策方面，过多地强调对政策的执行，而较少强调政策制定过程中的参与；在对干部选拔和评价方面，过多地强调“听话”和“执行上级指示”，而较少强调“自主”和“向上级提出建议”；等等。

第四，“福利平等”的政治价值准则。政治体制的好坏，归根到底要通过它的产品即它所制定的政策及其执行结果来评价。解放以来，我国长期采用平均主义的分配方式，这种分配方式反映在人们的政治心理上，就形成了“福利平等”或“结果平等”的政治价值准则。人们已习惯用“福利平等”或“结果平等”的价值标准，来评价现行的政治体制与政治结构。这实际上是一种平均主义的政治价值观。

从我国公民政治心理的上述四处消极方面的特征看，它对我国政治体制改革必然要产生消极的影响，而这种影响对政治体制改革的阻碍作用是不言而喻的。第一，“正统马克思主义”的政治信仰，不仅束缚了我们发展马克思主义的手脚，也使我们在政治体制改革方面徘徊不前，不敢大胆向人家学习，特别是向西方政治体制中的合理成分。第二，“党领导一切”的政治观念，使我们在政治体制改革的一个关键问

---

④ [美]阿尔蒙德，鲍威尔：《比较政治学》，上海：上海译文出版社，1987 年版，第 41 页。

题——党政分开的问题上难以取得突破性进展。目前在我国很多单位和地方政府的政治体制改革中,出现了一个矛盾现象:一方面强调党政分开,另一方面又怕脱离党的领导。由于"党领导一切"的政治观念仍然根深蒂固,导致党政分开在很多单位名存实亡,所谓"分开不分家"就是典型的例子。第三,"顺从"的政治心态,助长了政治管理方式上的官僚主义和家长作风,政治体制改革中的政治民主化问题得不到强有力的支持。"民主"的口号早在"五·四"时期就为中国先进的知识分子所提出,直到现在仍然是一个需要努力奋斗的目标,而且这一目标的实现还有一个相当长的过程。这就某个方面而言,不得不说这种"顺从"心理对政治民主化起着重要的阻碍作用。第四,在政治体制改革的过程中,必然要重新调整原有的政治利益,尤其在政策上要打倒平均主义,建立起高度竞争、"机会均等"的政治结构。而"福利平均"的政治价值标准与平均主义是一致的,对"竞争"和"机会均等"的原则起排斥作用。因此,现有的政治价值准则必然地要阻碍新的政治体制的成长。

我国现存政治文化的消极因素远不止我们上面所列的这些。从某种意义上讲,上面所述仅具有列举性质。但是,我们从这些主要的消极因素中已经看到,政治文化对政治体制改革的阻碍作用是不可忽视的。为了推进我国的政治体制改革,我们必须努力更新我国现有的政治文化,为政治体制改革创造一个良好的政治文化环境。

三

政治文化的更新属于政治文化发展的范畴。前面我们已经指出,政治文化归根到底是由经济基础决定的。随着经济基础的变革,政治文化或迟或早也要必然发生相应的变革。

必须突破传统的政治理论模式,创立一种建立在新的经济基础之上的、能够对当前的政治体制改革起指导作用的新政治理论,这种政治理论必须摆脱以阶级、国家、革命、专政为主线即以阶级斗争为纲的传统政治理论模式,建立一种以政治要求、政治利益、政治结构、政策制定、政治发展等为主线的新的政治理论。这种政治理论的核心应该是如何组织合理的政治结构和如何制定正确的政策，而不应该是如何破坏现存社会和如何对异己分子实行无情的镇压。如果说传统的理论是一种革命的理论，那么新的理论则应该是一种建设的理论。

随着政治理论、政治思想的变革，政治心理也应发生相应的变革。政治心理并非一种与政治理论毫无关系的东西。一般来说，它是在一定的政治理论的指导下形成的。当然，它也会反过来对政治理论产生影响作用。甚至可以这样说，有时它们的作用是双向的：既定的政治理论影响政治心理，政治心理又影响政治理论。因此，只有进一步改变政治心理，政治理论的变革才是彻底的。在政治心理方面，当前主要应建立如下几种新的政治信念、政治观念、政治心态和价值准则：

第一，用“多元马克思主义”的信念代替“正统马克思主义”的信念。马克思主义是“多元”的，各国可根据具体情况提出发展马克思主义的具体模式。因此，马克思主义发展到今天，不应人为地去分“正统”和“非正统”，更不应该为标榜自己“正统”去搞教条主义。马克思主义在各国有了新发展，各国的具体情况不同，因而自然会出现多种模式的马克思主义，这就是“多元马克思主义”的政治信念。

第二，用“党的权力有限性”观念代替“党领导一切”的观念。党的十三大报告明确指出，党的领导只是政治领导。这就将党的领导权明确限定在政治方面，从而说明党的领导权是有限的。而按“党领导一切”的观念，党的领导权是无限的，无所不包，无处不在，既无边无际，又无深无浅。这样必然会造成以党代政、甚至滥用权力的局面。因此，在今天的政治体制改革中，我们应该树立起“党的权力有限性”的新观念。

第三，用“参与”的政治心态代替“顺从”的政治心态。政治体制改革的一个重要内容，就是要加强社会主义民主政治的建设。离开了公民的普遍参与，是无民主政治可言的。很难设想，在一个“顺从型”的政治文化环境中，能够建立起真正的民主政治。因此，我们应特别注意公民“参与”意识的培养。

第四，用“机会均等”的政治价值准则代替“福利平等”的政治价值准则。新的政治体制必须创造一个“平等竞争”的政治环境,这是使整个社会主义政治充满生机活力的一个重要保证。而要创造这样一个政治环境,必须重新审视我们过去的政治价值准则。“福利平等”的政治价值准则,是经济领域平均主义、“大锅饭”的产物,它排斥竞争,扼杀生气,因此必须彻底予以摒弃,重新建立起新的政治价值准则,即“机会均等”的政治价值准则。按照这一准则,政治体制的好坏、政策是否合理,并不在于它是否给所有的人提供平等的“福利”,即结果是否平等,而在于它是否给每个人提供平等竞争的机会。能给每个人提供均等的机会,就是一个合理的政治体制,否则就是一个不合理的政治体制。“机会均等”的政治价值准则目前还很难为大多数人所接受,这正说明了我们变革政治文化的艰难性。

政治文化的更新,必然会对政治体制改革起到极大的推动作用。“多元马克思主义”的政治信念,使我们能彻底摆脱教条主义的束缚,大胆借鉴各国政治体制(包括西方的在内)的合理成分为我所用;“党的权力有限性”的政治观念,使我们能在党政分开上迈出坚实的一步,真正做到党政职能分开,各司其职;“参与”的政治心态,使我国广大公民自觉投身于民主政治的建设,将会对政治体制改革起着极大的推进作用;“机会均等”的政治价值准则有利于我们建立一个新的、竞争型的、充满生机的政治环境,从而最终战胜僵化的政治体制。

政治文化与政治体制有着必然的联系,更新政治文化,扫除政治体制改革中的文化障碍,在当前是一项十分紧迫的任务。

6.4 试论市场经济与国家公务员制度的关系*

经济与行政、经济体制与行政体制的关系是经济与政治、经济体制与政治体制关系的一部分。一般说来,经济决定行政,当经济与经济体制发生变化时,行政与行政体制也将随之发生相应变化;当行政与行政体制适合于经济和经济体制的发展要求时,行政与行政体制又可以更好地推动经济的发展和保障经济体制的正常运行。本文试图以历史唯物主义为指导,对市场经济与国家公务员制度的关系做一简单分析,以求教于广大理论工作者和实际工作者。

一、公务员制度是市场经济的产物

公务员制度或国家公务员制度,又称文官制度,是指政府以法制为依据对各级行政管理人员分门别类进行管理的一系列规章制度。它最早产生于英国,后为美、德、法等主要资本主义国家仿效。目前绝大多数发达国家在不同程度上和以不同形式推行这一制度。从这种制度的产生过程来看,它与市场经济的发展有着必然的联系。

(一) 市场经济本质上是一种法治经济,市场经济的法治原则渗透到国家行政人事管理之中,便产生了国家公务员制度。

文官制度最早在英国产生,是作为对“恩赐官职制”和“政党分赃制”的一种否定。“恩赐官职制”实质上是封建社会较为广泛存在的一种官吏制度。英国资产阶级革命刚刚胜利时,这种官吏制度在英国仍然存在。后来,资产阶级通过斗争,政府官员的任免权由国王转到议会,“恩赐官职制”被“政党分赃制”取而代之。“政党分赃制”是在资本主义发展初期、市场经济体制尚不完善的条件下产生的一种官吏制度。它与“恩赐官职制”虽然存在着很重要的区别,但有一点是相同的,即以人治为中心。这种以人治为中心的官吏制度与市场经济要求的“法治”

---

* 本文原载《湖北社会科学》1994 年第 2 期。

是背道而驰的。“恩赐官职制”根本就无法可依，而只有“皇恩浩荡”；而“政党分赃制”则营私舞弊，贪赃枉法。这样的官吏制度必然会成为发展市场经济的绊脚石。19世纪中叶，随着英国工业革命的完成，市场经济体制日臻完善，代表工业资产阶级利益的自由党上台执政，迫切要求建立一种与市场经济要求相一致的法治人事管理制度。在这种历史背景下，英国于1853年—1870年间首创了文官制度，从此使英国的人事管理走上了法治的轨道。

（二）市场经济体制是一种竞争型体制，国家公务员制度中的“公平竞争”原则，是从市场经济体制中移植而来的，又是市场经济原则在国家人事管理制度中的体现。竞争是市场经济的一个特点，没有竞争，就没有市场经济。竞争的基本规则是“机会均等，优胜劣汰”。实行文官公开竞争考试，择优录用，这一人事录用原则充分体现了市场经济的公平竞争原则，表明了文官制度与市场经济体制的一致性。

（三）市场经济的运行需要一种相对稳定的政治环境，只有实行国家公务员制度，确保国家公务员的“永业制”，才能为社会政治的稳定提供人事制度的保证。因此，国家公务员制度的建立，既是在市场经济的推动下产生的，又是为市场经济服务的，是市场经济发展的必然产物。资本主义发展初期出现的“政党分赃制”，不但使得行政效率低下，而且非常容易造成政治上的混乱和政策上的不连贯，其结果是社会政治的不稳定，严重地阻碍市场经济的发展。为了为市场经济发展扫清政治上的障碍，英、美等国率先建立一种常任文官制度，并规定对常任文官实行“永业制”，使他们不至于与总统或内阁共进退，而成为一支相对稳定的行政人员队伍。这样，就从国家人事制度上保证了资本主义国家政治的稳定性和政策上的连续性，为市场经济的发展创造了一个相对稳定的社会政治环境。

二、社会主义市场经济与中国特色的国家公务员制度

我国所实行的国家公务员制度，是一种以社会主义市场经济为基础并适合于社会主义市场经济发展要求的，具有中国特色的社会主义

国家公务员制度。与资本主义国家公务员制度相比，既有共性又有自己的特性。

我国的国家公务员制度，作为国家公务员制度的一种类型，必然具有一般国家公务员制度所共有的特点，否则就称不上国家公务员制度。就国家公务员制度与市场经济的关系而言，这些共性主要有：

（一）遵循法治原则。法治原则是国家公务员制度的一个普遍原则，凡实行国家公务员制度的国家，在政府人事管理方面必须遵循这一原则，即制定有关国家公务员制度的法律，对国家公务员实行依法管理。这是各国公务员制度的共同特点。我国为了建立国家公务员制度，早在1987年就着手草拟国家公务员条例，经过几年的试点和对条例的反复修改，1993年4月24日经国务院第二次常务会议通过，并于8月19日正式公布了《国家公务员暂行条例》。

（二）建立竞争机制。各国公务员制度均把竞争机制作为其重要特点。竞争机制主要包括两个方面的内容：一是在国家公务员的录用方面，采取"公开考试，择优录用"；二是在公务员的晋升方面，实行考绩制，以功绩作为晋升、嘉奖、加薪等主要依据。我国的国家公务员制度同样具有这一重要特点。

（三）实行国家公务员职业保障制度。国家公务员职业保障制度，亦即文官的"永业制"，这也是各国公务员制度的一个共同特点。我国的国家公务员制度也吸收了这一重要内容。《国家公务员暂行条例》明确规定：国家公务员"非因法定事由和非经法定程序不被免职、降职、辞退或者行政处分。"在我国实行国家公务员职业保障制度，有利于充分调动国家公务员的积极性，忠于职守，全心全意为人民服务。

我国的国家公务员制度与西方国家的文官制度，是建立在两种性质完全不同的经济基础之上的政治法律制度，这就决定了两种社会形态下的公务员制度（或文官制度）存在着根本区别，这种区别主要表现在以下两个方面：

第一，我国的国家公务员制度，以坚持四项基本原则作为政治前提。国家公务员制度作为国家政治法律制度的一个重要组成部分，它不可能飘然于政治之外，而必然存在于政治之中。西方国家的公务员制度标榜公务员“政治中立”，并不意味着他们不讲政治，恰恰相反，这是资产阶级政治的一种反映。在以私有制为基础的资本主义市场经济条件下，由于各个资本家或资本家集团之间的竞争形成了不同的利益集团或政党，这些利益集团或政党之间的你争我夺便构成了资本主义社会政治的一大特色。为了使资产阶级国家的政策具有稳定性和连续性（这是维护资产阶级政权的需要），要求国家公务员不介入党派之间的政治之争，这就是所谓的“政治中立”。可见，“政治中立”并不是不问政治，而是指以不参与集团政治来达到维护阶级（资产阶级）政治目的。我国社会主义的国家公务员制度，是建立在以公有制为主体的社会主义市场经济的基础之上的。在社会主义条件下，劳动人民内部虽然也存在矛盾，但就其根本利益而言，本质上是一致的，共产党则是这种根本利益的总代表。因此，社会主义国家是在共产党的统一领导下（各民主党派参与）行使国家政治权力的。国家公务员根本不存在“政治中立”的问题。相反，他们在政治上的根本任务则是维护和巩固人民民主专政的社会主义制度，这就要求我国的国家公务员必须自觉坚持四项基本原则。正是基于此种认识，我国的《国家公务员暂行条例》明确规定：“国家公务员制度贯彻以经济建设为中心，坚持四项基本原则，坚持改革开放的基本路线。”坚持四项基本原则的核心是坚持共产党的领导，具体就公务员制度而言，就是要继续坚持“党管干部的原则”。当然，这一原则的具体实施将随着国家公务员制度的推行采取不同于过去的方式，但国家公务员制度的建立并不是否定这一原则，而是为了更好地坚持这一原则。这是我国的国家公务员制度与西方文官制度的本质区别。

第二，我国的国家公务员制度，以坚持为人民服务作为根本宗旨。作为劳动人民的一部分，公务员不应该是官僚，而应该是人民的公仆或勤务员。因此，为人民服务是他们的神圣职责。《国家公务员暂行条例》规定:国家公务员制度“坚持为人民服务的宗旨”。这是对我国近几十年来干部人事制度这一优良传统的继承和发扬,也是我国公务员制度有别于西方文官制度的又一根本特点。

三、国家公务员制度对社会主义市场经济的促进作用

一个国家的政治法律制度,虽然从根本上来说是由该国的经济基础决定的,但它又可以反作用于该国的经济基础。我国的国家公务员制度,是在社会主义市场经济的条件下为适合社会主义市场经济的发展要求而建立起来的。尽管我国的国家公务员制度的建立还需要经过一个相当长时间的过程,在这个过程中,它还会存在这样那样的缺点,遇到各种意想不到的困难。但是,这种人事制度一旦推行,将会对我国社会主义市场经济的发展起一种促进作用,这是肯定的。这种促进作用将主要表现在以下几个方面:

第一,国家公务员管理的法制化,有助于我国市场经济朝着法制化经济轨道运行。由于历史的原因,我国的干部人事管理一直未能完全走上法制化的轨道,而在相当程度上带有“人治”的特征。干部人事管理上的“人治”,必然会导致经济领域的“人治”。因为经济制度必须有人事制度作保证。当干部人事管理无法可依时,就会出现“首长点将、封官许愿”,产生“权力崇拜”现象。而“权力崇拜”与“依法管理”是根本对立的。这种“权力崇拜”表现在经济管理上,必然是以权代法,谁的权大,谁就合法。因此,有的人可以凭借手中的权力,在经济领域无法无天,常常造成国家资财的浪费,乃至于贪污腐败。随着国家公务员制度的推行,我国的干部人事管理将走上法制化的轨道。人事管理的法制化,为经济管理的法制化提供了干部保证。因为,按照国家公务员制度,公务员的升迁,不再是凭关系,而是凭能力依法进行,这就在一定程度上减少了“权力崇拜”的影响,从而有可能使国家公务员依法从事经济行政管理,实现国家经济行政管理的法制化。

第二,国家公务员管理引入竞争机制,将使国家公务员队伍充满活力,有助于提高公务员素质和克服官僚主义,提高行政效率,从而有利

于推动市场经济更好地发展。

第三,国家公务员队伍的稳定,有助于国家社会经济政策的稳定,从而有利于为市场经济的发展提供一个良好的政策环境。通过改革干部人事制度,来实现国家政策的基本稳定,这是邓小平同志一直在考虑的一个重要问题。他曾指出:“干部的新老交替,是从组织上保证我们党的政策的连续性。……不然的话,我们的社会就将是一个乱的社会,就谈不上安定团结,什么建设改革、振兴中华,都将成为空话。”国家公务员制度的一个重要特点就是实现国家公务员职业保障制度,保证公务员终身从事行政工作,“非因法定事由”不被辞退,这就在一定程度上保证了国家公务员队伍相对稳定。国家公务员队伍的稳定,是国家社会经济政策稳定的一个重要因素。我们知道,国家公务员是国家社会经济政策的实际操作者,他们不但承担执行政策的任务,而且在很大程度上参与政策的制定。资本主义国家发展的历史告诉我们,没有稳定的公务员队伍,就会造成政策多变,就会影响市场经济的发展。我国建国四十多年的历史也表明,政策是否稳定是影响经济发展的一个重要因素,而政策是否稳定与干部队伍是否稳定又有着密切的联系。特别是在市场经济建立之初,政策是否稳定对市场经济的形成和完善有着至关重要的意义。我们常说要改善投资环境,其中政策环境便是一项重要内容。国家公务员队伍的相对稳定,是社会经济政策相对稳定的一个重要前提。建立国家公务员制度,将为社会主义市场经济的发展提供相对稳定的社会经济政策环境,促进社会主义市场经济朝着正确的方向稳定而健康地发展。

6.5 论行政审批制度改革及其对于应对全球化挑战的意义*

经过10多年的漫长谈判，2001年12月11日，我国正式加入了世界贸易组织。加入世贸组织标志着我国的对外开放进入了一个新的阶段，湖北省作为中国的一部分，将在更大的范围和更深的程度融入全球化的发展进程。由于世贸组织是以带有强制性规则为基础的政府间的国际组织，参加这个组织就意味着政府的行为要受到WTO规则的规范和制约。所以，从一定程度上讲，“入世”就是政府入世。世贸组织主要是通过一系列原则和条例对各国政府加以约束的。这些原则有最惠国待遇原则、国民待遇原则、关税减让原则、公平竞争原则、非歧视性原则、互惠原则、非数量限制原则、透明度原则，等等。[①] 除了这些来自WTO条例的约束外，包括国际货币基金组织、国际清算银行、世界银行等在内的国际组织和跨国公司也将对我国各级地方政府的公共行政提出严峻的挑战。地方政府是整个国家机构体系的重要组成部分，“入世”不仅仅是中央政府的入世，而是包括地方政府在内的政府体系的整体“入世”。“入世”在给湖北省各级地方政府带来机遇的同时也提出了严峻的挑战。行政审批制度改革是应对这一挑战的一项十分重要的措施。

一、入世对我国地方政府行政审批制度提出了严峻挑战

加入WTO对包括湖北省政府在内的地方政府带来的挑战，既有直接来自WTO规则及国际力量的挑战，也有来自由于地方政府自身存在缺陷而无法适应入世需要而产生的挑战。加入WTO后，我国的行政环境由以前的相对封闭、较少受到来自外部影响和干扰的自主性

---

* 本文原载《公共管理研究》，中国社会科学出版社，2005年版。

① 王健等著：《WTO规则与政府职能转变》，北京：经济科学出版社，2002年版，第8页。

较强的环境变成了开放的、影响因素增多、自主性变弱的环境。行政环境的改变使我国地方政府相应地受到影响。同时，我国地方政府职能还会受到来自外国跨国公司、国际组织以及国内的利益群体等政府以外因素的挑战。地方政府要应对加入 WTO 后全球化的挑战，就必须转变职能，而传统的行政审批制度是制约我国地方政府职能转变的一个重要因素。

政府部门对社会公共事务的管理通常采用入口审批管理和事后监督管理两种方式，审批职能和检查处罚职能是政府部门具有的两种基本职能。行政审批是行政许可制度的一种形式，作为国家干预市场、管理社会的一种重要手段，是当今世界各国普遍采用的一种行政管理方式之一。但是大多数国家只将行政审批作为一种辅助的管理手段，使用范围针对性极强。我国各级政府部门则将审批作为基本的管理手段。在计划经济条件下，行政审批在我国成了一种无所不包的政府主要管理方式，以为政府就是搞审批的，这刺激了“审批经济”的恶性循环和膨胀，不仅封闭了市场，还成了行政暗箱操作和权力寻租的一个源头。据统计，在我国审批制度改革之前，国务院 65 个有行政审批职能的部门和单位共有审批项目高达 4 159 项，其中经济管理和社会管理方面的审批项目各占一半左右。② 省级政府一般也达 2 000 项左右，涉及绝大多数政府部门和几乎所有的行业。处处要审批，行行要审批，事事要审批，繁琐的行政审批，已成了政府部门的一道阴暗的风景线。

在我国加入 WTO 后，我国政府的行政审批制度会带来一系列问题。

第一，我国政府的行政审批制度容易引起诉讼。世贸组织要求遵循非歧视性原则，即政府部门应该平等对待所有服务对象。“这意味着外国人在中国将能享受到不低于本国人的待遇，而中国人能享受到不

② 中国社会科学院公共政策研究中心等：《中国公共政策分析》(2003 年卷)，北京：中国社会科学出版社，2003 年版，第 24 页。

低于外国人的待遇”。[3] 在审批事项较多的情况下，政府部门往往将行政许可发放给国有企业，这样就会出现不能公正地对待外资企业和非公有制企业的问题，从而引起诉讼，甚至引起国际性法律纠纷。

第二，行政审批权的存在容易导致机构膨胀、降低行政效率。公共权力对社会资源的分配是一种权威性分配，有无权力，权力的大小直接关系到部门或地方的地位及自主性。因此，各个行政机关会争相争夺审批权，有的机关则会人为地设置许多审批事项。而取得了审批权的部门和机关必然增加新的机构和人员，从而导致机构膨胀，而机构膨胀必然导致行政效率降低，这与中国加入 WTO 后直接参与经济全球化的竞争是不相适应的。

第三，行政审批限制竞争。平等竞争是经济全球化的内在要求，而审批权的存在容易造成垄断，审批事项多、申请者难以进入的领域大多数是垄断或准垄断、半垄断的领域。与审批部门关系密切的企业或个人很容易获得行政许可，而没有这种关系的企业则很难获得这种许可。因此，行政审批人为造成的垄断限制了竞争，而竞争的削弱往往意味着资源配置优化程度的削弱。

第四，行政审批降低了经济运行效率，影响我国的国际形象。由于行政审批的繁杂手续，企业登记注册动辄需要跑几十个部门，盖上百个公章，受许多部门的推诿和刁难。企业被迫花很大的人力、精力和财力来和政府打交道，大大降低了经营效率，入世后，这种情形的存在将大大降低我国政府的国际形象。

第五，行政审批容易引起权力寻租。有些行政审批采用暗箱操作的办法，这不但违反了 WTO 的透明度原则，而且权力支配资源必然会引发寻租，滋生腐败行为。而且，审批事项越多，审批的权力也越大，从事审批的人员和部门也越多，从而使用公共权力谋取私利的机会必然增多。

---

③ 中国社会科学院公共政策研究中心等：《中国公共政策分析》(2003 年卷)，北京：中国社会科学出版社，2003 年版，第 24 页。

第六，行政审批束缚了生产力的发展。无处不在、无所不能、包打天下的政府行政审批行为不仅给自身带来了许多负面效应，更无法适应市场经济和入世的要求，越来越成为生产力发展的障碍。

因此，我们必须与时俱进，改革行政审批制度。改革的基本原则是：根据世贸组织的规则，改变政府直接参与经济的方式，实现政府职能的转变，削减过多的审批职能，提高行政管理效率，改善投资环境和管理模式，尽快与国际接轨。对于不符合世贸组织规则和我国政府所作的承诺的、妨碍市场开放和公平竞争以及实际上难以发挥有效作用的、阻碍政企分开和政事分开的行政审批，要坚决予以取消；对可以用市场机制代替的行政审批，要通过市场运作来取代；对能够通过社会中介组织解决的事项，要逐步转由社会中介组织承担；对经过审核和处理应予取消的项目，要继续依法加强监管。

二、湖北省行政审批制度改革的主要内容

行政审批制度改革，是进一步转变政府职能、巩固政府机构改革成果，逐步建立和完善社会主义市场经济体制和现代行政管理体制的一项重要改革；是整顿、规范市场经济秩序，促进经济发展的一项重大决策；是突破影响生产力发展的体制性障碍，为国民经济和社会发展提供强大动力和体制保障的一项重要措施；也是从源头上预防和治理权力腐败的一项重要举措。发展市场经济，政府主要是依靠法律手段和经济手段进行管理，必须相应改革行政审批制度。中央政府非常重视行政审批制度改革工作的开展，成立了专门领导小组，提出了“合法、合理、效能、责任、监督”的工作原则，指导中央机关及地方开展此项改革工作。1999 年以来，北京、浙江、安徽、河南、深圳等省、市率先进行了行政审批制度改革，减少行政审批事项的幅度在 30％～50％之间。

湖北省在国务院已启动国家部委审批制度改革工作，另有 10 多个省市已相继开展行政审批制度改革，并取得了明显成效的背景下，从 2000 年 10 月起开始了首轮省级政府部门审批制度改革，具体内容如下：

（一）组织机构的建立与改革目标的确立。这次改革受到了省政府的高度重视，成立了由省长任组长的改革领导小组，并设立了一个由省编制办公室主任为主要负责人、由专职人员和专家组成的行政审批制度改革办公室，负责行政审批制度改革的具体工作。2000 年 10 月 30 日，省政府下发《湖北省人民政府关于开展省级政府部门审批制度改革工作有关问题的通知》（鄂政发[2000]72 号），明确提出改革的目标是：在对省政府各部门的审批、核准、审核、备案事项逐一进行清理基础上，减少不低于 40％的审批事项，重点是取消一批审批事项。

（二）审批事项的调查与清理。要改革审批制度，首先必须全面调查清理省级政府部门实际承担的审批事项，即查清省级政府部门实际承担的审批事项的总数和情况。改革领导小组经过部门自报和工作专班审核，确定 57 个省政府组成部门、直属机构和部门管理机构中有行政审批事项 2 034 项，其中审批 837 项、核准 521 项、审核 495 项、备案 181 项。在这些审批事项中，有 40％左右是依据国家法律、法规、规章设立的，35％左右是依据国务院部委文件设立的，10％左右是依据湖北省地方性法规和规章设立的，15％左右是依据省政府及其部门文件设立的，少数是无依据的。在这些审批事项中，有 473 项是收费项目，占总数的 23.3％。

（三）审批事项的取消、下放与转移。在对审批事项调查清理的基础上，通过近一年的工作，先后确定了四批取消和两批下放、转移的审批事项共 890 项，减幅达 43.8％。其中取消的有 614 项，占审批事项总数的 30.2％；下放、转移的审批事项有 276 项，占审批事项总数的 13.6％，其中下放到市、州、县管理的 87 项，转由中介机构负责的 81 项，降低审批要求的审批事项 108 项；减少的收费性审批事项 187 项，占原有收费性审批事项的 39.5％。[④] 至此，湖北省政府的首轮行政审

④ 资料来源：有关湖北省行政审批制度改革的数据均见湖北省行政审批制度改革办公室相关文件。

批制度改革基本上实现了原定的改革的阶段性目标，在一定程度上理顺了湖北省政府各部门的工作关系，减轻了企业和群众的负担，促进了政府职能转变，在一定程度上提高了行政效率，也有效地遏止了审批环节腐败现象高发的态势，取得了较好的经济和社会效益。

（四）审批方式的改革。2001年12月11日，加入WTO以后，中国已成为世界贸易组织的正式缔约方，政府必须按世界贸易组织规则行事。世界贸易组织的规则表明，对任何一个缔约方来说，经济入世的前提是政府入世，即政府管理要效率化、行为要法治化、透明化、制度要廉洁化，而湖北省与这样的要求还有不小的距离，深化行政审批制度改革正是缩小这个距离的最佳选择。湖北省首轮省级政府审批制度改革虽然取得一定的成果，但是，仍然存在审批事项多、审批环节多、审批行为不规范、审批监督不力等问题，制约了市场机制作用的发挥，也阻碍了改革的深入和经济的发展，影响了党和政府与人民群众的关系。显然，这样的改革成果与市场经济体制的要求与减少企业和人民负担的要求相比，还相去甚远；这样的改革速度与加入WTO后对政府职能转变的迫切要求相比，也显得不相适应。为了继续推进行政审批制度改革，湖北省省委、省政府对推进行政审批制度改革十分重视，提出在现行法律、行政法规指导下，从改革工商登记前置审批入手，压减行政审批项目，简化市场准入手续，公开审批程序，建立政府审批行为联动机制，方便广大经营者。为此，省政府批转了《省工商局关于改革我省工商登记前置审批的意见》，决定先在省直机关进行工商登记互联审批试点，取得经验后，在全省范围内逐步推行。实行工商登记互联审批，就是把对经营者申请发照的多头多项串联审批，变为运用电子网络等手段，采取"一家承办、转告相关、互联审批、限时完成"的方式并联审批，从而使工商登记及其与市场准入相关联的审批行为更加高效、便捷、便民。同时，通过在省政府部分行政主管部门进行改革试点，对全省起到指导、示范作用。湖北省省直工商登记互联审批系统于2002年10月18日开始启动，进入试运行，标志着湖北省行政审批制度改革又迈出了新的一步。

（五）相关法律、法规文件的清理。从湖北省省级政府部门审批制度改革工作的实践看，制约其行政审批制度改革的因素有行政审批事项设立所依据的上位法修订滞后和国务院各部委的规章及文件清理工作滞后。湖北省省级政府各部门原有的审批事项中，依据国家法律、法规及湖北省地方性法规设立的占到40%以上，在首轮改革完成后，依据国家法律、法规及湖北省地方性法规设立的审批事项更是占到全部保留事项的56%。可见，国家法律、法规及地方性法规一直是地方行政设立审批事项的主要依据，这些法律、法规的完备程度将直接关系地方审批制度的进展。而现在的问题恰恰是这些法律、法规的修订不及时。尽管一些法规、条例内容明显与市场经济的要求不符，以此为依据的审批事项也只好保留。同时在湖北省保留的审批事项中还有42%是依据国务院各部委和湖北省地方性的规章及文件设立的，在国务院各部委尚未完成按照市场经济及WTO规则要求清理所制定和下发的有关规章及文件之前，地方以此为依据的审批事项也只得保留；有些审批项目是湖北省地方立法机构通过制定地方性法规设立的，地方行政机构如果取消该项审批，在法理上就有可能造成行政不作为的后果。因此，深化行政审批制度改革就必须对相关法律、法规、规章及其他规范性文件进行清理。湖北省在清理规范性文件上做了大量工作。为与WTO规则接轨，湖北省省委办公厅、省政府办公厅于2001年10月29日下发了《关于适应我国加入世界贸易组织进程 清理地方性法规、地方性规章和其他政策措施的方案》（鄂办发[2001]49号文件），对湖北省加入世界贸易组织清理规范性文件工作进行了整体部署。全省各级党委、人大、政府及其部门、直属机构、临时机构制发的所有现行有效的文件都在清理之列，包括地方性法规、规章，甚至密级红头文件、省长办公纪要等。这是湖北省有史以来最大规模的法规政策清理，在这次清理法规、规章中，在内容上不仅对与货物贸易、服务贸易、与贸易有关的知识产权保护、投资措施以及对公民、法人和其他组织产生权利、义务关系等方面的内容进行了清理，而且对其他方面的规定、国家法律、法规和政策措施已经调整而湖北省还没有随之进行修改或废止的也进行了清理，并提出了废止或修改意见。2002 年 3 月的清理结果显示，湖北省人大常委会从 1980 年到 2001 年底通过的由省政府实行的地方性法规 148 件，全面清理后，经省政府审定，按程序向省人大常委会报审废止地方性法规 2 件、修改 26 件，继续适用 120 件；湖北省政府从 1985 年到 2001 年底制发的 220 件规章，清理后废止 32 件（其中经省政府批准，已于 2001 年 12 月 26 日公告废止 22 件）、修改 64 件、继续适用 124 件；湖北省政府、省政府办公厅从 1980 年至 2001 年共制发规章以外的其他规范性文件 11946 件，经过全面清理，报省政府审定，与入世有关的 1075 件文件，废止 183 件、按失效处理 379 件、修改 83 件，继续适用 430 件。在上述需要废止、修改的地方性法规、省政府规章和其他政策措施中，除少数文件属于地方保护（如出口补助、外汇分成、出口实绩、产地原材料和外地产品到本地销售许可证等），与 WTO 规则不尽一致外，多数文件属于给外企超国民待遇规定（如税收减免等）；有的是国家法律、法规、政策发生了变化（如知识产权），或已经出台新的法规、规章或政策，湖北省没有及时进行处理的文件。根据省政府领导指示，湖北省政府还加强了对省政府部门和市、州、直管市、林区政府文件清理工作的组织指导。

如同其他改革一样，行政审批制度的改革不是一次就能完成的。湖北省在进行了首轮行政审批制度改革之后又着手进行了第二轮改革。随着《中华人民共和国行政许可法》在 2004 年 7 月 1 日的实施，湖北省与全国一样，行政审批将全面纳入法制化的轨道。

三、从应对全球化挑战的高度来认识行政审批制度改革的意义

行政审批制度改革的实质是政府规制的改革，这场改革是在中国加入 WTO 前后这一背景下发生的。中国加入 WTO，表明中国已经开始实质性地融入全球经济一体化的过程之中。因此，发生在 21 世纪初的中国各级政府的行政审批制度改革实质上是应对全球化措施的一个

重要组成部分，我们有必要从应对全球化的高度来认识行政审批制度改革的重要意义。

第一，行政审批制度改革最大限度地放松了政府对市场的规制，为公平竞争创造了更有利的环境。众所周知，中国在20世纪80年代以前，其经济体系是一个相对封闭的计划经济体系，当时的政府规制都是按照计划经济体制设计的，对企业管得过死、排斥竞争是其基本特征。因此从根本上说这些规制就不适应市场经济的要求。经过20多年的改革，中国各级政府的规制进行了多方面的重大变革，正在逐步适应市场经济的要求。但是，由于现有的政府规制毕竟脱胎于原有的计划经济规制，与计划经济的规制有着千丝万缕的联系，在一定程度上仍然对市场起着制约作用。例如，过多过滥的审批事项，严重地制约着市场的作用，抑制市场的公平竞争，扰乱市场的秩序；繁琐复杂的审批程序，严重地影响市场的效率。因此，中国加入WTO后，为了应对全球化的挑战，必须放松政府对市场的规制，也就是说必须改革现行的行政审批制度，尽可能减少行政审批的事项，改变行政审批的方式并提高行政审批的效率，为市场创造一个公平竞争的环境，以有利于充分发挥市场机制的作用。这样才能适应全球经济市场化的要求，才能使中国经济在全球经济一体化的过程中提高其自身的竞争力。几年来的实践证明，湖北省经过行政审批制度改革后，市场环境进一步优化，投资环境进一步改善，从而增强了对外资的吸引力，近两年来湖北省投资的客商与行政审批制度改革前相比不断增长，仅2002年来湖北投资的外资就达22亿美元，比上一年增长了10%以上，[⑤]这就是由于投资环境改善所带来的效益。这从一个重要侧面说明了行政审批制度改革的重要性。

第二，行政审批制度改革取消了一些不符合WTO规则和我国入世承诺的行政审批事项，有助于我国政府和市场的运行规制真正与

---

⑤ 武汉大学发展研究院组编：《湖北发展研究报告》(2003)，武汉：武汉大学出版社，2003年版，第6页。

WTO规则接轨。在我国各级政府及其部门原有的审批项目中，有相当一部分是违反WTO规则的，其中包括有关保护本国企业或有关地方保护主义的审批项目就是如此。例如，国家环保总局有关"化学品首次进口环境管理登记许可"项目、原外经贸部有关"对自由进口技术合同的核准"、"对外资养殖对虾项目的审批"、农业部有关"农业部直属单位进口机电产品登记"项目、信息产业部有关"机电产品进口配额证明的审核"等，都只适应外国产品，违反WTO规则，不利于市场公平竞争。在我国加入WTO后，我国政府已承诺给予外国企业国民待遇。因此，为了适应经济全球化的需要，就必须改革我国原有的行政审批制度。在行政审批制度改革以前，湖北省政府及其所属部门的行政审批项目中不仅包括了按中央政府及其所属部门所制定的法规、规章及其他规范性文件设立的审批项目，还包括了一些地方政府自己设立的审批项目。在这些项目中不乏涉及地方保护主义的项目，这些项目与我国在加入WTO时对WTO成员国的承诺是不一致的。通过行政审批制度改革，对与WTO规则相违背的以及与我国政府的承诺不一致的一些审批项目予以取消，既能通过湖北省政府体现出中国政府对WTO的承诺是讲诚信的，也有利于湖北省政府的运行规制与WTO规则真正接轨，以适应经济全球化的潮流。

第三，行政审批制度改革进一步促进了政企分开，从而有助于增强我国企业的活力和提高我国企业的竞争力。在我国各级政府原有的审批项目中，相当一部分与企业有关。由于企业的很多事务须经政府及其部门审批，造成找政府办事难、企业难办事的现象，这几乎是一个公开的秘密。因此，过多过滥的行政审批，实质上是我国长期以来政企不分的根本原因所在。特别是对一些国有企业来说，尽管通过改革后企业具有独立的法人资格，也取消了原来的政府部门直接管理企业的体制，但事实上政府及其部门仍然通过各种行政审批对企业实行一定程度的控制，其中有相当的控制是不必要的。由于我国企业受到过多的不必要的行政审批的控制，从而严重地制约了我国企业特别是国有企业的活力，降低了我国企业在全球经济一体化过程中的竞争力。然而，正像很多研究者所指出的那样，我国经济要在经济全球化过程中立于不败之地，必须努力提高我国本民族经济与本国企业的竞争实力，而要做到这一点，就必须增强我国企业的活力。正如前面所指出的，由于行政审批制度改革放松了政府对企业的规制，这就意味着政府与企业之间那种行政上或管制上的联系有所减弱，从而进一步促进了政企分开，增强了企业的活力和竞争力。在湖北省已经取消的审批项目中，可以说绝大部分与企业有关。从目前的实践来看，行政审批制度改革后确实给企业松了绑，湖北省一些原来效益较差的企业近两年又开始呈现出生机勃勃的局面，其中的原因虽然很多，但行政审批制度改革可能也是其中之一。

第四，行政审批制度改革进一步提高了我国政府行政管理法治化的水平，增强了政府工作的透明度，提高了政府工作的效率，从而有助于增强我国在全球化过程中的国家竞争力。随着全球经济一体化过程的加快，国与国之间的经济竞争越来越激烈，而这种竞争实际上演化为政府与政府之间的竞争。一个国家要在经济全球化过程中加速本国经济的发展，必须大力吸引外资来本国投资，这就有必要改善本国的行政管理，变管制行政为服务行政。在当代世界，一些国家为了吸引更多的外资来本国投资，都在不同程度地改革政府的行政管理方式，减少政府对市场的干预程度，加大政府为企业服务的力度。我国的行政审批制度改革，将行政审批严格限定在法律所许可的范围之内，从而极大地提高了我国行政管理的法治化水平；同时，通过改革行政审批方式，极大地提高了我国政府工作的透明度，有利于减少行政审批过程中的腐败现象和企业的寻租成本；行政审批方式的改革也提高了政府的行政效率，有利于减少企业到政府办事的环节，降低企业的管理成本。从两年多来的事实看，湖北省通过行政审批制度改革，确实在很大程度上提高了湖北省各级政府行政管理的法制化水平和政府工作的透明度，也提高了行政管理的效率，从而增强了湖北省政府在经济全球化过程中的竞争实力，政府的这种竞争实力对于推动湖北省的经济发展将起到十分重要的作用。据统计资料显示，2002 年，湖北省国内生产总值达到 4 975.63亿元，按可比价格计算，比 2001 年增长 9.1%，增幅高于全国平均水平 1.1 个百分点。[⑥] 这些数据表明，行政审批制度改革后，湖北省地方经济确实出现了增长的势头，这与省政府的行政管理方式的转变和水平的提高是分不开的。

⑥ 资料来源：湖北省统计局统计资料，2002。

6.6 从毛泽东渐进过渡策略看变革与稳定的关系*

渐进过渡策略是毛泽东关于由新民主主义革命向社会主义革命转变的一种基本的政治策略。在毛泽东这一基本策略思想的正确指导下，中国共产党领导中国人民胜利地实现了社会主义改造。今天我们从历史角度研究毛泽东的这一策略思想，研究毛泽东正确处理社会变革与社会稳定关系的理论和实践，对于我们今天如何正确处理好改革开放与社会稳定的关系，仍然具有一定的现实意义。

一

社会主义革命是一场深刻的革命，它所要建立的制度是历史上从未有过的新型的社会主义所有制。从历史上看，社会变革与社会动荡往往是同时并存的。社会主义革命作为一场如此深刻的社会革命，在变革过程中如何最大限度地减少社会震荡，是摆在当时高层决策者面前的一个重大课题。新民主主义革命即将胜利和胜利之初，毛泽东就开始认真地思考这一问题，在实践中不断寻找社会主义革命的新策略。

早在中国共产党的七届二中全会上，毛泽东就提出要"使中国稳步地由农业国转变为工业国，把中国建设成为一个伟大的社会主义国家。"①中华人民共和国成立之后，毛泽东在政协第一届全会第一次会议上指出，在国家经济事业和文化事业大为兴盛成熟并在大家同意了以后，就可以从容地和妥善地走进社会主义的新时期。在1953年确定的过渡时期的总路线中，毛泽东认为过渡时期是一个相当长的时期，党在这个过渡时期的总路线和任务就是要"逐步实现国家的社会主义工业化，并逐步实现国家对农业、手工业和资本主义工商业的社会主义改造。"②

---

* 本文原载《毛泽东面面观》，党政干部论坛杂志社，1994年版。

① 《毛泽东著作选读》下册，北京：人民出版社，1986年版，第665页。

② 同上书，第704页。

从毛泽东上面的论述中，我们可以看出，在新民主主义革命向社会主义革命转变问题上，毛泽东有一个基本的策略思想，即“渐进过渡。”虽然有时在表述上用词不同，例如，“稳步地……转变”，“从容地和妥善地走进”，“相当长的过渡时期”，“逐步实现”，等等，但这些不同的词语都包含了“渐进过渡”这一策略思想，主要包括以下几个方面的内容：

第一，坚持原则性与灵活性相结合。新民主主义革命胜利后，必须开始进行社会主义革命，这在毛泽东看来，是一个重要的原则。然而，毛泽东作为一个辩证法大师，在坚持原则性的同时又强调，必须把原则性与灵活性结合起来。强调灵活性，就是为了避免急于求成，避免不必要的社会动荡。他说：“一定要完成社会主义改造，实现国家的社会主义工业化。这是原则性。要实行社会主义原则，是不是在全国范围内一天早晨一切都实行社会主义呢？这样形式上很革命，但是缺乏灵活性，就行不通，就会遭到反对，就会失败。因此，一时办不到的事，必须允许逐步去办”。“社会主义全民所有制是原则，要达到这个原则就要结合灵活性。”[③]强调原则性和灵活性的统一，是毛泽东的一贯思想。在社会主义革命时期，他明确地提出这一思想并用来解决社会主义革命的问题，把这一思想作为渐进过渡策略的一项重要内容。

第二，提出了“走小步”的指导思想。毛泽东从1952年下半年开始提出党在过渡时期的总路线。毛泽东最初提出“总路线”时是比较慎重的。他反对在一天早晨搞出个社会主义，搞得天下大乱。为了稳步前进，他提出社会主义革命要“一年一小步，五年一大步”的设想，并认为整个社会主义革命要经过三个大步即十五年。他指出“要经过三个五年计划，基本上完成社会主义工业化和对农业、手工业、资本主义工商业的社会主义改造。三个五年计划就是十五年。一年一小步，五年一大步，三个大步就差不多了。”[④]他特别强调：“基本上完成，不等于全部

③ 《毛泽东著作选读》下册，北京：人民出版社，1986年版，第709页。

④ 同上书，第702页。

完成。讲基本上完成，是谨慎的讲法，世界上的事情总是谨慎一点好。”[5]直到1954年6月毛泽东在《关于中华人民共和国宪法草案》中，还是坚持这一思想。现在看来，这一思想是正确的。但遗憾的是，后来由于社会主义改造过程中出现了很多没有预料到的，使毛泽东放弃了原来较为谨慎的设想，致使后来出现了工作过粗、急于求成的现象。

第三，提倡采用多种形式、分阶段进行的工作方针。毛泽东认为，社会主义革命必须采用多种形式、分阶段进行。根据他和党中央的部署，我国对民族资本主义工商业的改造，主要分两个阶段：第一阶段，通过国家资本主义利用和限制私人资本主义；第二阶段，通过国家资本主义改造私人资本主义。而在每一阶段，又采取了不同的形式。同样，对农业的社会主义改造也是采取多种形式、分阶段进行的。毛泽东关于社会主义改造采取多种形式、分阶段进行的思想，是对马克思主义社会主义革命理论的一大贡献。

二

毛泽东关于由新民主主义革命转变到社会主义革命的“渐进过渡”策略，是基于对新民主主义革命胜利后社会变革与社会稳定的辩证关系的认识而提出的。正确处理社会变革和社会稳定的关系，是新民主主义革命胜利后摆在中国共产党人面前的一个迫切问题。

在新民主主义革命即将胜利之时，毛泽东就认识到了革命胜利后保持社会稳定、“维持政权”的重要性。他认为，要保持社会稳定，“维持政权”的办法，就是在革命胜利后把恢复生产作为中心任务来抓。为了稳定革命刚刚胜利后的局势，在党的七届三中全会上，毛泽东又提出了“不要四面出击”的策略思想。他特别指出：“我们不要四面出击。四面出击，全国紧张，很不好。我们绝不可能树敌太多，必须在一个方面有所让步，有所缓和，集中力量向另一方面进攻”[6]。可见，在新民主主义

⑤ 《毛泽东著作选读》下册，北京：人民出版社，1986年版，第702页。

⑥ 同上书，第697页。

革命胜利之初，毛泽东对于社会稳定和政权巩固是相当关心的。

但是，毛泽东作为一个革命家，更关心的是社会变革问题。他关心社会稳定，但反对静态的稳定。正是基于这一考虑，在新民主主义革命胜利后，毛泽东既反对"趁热打铁"，即利用国家政权的力量，迅速消灭私有制，立即建立社会主义制度；又反对"确立新民主主义秩序"。在毛泽东看来，前一种方案是一种"左"的方案，而后一种方案是一种"右"的方案。他说，有人认为过渡时期太长了，发生急躁情绪。这就要犯"左"倾错误。有人在民主革命成功以后，仍然停留在原来的地方。他们没有懂得革命性质的转变，还在继续搞他们的"新民主主义"，不去搞社会主义改造，这就要犯右倾错误。

上述两种遭到批评的观点之所以是错误的，就在于他们没有正确处理好"稳定"与"变革"的关系问题。前一种观点主张急于"变革"，则忽视了"稳定"的重要性。为什么当时不能"趁热打铁"，立即消灭私有制呢？毛泽东认为，就当时的民族资本主义来讲，这种资本主义生产关系在新民主主义革命胜利后的一段时间内还有存在的合理性。如果立即消灭民族资本主义，就有可能影响我国国民经济的恢复和发展，在一定程度上造成经济和社会的不稳定。主张"确立新民主主义秩序"的人，看到了新民主主义革命胜利后维护社会稳定的重要性，但他们没有看到革命的转变、社会的进一步变革的重要性，即没有看到新民主主义革命必须转变为社会主义革命，在新民主主义革命胜利后必须进一步深入进行社会主义革命的重要性。

一方面必须维护社会稳定，一方面必须实行社会变革，这是中国新民主主义革命胜利后面临的双重任务。毛泽东根据唯物辩证法的原理，领导党和人民正确地完成了这一双重任务。他在新民主主义革命向社会主义革命转变过程中提出的"渐进过渡"策略，为我们科学地解决社会变革与社会稳定的关系问题提供了基本经验，对于我们今天正确地制定改革开放的策略仍然具有重要的指导意义。

三

中国共产党十一届三中全会以来进行的改革，是一场深刻而伟大的变革。在这场革命的变革中，不但要改革原有的经济体制和政治体制，而且要对人们的各种利益关系进行调整。因此，作为一场深刻的社会变革，必然会带来一定的风险。这种风险会对社会的稳定造成不良的影响，而社会的稳定又是改革取得成功的前提。因此，正确处理好改革和稳定的关系，在当前具有特别重要的意义。

关于改革与稳定的关系，邓小平有一系列的论述。在这些论述中，既分析了改革与稳定的一致性，又分析了改革与稳定的矛盾性，并在此基础上进一步提出了改革过程中的策略方针，把毛泽东关于社会变革与社会稳定的理论原理向前推进了一步。

邓小平认为，改革与稳定是相互统一的，改革促进稳定，稳定有利于改革，二者相辅相成。正是在这种分析的基础上，邓小平同志为改革开放制定了一个基本的策略方针，他说："我们的方针是，胆子要大，步子要稳，走一步，看一步"。[7] 我们可以将这个策略方针概括为"稳定推进"的方针。这个方针主要包括两个方面的内容：

第一，胆子要大，步子要稳。所谓胆子要大，就是说要敢于改革开放，敢闯敢试。敢于改革开放，是推动改革的一个重要前提。如果不敢于改革开放，就无改革，也就无所谓"步子要稳"的问题。敢于改革开放，就要敢闯敢试，因为改革开放是一种没有现成经验可以借鉴的事情。不敢闯敢试，经验从何谈起？所以，邓小平对改革中的"小脚女人"给予严厉的批评，强调"改革开放胆子要大一些，敢于试验，不能像小脚女人一样。看准了的，就大胆地试，大胆地闯。"[8]要搞好改革开放，仅仅敢于改革开放还不行，还必须要善于改革开放。所谓善于改革开放，就是说改革开放的"步子要稳"。"步子要稳"主要是指：(一)要选择恰

---

⑦ 《邓小平文选》第3卷，北京：人民出版社，1993年版，第113页。

⑧ 同上书，第372页。

当的方式;(二)要选择恰当的时机。把“胆子要大”和“步子要稳”结合起来,也就是把“敢于改革”和“善于改革”结合起来,这是“稳步推进”策略方针的核心内容。

第二,走一步,看一步。所谓“走一步,看一步”,就是指在改革过程中“走一段就要总结经验”,“哪一步走得不妥当,就赶快改。”为什么要“走一步,看一步”呢?因为,首先,“改革涉及人民的切身利害问题,每一步都会影响成亿的人。改革能否成功,再过几年就能看清了。”⑨在看清了之后,正确的坚持,错误的改正,这是“稳步推进”的内在要求。其二,在改革开放过程中,“不犯错误不可能,要争取犯得小一点,遇到问题就及时调整。”⑩改革开放是一件前人没有做过的事件,每走一步都需要探索,在探索中难免不犯错误,重要的是要及时改正。为了及时改正错误,不至于犯大的错误,就需要边改革边总结经验。因此,“走一步,看一步”是邓小平改革开放的“稳步推进”策略方针的一个重要组成部分。

社会变革与社会稳定是存在于社会发展过程中一对重要矛盾。过去需要正确处理好二者的关系,今天也需要正确处理好二者的关系,将来仍然需要正确处理好二者的关系。但是,随着社会变革的内容和特点不同,处理社会变革与社会稳定关系的具体策略,也将随着时代变迁而不断变化。

---

⑨ 《邓小平文选》第3卷,北京:人民出版社,1993年版,第113页。

⑩ 同上书,第267页。

7. WTO与行政管理全球化

7.1 全球化背景下中国行政管理面临的十大挑战*

目前中国行政管理的发展正处于由传统行政向现代行政的转变过程之中。传统行政的一些固有特征与全球化之间存在着一些难以克服的矛盾。而经济全球化以一种不可阻挡的趋势给各国的经济、政治、文化等各个方面带来了明显的影响，对行政管理也不例外。随着我国加入 WTO，中国行政管理的发展正如中国的经济发展一样，必然要受到全球化这一趋势的影响。全球化背景下的中国传统行政管理在以下十个方面面临严重挑战。

一、对"物本行政"的挑战

"物本行政"是中国传统行政管理的特征之一。行政管理的根本目的是什么？是人还是物？或者说应以什么为本？是以人为本还是以物为本？这是行政管理实践的出发点，也是行政管理理论研究的出发点。在中国的行政文化中，往往更多地强调"物本"，即以物质财富为本位。具体讲来，主要表现在以下几个方面：

一是在政府行为的目的问题上，把促进物质财富的增长作为政府行为的最终目的。在近代中国社会，由于经济落后而被动挨打，希望国家富强成为很多有识之士的共识，期望政府能够领导国民发展经济，使国家富强起来，这是近代中国行政文化的主流。中华人民共和国成立之初，当时的中国"一穷二白"，百废待兴，迅速恢复和发展国民经济成

---

* 本文系胡象明主持的教育部哲学社会科学研究课题重大项目《全球经济一体化与中国行政对策研究》的成果之一，项目批准号：01JAZJD630006。原载《探索》2006 年第 1 期，《公共行政》2006 年第 6 期全文转载。

为当时国家和政府的首要任务。十年“文化大革命”致使我国经济走向了崩溃的边缘。“文化大革命”结束后，党和政府痛定思痛，果断地做出了把党和国家的工作重心转移到经济建设上来的英明决策。20多年来，党和政府在领导人民进行经济建设方面取得了有目共睹的巨大成就。然而，事物总是一分为二的，在经济高速增长的背后隐藏着许多不容忽视的社会问题，如教育经费短缺，很多人无钱治病等。在某些政府官员看来，政府行为的根本目的就是为了发展经济，增加财政收入。而没有看到物质财富创造的最终目的是为了满足人的需求，促进人的全面发展。

二是在政府职能问题上过分强调政府促进物质财富增长的职能而忽视政府社会服务和公共管理的职能。一般来说，政府主要有经济、政治、文化与社会等方面的职能。尽管在不同的时期政府的职能有所侧重，但任何时期都不应该对其他职能予以偏废。然而，从我国政府职能发展的历程来看，确实存在着因重视某一职能而偏废其他职能的现象。改革开放以前，特别是在“文化大革命”中，我国政府因过分强调政治职能而忽视了经济、社会和文化职能。“文化大革命”结束以后，政府将全部工作重心转移到经济建设上来，这就意味着政府职能的侧重点是经济职能。但由于对“以经济建设为中心”的片面理解，政府在充分发挥经济职能促进物质财富增长的同时，对其他职能重视不够，尤其是对社会管理职能重视不够。

三是在政府绩效评价问题上，过分强调政府在促进物质财富增长方面的绩效而忽视政府在社会服务和公共管理方面的绩效。评价政府绩效总离不开一定的标准，在改革开放以前，各种各样的政治指标成为评价政府绩效的主要指标，甚至是唯一指标。改革开放以来，随着政府工作重心的转移，对政府绩效进行评价的指标体系自然也会发生变化，经济指标成为评价政府绩效的主要指标。问题不在这里，而在有些地方在实际操作过程中，把经济指标当成了唯一指标，而经济指标也是不全面的，换成了单纯的GDP指标，有关社会服务、公共管理的其他指标则没有引起足够的重视，从而产生了所谓的“一条腿长、一条腿短”的问题。[①] 以上几点表现的实质在于政府在管理上过分地“重物轻人”，没有看到政府促进物质财富的根本目的是为了满足人的需要，促进人的全面发展。政府强化经济职能，促进物质财富的增长，当然是十分必要的。但是，如果物质财富增长了，政府却不能提供良好的社会服务和公共管理，人民群众的需要也不可能得到更好的满足，至少很难实现现有物质条件下社会效益的最大化。

这种“重物轻人”的行政管理与全球化时代各国正在走向趋同的“以人为本”的行政伦理是不相吻合的，因而面对全球化时代的到来必将受到严峻的挑战。

二、对“全能行政”的挑战

中国传统行政管理的特征之一是“全能行政”。所谓“全能行政”，从一般意义上而言，就是认为政府是一种“全能”政府，即有能力全面地对社会和个人行使权力并负有全面责任的政府。也就是说，政府对社会和个人事务什么都会管、都应该管，也能管好。从实质上而言，这种“全能行政”，是一种“无限行政”，这里的“无限性”主要表现在以下三个方面：

一是假定政府具有无限的管理能力，也就是全面管理社会的能力。我们知道，从理论上讲，任何具体个人的能力总是有限的，这是因为他或她总要受到其所处的时代及环境条件的限制。然而，人类作为不断发展的认识和实践主体而言，它对这个世界的认识与改造能力则可能是无限的。全能行政的主张者们正是把这种理论上假定的人类的最终认识与实践能力当成了政府现实所具有的能力，并在行政管理实践中予以推行，从而使政府管了很多不该管也管不了、管不好的事情。这就

---

① 温家宝：《提高认识，统一思想，牢固树立和认真落实科学发展观》，《人民日报》，2004年3月1日。

出现了所谓行政权力资源配置过剩的问题。②

二是从政府具有无限的管理能力出发,致使政府的行政权力无限制地深入社会和个人生活的各个领域,使作为公共权力的行政权力侵犯私人权利成为一种比较普遍的现象。按照现代政治学理论的基本原理,行政权力作为一种公共权力,主要是管理社会公共事务。然而,在我国相当长的一个时期,特别是在计划经济时代,行政权力几乎涉及社会生活的各个领域。改革开放以来,经过十多年的法制建设,虽然目前我国已经承认私人领域的存在,并承诺保护个人权利,但由于行政权力惯性的作用,在目前我国社会生活中还常常会发生行政权力侵犯私人权利的事例。

三是在理论上假定政府是一个具有无限责任的政府,认为政府应该为社会、为个人负有全面责任。但事实上正如我们前面分析的那样,政府不可能具有无限的能力,因而要为社会和个人承担无限的责任也是做不到的。同时,由于政府对社会是否负责、应该在哪些方面负责的主动权掌握在政府官员手中,因而它也不会真正地去负无限的责任。但这种政府为社会和个人负无限责任的观念会削弱社会和个人的责任感,从而会导致责任真空。

一般说来,从人类历史上看,真正的全能政府事实上是不存在的。在奴隶社会和封建社会,国王和封建帝王对老百姓可以全面行使权力,但那个时代权力与责任是分开的,统治者并不对其统治下的老百姓负有全面责任。资本主义制度建立以后,资本主义的宪法第一次承认政府的权力是受限制的,并从法律上确定了政府只能是有限政府而不可能是无限政府或全能政府。我国没有经过真正的资本主义时期,作为资本主义法律制度有机组成部分的有限政府制度尚未形成。1949 年中华人民共和国成立后建立的计划经济体制,极大地强化了人们的全能政府理念。以至于我国在改革这种政府管理模式过程中遇到了重重

② 童中贤:《公共权力流失的若干表现形式》,《理论探讨》,2004 年第 4 期。

阻力。直至今天，“全能政府”的管理模式依然留下了很深的痕迹。

在全球化时代，建立“有限政府”已成为必然趋势，我国必须加快速度改革现有的政府管理模式，以适应全球化的要求。

三、对“经验行政”的挑战

“经验行政”是中国传统行政管理的特征之三。在我国，20 多年前人们一般将行政管理谓之为“万金油”，将行政管理者谓之为“万金油”干部，其意思是说，行政管理是既不要学问也没有专业的一种职业，行政管理者全凭自己的经验在处理各种事务。这就是教科书上说的“经验行政”。“经验行政”是与“科学行政”相对应的，它具有以下几个特点。

第一，它以经验作为行政管理的基本依据，排斥科学理论的指导。行政管理需要一定的经验，科学的行政管理也不排斥经验，因此注重经验对行政管理的重要作用并不是经验行政的错误，经验行政的错误在于没有理论的指导或排斥理论的指导。我国今天的行政管理与 20 多年前相比，在这方面已经有了长足的进步，但由于我国行政管理理论研究中断了 20 余年，自恢复至今还只有 20 余年的历史，目前很多理论研究尚欠深入且普及程度较低，我国离科学理论指导下的行政管理还有较远的距离，在一定意义上说还带有经验行政的色彩。

第二，它以手工式的操作技巧作为行政管理的方式方法，排斥科学技术手段与方法在行政管理过程中的运用。在漫长的行政管理历史发展过程中，人们创造了很多行政管理的方式方法，传统的、经验式的方式方法对于提高行政效率和质量曾经起过十分重要的作用。然而，随着现代科学技术的发展，大量的科学研究成果和技术手段被运用于行政管理过程之中，如通讯技术、信息技术等，尤其是电子政务和办公自动化的出现，使行政管理方式方法的科学化成为一种必然趋势。当前我国在电子政务和办公自动化方面也呈蓬勃发展之势，但由于受到原有观念和现有技术、经费等因素的影响，在这一发展过程中也存在不少问题。[③]

第三，它过分强调行政管理者个人的作用，不重视科学的行政管理制度建设和专家参与。由于经验行政主要是依赖行政管理者个人的经验进行行政管理，认为行政管理的效率与质量是由行政管理者个人的经验决定的，因此，往往不太重视科学的行政管理制度的建设。这就造成经验行政与人治行政具有不可分离的关系，而与法治行政则难以相容。同时，这样的行政管理者由于过于信任自己的行政经验，往往对于专家在行政管理过程中的应有作用不易理解，有意无意排斥专家对行政过程的参与，因而常常造成决策的失误。

以上几点表明，经验行政是无法适应全球化时代的要求的。因为全球化的行政管理需要广阔的视野去面对全球公共问题，而经验行政由于缺乏理论的指导而仅凭个人的经验是不可能提供如此广阔的视野的；同时，全球化的行政管理需要运用现代通信、计算机、信息等技术手段去处理全球公共问题，这是单凭手工操作方式的经验行政所无法完成的；全球化的行政需要一整套国际公认的、能够普遍遵守的行政管理规则，历史证明经验行政也不可能提供这些规则。面对全球化时代的到来，经验行政必然会被科学行政所取代。

四、对“低效行政”的挑战

“低效行政”是中国传统行政管理的特征之四。效率是管理的生命，当然也是行政管理的生命。效率不高甚至效率低下，一直是我国政府和行政管理研究者乃至全社会都十分关心的一个问题。在所有的行政管理案例研究中，低效率的案例是最多的，也是最容易找到的。在中国传统行政管理中，低效行政的表现是多方面的，具体主要表现在以下几个方面：

一是行政成本居高不下。有学者对中国税务部门的行政成本与美

---

③ 高广生:《我国发展电子政务的问题与对策》,《理论与改革》,2002年第10期。

国税务部门的行政成本做过比较，仅仅就人力成本而言，2000 年中国税收 1. 5 万亿元人民币，而税务人员是 100 万人，美国税收远较中国多，而税务人员仅 10 万人。无论从每万元税收所含的人力成本来看，还是按税务人员在国家总人口所占比重来看，中国税收的人力成本都远高于美国税收的人力成本。④ 这只是从一个侧面反映我国行政成本的状况。其实，由于我国行政机构庞大，行政官员众多，加之管理制度不合理、不健全，以及官僚主义所造成的浪费，目前我国的行政成本几乎达到了社会无法忍受的程度。

二是办事拖拉。在我国行政机关中，常常一两天就应该办好的事情，往往拖上一两个月，这种现象在过去是司空见惯，现在通过多次改革虽然有所好转，但远未达到根本好转的程度。造成这种现象的原因是多方面的，有工作作风方面的问题，如官僚主义作风；有体制和制度方面的问题，如机构臃肿，责任不明等；也有利益方面的问题，如有利的事各个部门抢着干，没利的事则相互踢皮球。凡此种种，举不胜举。

三是公共资源运用不讲效益。由于当代中国是从计划经济时代走过来的，事实上政府掌握着大量的公共资源。然而由于政府行政缺乏应有的效率机制，造成对公共资源的浪费惊人。尽管目前我国的年税收已达 3 万亿元，然而这些钱的使用却没有产生人们所期望的社会效益，政府为社会提供的公共服务应该说公众是不满意的。直到 2005 年，在教育方面，我国还没有真正实行免费义务教育；在医疗卫生方面政府投入的比例反而越来越低，由 20 世纪 80 年代的 30%左右降低到 20 世纪末的 8%以下，而在欧洲这一数据一般在 80%—90%，连市场化程度最高的美国这一数据也在 45%左右。

这里所要着重指出的是：这种低效率的行政管理与全球化所要求的行政管理是格格不入的。众所周知，全球化社会的重要特征是信息传递速度加快、各国间联系加强，因此各国政府不仅要对本国发生的问

④ 杨眉：《中国行政成本全球最高，国家主席带头“压缩”》，《财经时报》，2003 年 6 月 8 日。

题做出快速反应，而且要对世界上各国发生的问题做出快速反应，要做到这一点，没有一个高效的行政系统是行不通的。因此，在全球化时代，必然会挑战低效行政，要求各国政府建立一个高效的行政管理系统。

五、对"管制行政"的挑战

"管制行政"是一种排斥民主参与的行政，这可看成中国传统行政管理的第五个特征。有人这样来描述中国的行政管理："管理管理，就是官来管你"，这确实是对中国传统行政管理的生动写照。这种按"长官"意志行动的、以"命令—服从"为特征的"管制式"行政管理模式，⑤不重视民主参与机制，其运作方式就是通过行政命令的办法来实现行政管理的目标。具体的表现形式主要有以下几个方面：

第一，行政管理的基本价值取向在于一个"管"字，并且通常被理解为政府官员对老百姓的管理。在中国传统行政管理中，由于存在着严格的等级制度，管理往往被理解为上对下的管理，普通群众往往被排斥在行政管理主体之外，而只能成为行政管理的客体或对象。虽然我国宪法明确规定人民是国家的主人，但在行政管理实践中人民群众的主人翁地位往往被行政管理者所忽视。

第二，由于政府与公众的关系是一种管理者与被管理者的单向关系，公众参与行政管理的渠道不畅，参与的机会较少，因而群众的利益得不到充分表达和维护。近年来，我国政府在行政管理民主化建设方面做了大量工作，然而，由于受传统行政家长制文化的影响，政府官员对于公众实质性参与行政管理还抱有消极态度，公众参与行政管理的积极性也不高，加之制度建设滞后，因而政府重对公众管制而轻公众参与的局面并未从根本上得到改变，行政管理的民主化在很大意义上还流于形式。

---

⑤ 王运生:《当代民主行政的价值、构架与生态环境》,《中国行政管理》,2000 年第 6 期。

第三，行政管理是通过层层贯彻上级命令的方式来实现的，尤其是在行政执行方面更是如此，管制行政的特征在这里表现得更加明显。行政执行离不开行政命令，在行政执行过程中行政命令是必不可少的。同样，行政执行过程中上下之间的行政沟通也是非常重要的。

我国目前行政执行过程中存在的问题是重命令、轻沟通。甚至在有些行政管理者看来，行政执行过程就是一个简单地服从行政命令的过程。这种在行政执行过程中单纯依赖行政命令的做法也是以“命令—服从”为特征的管制式行政的一种重要表现形式。

在当今全球化时代，民主潮流可谓“浩浩荡荡”，行政管理也不例外。随着全球信息化时代的到来，各种信息瞬息万变，任何个人单凭自己个人的力量已无法对这些信息进行正确的处理，这就意味着“管制行政”时代必将终结；全球化时代也是一个利益多元化时代，人民需要表达利益，需要通过行政参与来实现和维护自己的利益，这就预示着民主行政时代即将到来。

六、对“暗箱行政”的挑战

“暗箱行政”是中国传统行政管理的第六个特征。所谓“暗箱行政”就是指政府的行政管理事务、方法、程序和操作过程不对社会公开，而是由政府的内部人员进行内部决定和实施的一种行政管理模式。在我国的传统行政管理过程中，这种“暗箱操作”的行政管理模式又具体表现为以下几种形式：

一是行政管理事务、方法、程序和操作过程不对社会公开。由于中国在传统上是一个“官本位”的社会，政府与其说是一个为公众服务的机关，倒不如说是一个社会管理与控制机关，而中国式的管理往往又带上一层神秘的色彩。中华人民共和国成立后，尽管我们强调了政府应该为人民服务这样一种理念，但由于受原有的传统行政文化的影响，加之我们的政府是从战争年代走过来的，习惯于保密状态下运行，要真正实行行政公开非常困难。

二是行政信息严格保密。任何一个国家对于部分行政信息的保密是必要的，但保密范围过大，从政治上讲侵犯了公众的知情权；从经济上讲，降低了信息的利用价值。有资料表明，我国的信息80%以上掌握在政府手里，但真正得到有效利用的价值不到20%，其中一个重要原因就在于政府不但垄断了大量信息，而且对其中相当部分信息实行高度保密。直到2005年9月上旬我国才宣布不再把自然灾害造成的死亡人数列入保密范围。既然像由自然灾害造成的损失一类的数据都被高度保密，那么对于政府机关内部的信息和与政府自身利益有关的信息(特别是那些对政府有负面影响的信息)就更是高度保密了。

三是行政管理过程主要是在行政系统内部封闭式运行。从广义上讲，中国传统的行政管理系统实际上是一个封闭的系统，即使它有开放的一面，也主要是对政党等政治机关、权力机关、司法机关开放，而没有真正对社会实行开放。行政管理过程从信息的收集到决策、执行与监督，主要是在这个封闭的行政系统内部完成的。当然，在行政监督方面相对于行政决策来说要开放一些，但也主要是以内部监督为主。从理论上讲，在我国对政府的监督有官方的内部监督和非官方的社会监督，但实际上是以内部监督为主，社会监督则相对滞后。

行政公开是全球化的必然要求，公开透明原则是WTO中的一个重要原则。中国作为已经加入WTO的国家之一，必须遵循WTO框架中的一些基本原则。⑥ 目前我国政府在推动行政公开、政务公开方面已取得了一系列成就，但也遇到了一些阻力。而对全球化的挑战，我们必须克服这些阻力，努力建立一个真正的透明政府。

七、对“人治行政”的挑战

“人治”是相对于法治而言的，“人治行政”是指以人治为基本特征的行政管理模式。在人治行政模式中，领导者的思想观念、个人意志等主观因素在公共行政的政策制定和执行过程中起决定性作用，这是几

⑥ 袁曙宏，宋功德：《WTO与行政法》，北京：北京大学出版社，2002年版，第170—171页。

千年以来中国行政管理的主要特征。在今天,这种人治行政的观念仍然根深蒂固,对我国的行政管理仍然具有重要的影响作用。具体说来,人治行政模式的表现形式主要有以下几个方面:

一是行政管理的基础权威来自领导者的个人权威。在行政管理过程中总是离不开一定的权威资源,没有一定的权威,行政管理过程中的管理者和被管理者的关系就建立不起来。问题在于,这种权威从何而来?在法治论者看来,这种权威当然只能来源于法律。在人治论者看来,这种权威就是领导者个人所具有的,是由领导者的权力或个人魅力所产生。[7] 谁的职位最高,权力最大或最具个人魅力,也就最有权威。

二是权大于法,以政策代替法律,而在政策制定过程中领导者个人又起着决定性的作用。行政管理过程表现于行政权力运用过程,即运用行政权力来制定政策和执行政策的过程。法治行政论者认为公共政策的制定必须按照法定程序进行,由法定的政策制定机构决定。而人治行政论者则认为,政策制定是领导者的一个运用谋略或策略的过程,行政领导者可以根据自己的意志或理念决定政策的内容,并认为法律缺乏弹性,而政策则可以随机应变,从而把政策变成一种高于法律的手段。

三是道德说教与服从个人权威相结合的行政运行过程。行政管理者必须遵循一定的道德规范,道德教育作为行政管理的一种手段是必要的。但人治行政模式则把这种必要的道德教育变成了上对下的一种道德说教,作为维护领导者个人权威的一种手段。由于人治行政是以个人权威和严格的等级制为基础的,因此提倡忠于领导、服从领导个人权威是行政过程得以运行的重要前提,而道德说教正是建立这样一个前提的重要手段。

全球化时代的到来,使这种人治行政管理方式受到了严重的挑战。全球化首先是经济的全球化,而经济全球化实际上是市场经济机制作

---

⑦ 钟敏:《法治行政:提高政府能力的必然选择》,《广西师范学院学报》,2000 第 4 期。

用的结果，市场经济的本质要求就是法治行政，因为市场经济关于建立统一市场的要求需要法律来加以规范，需要由法律权威来代替个人权威，以保持行政管理权威的稳定性。

八、对“缺信行政”的挑战

“缺信”即缺少信用或信用不够，是相对于诚信而言的。诚信是构成现代行政管理的基本要件之一，也是对政府、对行政管理者进行约束的一种道德要求。在中国的儒家行政思想中，也提倡政府和官员要“取信于民”。然而，由于在中国传统的行政管理中，整个行政管理是建构在以严格的等级制为特征的人治基础之上的，政府与人民之间、官员与百姓之间处于一种完全不平等的等级关系之中，因而在事实上政府对人民、官员对公民不存在以守信与受信的双方平等为前提的制度化的信用关系。在实际的行政管理过程中，存在着大量的“缺信”行为，具体而言主要表现为以下几种形式：

一是朝令夕改。政令泛指政府的政策及其他指令，它既是政府对社会公众的一种要求，也是政府对社会公众的一种承诺。作为政府对社会公众的一种要求，如果朝令夕改，就会使社会公众无所适从；作为政府对社会公众的一种承诺，如果朝令夕改，则意味着政府放弃了这种承诺，是一种典型的不守信用的行为。因此，政府政策的稳定性，是建立信用政府的基本要求。但在我国，政策朝令夕改的现象曾经屡见不鲜，极大地损害了政府的诚信形象。

二是官方与民众之间不存在严格意义上的信用合同，政府对民众的承诺是单方面的，政府收回这种承诺也是单方面的。因为政府与民众之间不存在严格意义上的信用合同，因此政府是否兑现这种承诺也不受信用合同的限制。例如，早在20世纪90年代初，我国政府就以相关文件的形式承诺到20世纪末使财政投入的教育经费达到GDP的4%，然而直到2004年，我国财政投入的教育经费还仅仅达到GDP的3.41%。

三是政府违背承诺不受法律追究。由于政府与社会公众之间不存在法律意义上的信用合同关系，因此政府违背自己对社会公众的承诺是不承担法律责任的，司法机关更不可能追究政府违背承诺的法律责任。因此，我们的很多政府官员没有对政府的承诺一定要兑现的意识，这就造成了政府的信用大大下降。[⑧] 今天人们之所以发出了要建立诚信政府的呼声，就在于现实中存在着很多政府不诚信的现象。[⑨]

经济全球化对政府的诚信问题提出了严重挑战。随着我国加入WTO组织，中国将全面进入经济全球化过程之中，从而使中国的市场与世界的市场接轨。市场经济也是一种诚信经济，如果没有诚信，市场的游戏规则就不可能建立起来。我国要真正参与全球化的经济过程，政府必须首先树立信用意识，建立诚信政府。当前我国政府在诚信建设方面已做了大量的工作，但面对全球化的挑战，此项工作还任重道远。

九、对“轻责行政”的挑战

尽管政府不可能为社会承担无限的责任，但政府既然向社会行使了一定的权力，就应该为社会承担相应的责任。然而，如果我们仔细对中国的社会现实进行观察，就不难发现，在中国这个传统社会中，政府对公民更强调的是其义务，而公民的权利往往被忽视；与此相对照的是，政府的权力往往被放大，有时甚至是无限加以放大，而政府的责任则被置于次要的地位。“重权轻责”成为中国传统行政文化的一项重要内容。它具体表现在以下几个方面：

一是行政机关及其官员的责任意识非常淡薄。在中国传统文化中，行政机关及其官员重视的是权力，而责任意识则要淡薄得多，面对责任总是相互推诿。在我国行政管理现实中，当某项工作需要承担较大的责任时，我们的行政机关或行政官员总是将这件事情像“踢皮球”

---

⑧ 赵刚：《从热情招商到五次行政处罚看背后的政府失信》，《中国经营报》，2004 年 9 月 4 日。

⑨ 安树昆：《宪政视野下的诚信政府建设》，《探索》，2005 年第 5 期。

一样踢来踢去，谁也不愿承担责任，从而致使本来很快就能办好的事情久拖不决，这也是造成我国行政效率低下的一个重要原因。

二是行政责任追究制度建设滞后，甚至长期以来事实上不存在真正严格意义上的行政责任追究制。在一个法制完善的国家，政府部门及行政官员应该承担哪些责任，具有明确的法律规定。因此，当一个行政部门或政府官员因失职造成损失时，必须由相应的机关依法追究其行政责任。长期以来，由于我国“人治”色彩较浓，政府部门和行政官员的责任是不明确的，往往没有法律上的硬性规定，所以一直没有建立起严格意义上的行政责任追究制。近几年来，我国已开始建立行政责任追究制，一些地方政府已着手制定相应的条例，但全国还缺少统一的行政责任追究法，因此，要建立法治意义上的行政责任追究制还有很长的路要走。

三是在行政责任追究的实践方面存在着避重就轻的现象。[10] 如上所说，虽然我国长期以来没有严格意义上的行政责任追究制，但不等于没有行政责任追究的实践，只是这种行政责任追究的实践带有明显的“人治”特征。这是问题的一个方面，问题的另一个方面是，在行政责任追究的实践中，也存在着避重就轻的现象，这就是我们通常所说的“大事化小、小事化了”的现象。这种现象的存在与“人治”行政也存在着密切的相关性。因为行政机关和政府官员的行政责任没有法律上的严格规定，即使有相关规定也非常含糊、抽象，这就为在行政责任追究方面避重就轻留下了空间。

正是由于行政机关及其官员责任意识淡薄、行政责任追究制度建设的滞后和行政责任追究实践中的避重就轻，造成了我国行政管理中重权轻责的现象普遍存在。在我国加入 WTO 后，我们已经全面地卷入了经济全球化过程。市场经济的竞争是非常激烈的，在全球化的市场经济竞争中，政府必须真正承担起重大的责任。经济全球化对“轻责

---

⑩ 刘祖云：《论公共行政责任的实现》，《理论月刊》，2003 年第 4 期。

行政”提出了严重的挑战，为应对这种挑战，我国必须加快建立责任型政府的步伐，以适应经济全球化发展和我国经济参与国际竞争的要求。

十、对“非廉行政”的挑战

廉洁奉公是对行政管理以及行政管理者的基本要求。目前，总的说来，我国绝大多数从事行政管理的公务员是能够做到廉洁奉公的。但是不可否认，在我国行政管理的现实中，行政管理的不廉洁现象还大量存在，这些现象主要表现在以下几个方面：

一是部分行政官员贪污受贿现象屡禁不止。在当今中国政府官员的腐败案件中，涉嫌经济犯罪的案件数量最多，其中又以贪污受贿案件为最。近几年查处的一些政府高级官员犯罪案件几乎都与贪污受贿有关，涉案金额少则几百万、多则数千万。更有甚者，有相当部分官员将在国内的贪污受贿所得转移到国外，造成大量的人民币外流。据公安部统计，截止 2004 年年底，中国外逃经济犯罪嫌疑人 500 多人，涉案金额 700 多亿人民币，目前抓回的贪官仅仅 70 余人，追回的金额更是微不足道。[11]

二是官场上买官卖官已非个别现象。目前在我国官场上存在的大量受贿现象，就其受贿源而言，一部分属于外源贿赂，即源自于自官场外的人员向官员受贿，例如，刘方仁的亲属易某借助刘方仁的权势帮助商人刘志远以低于净资产的价格得到世纪中天国有股的股权后，易某从刘志远那里得到了 500 万元的贿赂；另一部分属于内源贿赂，即源自于官场内的成员向其上级受贿，如在辽宁发生的马德案中，绥远市属下的一位副处级官员向当时作为中共绥远市委书记的马德送去 30 万元贿赂，然后马德利用其职权将这位行贿人提升为某县县长。这种内源式贿赂，多半与买官卖官有关。

三是部分行政官员追求享受，生活腐化堕落。在目前已经查实的

---

⑪ 李莎：《十大外逃“问题富豪”榜公布，抓捕外逃有四大难》，《法制晚报》，2004 年 8 月 11 日。

绝大多数腐败案件中,多数贪官的背后都有一个或几个情妇或“二奶”。例如,作为权倾一方的原贵州省委书记刘方仁竟有一个理发小姐郑某做情妇,刘方仁身上所发生的很多贪污受贿案都与这个情妇有关;原全国人大副委员长成克杰的贪污受贿案与他的情妇李平也有着密切的关系。更有甚者,有的贪官包养多个情妇,生有多个孩子,过着“三妻四妾”的腐朽生活。

随着中国加入 WTO,中国作为全球化市场经济体系中的一员,必须参与全球化的市场经济竞争,而腐败必然会削弱我国在全球化市场经济体系中的竞争力。[12] 因为政府官员的腐败既会增加我国经济运行的成本,也会降低我国政府经济行为的信用,破坏我国经济发展的环境。经济全球化与反腐败全球化是相辅相成的,随着中国加入《联合国反腐败公约》,这种全球化的反腐败浪潮更是对中国政府存在的某些官员腐败现象提出更直接的挑战。

---

⑫ 师正:《市场取向改革与惩治腐败》,《北京大学学报》(哲学社会科学版),1994 年第 2 期。

7.2 行政管理全球化：特点、动因及其意义*

一、行政管理全球化的出现

美国佛罗里达大西洋大学公共行政学院教授阿里·法拉兹曼得(Ali Falazmand)1999 年在美国公共行政学会主办的《公共行政评论》第 6 期上发表了一篇重要文章《全球化与公共行政》。文中作者较详细地讨论了全球化对公共行政的影响作用，指出：随着全球化的发展，“对公共行政管理者来说，也许最重要的变化是行政性国家(administrative state)从福利国家转变成了‘法人国家’，或者‘影子国家’(shallow state)，‘无关紧要的国家’(indifferent state)、‘契约国家’(contracting state)，‘企业家国家’(entrepreneurial state)。与此相应，公共行政与管理的变化可以用这样一些概念来概括，如‘管理主义’、‘政治管理’、‘新公共管理’和‘空心国家’、‘法人行政国家’。”[①]尽管我们并不完全赞成他关于全球化对公共行政影响的观点，但是，他关于全球化导致国家行政管理性质变化的观点应该引起我们的注意。

其实，如果我们进一步加以分析就会发现，由于全球化的作用，当代的行政管理变化已经呈现出以下特点：

1. 在全球化进程中，作为行政管理对象的社会公共事务日益国际化、全球化，这已是一个不争的事实。大家记忆犹新的是 2003 年的“非典”危机，它不但很快成为全中国的一个严重的公共卫生事件，而且几乎成为一个全球性的公共卫生事件。可以说，这次“非典”事件成了一次非常典型的全球性公共事件，如何应对“非典”事件，也就成了“非常典型”的全球性社会公共事务。在当今世界，诸如此类的全球性公共事

---

* 本文系胡象明主持的教育部哲学社会科学研究课题重大项目《全球经济一体化与中国行政对策研究》的成果之一，项目批准号：01JAZJD630006。原载《中国行政管理》2005 年 12 期，《新华文摘》2006 年第 5 期全文转载。

① [美]阿里·法拉兹曼得：《全球化与公共行政》，《公共行政评论》(*Public Administration Review*)，1999 年第 6 期。

务举不胜举，如全球性环境污染问题、全球性金融危机问题、全球性恐怖主义问题等。对于全球性公共问题，只有通过建立一种全球性的机制才能使之获得解决。

2. 随着全球性公共事务的增加，不但出现了具有全球性公共行政管理职能的机构，而且这些机构在当今的全球公共事务管理中发挥着越来越重要的作用。在当今世界上，为了解决公共问题，除了建立全球性法规机制外，重要的是还必须建立类似于国家行政管理机构的全球性公共管理机构。事实上已经建立了类似机构，如世界货币基金组织、世界卫生组织等。在2003年全球应付突发性"非典"危机过程中，世界卫生组织在各国之间进行信息传递、组织协调、检查监督过程中发挥着全球性公共管理的重要职能，充当着全球性行政管理机构的作用。随着全球性公共事务的增加，这类机构也将会增加，而且其作用也会越发重要。

3. 全球各国政府间的关系和行政管理方面的协作日益加强。在历史的任何一个时代，都不可能像我们今天这样，各个国家、各国政府相互依赖的程度如此之高，在行政管理方面的相互合作如此之频繁。美国作为全球性超级大国，在反对恐怖主义的斗争中仍然需要中国、俄罗斯、法国、德国等国家和政府的合作和参与；在今天全球反腐败和打击跨国犯罪的斗争中，各国政府及其公共安全和警察组织等行政管理机构进行了紧密的合作和协调；在2004年底东南亚一些国家发生海啸后，对这场海啸危机的处理几乎成了包括中国、美国、日本、澳大利亚等很多国家在内的全球各国政府的共同责任，全球各国政府及行政管理机构之间的相互合作和协调表现得非常突出。

4. 在全球范围内日益形成得到国际公认的行政管理规则。在传统行政管理学看来，行政管理是民族国家主权范围内的事情，由于各国历史、国情、文化和利益的不同，各国的行政管理规则彼此之间存在着很大的差别。在国家主义至上的年代，保持这种差别既是一个民族国家的自尊，也是实现自身利益的需要。在今天则不同，"与国际接轨"成了全球化时代各国政府修改自身行政管理规则的一个重要理由，也是一个很时髦的口号。当前全球各国政府都在进行行政规制的改革，并且这种改革基本上都是在“与国际接轨”的背景下进行的，其结果必然是全球各国行政管理规则日益走向一致化，逐渐形成一套国际公认的行政管理规则。

5. 在全球范围内随着各国政府和行政管理机构交往的增多，一些全球性的行政价值和行政伦理也正在趋同。正如世界文化是多元的一样，全球各国的行政价值、行政伦理也是多元的。行政价值、行政伦理的这种多元性质，表明不同国家的行政价值、行政伦理之间是有差别的，但它们之间的差别并不排斥它们之间的共同点。不过在传统行政管理时代，这些共同点并没有特别引起人们的注意。随着全球化的到来，各国政府面对共同的行政管理问题增多，各国政府及其行政管理之间的交往增多，全球行政价值、行政伦理的共性被突出出来，逐渐形成了共同的行政价值与行政伦理理念。例如，效率、民主、廉洁、亲民、以人为本等行政价值、行政伦理已为全球各国政府所广泛接受。

当然，我们还必须指出，行政管理全球化并不排斥各国行政管理特色的存在。事实上，由于当今世界上还存在着民族国家，而国与国之间既存在着历史文化的差别、国情的不同，又存在着利益的冲突，而且这种冲突还有可能进一步加剧。因此，在全球化时代，行政管理的民族特色不但不会因此而消亡，反而有可能进一步得到强化。

二、行政管理全球化的动因

正如世界上所有事物的产生、发展有其自身的原因一样，行政管理全球化也有其自身产生和发展的特定原因，这些原因归纳起来，大致有以下几个方面：

1. 经济全球化是行政管理全球化的基本推动力量。经济基础决定上层建筑这一基本原理适用于我们对行政管理全球化动因的解释。二十世纪以来经济全球化速度的加快，同时也促进了各国政府行政管理方面的交流与协作，促进了全球各国政府对行政管理规则的相互学习和相互认同,一些公认的行政管理规则被称为国际惯例,欠发达国家的政府在行政管理方面逐步向这些国际惯例接轨,在经济全球化过程中行政管理全球化也成为一种不可回避的趋势。

2. 全球性公共事务是行政管理全球化的现实依据。正如我们前面已经分析的那样,随着经济全球化的发展,产生了很多全球性公共事务。对于这些全球性公共事务,单凭一个国家的政府按照自己的行政规则、依靠自身的行政力量往往是无法解决的。为了解决这些全球性的公共事务,就需要全球与此有关国家的政府共同努力,相互协作,共同遵守一些行政管理的规则,甚至需要一种可能被称为国际性或全球性的行政管理机构加以协调。因此,可以这样说,正是解决这些全球性公共事务的现实需要,推动了行政管理全球化的发展。

3. 现代科学技术的发展,特别是信息技术的发展,为行政管理全球化提供了技术手段。马歇尔·麦克卢汉认为,人们通过先进的通信技术,实现了全球性实时信息自由传递。② 随着全球信息的自由传递,全世界成为了一个"地球村",世界走向一体化,经济、政治和文化将全面走向一体化,当然也包括了全球行政管理的一体化。信息技术的发展对于行政管理发展的直接作用是推动了电子政务的发展。电子政务的产生不仅加快了政务信息的传递速度,提高了政务信息的利用程度,而且使全球政务有可能一体化,为行政管理全球化构建起有效的信息平台与技术平台。

4. 全球意识的形成为行政管理全球化提供了思想文化基础。正如意大利学者M.N.康帕涅拉所说的:"全球化不是一种具体明确的现象。它是在特定的条件下思考问题的方式。"③把世界看成一体,主张世界大同或天下一家的思想古已有之。儒家文明、基督教文明、伊斯兰教文明等或用天或用神作为世界的共同起源和归宿。18世纪的启蒙

② Marshal Mcluhan. *Understanding Media*[M] London:Routledge, 1964.

③ 康帕涅拉:《全球化:过程和解释》,《国外社会科学》,1992年第1期。

思想中也有全球意识的体现。西方的很多学者一直把世界作为一个整体来研究思考。但是,直到 19 世纪以后,真正意义的全球意识才开始形成。特别是进入 20 世纪以来,随着经济全球化的发展,全球意识进一步深入人心,从而为行政管理的全球化奠定了思想文化基础。

三、行政管理全球化的积极意义与消极意义

上述分析表明,随着经济全球化的发展,行政管理全球化已成为一种不可避免的趋势。但正如一块硬币具有正反两面一样,行政管理全球化的影响既有积极方面的意义,也有消极方面的意义。

1. 行政管理全球化的积极意义

行政管理全球化如同经济全球化一样,它对全球各国的影响首先表现于积极的意义,具体说来主要有以下几个方面:

(1) 为解决全球公共问题找到了一条有效途径。随着经济全球化的发展,公共问题的全球化已成为不争的事实,全球环境污染、气候变暖、传染病的全球传播等等都是公认的全球问题。这些问题的解决,非一个国家之政府所能,而需要全球多个相关国家的政府进行有效合作。2003 年发生在全球范围内的“非典”事件可以看作是全球多国政府合作解决全球性公共问题的一个典型案例。事实上,在当今世界,有关这样的案例不胜枚举。正是由于出现了行政管理全球化的趋势,今天很多全球性的公共问题获得有效解决才有可能。

(2) 有助于实现公共信息全球共享。信息资源的共享利用,是电子政务建设中最核心的问题之一。④ 如前所说,行政管理全球化是以现代信息技术和电子政务的发展为基础的,在电子政务时代,由因特网上传输的公共信息资源,不仅仅是本国公共机构、私人机构和全体国民可以分享的信息资源,而且是一种可由全球公共机构、私人机构和“地球村”全体“村民”分享的公共信息资源。因此,在行政管理全球化的背

④ 汪玉凯:《2005 年中国电子政务十大走向》,《科技日报》,2005 年 2 月 5 日。

景下，一国政府在因特网上发布的公共信息资源已成为一种全球性的公共信息资源，从而极大地增大了公共信息资源的利用价值。

(3) 有助于各国政府相互学习彼此的行政管理经验，提高全球各国行政管理水平。从国家产生之日起，每一个国家就不可能在绝对孤立的状态下生存和发展，因而各国的行政管理在历史上本来就不同程度地存在着相互交往和相互学习的现象。但与今天相比，历史上不同国家政府间行政管理的相互交往和相互学习就显得很逊色了。

由于今天各国政府处于全球化时代，它们必须共同面对全球性公共问题，因此，随着行政管理全球化的发展，各国政府不仅通过相互交往来学习对方的行政管理经验，而且可以通过共同参与处理全球性公共事务以在共同的行政管理实践中相互学习，并共同创造新的行政管理经验，这为提高全球各国的行政管理水平提供了一条新的途径。

2. 行政管理全球化的消极意义

行政管理全球化的消极意义，主要表现在以下三个方面：

(1) 国际组织、跨国公司对民族国家政府行政决策和公共政策制定产生重要影响，削弱了这些国家特别是欠发达国家政府的自主权，也削弱了这些国家公民对公共决策的参与权。有些人认为，跨国公司的成长尤其是它“与国家无关”(state-indifferent)的性质，以及全球资本主义的扩张，已经使国家变得无足轻重、甚至多余；有些人甚至认为公共行政已经终结。[⑤] 虽然这种观点有点过分，但在当今全球化时代，国际组织、跨国公司对民族国家政府公共政策制定所产生的影响则是不争的事实。特别是在宏观经济调控政策方面，一些欠发达国家往往受到例如世界货币基金组织等国际组织和一些大的跨国公司的影响甚至支配，这就在一定意义上削弱了这些国家的政府公共行政自主权，也削弱了这些国家公民对公共决策的参与权。因为随着国际组织和跨国公

⑤ [美]阿里・法拉兹曼得：《全球化与公共行政》，《公共行政评论》(*Public Administration Review*)，1999年第6期。

司对一些欠发达国家政策影响的加深，这些国家的政策制定既不能由本国政府自主决定，也不能仅仅根据本国公民的意志来决定。相反，国际组织与跨国公司的利益与意志则成了影响政策决定的一个重要因素。

（2）以美国为首的少数西方发达国家企图使本国政府成为“世界政府”，出现了行政管理意义上的“霸权主义”。正如一位美国学者所指出的那样，那些处于全球性支配地位的政府特别是美国及其欧洲盟友，利用全球性公司试图创造一个超越民族国家的世界秩序，即一个“地球村”、一个实行“全球性管理”的“世界政府”。这些国家借口维护世界秩序或所谓全球化新秩序，在军事和安全系统方面耗费巨资，以保护和促进本国的一些跨国公司在欠发达国家和世界市场中的资本积累。他们在许多国家实行军事干涉，更替合法政府，建立或支持一些最具压迫性和最腐败的政权。[⑥] 正因为如此，一些人认为，所谓全球化，实质上就是西方化，甚至是美国化。行政管理全球化也可能成为美国等西方发达国家推行行政管理上的霸权主义的一种手段。对此，我们应该特别予以警惕。

（3）行政价值或行政伦理日益西方化或美国化。在行政管理过程中总不可能是“价值中立”的，特定的行政管理方式与行政管理制度总是包含了特定的行政价值准则与行政伦理原则。以美国为首的西方国家在推动全球化的过程中，事实上也在不断地向一些欠发达国家输出它们的意识形态，并企图在这些国家推行它们的行政价值与行政伦理。在这些国家的统治者看来，既然世界正在成为“地球村”，这个地球村就应该有统一的价值与伦理观念，这种统一的价值与伦理观念理所当然应该是他们所谓先进的即西方国家的价值与伦理观念。正因为如此，这些西方国家在推动全球化的过程中，它们所做的并非仅仅是经济方

---

⑥ ［美］阿里·法拉兹曼得：《全球化与公共行政》，《公共行政评论》（*Public Administration Review*），1999 年第 6 期。

面的全球化，而是包括了经济、政治、文化等全方位的全球化。在文化方面的全球化，就包括了行政价值与行政伦理方面的全球化。由于时至今日，全球化仍然是美国等西方国家主导的，因此，这些国家总是企图把这种行政价值与行政伦理的全球化过程变成美国化或西方化的过程。

综上所述，行政管理全球化已成为一种不可抗拒的潮流，面对这种潮流，我们必须要有清醒的认识，既要以博大的胸怀迎接行政管理全球化的到来，利用行政管理全球化的积极方面，努力推进我国行政管理与国际接轨，以加快我国行政管理现代化的速度；另一方面，我们又要努力克服行政管理全球化的消极影响，以使我国行政管理在与国际接轨的过程中不至于迷失方向，失去自我，使我国行政管理现代化能够沿着正确的方向发展。

7.3 行政管理全球化：中国的视角与机遇*

一、全球化：一个众说纷纭的现实课题

全球化，自20世纪90年代以来，已经是中国各种传播媒介中使用频率最高的一个词。无论是经济学界，还是政治学、法律学界、社会学、文化学及人类学或历史学研究的文献中，似乎都在不同意义上使用着全球化或与全球化相关的术语。当然，使用这一术语的文献不仅仅是学术研究性文献，也还包括大量的非学术性的官方文献和非官方文献。如果我们通过“百度——全球最大中文搜索引擎”进行搜索，不难发现有关全球化的网页竟有数百万之多(截至2006年6月18日)。① 这表明全球化这一概念已经深入而广泛地渗透到当代中国的文化语言中，无论是在学术语言中，还是在日常语言中，均是如此。当然，单从上述数据我们还很难了解中国的学术界对全球化研究的真实状况，因为上述数据所反映的仅仅是一些与全球化相关的词在文献中出现的次数而已。如果我们通过“中国期刊网”进行搜索，则能更加清晰地了解中国的学者们对“全球化”研究的现状。通过“中国期刊网”搜索(截止2006年6月18日)，我们发现，仅从1990年1月到2006年5月，有关全球化研究的论文就有20000余篇。② 这表明，在中国最近十多年来的学

---

* 本文系胡象明主持的教育部哲学社会科学研究课题重大项目《全球经济一体化与中国行政对策研究》的成果之一，项目批准号：01JAZJD630006。原载《华中师范大学学报》(人文社会科学版)2007年第3期。

① 有关“全球化”的网页：7 260 000篇；有关“全球化研究”的网页：3 920 000篇；有关“全球化与经济”的网页：667 000篇；有关“全球化与政治”的网页：304 000篇；有关“全球化与法律”的网页：160 000篇；有关“全球化与社会”的网页：673 000篇；有关“全球化与文化”的网页：351 000篇；有关“全球化与历史”的网页：104 000篇。

② 有关“全球化”的研究论文：14 251篇；有关“全球化与经济”的研究论文：4 077篇；有关“全球化与政治”的研究论文：456篇；有关“全球化与法律”的研究论文：105篇；有关“全球化与社会”的研究论文：1 225篇；有关“全球化与文化‘的研究论文：800篇；有关”全球化与历史“的研究论文：195篇。

术研究领域，无论是经济学家，还是政治学家、法学家、社会学家、文化与历史学家，均对全球化问题的研究保持有浓厚的学术兴趣，并且已经有了大量的研究成果。

其实，从全球范围来看，关于全球化的研究也只不过是近20年的事情。有学者指出，“全球化”这个词最早是由T. 莱维(T. Levi)于1985年发明的。莱维用“全球化”这个词来形容此前20年间国际经济发生的巨大变化，即商品、服务、资本和技术在世界性生产、消费和投资领域中的扩散。③ 从最初对这个词的使用来看，全球化所表达的仅仅是一种经济现象，即包括世界统一大市场的形成和扩大、跨越国界和地区界限各种投资的增加、全球金融市场的一体化和跨国资金流动加快、信息交流和获得日趋方便。然而，全球化这个词发明以来，不仅仅引起经济学家的兴趣，而且引起了社会学家、政治学家、法学家、文化学研究者们的广泛注意，他们分别从自己学科的角度对全球化重新做出解释，并运用自己学科的研究方法，研究本学科研究对象或领域的全球化问题。如在社会学家看来，全球化就不再仅仅局限于经济领域，而是包括经济、政治、社会等各个领域。他们往往是这样来描述全球化的：全球化是指超越构成现代世界体系的民族国家(包含着社会概念)的复杂多样的相互联系和结合。它确指一种过程，通过这一过程，在地球某一地方的事件、活动、决定，会给遥远的另一地方的个人、社群带来重大的影响。如今，商品货物、资本、人员、知识、影像、交往、犯罪、文化、污染物、毒品、时尚以及信仰，都早已在跨越民族国家疆界而流动。跨国的网络、社会运动和关系，实际上已扩展到从学术到性的人类活动的一切领域。全球贸易、金融、生产系统的存在，以非常复杂的方式把全球的家庭、社区和民族的命运连在一起。④ 在当代社会科学领域，可以这样说，有什么样的社会科学研究领域，就有什么样的全球化理论。正如一

---

③ 江时学：《何为“全球化”》，《学术动态》，1997年第12期。

④ 岳长龄：《西方全球化理论面面观》，《战略与管理》，1995年第6期。

位全球化的研究者所指出的那样：经济学家用它（全球化）表示世界经济一体化，政治学家视之为建立新的世界格局的全球战略，社会学家用它来解释世界市场经济活动的标准化、国际交往使用同一工作语言、以同样的规划建立类似的国际机构等国际化现象，而更多的人一提起全球化，便会联想起人类共同面临的难题，即全球性问题：人口、毒品走私、恐怖主义、环境污染、核武器扩散……⑤因此，在今天的社会科学研究中，“全球化”似乎是一个很时髦的术语，所谓的“全球化学”也几乎称得上是一种“显学”了。

中国学者对全球化的研究，就作者目前所能查到的文献来看，始于1988年，也就是说，与T.莱维提出“全球化”概念的1985年相比，仅仅晚了三年。甘肃社会科学院主办的《生产力研究》1988年第2期发表了徐炳文先生撰写的《生产力的全球化与全球的生产力发展战略》一文，这是我们迄今查到的中国学者发表的有关全球化研究的最早的文献之一。在该文中作者指出：早在一个多世纪之前，马克思、恩格斯曾经预言，资本主义商品将会冲破民族和国家的狭隘界限，形成和发展成庞大的世界市场。现在，马克思、恩格斯的上述科学预见不仅已经变成了当今世界的现实，而且又大大地向前发展了一步，不仅形成了世界市场，而且也实现了生产力的全球化。从这以后，关于全球化的概念逐步引起中国学者的关注，特别是进入20世纪90年代以来，有关研究全球化的文献迅速增长。当人类进入21世纪以后，特别是当中国加入WTO后，这方面的研究文献更是急剧增加。每年平均发表的学术论文大约在800篇左右。这从一个侧面反映出中国学者对全球化问题的高度关注。

中国学者对全球化问题的关注表现出如此高的热情，是有其深刻原因的。1848年第一次鸦片战争前，中国人是生活在一个十足的闭关锁国的国度里。帝国主义用洋枪洋炮打开了中国的闭关锁国之门，从

⑤ 王运祥：《“全球化无国界论”析》，《国际观察》，1996年第5期。

而使中国人开始了解外部世界。然而，在中国人了解外部世界的过程中，先发展起来的帝国主义国家总是在不断地侵略我国领土，掠夺我国财富，骚扰我国人民。为了捍卫国家的独立和民族的尊严，我们的先人不得不一次又一次奋力反抗，以求自卫。可以这样说，中国的近代史就是一部帝国主义侵略我国和我国人民奋力反抗帝国主义侵略的历史。正是由于中国是在这样的历史背景下扣开国门并在国门打开后遭受如此多的苦难，因而使得中国人可以说对中国以外的世界充满了恐惧。1973年中华人民共和国恢复在联合国的席位，标志着中国在国际政治舞台上已取得了一席之地。然而，在20世纪80年代以前，当世界经济、社会、政治特别是经济日益走向国际化时，我们既不具备经济、社会条件，也不具备心理条件融入国际化的体系之中。20世纪70年代末中国终于进入了改革开放的时代，开始向国际体系靠近，但是，世界要接受中国也并不是一帆风顺的。从中国1986年提出要求恢复关贸总协定的缔约国地位到2001年中国加入世界贸易组织，花了整整15年时间。中国加入WTO后，标志着中国真正以主人翁的姿态开始融入国际经济体系，以至整个国际社会，成为全球化过程中的一个重要成员。实际上这是几代中国人梦寐以求的理想，每一个中国人都会为之感到自豪，学者们也不例外。

当然，以上理由并不是中国的学者们高度关注全球化问题研究的唯一理由。其实，面对全球化浪潮的到来，对于一个长期游离于国际体系之外的国家和民族来说，如何应对全球化的挑战将是一个十分严肃并需要进行理性思考的问题。据有关统计数据，从1995年到2004年，外国在中国直接投资高达4 650亿美元。在90年代，日本是美国在亚太地区的最主要贸易伙伴，日本对美出口占到美国进口的38%。2005年，中国已成为美国在亚洲地区最主要的贸易伙伴，从1990年到2005年中国对美出口上升了12倍，虽然亚洲对美出口占美国进口总量的比率下降到了36%。这些数字表明，中国的经济已经实实在在地融入了全球化的体系之中。从一定意义上说，全球化给中国的经济带来初步繁荣，我国人均GDP已由改革开放前不到300美元上升到2005年的1 700美元左右。但是也不可否认，全球化也给中国的经济带来了一系列严重的挑战和问题，如对民族工业的冲击，对环境的污染，等等。其实，全球化对中国的冲击不仅仅是经济方面的，更有政治、法律、社会、文化等等多方面的冲击。面对这些冲击和挑战，中国的学者有必要对这一课题进行深入的分析和研究，这是时代赋予中国学者的一项重要任务。到目前为止，尽管我国学者关于全球化的研究已经取得了不少成果，但这并不意味着我国学者关于全球化问题的研究已经大功告成，相反，正如全球化作为一个历史进程还有漫长的道路要走一样，有关全球化的研究，对我国学者而言，真可谓“路漫漫其修远兮”！

二、全球化：行政管理学者研究的新视角

当经济学家、政治学家、社会学家等等各个学科的学者们都在以自己的理论眼光关注全球化问题的时候，研究行政管理的学者们也不能冷眼旁观。由于全球化本身对各国政府的行政管理产生了巨大的影响，正在日益改变着各国政府的行政管理规则、制度和行为方式，因此，研究行政管理的学者们即使想回避全球化问题也无法回避。事实上，包括中国行政管理学者在内的行政管理学家们不但没有回避这一问题，而且对这一问题进行了大量的研究。早在20世纪90年代中期，中国行政管理学者就开始关注全球化对行政管理的影响。《中国行政管理》1995年第11期曾发表左然《行政管理如何适应全球化趋势与社会文化变迁——记1995年国际行政科学学会第23届大会》一文，对国际行政学界有关全球化背景下的行政管理理论与实践的研究做了首次介绍，引起了国内行政管理学者对这一问题的关注。随后，国内的一些年轻行政管理学者汪永成、张淀淮、钱振明等较早地在学术界发表了有关这方面的研究成果，如汪永成在《社会科学战线》1998年第6期发表的《试论经济全球化对民族国家行政管理的影响和挑战》、张淀淮在《马克思主义与现实》1999年第1期发表的《全球化时代各国政府行政改革》等论文都是国内在这方面研究较早的成果。2000年全球行政学者在意大利召开“公共行政与全球化国际学术研讨会”，中国派出部分学者参加了这次重要的研讨会，并在国内行政管理学界的专业刊物《中国行政管理》上做了深度介绍。[6] 2001年是中国加入WTO之年，国内行政管理学者对这一问题也引起了高度关注，中国行政管理学会教学研究会组织召开了“经济全球化与政府作用研讨会”。[7] 从此，有关全球化与行政管理之关系的研究引起了很多中国行政管理学者的关注，发表了大量论文，出版了大量著作，成为中国行政管理学界一个比较热门的话题。

然而，中国行政管理学者在讨论全球化与行政管理的关系时，或者仅仅把全球化当成行政管理变革的一种背景来加以研究，或者仅仅关注全球化对行政管理的挑战并提出相应对策。但是，关于在全球化背景下行政管理自身变革的一些深层次的问题则阐述不够。如果说经济学家关注的全球化现象主要是经济全球化，社会学家关注的全球化现象主要是社会全球化，文化学家所关注的全球化现象主要是文化的全球化。那么，依此类推，行政管理学家关注的当然应该是行政管理的全球化。也许当我们刚一提出这一论题时，就会有人向我们发问：行政管理能够全球化吗？进而言之，行政管理全球化的提法妥当吗？如果我们能够对前面的问题有一个肯定的回答，后面的问题当然也就不会成其为问题。

诚然，在传统的行政学研究中，毫无疑问行政管理是以民族国家及其主权的相对独立性为前提的。没有民族国家及其主权的相对独立就谈不上国家行政管理。如果我们把研究的逻辑起点仅仅停留于此，也许人们会说，全球化并不否定民族国家，今天的行政管理仍是民族国家

---

⑥ 周大仁：《“公共行政与全球化”国际研讨会在意大利召开》，《中国行政管理》，2000年第9期。

⑦ 刘旭涛：《中国行政管理学会教学研究会召开2001年年会暨经济全球化与政府作用研讨会》，《中国行政管理》，2001年第12期。

的行政管理，因而所谓的行政管理全球化的提法是不妥当的，甚至是错误的。但是，纵观当代各国行政管理的发展，事情并不是如此简单。在全球化这股浪潮的冲击下，今天世界各国(特别是那些已被卷入全球化进程中的国家)的行政管理已深深地打上了全球化的烙印。

美国佛罗里达大西洋大学公共行政学院教授阿里·法拉兹曼得1999年在美国公共行政学会主办的《公共行政评论》(*Public Administration Review*)该年度的第6期上发表了有关这一论题的一篇重要文章《全球化与公共行政》。在此文中，作者较详细地讨论了全球化对公共行政的影响作用。如作者指出：随着全球化的发展，“对公共行政管理者来说，也许最重要的变化是行政性国家从福利国家转变成了‘法人国家’，或者‘影子国家’、‘无关紧要的国家’、‘契约国家’、‘企业家国家’。与此相应，公共行政与管理的变化可以用这样一些概念来概括，如‘管理主义’、‘政治管理’、‘新公共管理’和‘空心国家’、‘法人行政国家’。”[⑧]尽管我们并不完全赞成他关于全球化对公共行政影响的某些观点，但是，他关于全球化导致国家行政管理性质变化的观点应该引起我们的注意。不过，这篇文章的作者最终还没有提出行政管理全球化的观点。

当经济学家大谈特谈经济全球化时，社会学家也把自己的眼光转向了对社会全球化问题的思考，文化研究学者也开始谈论文化全球化的问题，但他们在讨论文化全球化问题时则往往更多地强调捍卫民族文化的重要性。政治学家在谈论全球化时更加谨慎，往往只是局限于国际政治或国际关系的领域。至于国内政治最多只是一个受全球化影响的问题，而不存在国内政治的全球化问题。如果提出国内政治的全球化，似乎既存在着意识形态上的风险，也存在着逻辑上的不妥。由于行政管理往往被人们看成是国内政治的一个重要组成部分，因而人们

---

⑧ [美]阿里·法拉兹曼得：《全球化与公共行政》，《公共行政评论》，1999年第6期；中译文曾峻译，《北京行政学院学报》，2006年第5、6期。

不敢轻易提出行政管理全球化的问题。但是,当我们对当今世界各国大量的行政管理现象进行仔细观察时,我们发现,目前很多民族国家的行政管理,特别是那些开放程度较高的国家的行政管理,不仅仅是一个受全球化影响的问题,而且是一个自身也存在着全球化的问题。通过对大量事实的观察和思考,我们看到,随着经济的全球化和信息时代的到来,当今世界上出现了很多全球性的公共事务,这些公共事务单靠某一国家的政府是无法解决的,只有全球各国政府的合作才能解决;同时,我们还看到,当今世界事实上也建立了诸如世界卫生组织之类的全球性公共管理机构,这些机构在协调全球性公共事务的管理方面发挥着越来越重要的作用;我们还看到,在今天全球化时代,各个民族国家政府之间的行政管理合作日益加强并且合作的机制不断得到完善,逐步形成了一些全球范围内各国政府所公认的行政管理规则、行政伦理和行政价值理念。我们把这种全球性公共事务日益增加、全球性公共管理机构不断出现并且其作用日益加强、全球各国政府行政管理合作机制日益完善、全球范围内各国政府的行政管理规则、行政伦理、行政价值理念日益趋同的过程看成是当前全球行政管理发展的一个方向、一种趋势,这也就是我们所说的行政管理全球化的过程或趋势。

三、行政管理全球化:中国的视角

面对行政管理全球化的挑战,正视我国行政管理中存在的问题无疑是必要的,因为不敢正视存在的问题,就不可能有迎接挑战的决心,因而也就不可能有效地解决问题。正视已有的问题是为了解决问题。其实,对于一个有自信心的民族和国家来说,面对全球化时代的来临,不应该在全球化面前无所作为,而应该大有可为。应该用自己的观点、立场来审视全球化,不应该仅仅把全球化看成是一种挑战,而更应该看成是一种机遇,一种革新本国行政管理、发展本国行政管理的机遇,一种使本国行政管理国际化、现代化的机遇,同时也是一种使本国行政管理影响国际行政管理并使本国行政管理理念、规则转变为国际行政管理理念、规则的机遇。

行政管理全球化的到来，会对中国传统的行政管理带来一定挑战，这是不依人们的意志为转移的一种客观趋势。问题不在于我们过多地担心这种挑战的客观存在，而在于我们对这种挑战有一种正确的理解。只有对这种挑战有一个正确的理解，我们才能提出相应的行之有效的对策。正确地理解这种挑战必然地涉及这样一个重要问题：我们应该如何认识行政管理全球化这种趋势？

其实，人们对行政管理全球化的理解与对待全球化的态度是分不开的。关于对待全球化的态度，可以归纳为以下三种：一是对全球化采取抵制的态度；二是对全球化采取消极融入的态度；三是对全球化采取积极融入的态度。

先说第一种态度。持这种态度的人认为，全球化的过程实质是西方列强国家，特别是美国，向全世界推行其经济制度、政治制度、社会制度、生产方式、生活方式和价值观念的过程；或者说就是一个全球西方化、美国化的过程。从这种关于全球化的观点出发，认为全球化是美国及其西方国家在新时期对第三世界国家进行经济侵略和文化渗透甚至政治颠覆的一种新战略。因此，他们从心理上对全球化抱着一种防御的心理，在理论和行动上则采取抵制的态度。经过 20 多年的改革开放，在中国持这种态度的人今天虽然已经减少很多，但仍大有人在。笔者曾经与一位持这种态度的学者谈论全球化问题，他不仅仅对全球化表现出高度的戒心，而且表现出一定程度的敌意。从对全球化的这样一种态度出发，行政管理的全球化是绝对不被允许的。他们认为民族国家的全球化不但不能纳入全球化的领域，相反应该成为抵制全球化的一种重要力量。

再说第二种态度。持有这种消极态度的人认为，全球化就是市场经济制度在全球范围内的扩展，以及与此相关的社会文化及生活方式在全球范围内的传播，并因此而形成一些为全球所公认的经济、政治、社会及文化规则和生活方式的过程。从这种关于全球化的观点出发，在对待全球化的问题上他们往往比较关注民族国家的经济、社会及其文化与国际规则接轨的问题,而不大关注国际规则究竟是如何形成的,以及某些所谓的国际规则究竟是以哪一个国家、哪一个民族的规则为蓝本而形成的,更不去仔细拷问某些国际规则中可能包含的利益关系,即这些国际规则中究竟是真实地反映了全球的共同利益,还是主要地反映了某些国家的利益。相反,他们更多地强调国际规则是全球共同利益的反映,更多地强调民族国家参与全球化给民族国家所带来的利益。因此,有关全球化的这种观点,实际上是把全球化当成一种抽象物来加以理解,而没有深入到全球化在形成的历史过程中国家与国家、民族与民族之间在利益关系上的差别。因此,他们在对待行政管理全球化的态度上,往往更多地强调民族国家政府积极引导该国参与全球化过程的重要性,以及民族国家行政管理接受国际公认的行政管理规则的重要性,而对民族国家参与全球化过程所带来负面影响认识不够,尤其是对民族国家政府在行政管理过程中于接受公认的国际规则的同时还应从自身利益出发在形成和改造国际规则中发挥重要作用的认识不足。如果说,在对待全球化问题上,第一种态度是抵制全球化,尤其是行政管理的全球化,面对全球化不可阻挡的趋势,这显然是一种不识时务的做法;那么,第二种态度则是被动地融入全球化,甚至要求民族国家的行政管理全盘接受所谓的国际规则,实现全面的全球化,这不但是一种消极地适应全球化的行为,而且对民族国家的政府来说也是一种在全球化过程中无所作为的行为。

在对待全球化的问题上,中国的态度应该是第三种态度,即是从中国的利益出发积极融入,这才是唯一正确的态度。是的,我们并不否认,全球化是指超越构成现代世界体系的民族国家(包含着社会概念)的复杂多样的相互联系和结合。⑨ 全球化意味着国际市场的形成,意味着跨国公司对民族国家的经济、政治、社会及其文化将会发生深刻影响,意味着公认的国际规则被全球范围内绝大多数国家所认可和遵守,

⑨ 岳长龄:《西方全球化理论面面观》,《战略与管理》,1995年第6期。

等等。但是它决不意味着民族国家被消亡，决不意味着民族国家的利益差别被消灭。全球化不是把某些发达国家的规则强加给全球，要求各国共同遵守；相反，它意味着各民族国家已有价值观念和行为规则的融合，是多样化的统一。全球化并不排斥多样化，相反，没有多样化就没有全球化。全球化公认的国际规则应该是全球各个民族国家已有规则的共同部分，而不应该是把某个发达国家的规则提升为全球性国际规则，然后要求全球各个民族国家共同遵守。但是，在当今世界上，我们不能否认，当代全球化主要是发达国家主导的，在现有所谓全球公认的国际准则中，更多地反映了发达国家的现实利益。如果我们从利益分析的角度来看待现代已经形成的国际规则，毫无疑问，这些国际规则既是国际社会在长期的发展和各国在相互交往的过程中逐步形成的，但在每个特定的时期国际社会的发展和国际关系的形成也是在某个大国或某些大国的主导下进行的，在这个特定时期所形成的国际关系和国际规则往往打上了这些主导国家的烙印，更多地反映了这些主导国家的利益。因此，现代所谓全球化时代的国际经济政治关系及其规则中所包含的利益具有二重性：一方面，对于绝大多数所公认的国际规则来说，由于它们是现代国际社会发展的共同成果，在一定程度上反映了全球的共同利益，这是在全球化过程中全球各国都主张建立共同遵循的国际规则或要求本国与国际规则接轨的思想基础；但另一方面，由于当今世界各国在经济、政治、社会、文化方面发展的不平衡，在所谓国际规则形成的过程中，一些经济上发达的国家往往起着主导作用，因其主导而形成的国际规则更多地反映了这些国家的利益。因此，对于后发达国家来说，在全球化的时代，一方面，应该积极、主动地参与全球化的过程，利用当前全球化的国际经济、政治环境，促进本国在经济、社会、文化等领域与国际接轨，以推动本国经济、社会、文化的现代化。但另一方面，这种参与又不能是消极的适应，而是积极地应对，这就是：一方面，通过参与全球化的过程，提升自己在国际事务中的地位，扩大自己在国际规则形成和发展中的发言权，从而使国际规则更多地反映本国的利益;另一方面,在保护好本国的经济、政治、社会、文化的同时,推动本国的经济、政治、社会、文化走向全球,使之成为全球经济、政治、社会、文化的一个重要组成部分。从行政管理学的角度来看,这就是全球化时代民族国家的政府在应对全球化挑战时的重要任务。对于民族国家的政府来说,行政管理全球化既是各民族国际行政管理的价值理念和行为规则日趋融合的过程,也是各民族国家的政府根据自己利益来不断调整自己的行政管理价值理念和行为规则以适应全球化挑战的过程。因此,民族国家政府不仅仅要使本国的行政管理与国际通行的行政管理规则接轨,同时还要参与国际行政管理规则的制定和修改;既要促进国内行政管理适应国际规则,又要促使国内行政管理规则国际化。这就是我们从中国视角所认识的行政管理全球化。

四、行政管理全球化:中国面临的机遇

正如经济全球化不仅仅给中国经济发展带来了挑战而且也带来了重要机遇一样,作为经济全球化的副产品——行政管理全球化也不仅仅给中国行政发展带来了挑战,同样也带来了重要的战略机遇。具体而言,主要有以下几个方面:

(一)行政管理的全球化为中国政府借助国际公共管理机制有效地解决中国所面临的公共问题提供了难得的机遇。全球化时代的来临,意味着世界的空间距离在缩小,整个世界成了一个地球村,尽管民族国家还存在并将发挥着重要作用,但在有些公共事务的处置方面,过去单一由民族国家的政府或社会组织处置的方式却在悄悄退出历史舞台。例如,全球性的环境污染,世界性的恐怖活动,类似2003年非典、2005年东南亚海啸的事件,等等,面对这些将会对全球产生影响的重要事件,单靠一国的政府是很难处置的,因此需要一些国际性的组织或管理机制来进行协调,联合国、世界贸易组织、世界卫生组织,等等,都是一些这样的组织或机制。在全球化时代,中国作为一个负责任的大国,不但要积极参与这些国际组织,在国际公共事务管理中发挥积极作用,而且需要借助这些国际公共事务的管理组织或机制来解决中国所面临的公共问题,如环境污染问题、公共卫生问题、国家安全问题(例如打击东突),等等。在2003年“非典”时期,世界卫生组织在中国应对非典型传染病过程中发挥了重要作用,为中国政府借助国际公共管理机制解决公共问题提供了重要经验。

(二)行政管理的全球化为中国政府参与国际行政管理合作、同全球其他国家共同解决国际与国内的公共问题提供了难得的机遇。这里所说的国际行政管理合作,主要是指国与国之间的行政管理合作。全球化时代也是一个国与国之间相互合作、共同发展的时代,既然整个世界成了一个地球村,国与国之间的关系也就更加密切,甚至在很多共同事务的处置方面,国与国之间的界限将变得有点模糊。在全球化时代,对于任何一个国家来说,不与其他国家合作而孤立地存在和发展几乎是不可能的。每一个国家的政府不但在处理国际公共问题时需要与他国政府合作,而且在处理某些国内公共问题时仍然离不开与其他国家政府的合作。过去我们曾有过在处理国内公共问题时因拒绝他国政府合作而吃亏的教训(例如唐山地震时期),今天我国通过改革开放已经与世界上很多国家的政府建立了良好的合作关系,全球化时代的到来,为我国政府与其他国家的行政合作提供更好的机遇,我国政府应该充分利用这种机遇,强化这种合作,为高质高效地解决国际国内公共问题创造更好的条件。

(三)行政管理的全球化为中国政府向其他国家学习先进的行政管理经验提供了难得的机遇。历史经验表明,一个国家,一个民族,要想取得进步,必须虚心向世界上发达的国家和民族学习,不能固步自封、骄傲自大而不向其他的民族、其他的国家学习。相反,只有虚心向其他民族、其他国家学习,我们的民族、我们的国家才能进一步发展,从而屹立于世界民族之林。在行政管理方面尤其是如此,因为行政管理是对全社会的管理之管理,事关国家的发展方向、发展质量、发展速度。全球化时代使各国政府接触的机会更多,合作的机会更多,从而相互学习的机会也更多。我国政府应该充分利用这一机会,加强向其他国家的政府学习，学习它们的行政管理经验，以努力提高自身的行政管理水平。

（四）行政管理的全球化为中国政府借鉴国际先进的行政管理经验以克服本国行政管理中存在的问题提供了难得的机遇。在转型期的中国，一方面，我国行政管理在诸多方面取得很大进步，有了很大发展，也为全球各国行政管理的改进提供了很多宝贵的经验。但另一方面，我国行政管理中也存在着很多问题，如全能行政问题、经验行政问题、低效行政问题、管制行政问题、暗箱行政问题、人治行政问题、缺信行政问题、非廉行政问题，等等。这些问题的存在，既涉及有关行政的制度问题、法律问题，也涉及行政道德问题。在当今世界上，很多国家的政府对上述问题的解决已经有了很多好的经验。为了有效地解决我国行政管理中存在的这些问题，我们有必要借鉴其他国家政府的先进经验。全球化时代也为我们借鉴国外在这方面的先进经验提供了良好的条件。事实上，在我国今天的行政改革过程中，已经吸收并将进一步吸收国外行政管理的先进经验，以克服目前我国行政管理中存在的种种问题，把我国行政管理提高到一个新的水平。

（五）行政管理的全球化为中国政府将本国的行政管理理念、规则及其经验推向国际并使之国际化提供了难得的机遇。中华民族是一个有着悠久历史的民族，中国是世界四大文明古国之一，我们的祖先为我们创造了灿烂的文化，这其中当然也包括行政文化，这是全球共同的财富。全球化并不是单极化，更不能等同美国化，而应该是多极化、多元化。行政管理全球化还需要国际公认的行政理念、行政规则，但这绝不是把某一个国家或某几个国家的行政理念、行政规则国际化，更不是将某个国家、某些国家的行政理念、行政规则强加于全球绝大多数国家，要求这些国家的政府接受，从而实现全球各国行政理念、行政规则的一致性。相反，全球共同行政理念、行政规则是在各国政府日益频繁的行政交往中形成的，它是各国政府在这种日益频繁的交往中相互对对方行政理念、行政规则接受和认同的结果。由于全球化时代为包括中国政府在内的世界各国政府提供了更多相互交往的机会，因此，我国政府有更多的机会向世界推介我国的行政理念和行政规则，也使我国政府的行政理念、行政规则有更多的机会得到全球其他国家政府接受和认同，这对于中国行政理念、行政规则走向世界、迈向全球从而使之成为全球行政理念、行政规则的一个重要组成部分来说，具有十分重要的意义。

8. 公共管理与应急管理

8.1 关于公共部门的界定与公共管理学的研究范围*

近一段时间以来，有关公共管理学的问题引起了行政管理学界的关注。其中一个基本问题是：公共管理学与行政管理学到底是一种什么关系？一种观点认为，从国外的研究情况来看，公共管理学就是行政管理学，两者的差别是由于翻译的不同造成的。另一种观点认为，公共管理学与行政管理学是有区别的，二者不能等同。但这种差别何在？后者没有做出有说服力的解释。

笔者认为，在今天的中国探讨公共管理学与行政管理学的关系，不能仅仅以西方学者的观点为依据，而主要应根据中国目前的理论与实践来探讨。本文试图首先通过对公共部门的科学界定来确定公共管理学的研究范围，然后在此基础上探究公共管理学与行政管理学的关系。

一、关于“纯粹的”公共部门与“纯粹的”非公共部门之区别

人类社会是一个整体，然而这个整体又是由各个部分组成的。人们可以对这些不同的部分给予不同的称谓，如社会团体、社会群体、社会部门等。其中，有关这些社会部门的分类，人们又可以从不同的角度或运用不同的标准对之加以区分。例如传统社会科学一般将整个社会部门分为政治部门、经济部门、文化教育部门、科学技术部门，等等。

为了从更宏观上对社会部门进行分类，并有助于研究不同社会部门管理的规律，当代一些社会科学家将整个社会部门区分为三大部门：第一部门为政府组织，这是纯粹的公共部门；第二部门为工商企业，这是非公共部门，西方的一些学者将之称为私人部门；第三部门是介于政

---

* 本文原载《武汉大学学报》(社会科学版)2001年第5期，中国人民大学《公共行政》2002年第1期转载。

府组织与工商企业之间的一些部门，这些部门非常复杂，有的更具有工商企业的特点但又不同于工商企业，往往被称为公共企业或公益企业；有的则更类似于或依赖于政府组织，往往被称为非政府公共机构。

前者如在城市中由市政府投资兴办和经营的自来水公司、城市公共交通公司等；后者如由政府投资兴办和主管的高等院校、科研机构、社会福利机构、非营利性的公共医疗机构以及类似于中国青少年基金会的中介组织等等。

政府作为所谓纯粹的公共部门，它具有以下基本特点：

第一，政府组织的基本职能是对社会公共事务进行管理。这里所说的公共事务包含了社会中除私人领域(按西方学者的观点，竞争性的工商企业一般属于私人投资领域，因而这方面的事务被划归于私人领域，属私人事务)以外的所有事务。在人类社会生活中，有些事情固然可以通过私人或私人组织来进行处理，小到个人的谈情说爱、结婚生子，大到组织生产、经营管理；但是，还有很多事情是无法由私人或私人组织来办理的。例如，人口的控制和管理、社会治安、大江大河的治理和维护、社会公共设施的建设和维护、公民基本生活的社会保障、国民素质的提高和智力开发，等等。有关这些事务的管理，必须由一个超越私人或私人组织之外的公共组织来进行处理或加以管理。

第二，政府组织用来从事公共管理的权力是一种公共权力。把这种权力称之为公共权力，主要基于以下两方面的理由：一是这种权力就其性质而言，它总是表现为社会中占统治地位的某一个阶级的权力，而不仅仅是一种个人的私人权力。在中国的封建社会，尽管皇帝把皇权当成自己的一种家族权力，但它实际上是代表整个封建地主阶级的，离开了它所代表的整个阶级，这种权力就不会存在了；在资本主义社会，政府组织的权力被宣称为是一种来自于全体公民的权力，尽管它实际上仍然是有产阶级的权力；在我国社会主义社会，国家的一切权力属于人民，这已经被写入了共和国的宪法。一句话，自从政府产生以来，几乎所有社会的政府组织的权力在性质上都是公共的，当然，由于社会性质的不同，在“公共”这一概念下所隐含的意义有所区别。

第三，政府组织所掌握和运用的资源是一种公共资源。我们知道，政府要通过行使其权力来实现其职能，必须以掌握一定的资源为前提。没有一定的人、财、物作基础，整个政府组织就无法运转起来。而在人、财、物等资源中，从政府控制的角度而言，对财源的控制又是非常基础的。政府组织的财政来源于全体公民的税收，因而其财政实质上是一种公共财政。此外，政府所控制的国土、矿产、水利等重要资源，也是一种公共资源。作为一种公共资源，就其本质而言，是为全民所共享的。

第四，政府组织为社会所提供的产品是一种公共物品。这种物品的基本特征是：它作为一个整体是不可分割的，它不能单独提供给每一个人，而是自动提供给社会中的所有人。例如，国防作为一种公共物品便是如此。一个国家的国防力量保卫着该国的全体居民，而不需要每一个人单独购买。因此，单个个人不会花钱也可能享受公共物品，即所谓的"搭便车"现象。这样，单一个人一般不会自己花钱来购买公共物品，这种物品只能由政府来购买或提供。

第五，政府组织行为的价值取向是公共利益。政府组织是一种公共服务组织，从理念上讲，它应该把全体公民当成自己的服务对象，它不应该有自己的特殊利益。对于政府组织来说，凡是追求自己本组织、本部门利益的行为都是错误的。因此，政府应该是一种"公益人"而不应该是一种"自利人"。它应该也只能把追求和维护公共利益作为本组织、本部门的行为目标。在这里，公共利益应该理解为全体公民的共同利益。当然，在一个存在着不同阶级、不同团体的社会里，由于不同阶级之间、不同团体之间的利益是相互冲突的，而且这些不同阶级、不同团体的利益与全体公民的共同利益也可能发生冲突，因此，在政府如何对待社会共同利益的问题上也有一个哪个阶级、哪个团体的利益优先的问题，但这并不能因此否定政府组织行为以公共利益作为基本价值取向这一事实。

竞争性工商企业作为纯粹的非公共部门，主要有以下特点：

第一，竞争性工商企业的基本投资主体，在西方国家主要是私人，因而其权益主要归私人所有。这表明，这类组织所控制的资源，实际上归企业的所有者所有，因而是一种非公共资源。当然，这里的私人不一定是某一个人，而可能是多个人的联合，但其产权是非常明确的，因而每个人所享有的权益也是非常明确的；在我国，国有资产也将逐步从竞争性行业中退出。在有些竞争性企业，虽然国有资产还占有很大比例，但已实行所有权和经营权分离，企业享有充分的自主经营权，实行自负盈亏，因而正在逐步向真正的非公共部门过渡。

第二，竞争性工商企业为社会所提供的产品，一般属私人物品而非公共物品。私人物品的基本特征是：它能够加以分割，因而每一部分能够分别按竞争价格卖给不同的个人，而一般不会对他人产生外部效应。因此，个人对私人物品的消费是可计价的，这样的物品可以由私人自己购买，而不必由政府来提供；其价格完全可以通过市场竞争来加以确定，不必由政府来加以控制。

第三，竞争性工商企业的行为价值取向是本企业利益的最大化。竞争性工商企业活动所遵循的是“经济人”原则，这种原则实际上是一种“自利人”原则，其目的是追求本企业利润的最大化。尽管企业必须提供社会所需要的产品，在这个过程中创造出有益于整个社会的价值，但就其基本动机而言，为社会提供产品只是手段，其目的是追求自身利润的最大化。这种经济人的实质正如18世纪英国经济学家亚当·斯密在其著名的《国民财富的性质和原因的研究》(即《国富论》)一书中所指出的那样：“我们每人所需的食料和饮料，不是出自屠户、酿酒家和烙面师的恩惠，而是出于他们利己的打算。我们不说唤起他们利他心的话，而说唤起他们利己心的话。我们不说自己有需要，而说对他们有利”。[①] 这就是经济学家眼中的“经济人”，这也是竞争性工商企业的基本特性。

以上分析表明，“纯粹的”公共部门与“纯粹的”非公共部门之间至少存在以下三点区别：

---

① [英]亚当·斯密：《国民财富的性质和原因的研究》下卷，北京：商务印书馆，1994年版，第14页。

一是在它们所占有的资源问题上，作为“纯粹的”公共部门的政府组织所占有的是一种公共资源，公共权力也可以看成是公共资源的一部分；而作为“纯粹的”非公共部门的竞争性工商企业所占有的是一种产权明确的非公共资源。

二是在它们为社会所提供的产品和服务方面，政府组织所提供的是一种公共产品和公共服务（包括对社会公共事务的管理），而竞争性的工商企业为社会所提供的则是一种私人化的产品。

三是在它们的行为价值取向上，政府组织必须以公共利益作为其行为的价值取向，而工商企业则往往以其自身利润的最大化作为其行为的价值取向。

二、关于第三部门及其与公共部门的关系

第三部门即公共企业或非政府公共机构既不同于竞争性工商企业，也不同于政府组织，它既与竞争性工商企业相联系，也与政府组织相联系。在保罗·A. 萨缪尔森、威廉·D. 诺德豪斯所著的《经济学》一书中有这样一道供讨论的问题：“思考一下一种从纯粹公共物品到纯粹私人物品序列是有用的。在一张纸上画出这种序列并用下面这些例子填上：纯粹私人、大部分私人、一半私人一半公共、大部分公共、纯粹公共”。[②] 这个问题表明，从私人物品到公共物品之间存在一个链条，并且这个链条又存在着由细（私）到粗（公）的变化。同样，在竞争性工商企业与政府组织之间也存在着一个链条，这个链条也是变化的，即第三部门由这样一个链条构成：公益性企业、公共事业、非政府公共机构。

第一类组织即公益性企业，如城市自来水公司、城市公共交通公司、城市公共工程公司等。其基本特征是：一般由政府投资或政府投资为主体，为社会提供公共服务或准公共物品，生产由政府垄断，其服务或产品价格由政府定价；但实行企业化管理，自负盈亏，必要时由政府补贴。如果套用萨缪尔森等人的话来说，这类组织所生产的是大部分

---

② ［美］保罗·A．萨缪尔森，威廉·D. 诺德豪斯：《经济学》下，北京：中国发展出版社，1992 年版，第 1211 页。

私人或一半私人一半公共的物品，其性质属于(竞争性)企业化倾向比较明显的准公共部门。

第二类组织即公共事业，如公立幼儿园、小学、中学；公立高等院校；政府投资兴办的科学研究机构；政府兴办的社会福利机构，如老年人福利院、儿童福利院、残疾人福利院等。这类机构的基本特征是：主要由政府投资，所需资金主要由财政提供，部分资金由其为社会服务所得收入予以补充；其基本功能是为社会提供公共服务或准公共产品，其服务或产品价格由政府定价；但一般不实行企业化管理，政府对这些组织实行必要的行政管制，要求这些组织的活动优先体现政府的意图，甚至直接用来为实现政府的目标服务。这类组织所生产的物品或提供的服务，按萨缪尔森的说法，是大部分公共的。

第三类组织即非政府公共机构，如中国妇女联合会、青年联合会、学生联合会、中国青少年基金会等，这类组织活动所需的经费一般可能由政府或财政提供，如中国妇女联合会等组织便是如此；也不一定由政府或财政提供，如中国青少年基金会便是如此。但无论其经费是否由政府或财政提供，它的职能在很大意义上与政府相似，承担着很多有关社会公共事务的管理工作或公共服务工作。这类组织所提供的服务基本上是纯粹公共的，至少也是大部分公共的。

以上三类组织除了分别具有上述特征外，它们还有一个共同特征，这就是非营利性。当然由于这三类组织所具有的“公共性”程度的不同，它们所具有的“非营利性”程度也不同。一般说来，第一类组织还具有一定的“赢利”，即“非营利性”程度较低；第二类组织基本无“赢利”或只有“少量微利”，“非营利性”程度较高；第三类组织就其实质而言属于完全“无赢利”组织，因而是真正“非营利性”的。可见，从“营利性”这一特征来看，第三部门由从“少量赢利”组织到“微利”组织再到“无赢利”组织这一系列组织或部门构成。

人们通常所说的公共部门应该既包括“纯粹的公共部门”即政府组织，也包括“准公共部门”即第三部门。第三部门之所以被归入公共部门，主要原因在于：

第一,第三部门主要是一些从事公益事业的组织,其生产或活动的基本目标是公益性,即为公共利益服务,这与政府组织即“纯粹的公共部门”的目标是一致的。

第二,第三部门市场化程度较低或非市场化,其生产、活动的内容和方式往往由政府实行控制或必要的行政管制,因此它与政府组织存在着十分密切的关系,甚至被当作政府组织用来实现其目标的一个重要工具。

第三,第三部门为社会提供的产品也往往是一种公共物品或“准”公共物品,这与政府为社会所提供的物品是一致的,至少基本是一致的。

第四,第三部门的投资主体或提供资源的主体也主要是政府。当然,在现代市场经济条件下,某些第三部门也应向私人资本开放,允许私人资本进入某些第三部门,毫无疑问这是对的,甚至是一种趋势。但私人资本在这些领域的投资不可能是完全市场化的,它必须受政府的高度控制,其产品或服务价格必须接受政府的行政管制。

第五,第三部门的“非营利性”与政府组织以“公共利益”作为行为价值取向的目标或原则是一致的,即都是以一种“公益人”而非“经济人”的面貌出现的。从这个意义上说,第三部门很难被归入私人企业部门或竞争性工商部门,尽管它不属于“纯粹的公共部门”,将它称之为“准公共部门”是合理的。

三、关于公共管理学的研究范围及其与行政管理学之同异

什么是公共管理学?简单地说,就是研究公共部门管理过程及其规律的科学,主要是研究公共部门如何高效率地为社会提供公共服务和公共产品的科学。既然公共部门既包括作为“纯粹的”公共部门的政府组织,又包括作为“准公共部门”的第三部门,因此,公共管理学不仅仅要研究政府组织的管理问题,也要研究作为第三部门的公益企业和事业组织、非政府公共机构的管理问题。政府组织的管理问题与第三部门的管理问题共同构成公共管理学的研究范围。

从上述关于公共管理学的研究范围的观点看,公共管理学与目前我国学界所公认的行政管理学至少在研究范围上存在着明显的区别。早在20世纪30年代,英语中的Public Administration一词就被译为“公共行政”,至80年代这一学科在我国恢复时,“公共行政”一词广泛地被“行政管理”所代替。在政府和学界的共同推动下,行政管理学作为一个相对独立的学科被很快地发展起来。从那个时候起,我国的行政管理学就被定义为研究政府组织及其管理社会公共事务的规律的科学,这是人所共知的事实。也就是说,从目前我国的实际状况看,行政管理学的研究范围仅仅是政府组织自身的管理以及政府组织对社会公共事务的管理。至于第三部门的管理问题,即公益企业与事业组织的管理问题、非政府公共机构的管理问题,则在行政管理学的视野之外。

据此,我们认为,仅就研究范围而言,行政管理学与公共管理学在以下方面是共同的:无论是行政管理学还是公共管理学都必须研究“纯粹的”公共部门即政府组织的管理问题,把探讨政府组织如何高效率地运用公共资源为社会提供更有效的公共服务或提供更多的公共产品作为自己的重要研究内容。因此,政府部门的组织问题、领导问题、决策问题、执行问题、监督问题及其管理过程中的规律性问题,既是行政管理学关注的重要问题,也是公共管理学关注的重要问题。对这些问题的关注和探究,构成了行政管理学与公共管理学的共性问题,也就是二者之间的相同点。

但是,公共管理学与行政管理学至少在以下几个方面存在着差别:

第一,公共管理学的研究领域不仅仅是作为“纯粹的”公共部门的政府组织的管理及其规律问题,而且还应包括作为“准”公共部门的第三部门的管理及其规律性问题,行政管理学的研究领域仅仅限于“纯粹的”公共部门即政府组织的管理及其规律性问题。仅就这一点而言,公共管理学与行政管理学就存在着明显的区别:前者的研究范围要大于后者的研究范围,或者说,前者所探讨的范围是后者的一部分。从这个意义上说,公共管理学与行政管理学的研究范围之间的关系可以看成是整体与部分的关系。

第二,公共管理学所研究的是“纯粹的”公共部门与“准”公共部门管理过程中共有的规律性问题。在公共部门中，“纯粹的”公共部门与“准”公共部门之间是存在着明显区别的，既然二者之间存在着区别，它们各自的管理方式及其规律也是有所不同的，也就是说，它们各自都有特殊的管理方式和管理规律。研究这些特殊的管理方式和规律并不是公共管理学的任务，而是行政管理学、公共事业管理学等学科的研究任务。同时，我们还应看到，“纯粹的”公共部门和“准”公共部门既然都是公共部门，因此，它们除了具有各自特殊的管理方式和管理规律外，还应有共同的管理方式和管理规律，研究各种公共部门所共有的管理方式和管理规律才是公共管理学的任务。由此看来，公共管理学的研究对象是全部公共部门所共有的管理方式与管理规律，而行政管理学的研究对象则仅仅是“纯粹的”公共部门所特有的管理方式和管理规律。从这个意义上说，公共管理学与行政管理学的研究对象之间的关系可以看成是一般与个别的关系。

第三，公共管理学所关注的是公共部门如何高效率地利用现有公共资源为社会提供更多的公共服务和公共产品，它在研究“纯粹的”公共部门即政府组织时，也是把政府组织当成一个为社会提供公共服务和公共产品的机构的，研究的重点是如何把政府机构自身管理好，以便更有效地为社会提供公共服务和公共产品；在公共管理学看来，包括政府组织在内的所有公共部门都是管理的客体，至于政府机构作为管理社会公共事务的主体地位，公共管理学则关心不多，这一点正是行政管理学所十分强调的。行政管理学把政府机构既看成是管理的客体，又看成是管理的主体。当它把政府机构看成是管理的客体时，它所强调的是要把政府机构自身管理好；当它把政府机构看成是管理的主体时，它所强调的是要求政府把社会公共事务管理好。在公共管理学的视野里，政府组织与工商企业一样，只是性质以及方式不同罢了。因此，公共管理学更强调公共部门自身的管理，而行政管理学则更强调公共部门（“纯粹的”公共部门）对社会公共事务的管理，这也是公共管理学与行政管理学的区别。

8.2 公共管理学科在台湾：考察与观感*

近年来，台湾地区和大陆地区公共管理学界的交往日益频繁，两岸公共管理学者在不断增多的交往中对公共管理学科的认同度日益提高，通过相互学习，彼此之间的共识越来越多。但是，由于众所周知的种种原因，两岸在公共管理研究与人才培养的模式方面各有不同，或者说各有特点。通过对台湾地区公共管理学科的发展、现状和人才培养模式进行实地考察并加以分析和思考，对于大陆地区加强公共管理学科建设和改进公共管理人才培养模式不无意义。

一、在台考察的过程

2004年11月1日—12月2日，本人作为中山大学（台湾）客座教授，受中华公共事务管理学会和中山大学公共事务管理研究所的邀请，于11月1日到达高雄中山大学校园，开始为期一个月的在台讲学和学术交流活动。

在台期间，我先后向中山大学公共事务管理研究所博士班、硕士班、在职专班和学分班的同学们做了多场演讲。涉及的内容主要有：公共管理学科在大陆的发展与研究动态；全球化背景下公共管理发展的基本走向；加入WTO后大陆公共管理为因应全球化、市场化挑战而进行的改革及其趋势；公共管理市场化、民主化、法制化、高效化等。并对海峡两岸公共管理学科研究的互动与学术交流进行了有益的探讨。在演讲过程中，演讲者与听众之间进行了积极的互动，听演讲的研究生们向演讲者提出了大量的有关公共管理的学术问题，作为演讲者，我尽自己之所能，努力回答他们的问题。同时，对一些较为复杂的问题进行了相当热烈的讨论。

除演讲之外，我尽可能抽出多一点的时间到图书馆阅读有关图书杂志，特别是台湾学者所撰写的有关台湾公共管理的一些理论著作，我

---

* 本文是作者在考察台湾的公共管理教育后写的一篇杂谈，此处为第一次发表。

力图透过这些著作去了解台湾公共管理的理论研究动态以及台湾公共管理发展的现状。

2004 年 11 月 17 日—24 日，适逢西安交通大学、西北大学、兰州大学的研究生来中山大学参加理论研讨和学术交流。我作为主持人之一参加了研讨会。随后，我与上述学校的研究生及带队教师一起考察了义守大学、东海大学、政治大学、玄藏大学等学校的公共事务管理或公共行政系或研究所，还参观了逢甲大学、交通大学和中华大学等高校的校园，以及屏东原住民文化园、高雄市、台南市、台中市、台北市和新竹市等城市的市容市貌及日月潭等著名观光胜地。

为了比较准确地了解台湾公共管理的实际状况，我还特地参观了高雄县议会、县政府及财政、税务等部门，旁听了县议会的立法委员对县政府官员的质询。此外，我还与中山大学及其他大学的教师、研究生进行了多次座谈，以了解台湾公共管理学科的教学模式和方法；特别是与中山大学的在职专班研究生进行了多次座谈，相互交流了相关资讯，探讨了有关公共管理改革的一些十分有趣的问题。

通过以上活动，我对台湾目前的公共管理学科的研究状况、人才培养模式有了一个大致的了解，对台湾公共管理的实际运作过程也有了一个初步的感性认知。

二、台湾地区公共管理学科的发展、现状与人才培养模式

台湾公共管理人才培养的专门教学机构诞生于 20 世纪 60 年代。最早的教学机构是台北的政治大学。该校 1963 年成立公共行政学系，开始招收大学本科生；1964 年成立公共行政研究所，开始招收硕士研究生；1989 年开始招收博士研究生。

在台湾，目前设有公共管理方面的教学机构的大学共有 20 多所，其中既有公立大学，也有私立大学。如：政治大学公共行政学系暨研究所；中山大学公共事务管理研究所；警察大学行政管理学系；文化大学行政管理学系；世新大学行政管理学系；台北大学公共行政暨政策学系；玄奘大学公共事务管理系；空中大学公共行政学系；东华大学公共行政研究所;淡江大学公共行政学系暨研究所;铭传大学公共事务研究所;暨南大学公共行政与政策研究所;东海大学公共行政学系暨研究所;义守大学公共政策与管理系;等等。保守估计,在台湾地区的2300万人口中,目前在校攻读公共管理或公共行政学位的各类学生在6000人以上。在台湾的政府部门、非政府的公营部门以及私人企业的管理层精英分子中,相当一部分是公共管理或公共行政的毕业生。

在台湾地区公共管理人才培养的教学机构中,凡设有公共行政或公共事务管理学科的院校,一般均设有研究所或系,但有的学校只设研究所,如中山大学公共事务管理研究所;有的学校只设有系,如义守大学公共政策与管理系。有些学校虽既设有研究所又设有系,但实际上是两块牌子一套人马,系主任与所长由一人一肩挑,如政治大学公共行政学系与公共行政研究所。在人才培养方面,系与研究所是有严格分工的。系是培养学士的部门,只招收我们说的本科生;研究所是培养研究生的部门,招收硕士研究生和博士研究生。

台湾地区公共管理的人才培养模式主要包括以下内容:

(一)学历层次与学习方式

与其他学科的培养模式一样,台湾地区公共管理各学科的人才培养也包括学士、硕士和博士三个学历层次,即学士部学生、研究所硕士生和博士生;在教学形式方面,除学士部几乎都是全日制学生外,研究所硕士生又分为一般生、在职生;博士生同样分为一般生、在职生;此外,像中山大学公共事务管理研究所还有硕士学分班、EMPA的研究生。

在上述几种培养模式中,研究所的研究生中相当一部分是在职生,他们中有来自政府各部门中公务人员,相当部分已有40多岁,甚至50多岁,为了提高自己的公共管理能力和竞争力还在继续攻读硕士学位或博士学位。在学习方式上,这部分研究生一般采取不脱产学习的方式,每月集中一定的时间授课。在高雄中山大学还有50多岁的退休公职人员在攻读博士学位。

（二）学生的选拔方式

台湾地区公共管理专业学生的选拔方式主要有以下两种（以政治大学为例）：

1. 通过考试选拔

学士部考试的课程有：国文（1.5）、英文（1.5）、数学（1.0）、历史（1.0）、地理（1.0）。

硕士班考试的课程有：共同科目：国文、英文；专业必考科目：政治学、行政学（含人事行政学）；专业选考科目（择一）：公共政策、行政法。

博士班考试的课程有：专业英文（9%）、行政组织与管理（18%）、现代社会科学研究方法（18%）。另加口试20%、书面审查35%，包括：论文著作15%、研究计划15%、硕士班成绩审查5%。

2. 甄选

台湾地区学士部、研究所都采用甄选方法选拔学生，但名额非常有限。如政治大学公共行政研究所硕士班2004年共招25名学生，甄试生只有3名。

甄试要经过资格和相关材料的审查、笔试与口试等环节。资格要求是大学毕业生，台湾地区与非台湾地区的皆可，应届毕业生与往届毕业生都行。

审查的资料包括：推荐信、学业成绩、自传、研究计划、个人能力与成就证明文件（学术著作、社团经验、志工经验、语言成绩、奖学金证明等）。

考试包括笔试（占总成绩的40%）和口试。笔试科目包括：行政学（25%）、专业英文（15%）。另外研究计划占20%。

（三）培养方式

1. 课堂教学：教师讲授与学生提问、讨论相结合；

2. 公共管理研究：参与课题研究、参与地方公共机构的研究；

3. 学位论文。

（四）教学内容

在台湾地区，无论是学士部还是研究所，课程都分为专业必修科目和选修科目。以政治大学为例，学士班学生毕业最低总学分138学分，专业必修为48学分，其余为选修学分。硕士班、博士班最低毕业学分分别为34和30学分，专业必修分别为8和6学分，其余均为选修学分。学士班的必修科目为：管理学、政治学、经济学、行政统计学、行政学、宪法与政府、公共政策、研究方法、行政法、人事行政、财务行政、行政学方法论。

硕士班必修科目为：行政组织与管理、研究方法论。

博士班必修科目为：组织与管理理论研究、社会科学研究方法。但各个学校也有差别。如中山大学硕士班要求最低毕业学分35学分，必修学分18学分，课程也较多，包括：公共经济学、研究方法、公共事务管理、公共政策分析、公共财政与预算、伦理与冲突、法律与公共事务；博士班要求最低毕业学分36学分，课程主要有：高等研究方法、高等公共经济学、公共政策分析专题。另外每一个研究方向还设有两门必修课程，如决策研究方向设有高等决策与判断分析专题、理性决策行为理论与实务；都市管理方向设有都市经济学、地区经营管理专题等。

无论是硕士班还是博士班，要取得学位都必须完成学位论文。

以上只是对台湾地区公共管理学科的发展、现状与人才培养模式做一个简单的介绍，相信这对于希望了解台湾地区公共管理学科的同仁来说是有启发作用的。

三、收获和感想

大陆在公共行政与公共管理方面的研究较台湾晚，一般说来，在公元1980年代中期才进入本学科研究的时代，至今只有20年左右的历史。在这20年中，大陆的公共管理学者到底在研究一些什么问题？这是台湾学者比较关心的问题。同样，大陆学者也非常关心台湾的公共行政或公共管理的研究动态，很想了解台湾学者在公共行政、公共事务或公共管理研究领域所取得的成果。尽管我在来台之前对台湾学者在这些方面的研究也有过了解，与台湾有关学者也有过多次交流，但这些交流毕竟不如实地考察。特别是对于台湾的在读大学生和研究生来说，他们也有了解大陆公共管理研究的愿望，但真正与大陆学者交流的机会并不多。作为大陆学者，我也很想了解台湾大学生、研究生对公共管理理论学习和研究的兴趣及其所关心的问题。在台湾的一个月，不仅使我对台湾在公共管理方面的研究有一定了解，也使台湾的学者与大学生、研究生对大陆的公共管理及其研究动态有一定的了解。应该说，这种学术上的相互交流对于推动双方在公共管理研究学术上的发展是非常有意义的。

（一）加深了对台湾的公共管理研究和公共管理现况的认知。作为一名从事公共管理研究和教学的大学教师，来到台湾最为关心的是台湾公共行政与公共事务管理研究的进展与动态，希望与台湾的同行学者更多地进行这方面的学术交流。在台期间，不仅仅与中山大学公共事务管理研究所的师生们进行了交流，而且与政治大学、义守大学、东海大学和玄藏大学的公共行政或公共事务管理学系或研究所的师生进行了学术交流，进一步加深了对台湾公共管理研究和人才培养现况的认知。我深深感受到，台湾作为一个现代化的社会十分重视对公共事务管理的研究和对公共管理人才的培养。在一个仅有 2300 万人口的地区，有 20 多所大学开展公共行政和公共事务管理的研究和教学工作，足见台湾对公共事务管理人才培养的重视。同时，我发现很多大学研究所的研究生都是在职的公务人员，相当一部分的在职研究生年龄比较大，有的已在 50 岁以上，但他们的学习热情非常高。对于他们的这种学习热情，我感到非常敬佩。

（二）通过这次讲学和研究，我发现了以下几个有趣的现象：

1. 在公共管理研究的理论方面，尽管两岸的公共行政或公共管理的研究者们是在不同的经济、社会和政治背景下研究公共行政或公共事务管理问题，但是两岸学者所探讨的问题则非常趋同。如：全球化背景下公共管理的市场化、民主化、法制化和高效化的问题；都市规划和都市管理问题;公共政策的规划和评估问题;市场化过程中的政府管制问题;等等。当然对这些问题的回答两岸学者肯定有差别,这是很正常的现象。但两岸学者也有很多观点相同的地方。

2. 在公共管理实务方面,尽管两岸由于经济、社会和政治制度的不同而导致双方在公共管理上存在着不可避免的差别,但我也发现两岸在公共管理方面也存在着不少共同的东西。比如,在有关公共管理的理念方面,台湾方面提出了“以人为本、永续发展”的理念;其实,大陆方面提出的“科学发展观”也包含了“以人为本和可持续发展”的理念。此外,两岸在行政或管理文化方面也存在着很多相似的地方。如“情”与“法”的协调与冲突。毫无疑问,现代社会的公共管理必须建立在坚实的法治基础之上,然而华人社会又是一个充满人情味的社会,法与情之间肯定存在冲突,但在法治过程中也要尽可能合情合理,这似乎是两岸公共管理者所面对的一个共同问题。

四、几点杂谈

本人这次是初次来台,而且相对说来时间较长。由于邀请单位中华公共事务管理学会和中山大学公共事务管理研究所的精心安排,活动的内容也比较丰富。因此,对于我个人来说,可谓收获不小,主要有以下几个方面:

(一)亲身体验到台湾良好的商业服务。我到台湾的当晚,就有一件事情使我很感动。事情的缘由是这样的:由于我在香港转机时没有赶上我原定的飞机,于是只好改换另一班次的飞机,但我的行李在武汉就已托运直达高雄。机场服务生告诉我,我的行李可能不能与我同机抵达。当我到达高雄机场时,已是晚上 9 点左右。一位机场服务人员主动找到我,并告诉我,我的行李随下一班飞机到达,要我办好有关手续后先回目的地,然后由他们派人帮我送到。到晚上凌晨一点多钟时行李果然送来了。这么晚还帮我送行李,这件事使我好感动。我深深感受到,台湾的商业服务应该是一流的,也许这种诚信的商业道德和良好的商业服务正是台湾经济发达的原因之一。

（二）亲身感受到台湾人民的热情和友好。在台湾的这一段时间里，我亲身感受到台湾人民热情、友好，非常有礼貌。在中山大学的校园，总是有人不断向我非常礼貌地打招呼；我们每到一所大学考察，接待我们的师生都非常热情；当我走进商店购物、饭馆吃饭时，服务生的微笑服务都给我留下了美好的印象。特别是中山大学师生的热情、周到的接待更使我难以忘怀，他们对于我在台期间的生活、工作和考察做了非常细致的安排。由于他们的热情友好和周到服务，使我感觉在台湾期间如同在家一样。

（三）对加强两岸学术交流的思考

近年来，由于两岸学者的努力和社会各界的支持与帮助，两岸学术交流不断扩大，这对于促进两岸学术的互动与发展，起了非常积极的作用。但是，从目前现况来看，交流的规模与水平远远不能满足两岸学术界的需求。为了进一步推进两岸学术交流的发展，根据自己这次来台参加学术交流的切身体会，特提出以下几点建议：

一是适当增加两岸学术交流的机会。总的说来，目前两岸学者交流的机会相对较少。特别是大陆学者要得到一个来台湾进行学术交流的机会被认为是非常宝贵的，因为这是一个很少的人才有可能得到的机会。这也反映出这方面的交流确实受到限制太多。特别是相对于经贸交流而言，学术交流就显得很逊色了。因为近几年两岸的经贸交流实际上在不断扩大，而且速度还比较快。学术交流虽有发展，但比起经贸交流发展的速度则要慢多了。因此，我建议两岸学术界在这方面要多做一些推动和促进工作，为两岸学者的学术交流多创造一些机会。例如，多举办一些两岸学术研讨会，两岸双方的大学、学术研究机构相互邀请对方的专家、学者进行学术讲座，等等。

二是尽可能实现两岸学术交流形式的多样化。学术交流的形式应该是多样化的，但目前两岸学术交流的形式比较单一。就现况而言，两岸学术交流在形式上主要限于相互参加对方所主持召开的学术研讨会，教师的短期讲学与研究，研究生的短期互访等。这些形式是必要的，也非常好，但做得不够。因为从学术交流自身规律来看，仅有这些交流形式满足不了深层次学术交流的需要。为了提高两岸学术交流的水平，我建议有必要在现有学术交流形式的基础上再探索一些新的交流形式。例如，采取适当的形式鼓励两岸专家对某些项目进行合作研究，两岸的大学或培训机构开展对某些专门领域的人才进行合作培训或相互为对方培训其所急需的人才，两岸大学或研究机构相互接受对方的访问学者或互派访问学者，两岸大学或研究机构相互接受对方研究生进行为期半年或一年的研究，等等。

三是尽可能简化与两岸学术交流相关的手续。当前两岸学术交流的手续比较繁琐。来台从事学术交流真不容易，仅仅办手续就要好长时间。学术研究人员、大学教师往往非常忙，最赔不起的就是时间。再加上有些学术问题具有时间上的紧迫性，所以繁琐的手续与程序也很难满足当前两岸学术交流的需要。因此，我建议有关管理部门应尽可能考虑学术交流的需要和学术研究人员的实际情况，尽可能为大学或研究机构的学术交流提供方便，特别是在手续和程序方面尽可能简化，缩短办手续的时间，真正为两岸的学术交流提供简便、快捷的服务。

8.3 论波音公司的危机意识及其对我国安全应急管理的借鉴意义*

危机意识是人们对环境时刻保持警觉并随时做出反应的一种意识。在管理学中，危机意识是指管理者自身并引导被管理者对环境保持警觉并迅速做出反应的一种意识。树立危机意识对于及时应对危机、把危机损失减少到最低程度具有极其重要的意义。美国的飞机制造商波音公司十分重视危机意识，在全体员工中开展危机教育，以提高该公司应对危机的能力，在管理实践中已取得很大的成功，并已内化为该公司的一种管理文化价值。探讨波音公司的危机意识及其管理文化价值，对于我国正确地树立危机意识和加强危机管理，具有重要的启示作用。

一、波音公司危机意识的基本特征

在波音公司的管理中，重视危机意识已经成为一种管理常态。如果有人问在现代跨国企业中，哪家公司更加注意危机意识的培养，凡是对跨国公司危机意识有所研究的人，都会提到波音公司。波音公司作为世界著名的飞机制造企业，今天世界上所使用的大约 10 000 架民用喷气式客机中，40％以上是波音公司生产的；世界上最先进的军用飞机，如美国的 E－3“望楼”和 E－4 预警机，E－6 通信中继飞机，CH－47“支奴干”和 V－22“鱼鹰”倾转旋翼飞机，F－22“猛禽”先进战术战斗机、RAH－66“科曼奇”隐形武装直升机等等，都离不开波音公司的贡献；美国波音公司还是世界著名的航天器与导弹生产商，美国的阿波罗登月计划、巡航导弹的研制，都是由于波音公司的参与才得以实现的。在 2005 年《财富》杂志评出的世界 500 强排名中，波音公司排在第 76 位，拥有 525 亿美元总资产。然而，就是世界上一个如此著名的公司，对于该公司的未来发展，仍然充满了危机意识。

* 本文曾于 2006 年 11 月在“全国应急管理与政策创新会议”上宣讲，这里第一次公开发表。

波音公司为了让每个员工时刻保持危机意识，独出心裁地摄制了一部模拟“公司倒闭”的电视片：在一个天气灰暗的日子里，员工们一个个垂头丧气地离开工厂，厂内高挂着“厂房出售”的招牌，扩音器里不断传来“今天是波音时代的终结，波音关闭了最后一个车间……”。[①] 在波音公司，由于危机意识的强化，使波音公司的每一个员工都充满了危机感而努力工作，为公司节约每一分钱，充分利用每一分钟。这正是波音公司得以发展和壮大的原动力之一。

波音公司危机意识的形成，可以追溯到其创始之初。波音公司1916年诞生于美国西海岸的西雅图，那里盛产木材。其实，在此以前及以后的相当长一段时期里，威廉·爱德华·波音所开办的公司只是一个木材公司，当时，波音公司木材生意兴隆。当波音决定制造飞机时，就意味着他要放弃正在兴旺的木材生意而去从事风险巨大的飞机制造业，这本身就反映了波音本人敢冒风险，具有强烈的危机意识，这种危机意识一直强烈地激励着波音人努力工作，不断创新，从而终于使波音公司有了今天辉煌的世界“航空业霸主”地位。

波音在第二次世界大战结束前，主要是替军方制造飞机，几乎4/5的业务来自一个客户：美国空军。当波音公司从军方获得了巨大的订单并获得了丰厚的利润时，波音人意识到，要使波音获得更大的发展，仅有军方市场是不够的，必须开拓民用航空市场。因为一旦进入和平时代，来自军方的订单就有可能减少，从而威胁到波音的生存。因此，在二战刚刚结束之时，波音就开始调整自己的战略，在发展民用航空器方面投入大量的研制经费，很快占领了民用航空器市场，为波音的进一步发展开拓了广阔的空间。

为开拓民用航空器市场，波音公司特别重视技术革新。当波音公司已经生产出成熟的螺旋桨型飞机并在世界飞机制造业处于领先地位时，波音人意识到，如果波音不能在技术上获得更大的进步，民用航空

① 《中国体育报》，2006年4月27日。

器市场的开拓就会受到限制，从而不利于波音的进一步发展；同时其他的飞机制造公司也有可能在技术上超过自己，从而使自己在飞机制造业上的垄断地位受到挑战。正是这种危机意识的产生，促使波音公司不惜血本，冒着波音公司破产的风险进行技术革新，从1965年开始全力开发喷气式飞机。有人认为，1965年波音公司决定进行波音747巨无霸喷气式客机计划，这是波音做出的其有史来最大胆的决定，这个决定几乎毁了波音公司。[②] 然而，事实上正是这个计划更进一步提升了波音公司在航空器制造业中的地位。

综观波音公司的危机意识，它具有如下几个基本特征：

一是超前性。从波音公司的危机意识的形成和对员工进行的危机意识教育来看，超前性是波音公司危机意识的一个重要的基本特征。所谓超前性，就是指危机意识形成于危机发生之前，对员工进行危机意识的教育或灌输也发生在危机发生之前。危机意识的形成和危机意识的灌输不能做“事后诸葛亮”，否则就很难起到应对危机的作用；而只有在危机发生之前强化危机意识，才能防止危机的发生并在危机发生后增强抵制危机的能力，这是波音公司给我们的基本经验。

二是强烈性。可以这样说，强化危机意识是波音对员工进行教育的重要内容之一，也是波音的管理文化的重要内容之一。波音公司为什么要制作一个假设波音公司倒闭的电视片并在波音公司的员工中加以传播，这并不是为了败坏波音公司的形象，更不是为了诅咒波音的未来，而是为了在波音公司的员工中强化危机意识，使员工具有强烈的危机意识，克服员工的麻痹思想，防患于未然。所谓危机意识的强烈性，就是指由于波音公司对危机意识的强化，从而使波音公司从管理层到普通员工对危机的认识程度提高，随时有着应对危机的准备。这是波音公司之所以能够在克服一次又一次危机的过程中不断发展壮大的法宝，也是波音公司管理文化的一个重要特色。

---

② 于茜：《波音：乐此不疲地制造风险》，《周末画报财富版》，2006年7月17日。

三是广泛性。波音公司不仅仅要求管理层要有强烈的危机意识，以应对难以预测的未来，而且要求全体员工都要有强烈的危机意识，以便在危机发生时全体员工同心协力地克服危机；不仅如此，波音公司还把强化危机意识作为一种激励员工的手段，以激励员工的进取精神，促使员工为波音公司做出更大的贡献。所谓危机意识的广泛性，就是指波音公司要求全体员工人人具有危机意识，把危机意识灌输给每一位员工。为了使全体员工广泛地具有危机意识，波音公司专门制作了一个假想波音公司破产的电视片，并在波音公司的员工中广泛传播，从而增强每一位员工的危机意识。

四是持续性。无论从波音公司危机意识的形成和发展来看，还是从波音公司对员工进行危机意识的教育和灌输来看，都是一个持续不断的过程。也就是说，波音公司危机意识的形成和发展是一个持续不断的过程，波音公司对员工进行危机意识的教育和灌输也是一个持续不断的过程，从而反映出波音公司的危机意识具有持续性这一基本特征。可以这样说，波音公司从创立到发展的全过程，自始至终贯串着危机意识；波音公司在对员工进行管理激励和教育的过程中，也同样自始至终地贯串着危机意识。正是危机意识的持续性这一特征，使波音人时刻保持着对危机的警觉，从而不断提高其自身克服危机的自觉性。

二、波音公司危机意识在管理实践中的体现

波音公司的发展并不是一帆风顺的，她的成长和兴旺与其一次又一次克服危机是分不开的。在波音公司的发展过程中，既经历过经济危机，也经历过政策危机；既经历过自然灾害的危机，也经历过公共关系的危机。但波音公司并没有被这些危机所压倒，相反，则一次又一次战胜了这些危机，并使自己在不断战胜危机的过程中兴旺发达起来，其中很重要的一个原因就在于波音公司具有强烈危机意识，在危机到来之前就有充分思想准备，在危机到来之时则在管理实践中使这种危机意识得到充分的体现。

20 世纪 30 年代，美国经受了一次至今仍让美国人难以忘怀的经济危机。在这次经济危机中,仅1929年—1933年间,全美就有半数银行倒闭,13万家以上的企业破产,完全失业的人数达到了1 300万。但是,波音公司在这次经济危机中挺了过来,没有被经济危机所击倒。有人认为,这得益于波音公司当时建立了"联合航空及运输企业公司"所形成的行业垄断的能力。也就是说,在美国20世纪30年代的经济危机到来之前,波音公司已为应付这场危机做好了准备。20世纪20年代初,波音飞机开始进入民用领域。1927年,波音公司赢得了旧金山至芝加哥航线的营运权。随后,波音航空和波音空运通过多种方法,合并兼并了诸多企业,如汉弥尔顿和标准钢铁公司等等。此时的波音公司事实上已经变成了一个以飞机制造为核心,囊括上下游行业的,集航空材料制造、航空发动机制造、飞机制造、航空邮运、航空客运等多种业务于一体的托拉斯性质的航空界巨人。正是由于波音公司的强大实力,足够抗拒社会经济危机带来的冲击,使波音公司在这场经济危机中立于不败之地。

其实,这一时期波音公司所遭遇到的危机,不仅仅来源于经济危机本身,而且还来源于政策,也就是说这一时期波音公司还遇到了一场政策危机,也可称为政治危机。1933年,富兰克林·罗斯福竞选成功,就任美国第32届总统。罗斯福上任后推行一系列社会经济方面的改革和改良措施,推行"罗斯福新政"。其核心内容之一就是打破垄断。《1934年空邮法案》出台,该法案规定:飞机及飞机发动机的制造商不能与航空公司有任何联系。这就从一定意义上给了"联合航空及运输企业公司"以致命的打击。但是,波音公司在这次危机中还是度过了难关,这仍然归功于该公司具有强烈的危机意识。因为在此以前,波音已从华盛顿等名牌大学吸收了一批优秀人才,在危机到来之时已经开始了重型轰炸机的研究,而这正好符合美国军方的需要。正当波音公司遭受经济困难的时候,军方则交给了波音一份飞机制造文件。波音公司据此研制出波音299型,即后来的B—17重型轰炸机。军方的订单使波音从困境中走了出来。

即使在今天，当波音已经成为世界飞机制造业的巨人，波音公司并未因此而没有危机，相反，危机依然存在，波音人仍然在强化危机意识，并在为战胜危机而努力着。

自然灾害危机，是所有组织和个人可能遇到的危机，波音公司也不例外。2001 年 2 月，波音公司所在地区发生了地震，迫使 5 万名波音职员撤离公司办公大楼。次月，波音公司宣布公司计划将总部从西雅图迁往芝加哥，一些人误解为波音公司将全面撤出西雅图，造成公众和政府的不安。但在地震发生之后的数小时内，波音公司便开通专门网站发布相关消息，例如告诉职员次日有哪些办公楼重新投入使用；地震发生的当天下午，波音公司发布了新闻稿，向人们提供有关该事件的报道，尽管当时办公大楼和电脑还无法使用。如此快速的应对行动有力地证明了波音公司事前准备的危机处理办法是切实有效的。[③]

公共关系危机也是现代企业普遍存在的一种危机，波音公司也可能会面对这种危机。2005 年 AN－26 隔热毯事件就是波音公司最近遭遇到的一种较为严重的公共关系危机。AN－26 隔热毯是在飞机的内壁与外壁之间安装的一种保温隔热棉。2002 年，波音公司发现这种材料已达不到新的技术标准的要求，存在安全隐患。这一情况被媒体炒作后产生了释放效应，变成了一个波音飞机安全的公众话题，从而给波音公司造成了一场公共关系危机。面对这一危机，波音公司采取了一系列对策：首先报告给美国政府部门，即将这一情况向联邦航空局做了报告；其次通报了所有的运营商，即波音的客户航空公司；最后则是积极地寻找一种解决方案，波音已经开发了一种阻燃喷涂系统，也是一种涂料，喷在隔热棉上，这已经得到美国安全评估委员会的认可。波音公司将上述对策通过媒体公之于众，从而成功地克服这次公共关系危机。波音公司中国主管传播事务的副总裁刘江先生在总结这次克服危机的经验时指出：这次波音之所以能够很快解除危机，原因在于：首先

③ 程丹编译：《危机管理重在“未雨绸缪”》，《远东经济画报》，2002 年第 4 期。

是准备很充分；其次在媒体做了一些不属实的报道之后波音采取了非常透明的办法，和媒体进行非常有力度的沟通；最后也是最关键的就是和航空公司、民航总局的沟通。在中国，就是通过民航总局的表态来平息这次风波的。④

从上述的事例中不难看出，当波音公司每次遭遇危机时，波音公司总是在事前就做好了应对准备，能够井井有条地解决危机问题。我们可以设想一下，如果波音没有强烈的危机意识，要做到这一点几乎是不可能的。因此，可以这样说，正是强烈的危机意识，为波音一次又一次战胜经济、政治、自然灾害、公共关系等各种危机做好了充分的思想准备，从而增强了波音公司克服危机的能力，使波音公司在不断地战胜危机的过程中发展和壮大，从而成为世界航空器制造业的巨人。

三、波音公司危机意识的价值及其对我国安全应急管理的借鉴意义

危机意味着破坏，从人们的主观愿望来说，人们并不希望发生危机。然而，危机又是一种客观现象，不管人们喜不喜欢它，它该发生时还是照样发生。一般说来，危机的到来是不以人们的主观意志为转移的，人们可以预防危机的发生，但要完全阻止危机的发生几乎是不可能的。正因为如此，危机管理有着特别的重要性。波音公司强化危机意识，强化危机管理，也就有着特别重要的理论和实践价值。

从理论层面而言，波音公司对危机意识的强化，形成了一种特有的管理文化。所谓管理文化，即管理意识或管理精神的总称，是一种内化于人们神经系统的管理理念。在波音公司的管理中，将危机意识的强化作为企业管理的一个重要组成部分，使危机意识内化于广大波音人的潜意识之中，促使全体波音人在思想上、心理上为应对各种危机准备，从而为战胜各种危机创造了思想和心理条件。

从实践层面而言，波音公司对危机意识的强化，是波音公司提高管

---

④ 王京韬：《波音渡过公关危机的启示》，《中华工商时报》，2005 年 5 月 16 日。

理效能的一种重要手段。首先，对员工进行危机意识的教育和强化，有助于提高全体波音人应对危机的能力，一旦危机到来，能迅速对危机做出反应，把危机的损失减少到最低限度；其次，对危机意识的强化从一定意义上说也是对员工的一种激励机制，事实上其价值超出了危机管理本身。正如前面已经指出的，由于波音公司强化对员工进行危机意识的教育和强化，促使波音员工为波音公司抓紧每一分钟，节约每一分钱。这就表明，波音公司对员工进行危机意识的教育和强化会产生一种放大效应，超出危机管理效应本身，无论危机是否发生，它都能够从整体上提高波音公司的管理效能。

有资料显示，我国每年都会发生大量的危机事件，并造成了重大损失，这与我国从官员到普通群众的危机意识淡薄有着密切的关系。

据国务院办公厅应急预案工作小组某负责人透露，我国由于自然灾害、事故灾难、公共卫生和社会安全等突发事件造成每年非正常死亡超过 20 万人，伤残超过 200 万人，经济损失超过 6 000 亿人民币。新中国成立以来，自然灾害平均每年造成中国 1.5～3.5 亿人不同程度受灾，一万多人次死亡，经济损失 2 000 亿元人民币。其中，20 世纪中国发生的破坏性地震占全球的三分之一，死亡人数高达 59 万人，占全球的一半。在事故灾难方面，中国每年发生各类事故近 100 万起，死亡 13 万多人，伤残 70 多万人，经济损失 2 500 多亿元人民币。其中，一次死亡 3～9 人的重大事故在中国平均每天发生 7 起，一次死亡 10 人以上的特大事故平均每周 2.5 起，一次死亡 30 人以上特别重大事故平均每月 1.2 起，一次死亡 100 人以上的特别重大事故每年至少一起。在公共卫生方面，据统计，全球新发的 30 余种传染病已有半数在中国发现。此外，每年发生的重大食物中毒事件超过 200 起，死亡超过 200 人，农药中毒每年超过 5 万人。在社会安全方面，在有些地方，群死群伤的爆炸、投毒等恶性案件时有发生，盗窃、抢夺、抢劫等暴力犯罪不断。近年来刑事案件总量年均 400 万起以上，并呈上升趋势。⑤

---

⑤ 中国新闻网，http://www.sina.com.cn ，2006 年 07 月 15 日。

在我国，大量危机事件的存在是一个不争的事实，然而，国人的危机意识如何呢？清华大学的一项调查显示：47.6%的公众对政府在危机管理方面的工作缺乏了解；有50%以上的被调查者表示，从未想过在"居住的地方"、"工作和学习的地方"如何避难；63%的被调查者抱怨自己没有接受过任何形式的危机应对或者生存急救方面的培训；90%的人愿意接受免费培训，但如果是收费培训，愿意接受的比例大幅下降到了37%；有84%的人从来没有参与过危机现场的抢救工作，更不用谈帮助别人顺利逃生。[6]

大量危机事件的存在和人们危机意识的淡薄，这是一对矛盾。由于这一矛盾的存在，这就不难解释我国为什么会在应对危机时显得力不从心，在减少危机事件的损失方面不尽如人意。波音公司的经验告诉我们，要提高危机应对能力，把危机的损失减少到最低限度，重要的手段之一便是强化危机意识，从思想上、心理上做好应对危机的准备。具体而言，波音公司强化危机意识的管理文化对我国加强安全应急管理主要有以下几点启示：

第一，人们危机意识的强弱与人们应对危机能力的高低有着正相关性。所谓人们危机意识的强弱与人们应对危机能力的高低的正相关性，就是指人们的危机意识越强烈，人们应对危机的能力就越高；相反，人们的危机意识越微弱，人们应对危机的能力就越低。意识内化为人们的神经系统，积淀于人们的心理，也是人们思想的重要组织部分，它对人们的行为发生着直接的影响作用。当人们具有强烈的危机意识时，他们就必然有着防范危机发生的心理机制；一旦危机到来，他们就会既有充分的思想准备，又有顽强的意志和毅力与危机作斗争，从而产生制服危机的智慧，表现出战胜危机的勇气和力量。相反，如果人们缺乏危机意识，对危机在心理上和思想上缺乏准备，遇到危机必然会措手不及，首先会从心理败下阵来，在应对危机的过程中显得软弱无力。波

⑥ 《中国青年报》，2006年5月8日。

音公司能够一次又一次地战胜危机,并在战胜危机的过程中发展壮大,这与他们具有强烈的危机意识是分不开的。相反,如果波音公司没有强烈的危机意识,在多次危机的打击下也许波音不是今天的波音了,历史上可能也有这样的教训,需要我们研究,值得我们吸取。

第二,强化危机意识不仅仅是加强危机管理的重要措施之一,也是激励人们努力工作的重要措施之一。一个企业,一个组织,要发展壮大,有赖于这个企业的员工或这个组织的成员同心协力努力工作,而管理者的重要任务就在于激励员工的努力工作热情。传统的管理理论在激励方面更多地强调物质激励,行为科学则同时强调精神激励和行为激励。波音的经验告诉我们,强化员工的危机意识,对员工也具有重要的激励作用,因此这也是一种重要的管理激励手段之一,是激励管理的一项重要内容。

第三,加强危机意识的教育是强化人们危机意识的一种重要手段。既然强化员工的危机意识有着如此重要的作用,那么,管理者应该采取什么办法来达到强化员工危机意识的目的呢?波音的经验就是加强有关危机意识的宣传和教育工作。波音公司为什么要制作一个有关假设波音倒闭的电视片并在波音员工中播放?这就是要通过对危机的宣传来提醒每一位波音人必须具有危机意识,增强危机感,教育波音人时刻为危机的到来准备着,为预防危机和克服危机而努力工作着。这说明,人们的危机意识并不是生来就有的,而是从后天得到的。要提高组织成员的危机意识,管理者或管理机关必须把加强危机教育作为管理的一项重要内容,通过教育来提高组织成员的危机意识,以增强组织应对危机的能力,以激励组织员工为预防和克服危机而增强对工作的责任感,提高工作效率。

四、结论与建议

上述研究表明,波音公司自始至终有着强烈的危机意识。这种危机意识不仅仅存在于波音的管理层中,也存在于波音的员工中。在波音公司的管理体系中,强化危机意识被置于重要地位;在波音公司的管理实践中，强烈的危机意识也得到了充分体现。这是波音之所以能够一次又一次战胜危机并在不断战胜危机的过程中发展壮大的一个重要原因。

我国每年都有大量的危机事件发生，给我国的经济社会和人们的生命财产造成了严重的损失。然而，国人的危机意识则相对淡薄。如果能够增强国人的危机意识，提高国人对危机的应对能力，也许能够减少一些不必要的损失。为此，建议我国的各类研究机构要加强对危机管理或安全应急管理的研究，政府、机关、学校、企业及其他社会团体应适当强化对危机意识的宣传和教育工作，使人们充分认识到树立危机意识的重要性，在思想上、心理上做好应对危机的准备，以便在危机到来时做到胸有成竹，立于不败之地，把危机的损失降到最低限度。

9. 政策与行政的政治学分析

9.1 列宁新经济政策思想的政治学解析*

经济政策是政府为指导国家经济工作所制定的一系列策略、措施、方法和手段的总称。任何一个国家，无论在和平年代还是在战争年代，都要制定一定的经济政策。列宁在十月革命胜利后，尤其是在1921年3月以后，为指导当时苏维埃国家的经济建设和解决当时紧迫的政治问题，对社会主义制度建立初期的经济政策问题进行了深入的探讨。列宁所提出的新经济政策理论，不但在列宁的经济思想发展史上，占有十分重要的地位，而且，在他的政治思想发展史上也占有十分重要的地位。

一、经济政策与政治任务

经济学家通常认为，经济政策是用来解决经济问题的工具。从纯经济学的观点来看，这种观点无疑是正确的。但是，全面地考察经济政策的本质及其功能，更确切地说，从经济与政治的相互关系中去认识经济政策的本质及其功能，经济政策作为一种政府行为的产物（我们这里所谈的是指政府的而非企业的经济政策），它不但具有经济性质，而且具有政治性质（凡政府政策均具有政治性质，经济政策也不例外）。因此，政府的经济政策往往不仅仅是用来解决经济问题的工具或手段，同时也是用来解决政治问题的工具或手段。列宁提出新经济政策，其目的不仅在于要解决当时苏维埃国家的紧迫的经济问题，而且在于要解决当时苏维埃国家紧迫的政治问题。

当俄国的历史发展到1921年的时候，新生的苏维埃政权面临着怎

---

* 本文原载《武汉大学学报》（哲学社会科学版）1999年第3期，中国人民大学《马列主义研究》1999年第9期转载。

样的政治任务呢？列宁认为，总的政治任务就是要巩固新生的苏维埃政权。虽然当时国内战争已取得胜利，颠覆苏维埃政权的国内外阶级敌人已被打败，但是能否说苏维埃政权已经巩固了呢？在列宁看来，显然不能这样认为。事实上当时的苏维埃政权存在着严重的经济危机和政治危机。[①] 这些危机具体表现于：一是农业欠收，粮食供应极度紧张，已引起城市工人的不满；二是工农关系紧张，“战时共产主义”时期所采取的余粮收集制，“实际上是从农民手里拿来了全部余粮，甚至有时不仅是余粮，而是农民的一部分必需的粮食”[②]，有的地方甚至“连种子也被拿走了”[③]，因而这种粮食方面的经济政策引起了农民的极大不满，在个别地方甚至出现了农民暴动。[④] 列宁是怎样认识这两个问题的性质，并认为应通过什么手段来解决这两个问题呢？

列宁认为粮食问题以及采取什么粮食政策问题，并非一般意义上的经济问题，而是一个严重的政治问题。因为它关系到苏维埃政权的巩固、工农之间的关系以及如何建成社会主义经济基础问题，它事关苏维埃政权的生死存亡这一根本性全局利益，是当时苏维埃政权必须立即加以解决的紧迫的政治问题。[⑤] 列宁正是基于这一认识，把解决这一问题作为一项严肃的政治任务提了出来。他深刻地指出：“无产阶级专政就是无产阶级对政治的领导。无产阶级作为一个领导阶级、统治阶级，应该善于指导政治，以便首先去解决最迫切而又‘最棘手’的任务。现在最迫切的就是采取那种能够立刻提高农民经济生产力的办法。只有经过这种办法才能做到既改善工人生活状况，又巩固工农联盟，巩固无产阶级专政”。[⑥] 很显然，列宁在这里是把解决当时的重大

---

① 《列宁选集》第 4 卷，北京：人民出版社，1995 年版，第 576 页。

② 同上书，第 501 页。

③ 杨会春：《列宁经济思想新探》，北京：解放军出版社，1992 年版，第 122 页。

④ 同上。

⑤ 《列宁选集》第 4 卷，北京：人民出版社，1995 年版，第 444 页。

⑥ 同上书，第 500—501 页。

经济问题作为一项严肃的政治任务提出来的。那么,应该通过什么手段完成这项政治任务呢?列宁认为,完成政治任务的手段有多种多样,如武装镇压、司法判决、政治教育,等等,但是这些手段均不能作为解决上述政治问题的主要手段。完成上述政治任务,只能以经济政策作为主要手段。列宁说,要完成上述政治任务,“就非认真改变粮食政策不可”。⑦

上述简单的分析表明,在列宁的思想中,经济政策既是政府用来解决经济问题的重要手段,也是政府用来解决政治问题、完成政治任务的一种重要手段。列宁的新经济政策,正是基于上述认识提出来的。

二、经济政策的政治功能之一:维护阶级利益

列宁认为,政治是经济的集中表现,它像经济一样,也是一种利益关系。然而,作为经济集中表现的政治,它所代表的利益关系并非个别或局部利益关系,而是一种全局利益关系。这种全局利益关系在阶级社会里人与人的利益关系中,往往不是表现为个别人与个别人的利益关系,而是表现为一个阶级与其他阶级之间的利益关系。在阶级的个别利益与整体利益中,它并不是指阶级的某种个别利益,而是指阶级的整体利益或全局利益。政府经济政策作为调控社会经济利益的一种手段,它当然要调控人与人之间的经济利益关系。这里所指的人与人之间的经济利益关系,既包括个人与个人之间的经济利益关系,也包括群体与群体之间的经济利益关系。在阶级社会里,某些特定的群体构成一定的阶级(并非所有的群体都是阶级),因而这些特定的群体之间的经济利益关系,就转化为阶级之间的经济利益关系。当这种阶级之间的经济利益关系上升为阶级之间的全局利益关系时,便转化为一种政治关系。任何阶级一旦掌握政权,上升为统治阶级时,便借助一切手段来达到维护本阶级全局利益的目的。政府经济政策便是统治阶级用来

⑦ 《列宁选集》第4卷,北京:人民出版社,1995年版,第501页。

维护本阶级利益的手段之一。

列宁认为,苏维埃政权之所以要采取新经济政策,就在于试图通过新经济政策来达到维护无产阶级全局利益(阶级利益应视为全局利益)的目的,这是新经济政策的政治功能之一。对于当时的俄国无产阶级来说,其阶级的全局利益是什么呢?列宁认为,“现时摆在我们而前的主要是经济任务”,[⑧]“或者是断送苏维埃政权所取得的一切政治成果,或者是为这些成果奠定经济基础。现在没有这种经济基础。我们应当做的正是这件工作。”[⑨]因此,建立无产阶级的经济基础,在当时事关俄国无产阶级的全局利益,新经济政策的提出,就在于要维护俄国无产阶级的全局利益。新经济政策在当时似乎是一种“倒退”。在有些人看来,这种“倒退”似乎更有益于农民,并有可能牺牲无产阶级的利益。在列宁看来,这种观点是完全错误的。他明确指出:“我们认为,如果合计得正确,那么,虽然无产阶级的经济利益和小农的经济利益之间存在着我们所意识到的深刻矛盾,合计的结果是会有利于我们的。”[⑩]这里的“我们”显然所指的是无产阶级及其国家苏维埃政权。“有利于我们”表明新经济政策实质上是为维护无产阶级及其国家苏维埃政权的根本利益服务的。

新经济政策之所以具有维护无产阶级与苏维埃政权全局利益的功能,其原因在于:通过这种新的经济政策,能够“加强我们无产阶级国家的经济实力。”[⑪]列宁认为,无产阶级在获得了政权以后,仅仅是掌握了政治权力。但无产阶级的利益不仅仅表现于政治权力,而且还表现于经济权力。无产阶级只有在获得了政治权力的同时又获得经济权力,其阶级利益才有真正的物质基础。政治权力往往需要通过政治斗争、

⑧ 《列宁选集》第4卷,北京:人民出版社,1995年版,第605页。

⑨ 同上书,第586页。

⑩ 同上书,第446页。

⑪ 同上书,第677页。

政治革命甚至武装起义才能获得。无产阶级在获得政治权力后并不等于就能自动地获得经济权力。为了获得这后一种权力，掌握了政权的无产阶级可以通过政权的力量来获得这种权力，即通过制定和执行正确的经济政策以增加生产力的总量，从而扩大自己对经济的控制力。正是在这个意义上，列宁说，通过新经济政策，"如果我们能获得纵然是数量不多的商品，把这些商品掌握在国家手中，掌握在控制政权的无产阶级手中，并且能把这些商品投入流转，那么我们作为国家，除了政治权力之外，还能获得经济权力。"⑫当一个阶级不但通过政治斗争获得了政治权力，而且运用正确的经济政策获得了经济权力时，这个阶级的全局利益不但有了政治上的保障，而且也有了经济上的保障。

三、经济政策的政治功能之二：协调政治关系

什么是政治呢？列宁认为，"政治就是各阶级之间的关系"⑬。我们认为，列宁这里所讲的"政治"，实际上是指的政治关系。这种政治关系在阶级社会里主要表现为阶级之间的关系。对于当时的苏维埃政权来说，其政治关系又主要表现为工农两个阶级之间的关系。列宁认为，"这一点决定着共和国的命运。"⑭因为"全部问题在于农民跟谁走：跟无产阶级走呢，还是跟资本家走。"⑮"零星分散的小生产者即农民，在经济上和政治上或者是由资产阶级来联合……或者是由无产阶级来联合……"⑯列宁认为，要协调好工农两个阶级之间的关系，实现无产阶级与农民的联合，在当时的历史条件下不可能通过别的办法，而"必须以同农民个人利益的结合为基础"⑰。要做到这一点，则必须以经济政策作为手段。正是在这个意义上，列宁说："新经济政策之所以对我们

---

⑫ 《列宁选集》第 4 卷，北京：人民出版社，1995 年版，第 449 页。
⑬ 同上书，第 459 页。
⑭ 同上书，第 459 页。
⑮ 同上书，第 577 页。
⑯ 同上书，第 520 页。
⑰ 同上书，第 581 页。

重要，首先是因为它能够检验我们是否真正做到了同农民经济的结合。”[18]

为什么经济政策具有协调政治关系的功能呢？列宁在论述新经济政策对建立工农联盟的意义时，实际上对这一问题做了回答。在列宁看来，工农关系作为一种阶级关系，本质上是一种政治关系。而政治关系本质上是建立在一定的经济基础之上的。如果工农两个阶级不能在经济上做到结合，就不可能在政治上建立联盟。要在经济上使两个阶级结合起来，就必须通过经济政策作为手段，调整两个阶级之间的经济关系。一旦这两个阶级的这种相互结合的经济关系建立起来，也就为这两个阶级在政治上结成联盟奠定了坚实的基础。列宁认为，“这个问题的本质在于工人阶级如何对待农民。提出这个问题就意味着我们必须对这两个主要阶级之间的关系（这两个阶级之间的斗争或妥协决定着我国整个革命的命运）作新的、也许可以说是更慎重更精确的补充考察，并且作一定的修正。”[19]当然，用经济政策来调整阶级之间的关系是有前提的，这就是：政治关系调整的主体只有掌握了国家政权才能成为经济政策的制定者，即才具有制定经济政策和运用经济政策的权力。在当时的俄国，无产阶级已掌握了政权，能够运用政权的力量以经济政策为手段，建立一种同时有利于工农的经济，通过两个阶级在经济上的结合以实现政治上的联盟。因此，列宁认为，掌握政权的无产阶级要在政治上建立巩固的工农联盟，必须调整经济政策，建立一种同农民经济相结合的经济。在列宁看来，其实新经济政策的全部意义就在于而且仅仅在于：“找到了我们花很大力量所建立的新经济同农民经济的结合。”[20]由于有了这种结合，因而就会导致工农两个阶级政治上的联盟。这种逻辑关系的存在，充分体现出经济政策在协调政治关系方面发挥

⑱ 《列宁选集》第4卷，北京：人民出版社，1995年版，第660页。

⑲ 同上书，第444页。

⑳ 同上书，第661页。

着重要的作用。

列宁认为,在协调政治关系方面,尤其是在调整阶级之间的政治关系方面,运用经济政策不但是可行的,而且是十分必要的。因为阶级之间的政治关系归根到底取决于它们之间的经济关系。在经济关系上存在着根本利益冲突的两个阶级,是很难长期地建立联盟的政治关系的。在当时苏俄的情况下,苏维埃政权如果不通过新经济政策保证农民的经济利益,就很难设想农民会支持工人,与工人阶级结成政治上的联盟,所以,列宁说,我们应该通过新经济政策"用行动向农民证明,我们是从农民所理解、所熟悉、目前在他们极其贫困的境况下办得到的事情做起,而不是从农民看来是遥远的、空想的事情做起;证明我们能够帮助农民,共产党人在眼下小农破产、贫困、挨饿的困难时刻,正在实际帮助他们。要么我们能证明这一点,要么就被撵走。这是完全不可避免的"。[21] 在这里,新经济政策对于工农两个阶级之间的关系起着决定性的作用,成为调整这两个阶级之间政治关系的重要手段。

四、经济政策的政治功能之三:获取政治支持力量

无产阶级专政是一种新型的政治体制,这种新型的政治体制的巩固和发展,必须有强大的政治支持力量为前提。在当时的俄国,无产阶级只占人口中的少数。因此,在这样一个国家建立无产阶级专政没有其他的强大的政治支持力量是不可想象的。对当时苏俄的无产阶级来说,这种政治支持力量只可能来自两个方面:一是国际无产阶级的支持,一是本国其他阶级的支持。在西欧不能立即爆发无产阶级革命的情况下,国际无产阶级对苏俄无产阶级的政治支持力量是十分有限的,而在俄国国内,地主和资本家是不可能支持无产阶级的,最有可能成为无产阶级支持力量的是农民。但是,正如列宁所说,工人和农民"这两个阶级的利益是各不相同的,小农需要的东西同工人需要的不一

---

[21] 《列宁选集》第4卷,北京:人民出版社,1995年版,第663页。

样。”[22]既然这两个阶级存在着利益上的差别，那么农民对工人阶级的支持就是有条件的。这种条件就是：只有在农民的利益得到一定满足的前提下，农民才会支持工人阶级，才会成为工人阶级在政治上的支持力量。无产阶级为了获得这种政治上的支持力量，就必须运用自己所掌握的政权制定和执行既有利于工人阶级又有利于农民阶级的经济政策，以满足农民的经济利益要求。这就是列宁在 1921 年后把提倡新经济政策和建立工农联盟提高到十分重要地位的原因。

列宁认为，新经济政策“从农民开始，就是从用粮食税代替余粮收集制开始，就是允许农民在交纳粮食税后进行自由贸易。”[23]这在一定程度上满足了农民的经济利益要求。由于农民经济利益要求的满足，这个阶级就有可能由过去对工人阶级的不满转而支持工人阶级，成为无产阶级专政国家政权的一种重要的政治支持力量。在新经济政策执行一年多时间以后的 1922 年 11 月，列宁说：“从我们实行新经济政策之后，在给农民以贸易自由之后，现在情况怎样呢？答复是很清楚的，是有目共睹的，就是：一年来农民不仅战胜了饥荒，而且几乎没有使用任何强制手段。在 1921 年以前，农民暴动可以说是俄国的普遍现象，而今天差不多完全没有了。农民对他们目前的境况是满意的。……农民今天的状况，已经使我们不必担心他们会有什么反对我们的活动了”。[24] 相反，到这个时候，已“很难有比农民更拥护我们的人了”。[25] 众农民由对工人的不满转而对工人的拥护，由工人在政治上的反对力量变为在政治上的支持力量，这不能不说是新经济政策的功劳。在这里新经济政策的政治功能又一次得到充分体现。

㉒ 《列宁选集》第 4 卷，北京：人民出版社，1995 年版，第 445 页。

㉓ 《列宁论新经济政策》，北京：人民出版社，1992 年版，第 3 页。

㉔ 《列宁选集》第 4 卷，北京：人民出版社，1995 年版，第 722 页。

㉕ 同上书，第 725 页。

五、经济政策的政治功能之四:巩固国家政权

正如前面已经指出的那样,巩固无产阶级专政是当时俄国共产党面临的总政治任务。从根本上说,列宁所提出的新经济政策,就是为实现这一总政治任务服务的。巩固无产阶级专政的国家政权,这就是新经济政策的根本目标。新经济政策的上述政治功能,最终是服务于这一政治功能的。

新经济政策为什么具有巩固无产阶级专政国家政权这一政治功能呢?对此列宁做了这样的回答:新经济政策是“那种能够立刻提高农民经济生产力的办法。只有经过这种办法才能做到既改善工人生活状况,又巩固工农联盟,巩固无产阶级专政”。[26] 从这里可以看出列宁是从以下几个方面来认识新经济政策的这一政治功能的。

第一,新经济政策有利于提高经济生产力,从而有利于为巩固无产阶级专政的国家政权奠定经济基础。列宁认为,当时“最迫切的就是采取那种能够立刻提高农民经济生产力的办法。只有经过这种办法才能……巩固无产阶级专政。”[27]经济是基础,国家政权是上层建筑。经济基础决定上层建筑,只有有了坚固的经济基础,与之相适应的上层建筑才能巩固。相反,任何一种政治制度或国家政权,如果缺乏赖以建立的经济基础,这种国家政权是难以巩固的。这是马克思主义的基本原理,是马克思恩格斯经过长期研究所得出的科学结论。当无产阶级专政在一个落后国家建立起来,而它赖以建立的经济基础还相当薄弱的时候,无产阶级怎样借助其所掌握的政权来推进这种经济基础的建立呢?马克思和恩格斯尚未来得及解决这一难题。列宁则必须面对这一难题,并就如何解决这一问题进行理论思考。他在总结了最初苏维埃政权建设的基本经验和教训后,认为无产阶级可以借助于已掌握的政权通过制定和运用正确的经济政策促进生产力的发展,从而又反过来为这一

---

[26] 《列宁选集》第4卷,北京:人民出版社,1995年版,第501页。

[27] 同上。

政权的巩固奠定坚实的经济基础。这样,从经济政策的政治功能看,在这里新经济政策事实上转化为巩固无产阶级专政国家政权的一种手段。

第二,新经济政策有利于改善工人阶级的生活状况,从而有利于增强工人阶级为巩固无产阶级专政而努力奋斗的自觉性。列宁认为,“新经济政策实行后,随着生产力的提高,工人生活状况将得到改善,因而有利于巩固无产阶级专政。”㉘无产阶级专政国家政权的巩固,首先有赖于无产阶级为巩固本阶级政权而自觉行动。而要做到这一点,这一阶级的国家政权必须全心全意为本阶级服务,使本阶级成员能够得到看得见的物质利益。在当时的情况下,这就是要使工人阶级的生活状况有明显的改善。但通过什么办法来改善工人的生活状况呢?列宁认为,这只有通过新经济政策。“无产阶级的国家政权在经济上能够依靠什么?一方面是依靠人民生活状况的改善。……而这种改善正是来自于经济政策的改变。”㉙正确的经济政策有助于工人阶级生活状况的改善,因为它有助于增加生产力的总量,为改善工人阶级生活状况提供更多的物质产品。只有当工人阶级的生活状况获得明显改善时,这个阶级才会自觉为巩固本阶级专政的国家政权而努力奋斗。在这里,经济政策对巩固无产阶级专政国家政权的政治作用虽然是间接的,但它的这一政治功能的意义却是十分重大的。

第二,新经济政策促进工农联盟的建立,最终目的还在于为巩固无产阶级专政的国家政权奠定政治基础。列宁认为,实行新经济政策意味着“从相当大的程度上允许地方流转自由,而又不破坏无产阶级政权,还能巩固这一政权。”㉚因为在当时的条件下,“我们必须在经济上满足中农的要求,实行流转自由,否则在国际革命推迟爆发的情况下,

---

㉘ 《列宁选集》第4卷,北京:人民出版社,1995年版,第501页。

㉙ 同上书,第577页。

㉚ 同上书,第450页。

要在俄国保住无产阶级政权是不可能的。”[31]反过来说，要保住无产阶级政权，则必须实行新经济政策，满足中农的要求，以建立巩固的工农联盟。从这里我们看到，新经济政策对于巩固无产阶级专政的作用或功能虽然也是间接的，但也是必不可少的。

六、启示：从政治学的观点看经济政策

在社会主义条件下，用经济政策解决政治问题，这是列宁新经济政策思想对我们的重要启示。

然而，多年来，我们并没有深刻领会列宁这一思想及其意义。我国在社会主义建设过程中走了不少弯路，其中一个重要原因就在于没有看到经济政策在整个社会主义建设过程中的重要性，没有看到社会主义时期的，特别是社会主义初级阶段的经济政策不但具有经济功能，而且具有重要的政治功能。更没有看到，社会主义初级阶段政治问题的解决，不但经济政策是手段之一，而且是主要的手段。

中共“八大”提出社会主义改造基本完成以后，我国的主要矛盾是落后的生产力与人民群众日益增长的物质文化需要之间的矛盾，党和政府的中心工作应该转移到社会主义经济建设上来。这就意味着从那以后我国的政治问题将主要是与经济建设有关的政治问题，对此类政治问题的解决，将主要运用经济政策作为手段来予以解决。党的“八大”的路线无疑是正确的。虽然当时并未明确提出要用经济政策解决政治问题，但实际上已注意到了经济政策在解决社会主义时期政治问题的重要作用。然而当 1962 年以后提出了“以阶级斗争为纲”的口号时，事实上认为要解决当时中国的经济问题和政治问题，所运用的手段不是经济政策（经济工具），而是阶级斗争（政治工具）。也就是说，阶级斗争不但成为解决政治问题的手段，而且成了解决经济问题的手段。而经济政策则退居次要地位，成为阶级斗争的附属物。当然，它也被看

---

[31] 《列宁选集》第 4 卷，北京：人民出版社，1995 年版，第 456 页。

成阶级斗争的工具。从这个意义上说，这个时期仍然强调了经济政策的政治功能。但这里所说的政治功能已经不是原来意义上的政治功能了。这里所讲的政治功能似乎不是经济政策本身性质所决定的，反而是阶级斗争从外部强加于它的了。按照这种逻辑，社会主义初级阶段的政治问题应主要通过阶级斗争来解决，而经济政策只是扮演着一种微不足道的角色。

当然，我们并不是说经济政策任何时候在解决政治问题时都发挥着主导作用。我们所说的是经济政策在特定条件下对于解决政治问题可以发挥而且应该发挥着主导作用。这种特定条件表现为政治问题是一种全局性的经济利益，而且解决这一政治问题的主体掌握着制定和运用经济政策的国家权力。离开了这种特定条件，政治问题的解决就不可能通过经济政策来实现。列宁的伟大就在于他及时地、恰到好处地把握了这一特定条件，从而及时地提出要用新经济政策作为解决当时苏维埃政权所面临的政治问题的主要手段。而我国的错误就在于1962 年以后对这种业已存在的条件视而不见，从而没有看到经济政策在解决这一时期的政治问题所应该发挥的主要政治功能。

在改革开放的初期，我国改革开放的总设计师邓小平明确指出，在社会主义初级阶段，经济政策是解决政治问题的主要手段。在他看来，在这一特定的历史时期，“所谓政治，就是四个现代化。”“经济工作是当前最大的政治，经济问题是压倒一切的政治问题。”[32]“政治问题要从经济角度来解决。……所谓政策也主要是经济方面的政策。……总之，要用经济办法解决政治问题、社会问题。”[33]邓小平的这一思想是在中国新时期这一特定历史条件下对列宁经济政策政治功能理论的继承和发展。

上述分析有助于我们全面地、正确地理解和认识经济政策的功能。

---

[32] 《邓小平文选》第 2 卷，北京：人民出版社，1994 年版，第 194 页。

[33] 同上。

从政治学的观点看，经济政策自身的性质决定了它具有政治功能，在解决社会政治问题方面发挥着重要作用。

第一，政府经济政策是政权机关制定的，政权机关的政治性质必然要在经济政策上得到反映，从而使它具有政治性质。它作为政府用来解决经济问题、社会问题和政治问题的一种策略、措施、办法或手段，属于政治策略、政治工具的一个重要组成部分。其政治功能与其政治性质是分不开的。

第二，经济政策的功能是多方面的，既可以用来解决经济问题，也可以用来解决社会问题和政治问题。也就是说，它既具有经济功能，又具有社会功能和政治功能。当然，其经济功能是其基本功能，这一功能往往是直接表现出来的。但社会功能、政治功能也是十分重要的。不过这两种功能在绝大多数情况下是通过间接的形式表现出来的，往往是通过经济功能作为媒介来实现的。

第三，社会经济问题和社会政治问题常常是不可分的。当社会经济问题上升为事关一个阶级、一个国家的全局利益时，它便转化为严重的政治问题。对于这类政治问题的解决，经济政策作为基本的手段，发挥着主导作用，其政治功能最能得到充分体现。

第四，运用经济政策来解决政治问题以实现其政治功能的先决条件是，政治主体即政治问题的解决者必须首先掌握制定和运用经济政策的国家权力。否则，政治主体就不可能运用经济政策去解决政治问题而只能选择别的办法或工具了。在这种情况下，对于政治主体来说，经济政策的政治功能也就无从谈起。

第五，在社会主义初级阶段，事关国家和人民的全局性利益成为主要的政治问题。人民掌握了国家政权，成为解决这一政治问题的主体。因此，我国在当前和今后一个相当长的历史阶段，经济政策应成为解决政治问题的主要手段。在社会主义现代化建设过程中，我们不但要发挥经济政策的经济功能，而且要发挥经济政策的政治功能。

9.2 邓小平经济政策思想的政治学思考*

邓小平是我国改革开放的总设计师。他所提出的一系列经济政策思想为我国的经济改革和经济发展指明了方向，为我国正确地制定和执行经济政策提供了理论依据。邓小平的经济政策思想不仅是其经济学说的一个重要组成部分，而且是其政治学说的一个重要组成部分。从政治学的高度深入探讨邓小平的经济政策理论，对于正确地认识邓小平经济政策思想的性质，乃至对于全面地理解邓小平理论及其各个组成部分之间的关系，均具有重要意义。

一、邓小平经济政策思想的一个重要特点：从政治高度认识经济政策

就传统的经济政策学说而言，它是作为经济学说的一个组成部分而出现的。对经济政策的研究，自然也就成了经济学家的事情。但是，对于邓小平的经济政策思想来说，它不仅应成为经济学的研究内容，而且也应成为政治学的研究内容。这是因为邓小平经济政策思想有着不同于传统经济政策理论的特点，即其经济政策思想具有明显的政治理论属性。从政治的高度来讨论经济政策，这是邓小平经济政策思想的一大特色。

传统的经济政策学家在谈论经济政策时，有时也涉及政治和经济政策之间的相互影响作用。如一位经济政策学家曾经写道："对许多资本主义民主政体国家的国民经济运行表现来说，存在着一个选举的周期变化……选举的时间决定影响着失业率和实际可支配收入的增长、通货膨胀和失业的短期管理、转移支付的流量、扩展性还是收缩性经济政策的采用以及经济政策制定的时间前景……经济政策随着政治节奏而摆动。"①但是，就他们讨论经济政策的出发点而言，基本上是从纯经

---

* 本文原载《理论月刊》1998 年第 6 期。

① [美]保罗·A. 萨缪尔森，威廉·D. 诺德豪斯：《经济学》(第 12 版)，北京：中国发展出版社，1992 年版，第 318 页。

济学的观点出发的。在他们的学说中,关于经济政策与政治关系问题的论述,只是处于非常次要的和从属的地位。

然而,邓小平在讨论经济政策时并非就经济政策论经济政策,而是从政治出发,从政治的高度来认识经济政策,把政治既作为经济政策的出发点,又作为经济政策的归宿。经济政策理论并非是一种单纯的经济理论,而且也是一种政治理论。正如它具有经济理论的性质一样,它也具有政治理论的性质。在一次有关经济问题的谈话中,邓小平曾坦率地说:"在经济问题上,我是个外行,我也讲了一些话,但都是从政治角度讲的。"②对这里"外行"二字的理解,显然不能理解为"不懂"经济或"不关心"经济,否则我们无法理解邓小平为我国社会主义现代化经济建设所做出的杰出贡献。实际上,在当代中国,邓小平是最懂得我国社会主义现代化经济建设规律的,他是当代中国最了不起的经济学家。但是与专业经济学家的经济理论相比,邓小平的经济理论确实有他自己的特点和风格。正如一本有关邓小平经济思想的专门论著所指出的那样:"邓小平的经济思想,有别于一般经济学教科书那样着重于阐述概念、范畴、规律等知识,又不同于各个经济学专家那样研究、阐发学术理论。他是在精通马克思主义经济理论的真谛、熟练地掌握马克思主义立场、观点、方法的基础上,为解决中国社会主义现代化经济建设中出现的新情况、新问题而做出的方针、政策指导。这是站在更高的地位、具有广阔视角和深洞察力的经济学。……邓小平有关经济问题的论述,基本上都是从这个最大的政治(社会主义现代化建设)出发的,或者说是围绕这个问题来讲的。"③作为一个政治家和中国社会主义现代化经济建设的领导者和方针、政策的设计者和制定者,他所谈论的经济问题,实质上主要是经济政策问题。而在邓小平谈论经济政策问题时,

---

② 《邓小平文选》第3卷,北京:人民出版社,1993年版,第77页。

③ 刘鹏,李庆华,夏爱华:《邓小平社会主义经济思想论》,北京:中共中央党校出版社,1992年版,第11页。

总是站在政治的高度，以一个政治家敏锐的眼光，从政治的角度提出经济问题并以其特定的政策对这些问题加以解决。因此，我们可以这样说，按照邓小平的思想，经济政策可以看成是达到政治目的的一种手段。在邓小平看来，一个国家经济建设的总体目标，并非一种单纯的经济目标，而是一种政治目标。例如，他提出了我国社会主义现代化经济建设到本世纪末翻两番的战略目标。在经济学家看来，这是一个经济目标，而邓小平则把它称之为“政治目标”。④ 所有经济政策都必须从属于这个政治目标，都是为实现这个政治目标服务的。

从政治的角度来讨论经济问题和制定经济政策，这可以说是社会主义经济政策学的一条基本规律。列宁曾经说过：“一个阶级如果不从政治上正确地处理问题，就不能维持它的统治，因而也就不能解决它的生产任务。”⑤列宁当年对新经济政策的论述也是从政治出发的。在新中国诞生前夕，中国共产党就强调经济政策的制定应有政治观点。例如，1949 年 8 月初在上海召开的制定金融物价政策的会议上陈云就提出：“观察和解决财经问题，要有政治观点”，并把这作为这次会议的一个重要指导思想。“所谓政治观点，在那时就是要立足于革命战争的全局看问题，从全国的范围看问题，这样才能抓住问题的本质，找到解决问题的有效办法，坚定自己的信心。”⑥邓小平作为中国共产党第二代领导集体的核心，他在设计和制定我国的经济政策时，当然必须立足全局，从政治的高度来看问题。同时，邓小平处于中国社会主义现代化建设这一特定的历史时期，他领导设计和制定了一系列具有中国特色的社会主义经济政策。正是在这一实践过程中，形成了具有其特定内容的经济政策的政治观。弄清楚邓小平经济政策思想的上述特征，是正

---

④ 《邓小平文选》第 3 卷，北京：人民出版社，1993 年版，第 77 页。

⑤ 《列宁选集》第 4 卷，北京：人民出版社，1995 年版，第 408 页。

⑥ 薄一波：《若干重大决策与事件的回顾》，北京：中共中央党校出版社，1991 年版，第 73 页。

确理解邓小平经济政策思想的关键所在。

二、邓小平经济政策思想的政治哲学基础:对经济的政治学解释

从政治的观点看经济政策,经济政策必须服从于和服务于政治目标。从抽象的意义上说,这无疑是正确的。但当我们运用这种观点来分析具体的特定历史时期的经济政策与政治目标的关系时,我们发现,从这种观点出发所得出的结论在理论上可能是错误的,在实践上也可能是有害的。我们知道,"文化大革命"时期的很多经济政策就是在"为政治服务"的口号下出台的,而其中的很多经济政策已经被实践证明是错误的。这里的关键在于我们应该如何理解"政治"。而关于什么是政治的问题,则是一个政治哲学的问题。从政治的观点来讨论经济政策,必须要有一定的政治哲学作指导,这就是经济政策的政治哲学基础。邓小平的经济政策思想有其特定的政治哲学基础。

在"十年内乱"时期,流行的政治哲学是"阶级斗争"的政治学。这种政治学对政治的最基本的解释是"政治就是阶级对阶级的斗争",并进而把这种斗争演化为个人与个人之间的斗争。以这种政治哲学为指导,经济政策成为推行当时极"左"路线的工具。这一时期的经济政策虽然其中也不乏正确的成分,但从总体上说是错误的。推行的结果,它使我国的国民经济几乎陷入了崩溃的边缘。这也从反面告诉我们,政治哲学与经济政策之间确实存在着一种内在的逻辑关系,错误的政治哲学必然会导致错误的经济政策。反过来说,对经济政策的拨乱反正,必须有赖于对政治哲学的拨乱反正。澄清政治学上的一些糊涂甚至错误的观念,提出一种新的、正确的政治哲学,是制定出正确的经济政策的一个重要理论前提。

邓小平是一位伟大的政治家,他十分善于从政治上看问题。他理解马克思主义政治学说的精髓,善于根据不同的时代和不同的历史特点来认识和把握政治的本质,从而对政治的属性做出科学的解释。在邓小平看来,政治概念是动态的发展的,在不同的时代、不同的历史时期,政治有着不同的内容。在无产阶级尚未夺取政权之前,在无产阶级

夺取政权的过程中,以致在无产阶级刚刚夺取政权的一定时期内,对无产阶级及其政党来说,政治就是阶级斗争。应该说这是符合马克思主义政治学说基本原理的。但是,在无产阶级夺取政权后,随着社会主义制度的建立以及无产阶级及其政党工作重心的转移,政治的内容也会发生根本性的转变。在社会主义条件下,阶级斗争不再是无产阶级及其政党所面临的主要任务,因而也就不再是政治的主要内容。随着政治内容的变化,也就需要对政治进行重新解释。那么,在我国社会主义现代化建设的新时期,究竟什么是政治呢?对社会主义政治学说这样一个最基本的问题,邓小平做了明确的回答:“经济工作是当前最大的政治,经济问题是压倒一切的政治问题。不只是当前,恐怕今后长期的工作重点都要放在经济工作上面。”⑦“所谓政治,就是四个现代化。”⑧“就我们国内来说,什么是中国最大政治?四个现代化就是中国最大的政治。”⑨通过这些简单明了的语言,对于什么是当代中国社会主义的政治问题,做了最精辟的概括。这种新的经济政治观,奠定了邓小平经济政策思想的政治哲学基础。

邓小平的政治哲学,是一种经济政治学。他把社会主义现代化经济建设理解为我国新时期的最大政治,从而突破一个时期以来人们对政治的狭隘理解。在我国相当长的一个时期内,人们习惯于把政治理解为阶级斗争,以至于弄得人们谈“政”色变,今天还有很多人对此记忆犹新。邓小平则扩展了政治的含义,把政治与一个国家、一个阶级、一个政党的全局利益、根本利益联系起来。他认为,在我国进入社会主义建设时期以后,经济建设事关全党、全国人民的根本利益,涉及一个国家、一个政党的全局利益,因此,应该把经济建设工作作为全党、全国的中心工作。正是在这个意义上,他认为经济建设应该被看作最大的政

⑦ 《邓小平文选》第 2 卷,北京:人民出版社,1994 年版,第 194 页。

⑧ 同上书,第 194 页。

⑨ 同上书,第 234 页。

治。在社会主义现代化建设时期,政治就是四个现代化。从政治哲学的角度看,这种经济政治观实际上是建立在广义政治理论的基础之上的。因为在他的经济政策范畴中,隐含着这样一个理论前提:"政治是社会的政治主体的全局利益关系所支配的一种社会公共权力活动。"[10] 如果把根本利益、全局利益与政治联系起来,那么,当一个社会的根本利益和全局利益关系发生了变化的时候,政治的内容当然也要发生变化,从而需要对政治做出新的解释。当经济建设成为我国全社会的中心工作,表现为全党、全社会的全局利益和根本利益时,经济建设就必然会上升为政治。这就是从邓小平经济政治范畴中所必然得出的政治哲学逻辑。

对经济进行政治学解释,从政治学的高度来论证经济建设的重要性,从而提出了一种新的经济政治哲学,这就为正确地制定我国社会主义现代化建设的经济政策提供了理论依据。列宁曾经说过,政治与经济相比,不得不占首位。如果联系到列宁当时讲这段话的具体环境来理解这里所讲政治的含义,列宁的论述无疑是正确的。但是如果在今天我国新的历史条件下人们仍然对政治进行原来意义上的理解,并把政治与经济绝对地对立起来,这就势必会冲淡经济建设这个中心,造成思想上的混乱,从而也就会影响制定和执行正确的经济政策。邓小平提出经济建设是最大的政治,这就从政治高度确保了经济建设的中心地位不会动摇。把实现四个现代化作为我国社会主义建设时期的最高政治目标,这就为我国新时期的经济政策规定了明确的方向。所有的经济政策都必须为实现这一最高政治目标服务。同时,也为衡量一种经济政策之正确与否规定了一个政治上的标准。凡是有利于实现四个现代化的经济政策就是正确的经济政策,否则,就是错误的经济政策。

邓小平解决了一个与经济政策有关的重大的政治哲学问题。这是我国改革开放以来之所以能够制定和执行一系列正确的经济政策的一

---

⑩ 刘德厚:《"经济政治"范畴分析》,《经济评论》,1994年第2期。

个重要原因。这就从正面告诉我们，经济政策与政治哲学之间存在着密切的依存关系。只有建立起正确的与经济政策相关的政治哲学，经济政策的正确性才从根本上有了理论保障。

三、用经济政策解决政治问题：对经济政策政治功能的阐述

经济政策主要是直接用来解决经济问题的，这是经济政策的基本功能。但在传统经济政策理论中，也偶尔涉及经济政策的政治功能。例如，凯恩斯在论述经济政策的作用时，曾经谈到，正确的经济政策有利于增加工人的就业机会，降低失业率，从而有可能起到避免革命发生的政治作用。[11] 这里所阐述的实际上是经济政策的一种政治功能。不过这方面的论述在凯恩斯的经济政策理论中只是作为一种观点被提了出来，并未建立起系统的经济政策政治功能理论。

邓小平作为一个伟大的政治家，他与一般经济政策学家所不同的是，他对经济政策的关注更多的是从政治上来关注的。早在革命战争年代，他就十分关注当时的经济政策及其作用。在 1943 年 7 月 2 日《延安日报》上发表的《太行山区的经济建设》一文中，他就比较系统地阐述了当时的减租减息和交租交息的政策、税收贸易政策和货币政策等一系列经济政策，并称这些经济政策是“发展生产与对敌斗争的重要武器。”[12]在这里，“发展生产”是经济政策的经济功能；而“对敌斗争”则是经济政策的政治功能。在这个时期，他对经济政策的政治功能已经有了初步认识。

1978 年，党的十一届三中全会以后，我国的社会主义现代化建设进入了一个新的历史时期。邓小平通过对历史的反思，深深地认识到，我国自 1957 年以来，特别是在“文革”中，之所以在社会主义经济建设上一次又一次地犯有严重错误，其中一个重要的原因就在于没有看到社会主义时期的政治内容已经从根本上不同于革命战争时期的政治内

---

⑪ 刘涤源，谭崇台：《当代西方经济学说》，武汉：武汉大学出版社，1982 年版，第 254 页。

⑫ 《邓小平文选》第 1 卷，北京：人民出版社，1994 年版，第 84 页。

容。由于政治内容的不同,因而实现政治目标的手段也根本不同。无产阶级革命时期的政治内容主要是阶级斗争,其政治目标主要是夺取政权,因而所采用的手段,自然主要是政治手段,如革命战争、示威游行、罢工罢市等。社会主义建设时期的政治内容主要是经济建设,其政治目标主要是实现现代化,因而所采取的手段应该主要是经济手段。经济手段的规范化则表现为经济政策。正是从这个意义上,邓小平曾经深刻地说:"政治工作是要做的,而且是要好好地做。但是,政治工作要落实到经济上面,政治问题要从经济的角度来解决。比如落实政策问题,就业问题,上山下乡知识青年回城市问题,这些都是社会、政治问题,主要是从经济角度来解决。所谓政策,也主要是经济方面的政策。现在北京、天津、上海搞集体所有制,解决就业问题。还不是经济的办法?这是用经济政策来解决政治问题,要想得宽一点,政策上应该灵活一点。总之,要用经济办法解决政治问题、社会问题。"[13]明确地提出用经济政策解决政治问题,这就是说,要充分发挥经济政策的政治功能。这是邓小平根据新时期的特点通过从政治上观察经济问题所得出的一个重要结论,是邓小平经济政策思想的一项重要内容,反映了邓小平经济政策思想的政治性。

按照邓小平的经济政策的政治理论,在社会主义现代化建设时期,经济政策到底有哪些政治功能呢?在邓小平看来,社会主义现代化建设时期的经济政策主要有以下政治功能:

第一,实现政治目标的功能。在社会主义现代化建设时期,社会主义国家的政治目标有着特定的内容。邓小平于1984年在《我们的宏伟目标和根本政策》一文中曾经指出:"我们确定了一个政治目标:发展经济,到本世纪末翻两番,国民生产总值按人口平均达到八百美元,人民生活达到小康水平。更为重要的是,在这个基础上,再发展三十年到五

---

⑬ 《邓小平文选》第2卷,北京:人民出版社,1994年版,第195—196页。

十年,力争接近世界发达国家的水平。”⑭怎样来实现这个政治目标呢?邓小平说:“实现我们的目标,不是很容易的。讲大话,讲空话,都不行,要有一系列正确的对内对外的方针和政策。党的十一届三中全会以来,我们确定了对内搞活经济、对外开放经济的政策,没有这样的政策不可能成功。”⑮经济政策要发挥政治功能或多或少与实现政治目标有着一定的关系。但在社会主义现代化建设时期,由于政治目标内容的经济性质十分突出,经济政策成为实现这一特定时期政治目标的基本手段。

第二,促进政治稳定的功能。邓小平认为,搞现代化建设必须要有一个安定的政治环境。“没有安定的政治环境,什么事情都干不成。”⑯创造一个稳定的政治环境的手段固然多种多样,但在和平建设时期,正确的经济政策对于促进政治稳定有着特别重要的作用。邓小平认为,政治稳定有赖于社会稳定。而对于当今中国来说,社会稳定首先是农村的稳定。因为“中国有百分之八十的人口住在农村,中国稳定不稳定首先要看这百分之八十稳定不稳定。”⑰那么,怎样实现农村的社会稳定呢?邓小平的回答是,需要有正确的农村经济政策。“我们首先在农村实行搞活经济和开放政策,调动了全国百分之八十的人口的积极性。”⑱农民开始摆脱贫困,社会安定,从而带来了整个政治局势的稳定。从邓小平关于农村经济政策带来农村社会稳定从而有助于整个政治局面稳定的论述中可以看出,正确的经济政策对于促进政治稳定具有重要的功能作用。

第三,巩固政治制度的功能。社会主义政治制度的巩固有赖于社

---

⑭ 《邓小平文选》第3卷,北京:人民出版社,1993年版,第77页。

⑮ 同上。

⑯ 同上书,第244页。

⑰ 同上书,第65页。

⑱ 同上。

会主义制度优越性的充分发挥，而这种优越性应该主要表现在生产力的发展上。邓小平指出："我们是社会主义国家，社会主义制度优越性的根本表现，就是能够允许社会生产力以旧社会所没有的速度迅速发展，使人民不断增长的物质文化生活需要能够逐步得到满足。""如果在一个很长的历史时期内，社会主义国家生产力发展的速度比资本主义国家慢，还谈什么优越性？"⑲。因此，要巩固我国的社会主义政治制度，仅靠讲空道理是不行的，必须要有硬道理。什么是硬道理呢？在邓小平看来，发展才是硬道理。发展主要是经济发展。要发展经济就必须要有一系列正确的经济政策。正是从这个意义上说，在我国当前的条件下，正确的经济政策有助于巩固我国社会主义的政治制度，这也是经济政策的一种重要的政治功能。

第四，抵制强权政治的功能。邓小平曾经一再告诫我们，我们必须坚持正确的经济政策，下决心把我国的经济搞上去。只有这样，我们才能在国际舞台上发挥应有的作用。"中国能不能顶住霸权主义、强权政治的压力，坚持我们的社会主义制度，关键就看能不能争得较快的增长速度，实现我们的发展战略。"⑳因为"一个国家在世界政治、经济和军事舞台上的地位，不取决于国家国土面积的大小，也不取决于人口的规模，而是决定于经济发展的规模、水平、速度和质量，政治和军事外交的基础是国家的经济实力。"㉑我国要在国际政治生活中发挥更大的作用，必须努力增强自己的经济实力。历史经验反复告诫我们：经济政策的正确性与经济发展存在着正相关，因而它与我国在国际舞台上的政治地位也存在着正相关。经济政策尽管不是影响一个国家的国际政治地位的唯一因素，但确是其中的重要因素之一。

---

⑲ 《邓小平文选》第2卷，北京：人民出版社，1994年版，第128页。

⑳ 《邓小平文选》第3卷，北京：人民出版社，1993年版，第356页。

㉑ 中共中央党校经济学教研部：《学习邓小平经济理论辅导》，北京：中共中央党校出版社，1997年版，第170页。

四、邓小平关于经济政策政治功能思想的理论价值和实践意义

邓小平理论是当代中国的马克思主义，他关于经济政策政治功能的理论是对马克思主义科学理论的一个重要发展。在马克思主义理论中，特别是在马克思主义的经济学说中，主要是通过对资本主义的经济分析，从而提示出资本家发财致富的秘密和无产阶级贫困化的根源，并进而提示出资本主义的发展趋势。在马克思看来，经济与政治从来就是不可分的。要解决无产阶级的经济地位问题，必须通过无产阶级革命以取得国家政权，即通过政治手段来达到经济目的。这是无产阶级革命时代的马克思主义在政治与经济、手段与目的关系上的一种基本逻辑。

那么，在无产阶级取得国家政权之后，作为统治阶级的无产阶级应该怎样处理好经济与政治之间的关系呢？在“大跃进”期间，我们曾试图以政治动员等原来意义上的政治手段来达到经济迅速增长之目的，结果失败了。“文化大革命”期间将所谓的“政治挂帅”推到了顶峰，结果是把我国的经济推到了崩溃的边缘。经过对历史经验的总结，邓小平深深地认识到：必须重新认识社会主义社会时期政治的性质，必须重新认识社会主义社会时期经济与政治之间的关系。把经济建设作为社会主义社会时期最大的政治，把经济政策作为实现政治目的的一种重要手段，这是邓小平通过总结我国社会主义革命和建设经验得出的一个重要结论，是对马克思主义政治学说的一个重要贡献。

当我们研究邓小平经济政策政治功能理论时，我们当然必须看到它的理论价值或理论意义，这就是它对马克思主义发展的重大理论贡献。但是，我们更应该看到的是，邓小平的这一理论是他务实求真的结果，是从我国社会主义建设实践中总结出来的，并且对我国当代社会主义现代化建设具有重要的指导作用。在今天，对社会主义社会来说，最大的政治就是现代化建设，而在现代化建设中又必须把经济建设放在首位。实现社会主义现代化，这就是社会主义社会时期的最高政治目标。我们应该以怎样的手段去实现这一目标呢？邓小平告诉我们，应

该主要采取正确的经济政策。经济政策的任何失误，都会有损于政治目标的实现。这一观点对于指导我们今天的经济政策制定和执行工作具有重要的现实意义。

目前，我国处于社会主义现代化建设的关键时期，正确的经济政策对于加速我国社会主义现代化建设事业的发展，将起到举足轻重的作用。从政治的高度来认识经济政策的重要性，这无论是对于正确地制定经济政策，还是对于正确地执行经济政策，都具有重要的现实意义。就经济政策的制定而言，由于社会主义现代化建设没有可借鉴的现成经验，由于现代社会、经济的极其复杂性和发展速度的加快，经济发展的规律性难以及时准确地把握，因而给正确制定经济政策带来了很大困难。如果我们不从主观上、从政治上高度认识经济政策的重要性，经济政策失误的危险就难以防止。所以，为了有效地制定经济政策，我们必须正确地认识社会主义社会时期经济与政治之间的关系，必须正确地认识社会主义社会时期经济政策的重要政治功能。就经济政策的执行而言，在我国目前的条件下，还在一定程度上存在着“上有政策、下有对策”的问题，对这个问题我们也必须从政治高度上来加以认识。它关系到我国社会主义政治目标的实现，应视为一个相当重要的政治问题，必须从政治上加以纠正。正确的经济政策有待于正确地执行，否则，它不但不能发挥其应有的正确的政治功能，而且会像错误的经济政策一样发挥了不应有的错误的政治功能。总之，正确地制定经济政策和正确地执行经济政策，事关我国社会主义现代化建设事业的成败，我们不能仅仅从经济上来认识这个问题，更应该从政治上来认识这个问题。

9.3 政治与行政两分法:思想渊源及其评价*

任何一门学科得以成立的一个基本前提是,必须要有一个相对独立的研究对象。近现代行政学是从政治学中分离出来的,而这种学科上分离的基本前提是政治与行政的分离,即两个学科在对象上的相对分离。正因为如此,政治与行政的关系问题一直是政治学家们和行政学家们长期争论不休的问题。正确认识这一问题,对于我国当前行政学的健康发展,无疑具有重要的理论意义。

一

政治与行政两分法的观点究竟是谁第一次提出来的,凡是读过一些行政学著作的人都知道,持这种观点的主要代表人物是美国学者 F. J. 古德诺。他所著的《政治与行政》一书,既是早期行政学的经典名著,也是政治与行政两分法观点的代表作。但是,如果据此断言政治与行政两分法的观点是由古德诺先生发明的,那就大错特错了。如果不对这一问题加以澄清,就有可能在行政学的研究过程中产生常识性错误。

当代行政学界公认的说法是,近现代行政学研究开始于美国学者伍德罗·威尔逊 1886 年在《政治科学》季刊上发表的《行政学之研究》一文。但是,威尔逊本人并不承认这种说法。他认为行政学在他之前早就产生,只是它没有在美国产生而是在德、法等国产生和发展。至于政治与行政相分离的观点,威尔逊认为,这是行政学赖以成立的理论前提,不但他需要在《行政学之研究》一文中加以阐述,而且在他之前的德国学者布隆赤里已进行了比较详尽的阐述。布隆赤里认为,“政治是在重大而且带普遍性的事项方面的国家活动,而另一方面,行政管理则是国家在个别和细微事项方面的活动。因此,政治是政治家的特殊活动范围,而行政管理则是技术性职员的事情。政策如果没有行政管理的帮助就将一事无成,但行政管理并不因此就是政治。”①这里已明确告

* 本文原载《中国行政管理》1999 年第 11 期。

① [美]伍德罗·威尔逊:《行政学之研究》,《国外政治学》,1987 年第 6 期。

诉我们，政治与行政是政府所具有的两种不同的功能，二者是相互区别的，它们之间有着严格的区分界限，决不能将它们合而为一。威尔逊正是从布隆赤里的上述观点中得到了启发，认为也需要对美国的政治与行政进行必要的区分，并有必要对行政问题进行相对独立的研究，正是在这个意义上他提出需要建立一门相对独立于政治学之外的行政学。因此，在其所著《行政学之研究》一文中，他着重说明了行政与政治的区分。强调指出：行政是“行动中的政府”，“它就是政府的执行，政府的操作，就是政府工作中最显眼的部分”②行政不同于政治，因为“行政管理领域是一种事务性领域。它与政治领域的那种混乱和冲突相距甚远”。“行政管理是置身于政治所特有的范围之外的。行政管理的问题并不属于政治问题。”③很显然，这些论述已经包含了政治与行政相分离的思想，把行政看成不同于政治的另一种政府活动。

以上简单的引证说明，政治与行政两分法的观点早在古德诺之前就有人提出。德国学者布隆赤里作为行政学的早期代表，最早明确地提出了行政与政治相分离的观点，并从而初步确立了行政学的研究对象，这就为行政学作为一门相对独立的学科而存在奠定了理论基础。威尔逊作为布隆赤里思想的继承者之一将布氏的思想进一步发扬光大，对政治与行政的区分做了进一步的阐述，从而使行政学作为一门相对独立的科学真正建立起来。因此，至少就目前我们所掌握的材料来看，他们两人的思想是古德诺《政治与行政》一书的直接思想来源。可见，就思想渊源而言，政治与行政两分法的观点不但可以追溯到威尔逊，而且还应追溯到布隆赤里。

二

对政治与行政两分法观点的系统论证，毫无疑问应归功于古德诺。古德诺第一次从政府功能区分的角度明确提出政治与行政是政府的两

② [美]伍德罗·威尔逊：《行政学之研究》，《国外政治学》，1988年第1期。

③ 同上。

种不同功能。在他看来，任何一个政府，都存在两种基本功能：一种功能是存在于政府表达国家意志所必需的活动中：另一种功能则存在于政府执行国家意志所必需的活动中。当然，由于政府体制的不同，这两种功能区分的程度及其关系是不同的。政府的民治程度越低，国家意志的执行功能与表达功能之间的区别也就越小。但是，“即使在君主制政府中，分工的需要又使这两种功能之间做出区分成为不可避免。”④因此，政治作为表达国家意志的功能，行政作为执行国家意志的功能，在任何政府体制下都是存在的。“在所有政府体制中都存在着两种主要的或基本的政府功能，即国家意志的表达功能和国家意志的执行功能”。“这两种功能分别就是：政治与行政”。⑤

古德诺关于作为政府两种不同功能的政治与行政的区分及其关系的观点，大致可以归纳为以下几个方面：

第一，政府的功能被区分为表达国家意志和执行国家意志两种基本功能，这并非人为的划分，而是有其内在的原因。古德诺从两个方面对这种原因做了分析。他认为，政府的功能之所以被区分为这两种功能，首先“是由心理上的原因必然造成的。就单个人来说，他自然自己表述和执行自己的意志，这就是要求他必须在执行意志之前就表述意志”⑥。这表明，就个人而言，其行为也必然包括其意志的表达和执行两个环节，推而言之，政府的行为也是如此。其次，由于政府行为的极其复杂性，不仅要求政府在执行国家意志前表达国家意志，而且要求政府将表达国家意志的活动和执行国家意志的活动分别由不同的机关行使。

第二，一般说来，与表达国家意志和执行国家意志相一致，政府也建立了相应的机关来实现这两种功能。但是政府机关与政府功能的关系并不是一一对应的，而是非常复杂的。诚然，每一个政府机关主要是

---

④ [美]古德诺：《政治与行政》，北京：华夏出版社，1987年版，第6页。

⑤ 同上书，第12—13页。

⑥ 同上书，第6页。

或大部分时间是行使政府的某一种功能，但是，“所有这些机关不可能把自己完全限于行使其中的某一种功能”[⑦]，“尽管人们能够区分开政府的两种主要功能，但却无法严格地规定这些功能委托给哪些政府机关去行使。”[⑧]据此，古德诺认为，孟德斯鸠所主张的三权分立理论，认为一个政府机关只行使其中一种权力的看法，是一种极端的形式。这种“极端形式对任何具体的政治组织都是行不通的。”[⑨]因此，在古德诺看来，政治与行政是不可绝对分开的。

第三，政治与行政是政府为实现自身功能所进行的实现国家意志活动过程的两个不同环节，作为表达国家意志活动的政治和作为执行国家意志活动的行政存在于一个统一的过程之中，二者是相互依存、相互联系的。没有国家意志的表达，就谈不上国家意志的执行；而没有国家意志的执行，国家意志的表达也就产生不了实际效果。因此，古德诺不仅十分强调政府的两种活动缺一不可，而且十分强调两者在实际的活动过程中协调一致的重要性。

第四，政治与政策制定有关，行政与政策执行有关，政府活动过程是政策制定与政策执行的统一，也就是政治与行政的统一。他明确指出：“政治与指导和影响政府的政策相关，而行政则与这一政策的执行相关。”[⑩]这就是说，政治实际上表现为一个制定政策的过程，而行政则表现为一个执行政策的过程。在这里，通过政策过程的统一性进一步论证了政治与行政的统一性。

第五，政治与行政的统一，还表现于政治对行政的必要控制。古德诺认为，在政府的功能活动过程中，政治与行政必须协调一致。“为了在国家的表达与执行之间求得这种协调，就必须牺牲国家意志表达机

---

⑦ [美]古德诺：《政治与行政》，北京：华夏出版社，1987 年版，第 6 页。

⑧ 同上书，第 9 页。

⑨ 同上书，第 8 页。

⑩ 同上书，第 11 页。

构的独立性，或者牺牲国家意志执行机构的独立性。要么执行机构必须服从表达机构，要么表达机构必须经常受执行机构的控制。只有这样，在政府中才能存在协调。只有这样，真正的国家意志的表达才能成为被普遍遵守的实际的行为规范。"那么，到底应该是谁服从谁呢？古氏的回答是"民治的政府要求执行机构必须服从表达机构，因为后者理所当然地比执行机构更能够代表人民。"[11]当然，这种控制也是有限度的。控制过度不仅会影响政策执行的高效率，而且也会反过来影响政府的民治性。因此，"为了保证政府的民治性和行政的高效率，又不允许这种控制超出其所要实现的合理目的"[12]。至于在实际的政府功能活动中政治采用什么形式来实现对行政的控制，则要依各国的具体国情而定。他指出，这种控制的形式在英国不同于美国。英国采用内阁向议会负责的形式来实现政治对行政的控制，而美国则是通过政党来实现政治对行政的控制的。

由此看来，古德诺比较系统、全面地论证了政治与行政两分法的观点，正是由于他的《政治与行政》一书的发表，使政治与行政两分法在行政学界产生了广泛的影响。因此，把古德诺作为这一观点的主要代表，无疑是正确的。

三

如何评价政治与行政两分法的观点？这既是一个理论问题又是一个实践问题。正确地理解和评价这一观点，既有助于我国行政学理论的健康发展，又有助于我国在政府管理实践中合理地处理政治与行政的关系。因此，无论从理论研究的需要来看还是从政府管理实践的需要来看，都要求我们对这一观点做出正确的评价。

从理论研究的角度来看，首先我们应该肯定，政治与行政两分法观点的确立，对于行政学的形成和发展有着至关重要的意义。作为科学

---

⑪ [美]古德诺：《政治与行政》，北京：华夏出版社，1987 年版，第 14 页。

⑫ 同上书，第 21—22 页。

研究的对象，行政从政治中分离出来，意味着行政学作为一个相对独立的学科得到了广泛的承认。从行政学的历史发展来看，行政学的形成同政治与行政两分法观点的确立是紧密相连的。按照威尔逊的说法，当布隆赤里在对政治与行政进行区分时，表明德国人已开始着手研究行政学；威尔逊主张在美国建立一门独立的行政科学，其理由也是行政不同于政治。但是，由于他们对于政治与行政的区分未从理论上做出系统的论证，因而他们只是提出了任务并没有完成任务，即为创建系统的行政学提供理论基础，更谈不上创建系统的行政学理论。

随着古德诺《政治与行政》一书的发表，政治与行政两分法的观点得到了较为系统的阐述，从而为建立系统的行政学奠定了理论基础。也正是在这之后，在美国形成了比较系统的行政学理论，并得到了广泛的承认。由此看来，从理论上把行政从政治中分离出来，这是研究行政学的需要。没有这种理论上的分离，行政学就缺乏一个相对独立的研究对象，因而也就没有理由成为一门相对独立的学科。从这个意义上看，政治与行政两分法的观点在行政学的形成和发展史上有十分重要的地位。即使在当代的行政学研究中，也有必要强调行政与政治之间的区别，否则，行政学的研究就会变得毫无意义。

但是，仅就理论上看，政治与行政两分法的观点也有可能把人们引向误区。因为这种观点容易给人一种错觉，似乎政治与行政是政府两种相互独立、相互平衡的活动。从这种错误的观点出发，有人把行政学当成了一种与政治学相平行的独立学科，脱离政治学的指导研究行政学，甚至宣称行政学的研究内容只是政府管理的技术问题，它须摆脱政治学的价值观，坚持所谓“价值中立”原则，或者根本就不过问价值问题。很显然，从这样的观点出发去研究行政学，只会把行政学的研究引向歧途。

从政府管理的实践来看，对政治与行政进行相对的区分，有助于政府在对社会实行有效的管理过程中正确地选择行为策略。今天我们已经非常清楚，政府确实面对着两个不同的行为领域，这就是威尔逊所说的政治领域和行政领域。这两个领域之间确实存在着相对的区别。由于领域的不同,政府在每一个领域里的行为目标和方式也应该不同。在前一个领域,宜采用政治方式,而在后一个领域,则宜采用行政方式。否则,用政治手段去解决行政问题,不但达不到解决问题的目的,反而会使问题更加复杂化:而用行政手段去解决政治问题,同样达不到解决问题的目的,还有可能造成新的政治问题。政治与行政两分法的观点如果把握得当,有助于政府管理者正确地识别政治问题和行政问题,从而正确地选择政府的行为策略。

然而,如果把政治与行政两分法的观点绝对化,把政治与行政绝对地对立起来,这对政府管理的实践来说是十分有害的。古德诺已经注意到了这一点。因为在政府管理实践中,政治与行政的协调是非常必要的。如果没有这种必要的协调,政府这架机器就无法进行有效的运转。在政府行为实践中,政治与行政的任何对立,都只会造成政府活动的混乱和政府机构运转的失灵。事实上,在实际的政府行为中,政治与行政总是结合在一起而无法分离的。在当代政府行为中,政治与行政的结合仍然表现得非常明显。

最后需要指出的是,政治与行政两分法的观点在当代美国政治学界和行政学界均受到了较多的批评,相当多的学者都对这一观点持否定态度。美国政治学家 J. E. 安德森甚至断言,“除了少数几个老古董和信息不通者之外,今天再也不会有人接受这种政治——行政两分法了”。⑬ 我们认为,对于政治与行政两分法的观点应该给予实事求是的评价,唯有如此,才有利于我国当代行政学的健康发展,有利于我国当代行政改革的顺利进行。

---

⑬ [美]詹姆斯·E.安德森:《公共决策》,北京:华夏出版社,1990 年版,第 116 页。

9.4 试论行政管理现代化及其与政治现代化的关系*

“现代化”一词在本世纪下半叶的社会科学文献中是一个被广泛使用的理论术语。经济学、社会学、政治学分别把“经济现代化”、“社会现代化”和“政治现代化”作为本学科的重要研究内容之一。由此产生了“发展经济学”、“发展社会学”和“发展政治学”等新兴学科。有关行政管理现代化的理论正是在这一宏观现代化理论背景下产生的,因而,我们对“行政管理现代化”的理解自然不能离开现代化的理论背景。另一方面,在当代中国,“现代化”不仅作为一个术语频频出现在社会科学文献中,更重要的是,它已成为中国人所追求的一种生活目标,并且已逐渐融合到人们的日常生活中。因而,我们对中国行政管理现代化的理解,不仅要结合“现代化”的理论背景,更重要的是要深入人们的日常生活,联系中国人民正在从事的现代化建设的伟大实践去理解。只有这样去理解中国行政管理的现代化才不至于以偏概全,从而达到正确的、全面的认识。

在众所公认的现代化理论中,现代化概念所描绘的是“人类社会的一个过渡时期,经过这个过渡时期,人类进入一个取得技艺的现代理性阶段,达到主宰自然的新水平,从而将自己的社会环境建立在富足和合理的基础之上”。① 按照现代化理论的“现代化”概念,我们应该将“行政管理现代化”理解为一个由传统行政管理向现代行政管理的转变过程。这种转变过程所要达到的基本目标则是行政管理的法治化、民主化和科学化,而最终目标则是要实现行政管理的高效化。行政管理的法治化、民主化、科学化和高效化既是行政管理现代化的基本目标也是行政管理现代化的基本特征。行政管理由非法治化走向法治化的过

---

* 本文原载《政治学研究》1998 年第 3 期

① [印度]A. R. 德赛:《重新评价“现代化”概念》,《现代化理论与历史经验的再探讨》,上海:上海译文出版社,1993 年版,第 26 页。

程、由非民主化走向民主化的过程、由非科学化走向科学化的过程、由非效率化走向高效化的过程,则构成行政管理现代化过程的基本内容。

一般说来,传统的行政管理权威不是来源于法律,而是来源于某种神灵、某种传统或某个个人的品质与地位。行政首长个人至高无上的地位高于法律的地位。行政管理过程的运行主要地不是根据作为全体公民的共同意志即国家的意志的法律进行的,而是根据行政长官的个人意志进行的。因此,对于传统行政管理来说,人治是其基本特征。由传统行政管理向现代行政管理的转化过程,即是一个由人治走向法治的过程。从这个意义上而言,行政管理的现代化也就是行政管理的法治化。法治化的行政管理的基本特征是:行政管理的权威来源于国家意志即法律,行政管理过程依法律程序进行,依法行政成为行政官员及全体公民的共识,等等。

与传统行政管理的人治化特征相伴随的是传统行政首长的个人专断和传统行政管理的神秘化。人治必然会导致个人专断,而个人专断必然会导致行政管理的神秘化,从而使传统行政管理具有了非民主化的特征。由传统行政管理向现代行政管理的转变过程,也是一个由非民主化的行政管理走向民主化的行政管理的过程。从这个意义上说,行政管理的现代化过程也就是一个行政管理的民主化的过程。行政管理的民主化具体表现为:公民参与行政管理的意识加强,参与和监督行政管理的权力扩大,政务公开化已成为行政管理的一项普遍的制度,等等。

在传统行政管理中,由于占支配地位的是人治现象。因此行政管理过程中往往表现出相当多的随意性,往往缺乏标准化的程序和合理的管理方法。加之经济水平和科学技术水平落后,行政管理缺乏先进的管理技术手段。因而就整体而言,传统的行政管理尚处于行政管理的前科学化时期。由传统行政管理向现代行政管理的转化过程,也是一个行政管理科学化的过程。行政管理科学化从广义而言,应包括行政管理观念的科学化、行政管理程序和标准的科学化、行政管理方法的科学化和行政管理技术手段的科学化;从狭义而言,主要是指行政管理方法和技术手段的科学化,即将先进的管理方法和科学技术手段运用于行政管理过程之中。特别是定量分析方法和电子计算机等技术手段在行政管理过程的广泛运用,可以说在行政管理领域引起了一场相当深刻的革命。

在传统行政管理中,由于非法治化、非民主化和非科学化(特别是后者)占主导地位,因而行政管理活动也是非效率化的。随着行政管理法治化、民主化和科学化的实现,行政管理活动也必然会由非效率化转变为高效化。

抽象地谈论行政管理现代化的基本特征与基本目标,并不能对中国行政管理现代化的实质做出充分而又合理的说明。事实上,在一些西方现代化研究学者看来,现代化是美国和西欧一些发达国家社会的基本特征。从这一认识出发,有人把现代化过程描述为欠发达国家向发达国家的效法过程。② 按照这一逻辑,行政管理现代化的过程就可以简单地归结为欠发达国家的行政管理模仿和效法发达国家行政管理的过程。这样,不同国家之间行政管理现代化的差别也就被取消了。事实上,一个国家的行政管理现代化过程必然会为该国的政治制度、行政及文化传统和经济及科学技术的发展水平所制约。离开一个国家的国情去抽象地、一般地谈论一个国家的行政管理现代化,不可能对该国的行政管理现代化的实质有一个正确的认识。

中国的国情决定了中国行政管理现代化具有自己的特色。或者说当代中国行政管理现代化绝不是一个简单地对西方发达国家行政管理的效法过程,而必须走中国式现代化的道路。

第一,从政治制度上看,中国属于社会主义国家。行政制度是从属于社会主义政治制度的,必然为社会主义的政治制度所制约。正如彼

---

② [印度]A.R.德赛:《重新评价"现代化"概念》,《现代化理论与历史经验的再探讨》,上海:上海译文出版社,1993年版,第39页。

得·沃斯利正确指出的,“现代化本身不像任何其他事物,它既有采用资本主义路线的现代化,也有采用社会主义路线的现代化。”③当代中国行政管理现代化属于中国社会主义现代化建设的一个重要组成部分,所采用的是“社会主义路线的现代化”。这主要表现在,在行政管理法治化和民主化的实质及其具体内容方面,我国与采用资本主义路线的现代化的国家有着根本的不同。“资本主义法制,确认和保障了资产阶级的民主、自由,巩固了反封建斗争的成果。然而资本主义法制实质上是保证资产阶级民主、维护资本主义制度、对劳动人民实行剥削和压迫的合法手段,即资产阶级专政的工具。”④西方发达国家所实现的行政管理法治化,其行政管理法制同整个资本主义法制体系一样,是资产阶级统治工具的一个重要组成部分。我国在行政管理现代化过程中同样要实现行政管理的法制化,但其法制是按照工人阶级和全体人民意志建立起来的法律制度。其实质是工人阶级和全体人民意志的体现,是劳动人民管理国家的工具。与行政管理法制一样,西方国家行政管理的民主实质上是资产阶级的民主,有钱人的民主,即金钱的民主;而我国行政管理民主则是真正的全体人民的民主,充分体现了劳动人民当家做主的权力和人民参与国家行政管理的权力。因此,我国行政管理的现代化目标不应是一种抽象的法制化、民主化目标,而应是社会主义法治化、民主化的目标。

第二,中国是一个具有悠久历史的民族国家,有着自己优秀的文化传统和丰富的行政管理经验。这种优秀的文化传统和丰富的行政管理经验,既包括自夏、商以来创立和积累起来的文化传统和行政管理经验,也包括中国共产党创立革命根据地、创建中华人民共和国以来形成的文化传统和行政管理经验。中国的行政管理现代化不是排斥这些传

---

③ [印度]A. R. 德赛:《重新评价“现代化”概念》,《现代化理论与历史经验的再探讨》,上海:上海译文出版社,1993 年版,第 40 页。

④ 《中国大百科全书·法学》,北京:中国大百科全书出版社,1984 年版,第 824 页。

统和经验,而是在这些传统和经验的基础上的继续,当然这种继续不仅仅是量变,更重要的是质变。特别是近50年以来的行政文化和行政管理经验的形成过程,本身就可以看成是当代中国行政管理现代化过程的一个重要组成部分。因此,当代中国行政管理现代化的过程也是一个对中国传统行政文化和行政管理经验进行改造和扬弃的过程,是一个创造具有中国特色的现代化的行政管理模式的过程。

第三,当代中国是一个拥有12多亿人口,经济、科学技术发展水平相对落后且地区之间不平衡但发展速度又相对较高的国家,这就决定了我国行政管理现代化具有复杂性、渐进性和发展的不平衡性等诸多特征。人口多、地域广,决定了我国行政管理具有复杂性的特点,从行政机构看,就表现为纵向层次多、横向部门多,呈现出错综复杂的特点,这种特点必然会在行政管理现代化过程中反映出来,使行政管理现代化过程呈现出复杂性的特点。经济和科学技术水平的落后性和发展速度的相对较高,决定了我国行政管理现代化进程既不会速度太快也不会停滞不前,而会呈现出一种渐进性的特点。而地区之间、城乡之间经济和科学技术水平发展的不平衡性,也必然会造成行政管理现代化水平发展的不平衡性。正确地认识我国行政管理现代化过程的上述特点,对于正确理解我国行政管理现代化与政治现代化的关系不无裨益。

二

行政管理现代化对政治现代化的影响作用,主要取决于行政与政治的相互关系。

在近现代政治学说发展史上,英国的洛克和法国的孟德斯鸠是较早地对政治与行政的关系做过探讨的学者。洛克将政治的权力区分为立法权、联邦权和行政权(执行权),孟德斯鸠将政府的权力区分为立法权、行政权和司法权。⑤ 尽管二者对行政权的理解有所不同,但他们的学说有一个共同点,就是认为行政权是政府权力的一个组成部分。这

---

⑤ [美]列奥·施特劳斯等:《政治哲学史》,石家庄:河北人民出版社,1993年版,第621页。

样,他们在政治与行政的关系问题上,事实上是把行政作为政治的一个有机组成部分来看待的。政治与行政的关系被认为是一种整体与部分的关系。在这种整体与部分的关系中,作为部分的行政管理的现代化必然会对作为整体的政治的现代化产生深远的影响。

当代世界行政学的研究,一般认为开始于1887年美国政治学家威尔逊出版的《行政之研究》。威尔逊的行政学理论,主张把行政作为有别于政治的独立对象加以研究,实际上奠基于"政治与行政"之间的明显区分,[⑥]因而开创了政治与行政二分法的传统。古德诺发展了他的这一思想,进一步认为政治是国家意志的表现,而行政是国家意志的执行。纵观当代世界各国的政治与行政的实践,这种观点显然过时了。正如美国学者詹姆斯·E.安德森所指出:"除了少数几个老古董和信息不通者之外,今天再也不会有人接受这种政治——行政两分法了"[⑦]。在今天,"我们生活在一个以行政为中心的时代。在这一时代中,无论是政策的制定,还是政策的执行,政府的效能从根本上来说取决于行政领导"[⑧]。"现在人们已明确认识到,政治与行政相互交织不可分割"。[⑨] 政治与行政这种相互交织不可分割的关系,决定了行政管理现代化与政治现代化之间也存在着一种相互交织不可分割的关系,行政管理现代化必然会对政治现代化产生十分重要的影响作用。

在我国,行政管理现代化与政治现代化的关系,主要取决于我国行政管理实践与政治实践之间的现实关系。

我国的政治系统一般认为由两个子系统构成。有的学者认为,根据是否拥有正式直接决定和执行公共政策的权力,可以把政治系统分为权力政治系统和非权力政治系统。权力政治系统是指拥有某种正式

---

⑥ [美]V.奥斯特罗姆:《美国行政管理危机》,北京:北京工业大学出版社,1994年版,第29页。

⑦ [美]詹姗斯·E.安德森:《公共决策》,北京:华夏出版社,1990年版,第116页。

⑧ 同上书,第47页。

⑨ 同上书,第49页。

直接行使公共政策制定和执行权力的各种组织有机结合的总体。其中又包括以国家名义和强制性方式出现的国家权力政治系统，即国家权力机关、行政机关和司法机关；以及以执政党名义和督导性方式出现的非国家的权力政治系统，即中国共产党中央委员会及地方各级委员会。非权力政治系统指虽不具有正式公共决策和执行的权力，但能对公共决策和执行有积极影响作用的群体、组织和个人的总称，人民政协、民主党派、人民团体等组织及其活动均归于这一系统。[⑩] 我国政治系统就是由上述两个系统及其活动构成的。有的学者认为，我国的政治系统是由政权组织系统和政党组织系统构成的。政权组织系统包括国家权力机关、行政机关和司法机关。政党组织系统包括执政党、参政党和人民团体（因为人民团体具有准政党的性质）。[⑪] 以上两个系统及其活动构成了我国政治的全部内容。上述两种观点尽管有所差别，但有一点是共同的，这就是认为在我国行政只是政治的一个组成部分，因而也可以把我国的政治与行政的关系理解为整体与部分的关系，并以此作为理解我国行政管理现代化与政治现代化关系的出发点。

我国行政管理现代化对政治现代化的影响作用可以从以下几个方面来加以理解：

第一，行政系统的现代化必然会引起政治系统内部其他子系统发生相应的变化，即实现自身的现代化，从而有助于实现整个政治系统的现代化。我们知道，在一个系统内部，当其中某个要素发生变化时，这个要素的变化必然会引起其他要素发生相应的变化。因为系统内各个要素是相互关联、相互作用的。行政系统只是政治系统的子系统，作为政治系统子系统的行政系统的现代化不是孤立的，它必然要引起其他子系统如权力子系统、司法子系统乃至执政党子系统、参政党子系统的现代化。如行政系统的民主化意味着行政管理工作透明度的提高，人

---

⑩ 夏书章主编：《市政学》，北京：高等教育出版社，1991年版，第59—60页。

⑪ 参见胡象明：《地方政策分析》，武汉：武汉大学出版社，1994年版，第二、三章。

民群众参与政府工作的范围和监督政府工作的权利扩大。行政系统的这些变化必然会引起权力机关、司法机关和执政党的立法活动、司法活动和领导活动的民主化程度的相应提高。同样,行政管理科学化意味着政府管理方法的科学化程度和管理技术水平(包括技术装备水平)的提高,而这些也会导致政治系统内其他子系统改进工作方法和提高技术装备水平,从而提高其科学化程度。随着政治系统内各子系统现代化水平的提高,必然会带来整个政治系统现代化水平的提高。

第二,行政管理现代化将为整个政治系统的现代化提供强有力的保证和支持作用。一些著名的现代化理论家通过对世界一些处于现代化过程的国家进行大量的研究后得出了一个重要结论,即认为现代化过程伴随着政治上的风险,有可能导致社会政治的不稳定。诚如亨廷顿在《变动社会的政治秩序》一书中所言:"现代性产生稳定性,而现代化却产生不稳定性"。[12] 在政治现代化过程中,为了将政治风险降低到最低限度,有必要优先建立一个相对稳定的强有力的行政系统,以便应付政治现代化过程中可能带来的风险,以强有力的手段维护社会政治的稳定性,保证和支持政治现代化过程的顺利进行。然而这种稳定的、强有力的行政系统只能建立在"现代性"的基础上。行政管理的现代化,建立一个"现代性"的行政管理系统,将会对政治现代化提供强有力的保证和支持作用。

第三,行政现代化是政治现代化的突破口。政治现代化意味着整个政治体系的现代化。如前所述,在政治现代化过程中有可能出现不稳定的风险性,为了避免风险或降低风险的程度,选好政治现代化的突破口是十分必要的。而行政现代化作为政治现代化的突破口有其自身独特的优势。这是因为:其一,正如詹姆斯·E. 安德森所说:我们正处于以行政为中心的时代。在今天,行政在政治系统中占有十分独特的

---

[12] [美]塞缪尔·P. 亨廷顿:《变动社会的政治秩序》,上海:上海译文出版社,1989 年版,第 45 页。

重要地位。如前所述,行政子系统的现代化对政治系统内其他子系统的现代化有着重要的推动和促进作用;其二,行政系统的现代化必然离不开行政改革,行政改革相对于政治系统内其他方面的改革而言风险较小,成功率较高。因此,政治改革应从行政改革开始,政治现代化应从行政现代化着手,把行政现代化作为政治现代化的突破口。

三

行政管理现代化有助于促进政治系统内其他子系统的现代化乃至整个政治系统的现代化。但是,行政管理现代化并不是孤立进行的。在政治现代化过程中优先实现行政现代化只是从逻辑上而言的,并不意味着时间顺序上行政管理可以先于政治系统的其他要素孤立地实现自身的现代化。事实上,没有政治系统其他要素的现代化乃至整个社会、经济和文化的现代化,行政管理现代化也是不可能的。

如果我们把行政管理系统当成一个完整的系统来加以考察,我们就会发现,这个系统的变化必然要受到其周围环境的制约。行政管理现代化作为行政管理由传统向现代的一种根本性变化过程,也必然要受到其周围环境的制约。行政管理环境,我们可以从以下两个方面对其加以认识:一方面,就政治系统内部而言,行政管理系统作为政治系统的一个子系统,必然要和政治系统内的其他子系统发生相互作用,因而政治系统其他子系统便构成行政管理系统第一层次的环境。同时,作用于行政管理系统的因素除政治系统内的因素外,还有政治系统外的各种因素,如社会、经济、文化等等因素,这些因素相对于政治系统的内部因素而言,是行政管理系统的第二层次的环境。第二层次的环境对行政管理现代化也有着重要的影响和制约作用。但相对而言,第一层次的环境对行政管理现代化的影响和制约作用更直接,因而也更重要。由于篇幅有限,关于第二层次环境对行政管理现代化的影响和制约作用,本文不予赘述,而主要就第一层次环境对行政管理现代化的影响和制约作用以及行政管理现代化对政治现代化的内在要求提一些粗浅的看法。

第一,行政管理的法治化有赖于政治系统和政治过程各个方面的法治化。也就是说,行政管理法治化同时要求整个政治系统和政治过程的法治化,从而为其创造一种法治化的环境。如前所述,行政管理现代化是不能孤立进行的,必然要受到周围环境因素的制约。同样,行政管理法治化必然要求政治系统为其提供一种法治化的环境。如果缺乏这样一种法治化的环境,行政管理法治化就无法孤立地进行。例如,行政管理法治化要求有健全的法治体系,这就要求立法机关必须加强立法建设,完善现行的法律法规,为行政管理创造一种"有法可依"的前提条件;又如,行政管理法治化要求"执法必严,违法必究"。如果有的行政机关违法,那么应由谁来"究",当然可以由它的上级行政机关来加以追究,但仅有这一点是不够的,还必须健全行政诉讼制度,这就要求有健全的司法制度。再如,行政管理法治化要求在行政管理过程中排除各种"人治"因素和对行政管理的非法干扰行为,这就要求执政党对行政的领导也必须依法进行,否则"人治"难以避免,权大还是法大的问题也很难解决。当前我国在行政管理法治化过程中遇到的一些难题,无不与上述问题有关。因此,要实现行政管理法治化,就必须全面加强法治建设,同步实现整个政治系统和政治过程的法治化,为行政管理创造一种依法行政的有利环境。

第二,行政管理的民主化有赖于政治系统与政治过程各个方面的民主化。民主化是政治现代化的一个重要课题,行政管理民主化是政治民主化的一个重要组成部分。如同行政管理的法治化一样,行政管理民主化也不能离开政治系统和政治过程其他方面的民主化而孤立地进行。政治系统、政治过程、政治生活的民主化是多方面的,包括执政党领导行为的民主化,权力机关立法过程、选举过程和重大问题决定过程的民主化,人民群众参政、议政和监政权力的扩大,各类政治机关政务活动的公开化和透明度的提高,等等。特别是人民群众参政、议政、监政权力的扩大和政治参与积极性和参与水平的提高,以及机关政务活动的公开化,构成政治民主化的实质内容。如果没有执政党领导行为的民主化，如果没有国家权力机关在立法、选举和决策方面的民主化，如果没有人民群众积极的政治参与，要实现行政管理民主化从根本上说就是不可能的。因此，行政管理民主化，必然要求政治系统、政治过程和政治生活各个方面的民主化，从而为行政系统民主管理创造一个良好的民主化环境。

第三，行政管理科学化当然有赖于一个国家经济和科学技术的发展，但同样有赖于政治系统内部管理观念、管理方法和管理手段的科学化。一个国家经济和科学技术的发展，是该国行政管理科学化的先决条件。因为没有必要的经济实力和科学技术水平，人们不但在行政管理观念方面不会有较大的变化或更新，从而也没有按照科学化要求改进行政管理方法的内在动力，而且更无实力用现代化的设备去改进行政管理的技术手段。然而，经济与科学技术的发展对行政管理科学化固然重要，但如前所述，它们只构成行政管理现代化的第二层次的环境，而对行政管理科学化具有更有直接作用的则是它的第一层次的环境，即政治系统内部的环境，亦即政治系统内部管理方法和管理技术手段的科学化。如果政治系统内部其他子系统对管理方法和手段的科学化缺乏应有的积极性，行政系统对管理方法和手段的科学化也会缺乏应有的动力。因为我们不能设想在一个缺乏科学观念和科学技术管理手段的政治系统能够孤立地实现行政管理的科学化。因此，强化政治系统的科学管理观念和提高其管理的科学水平，是实现行政管理科学化的一个重要条件。

9.5 论有中国特色的民主政治模式*

民主政治是国家政治现代化追求的重要目标之一。但世界各国的民主政治不应该是千篇一律的。不同性质国家的民主政治在实质上是有根本区别的，这是早有定论的马克思主义的基本观点。民主政治在不同的国家还应有不同的表现形式，包括民主主体要素的构成及民主政治的运行规则在不同国家的具体表现，这就是我们所说的民主政治模式。本文在分析我国当代政党组织结构模式、政权组织结构模式和政治文化结构模式的基础上，综合概括出我国当代的民主政治模式，并指出这是一种具有中国特色的民主政治模式。

一、我国政党组织结构模式的特点及其对我国民主政治的影响

现代国家政治是一种政党政治，政党制度往往与政治制度直接相关。一般说来，一个国家实行什么样的政党制度，不但影响该国民主政治的实质，而且影响该国民主政治的具体运行模式。

从政党组织结构模式看，世界上大致存在一党制、两党制、多党制和一党领导多党合作制几种模式。不同国家由于政党组织结构模式不同，因而其所建立的民主政治制度也有区别。

我国的政党组织结构模式既不是一党制也不是多党制，而是一党领导下的多党合作制。这种政党组织结构模式的特点是：以执政的无产阶级政党即共产党为领导核心，吸收其他民主党派参加政权。在这种政党组织结构模式下，由于存在着一个稳定的领导党或执政党，因而也不同于多党制；同时，由于存在着多个合作党或参政党，因而也不同于一党制。在国家民主政治生活中，中国共产党处于核心地位，起着领导作用。八个民主党派积极参与国家的民主政治生活，但他们不是执政党的竞争对手，而是执政党的被领导者和合作者，他们对国家政治生活的参与是以接受中国共产党的领导为前提的。基于历史和现实的需

---

* 本文原载《政治学研究》1997 年第 1 期，中国人民大学《中国政治》1997 年第 12 期转载。

要，在我国逐渐形成了这样一种具有中国特色的政党组织结构模式。这种政党组织结构模式的优点在于：

第一，一与多的统一。在这个组织结构模式中，有一个处于核心地位的领导党或执政党。这个领导党的领导地位是相当稳定的，在整个社会主义时期充分体现出“一党执政”的特性。但是，这个“一党执政”不“独揽政权”，而是在这个党的领导之下与其他参政党一道合作共事，这又体现出“多”的特点。“一与多”在这个组织结构模式中实现了有机的统一，这种具有中国特色的政党组织结构模式可以简略地概括为“一与多”一体化的政党组织结构模式。

第二，集中与民主的统一。一党领导在一定意义上体现出国家政治生活集中性的特点，这种集中性对于保证政策的统一性和政治的稳定性是完全必要的。但这种集中性又必须与民主性结合在一起。多个参政党的政治参与，形成了与执政党相互监督的机制，这是民主性存在的一个重要条件；正是由于多个参政党的存在，为我国政治生活的民主化提供了有利条件。在“一与多”一体化政党组织结构模式中，从一个侧面体现了国家政治生活的民主与集中的有机统一。

第三，稳定性与动态性的统一。一党执政并具有相对稳定的领导地位，这就保证了国家政策的稳定性和连续性，乃至整个社会政策的稳定性，然而，这种稳定性是在动态性中实现的。这种动态性并不是政策的大起大落和社会的动荡不安，而是指国家政治生活充满活力，政党之间的相互监督和相互批评。多个参政党的存在，为国家政治生活提供了一个重要的激活因素。“一与多”一体化政党组织结构模式可以使国家政治生活“稳而不僵，活而不乱”，实现了国家政治生活中稳定性和动态性的有机统一。

在我国政党组织结构模式的上述三个特点中，最基本的是第一个特点，即“一与多的统一”，其他特点都是从这个特点中派出生来的。由于我国政党组织结构模式从根本上说既不是一党制也不是多党制，因而在这种政党组织结构模式基础上建立起来的民主政治模式，既不可能是独揽式的，也不可能是“多元化”的，而应该是一种充分体现出“一与多”相统一特点的具有中国特色的民主政治，我们可以将它简称为“一体化民主政治模式”。

二、我国政权组织结构模式的特点及其对我国民主政治的影响

一个国家的政权组织结构对该国政治模式有着决定性的影响作用。一般说来，国家权力可分为三种：立法权、行政权和司法权。一切国家机关都是为了行使国家权力而设置的。因此，国家机关也不外乎三类：立法机关、行政机关和司法机关。但在不同的政治制度下，行使三种权力的三类国家机关的组成以及它们之间的关系是不同的。在封建社会，实行的是一种三权混为一体、三类国家机关不分的政权体制，它所奉行的是行政权力至上原则，皇帝集行政权、立法权和司法权于一身。一人之下万人之上的最高行政长官——宰相，在绝大多数情况下不仅操纵着全国的最高行政权，而且有时在事实上也控制着全国的立法权和司法权，因而实际上立法权和司法权是从属于行政权的。在这种政权组织结构模式下建立起来的政治模式只可能是一种专制政治模式。在资本主义制度下，资产阶级为了反对封建主义的专制统治和调节资本主义国家内部的各种利益冲突，确立了三权分立的原则和制度。我国社会主义政权组织的基本原则是民主集中制。在民主集中制的原则下，社会主义的立法机关主要是作为国家权力机关出现的，行政机关和司法机关由权力机关产生并向它负责，因而它实际上在政权组织结构模式上摒弃了资本主义的“多元组织结构模式”，体现了政权组织结构的一体化。这种组织结构模式可以简要地表述为一院制下行政与司法分工的结构模式，其内容主要包括以下几个方面：

第一，权力机关作为国家政权的立法机关采用的是一院制，即人民代表大会制。我国国家权力机关是一种较为典型的一院制议决机关，人民代表由人民群众直接或间接选举产生，并由人民代表组成不同级别的人民代表大会，由它们代表人民统一行使国家权力。这一制度充分体现了我国社会主义制度主权在民的原则和主权不可分割的原则。

第二，实行行政与司法分工的制度和司法机关两院制，即在国家权力机关下面分设行政机关和司法机关；人民政府既是国家行政机关又是本级人民代表大会的执行机关；司法机关由人民法院和人民检察院共同组成，即通常所说的“一府两院”制。如果说一院制体现了国家机关统一性的特点，那么，行政与司法的分工则体现了国家机关多样性的特点。

第三，就权力机关、行政机关与司法机关的关系而言，权力机关产生并监督行政机关和司法机关，即三者的关系并不是一种相互独立的关系，而是一种后者（行政机关和司法机关）从属于前者（权力机关）的关系。这样，国家政权组织体系实际上是一个以权力机关为权力中心并包括行政机关和司法机关在内的完整的统一体。在这个统一体中又包含了以“多”为特征的分工负责制。

我国政权组织结构模式，作为一种具有中国特色的一院制下行政与司法分工的结构模式，是一种“一”与“多”相统一的组织结构模式。在这个组织结构模式中，处于政权组织的权力中心地位的是“一”个机关，即权力机关，由这个机关产生并从属于它的有“多”个机关即行政机关和司法机关（包括人民法院和人民检察院），亦即“一府两院”。因此，这种政权组织结构模式是“一”与“多”的统一体，具有“一”与“多”一体化这一特征。对于这一组织结构模式中的“一”与“多”的关系，我们可以从以下几个方面来加以认识：

第一，“一”产生“多”。按照中华人民共和国宪法的规定，全国人民代表大会是国家权力机关，统一行使国家权力。国家行政机关和司法机关均由权力机关产生。在这里，作为“一”的权力机关是产生者，而作为“多”的行政机关和司法机关则是这一主体派生出来的。

第二，“多”从属于“一”。中华人民共和国宪法规定：“国务院对全国人民代表大会负责并报告工作；在全国人民代表大会闭会期间，对全国人民代表大会常务委员会负责并报告工作。”“地方各级人民政府对本级人民代表大会负责并报告工作。县级以上的地方各级人民政府在本级人民代表大会闭会期间，对本级人民代表大会常务委员会负责并报告工作。”“最高人民法院对全国人民代表大会和全国人民代表大会常务委员会负责。地方各级人民法院对产生它的国家权力机关负责。”“最高人民检察院对全国人民代表大会和全国人民代表大会常务委员会负责。地方各级人民检察院对产生它的国家权力机关和上级人民检察院负责。”这种“多”对“一”的负责关系，表明“多”是从属于“一”的。这一层关系是从第一层关系派生而来的。因为“多”是由“一”产生的，这样自然就存在“多”从属于“一”的关系。这既是政治体制和政治实践操作上的需要，又存在着逻辑上的必然性。

第三，“一”与“多”共处于一种彼此区别、又相互依存的和谐关系之中。在资本主义国家的三权分立的政治体制下，立法机关、行政机关与司法机关之间是相互独立、相互制约的关系，这种关系的外在表现形式往往不是和谐而是相互冲突。我国的政治体制不是这样。在国家政权组织体制中，权力机关与行政机关、司法机关的关系既相互区别、又相互依存。这是因为，我国的国家权力统一集中于权力机关，由它统一行使国家权力，这就为避免国家机关内部因权力之争而产生冲突提供了制度上的保证。但在权力统一的前提下，在权力运用方面又存在着严格的分工。人民政府行使行政权，人民法院行使审判权，人民检察院行使检察权，而人民代表大会则行使立法权、监督权和重大事项的决定权。这表明权力机关、行政机关和司法机关之间又存在着明确的分工，是有严格区别的。然而它们之间的这种区别与它们之间的相互依存关系是一致的。

我国当代的政权体制，相对于历史上的其他政权体制而言，无疑是一种新型的、进步的政权体制，这首先是由它的性质决定的。我国是工人阶级领导的、以工农联盟为基础的人民民主专政的社会主义国家，这种政权的性质决定了它的组织形式必须反映出工人阶级在其中的领导地位，又要反映出工农联盟的特点以及各阶层参与政权的特点。正因为如此，我国的政权组织就只能是一种以“一”为中心的“一”与“多”一体化的、具有中国特色的民主政权体制。在这种政权组织结构模式基础上建立起来的民主政治模式必然是一种“一体化民主政治模式”。

三、我国政治文化结构模式的特点及其对我国民主政治模式的影响

政治文化结构是由各种政治观念所组成的系统，其中核心的内容是意识形态。一个国家的政治文化结构是由该国的经济结构所决定的，但它又具有相对的独立性。这种相对独立性的一个重要表现是对政治结构和政治过程具有一定的反作用。政治模式作为政治结构和政治过程的总和，也必然要受到政治文化结构的影响。我国的政治文化结构是一种以马克思主义政治文化为主导、多种亚政治文化并存的政治文化结构。

(一)主导政治文化。我国当代政治文化是由多种不同内容的政治文化因素构成的一个文化系统。但在这个政治文化系统中，各政治文化因素的地位并不是完全平等的，其中有一种政治文化居于主导地位，其他政治文化因素居于从属地位或次要地位。我们将政治文化系统中居于主导地位的政治文化称之为主导政治文化。在我国，这种主导政治文化就是我国政治上层建筑中的指导思想即马克思主义的政治文化。她作为主导政治文化的地位主要通过她对其他政治文化的指导作用体现出来。这种指导作用又具体表现在以下几个方面：

第一，政治观点上的统一作用。政治文化就其性质而言，属于观念上层建筑，它必然会涉及一系列的政治问题，提出有关政治的观点。然而在我国现有的政治文化系统中，并非只有马克思主义一种学说，而是多种学说并存。这就有必要对这些学说在政治观点上加以统一。在我国是用马克思主义来加以统一。这就是说，对于其他各种学说，允许它们有一定的研究和发表的自由，允许它们在有关理论方面发表不同的看法，但在重大的基本政治观点方面必须要求它们与马克思主义保持一致。坚持四项基本原则，主要是从这方面而言的。

第二，方法论上的引导作用。马克思主义不仅仅是一种政治学说或意识形态，而且是一种世界观和方法论。作为一种世界观和方法论，

它对其他学说均具有引导作用。例如，马克思主义所倡导的理论与实践相结合的研究方法、全面地看问题的方法、矛盾分析法、阶级分析法等等，都是政治文化研究中的一些科学方法，这些方法对于其他政治文化理论研究社会政治现象具有十分重要的指导作用。

第三，政治文化活动方面的规范作用。政治文化不仅仅表现于理论观点方面，而且表现于政治文化活动方面。这种政治文化活动通常具体表现为具有不同思想意识的人运用不同的观点对政治和社会现象进行评价，这些评价既有政治意义上的评价，又有道德意义上的评价。政治文化活动还具体表现于一个社会的精神文明建设，在多种学说并存的条件下，必须要求有一种主导政治文化来对各种政治文化活动发挥一种规范作用，只有马克思主义政治文化才能起到这种作用。

（二）亚政治文化。所谓亚政治文化，是指在我国存在的除马克思主义政治文化以外的其他政治文化。毛泽东曾经说过，在中华人民共和国宪法范围内，各种学说思想，无论是正确的还是错误的，都让他们说去，不要去干涉他们，就是社会科学，这一派，那一派，让他们说，在报纸上、刊物上可以说各种意见。正是在这一思想的指导下，毛泽东提出"百家争鸣"的方针，这一方针为我国多种政治文化的存在提供了理论前提和政策依据。我国政治文化中的亚文化是一种以主导文化为指导又不完全等同于主导文化的一种政治文化现象。它与主导政治文化相比，具有以下几个特点：第一，亚文化的多样性。亚文化的这一特性主要反映在"百家争鸣"这一方针中。主导文化与亚文化的关系，并非一种文化对另一种文化的关系，而是一种指导思想对百家争鸣的关系。主导文化只有"一家"，而亚文化则有"百家"。因此，多样性便成为亚文化的一个基本特点。第二，亚文化的从属性。亚文化不是一种独立的或以自身为主体的政治文化现象，而是一种从属于主导文化的政治文化现象。也就是说，我国的亚政治文化必须以马克思主义为指导，从属于马克思主义的政治文化。第三，亚文化的统一性。我国的亚政治文化虽然具有多样性的特点，并呈现出"百家争鸣"的局面。但这种"争鸣”并非“无序”的，而是“有序”的，各种学说、观点存在着内在的统一性，这种内在的统一性主要来源于统一的指导思想。正是由于存在着这种统一的指导思想，从而使我国的政治文化呈现出一种有序状态。

综上所述，我国的政治文化结构模式也是一种以“一”为中心的“一”与“多”一体化的结构模式。在这种政治文化结构模式中，作为“一”的主导政治文化即马克思主义政治文化居于整个政治文化结构的核心地位，作为“多”的亚政治文化即非马克思主义政治文化处于整个政治文化的从属地位。这种“一”与“多”一体化政治文化必然会影响我国民主政治模式的形成，从而使我国的民主政治模式也呈现出“一”与“多”一体化的特点。

四、一体化民主:一种具有中国特色的民主政治模式

根据以上分析，我们认为，我国的民主政治模式，无论从我国的政党组织结构模式和我国的政权组织结构模式看，还是从我国的政治文化结构模式看，均呈现出以“一”为核心的“一”与“多”一体化民主政治的特点。姑且我们将这种民主政治称之为“一体化民主政治”。这种政治模式具有如下几个具体特点：

第一，这种政治模式有着“多”方面的参与机制，因而是一种民主的政治模式。一种政治模式是民主的还是专制的，在程度上要看这种政治模式能否为政治决策过程提供广泛的参与机制。从历史上看，封建主义的政治模式是典型的专制政治模式，政治决策权集中在皇帝和少数官僚手里，广大人民群众无权参与决策过程。资本主义的政治模式总的说来要比封建主义的政治模式民主得多。但是，正如精英政治模式论者所指出的那样，即使像美国这样典型的资本主义社会，民主也只是少数精英人物的民主，政治决策并不反映绝大多数人的利益。而我国的这种一与多一体化的民主政治机制，则为各党派、各阶层和广大劳动人民参与政治过程提供了广泛的参与渠道。在我国的政治过程中，在共产党的领导下，各党派、各阶层和广大人民群众均可通过自己的代表参加政治协商会议、人民代表大会等组织形式参与政治过程，也可通过大众传播媒介和信访等途径参与政治过程。

第二，这种政治模式由于存在“一”个核心，因而建立了一种有效的民主机制。这种有效性主要表现于“多”在“一”的领导下形成了一种内在的统一性。在我国的政治模式中，有“多”的存在，但这种“多”又没有导致多元化，而是实现了“多”的统一，这种统一性保证了民主的有效性。西方有些学者把民主化与多元化联系起来，甚至把民主化等同于多元化，认为只有多元化才是民主，否则就是专制。他们据此把像美国这样的多元化国家称为民主国家，而把像原苏联这样的国家称为专制国家。这里除了有意攻击之外，还有一个关于民主的认识问题。其实把民主化和多元化等同起来的公式并不成立，就是在美国这一公式也遭到了严厉的批评。有人认为这种多元化民主“对国家的统一构成了威胁”。因为按照这种理论，多元化国家不可能有统一的价值观，权力的高度分化可能损害公共秩序，甚至会导致国家的瓦解。也就是说，这种民主的多元化与民主的有效性可能是矛盾的，而失去了有效性的民主，其意义就值得怀疑了。所以，我们认为，民主化与多元化的结合，未必就是最好的结合。也就是说，民主并不就是简单地等于“多”，而“一”与民主之间未必存在着不可逾越的鸿沟。相反，“一”与“多”相统一的一体化，不但较好地解决了政治过程的民主问题，而且较好地解决了民主的有效性问题。因为在这种政治模式中，虽然政治主体具有“多”的性质，但政治主体的“多”方面都是以参与者的身份出现的，彼此之间并不存在你争我斗的关系。同时，由于“一”的存在并处于一种特殊地位，能够对“多”起一种领导或指导作用，这就保证了“多”的活动能够有秩序地进行，从而保证了民主的有效性。

第三，在这种政治模式中，“一”与“多”的结合构成了一个以“一”为核心的有机统一体。在这个统一体中，“一”与“多”的关系并不是一种简单的并列关系，而是一种领导与被领导、主导和参与的关系。在“一”与“多”这个矛盾统一体中，“一”处于主导地位，“多”处于从属地位。“一”的活动对“多”的活动具有一种导向作用，而“多”的活动是在“一”

的指导下并围绕着“一”的活动而进行的。这样，在整个政治运行过程中，能够做到“活而不乱”，形成一种沿着既定方向而有规则地前进的运行方式。

一体化民主政治模式是一种具有中国特色的民主政治模式，这是中国共产党人在马克思主义指导下，结合中国国情创造的一种现代民主形式，与西方国家的“多元化”政治模式有着本质的区别。这种区别首先表现为民主的阶级实质不同。我国的一体化民主政治所反映的是无产阶级以及广大劳动人民的根本利益，而西方国家的“多元化”民主则是资产阶级根本利益的体现。在我国，无产阶级和劳动人民根本利益的一致性，决定了我国民主政治中必然存在统一的一面。同时，各阶级、各阶层还存在着具体利益上的差别。这就是说，在我国还存在着具体利益的多样化。这是我国民主政治模式中“多”的因素存在的一个重要原因。我国民主政治模式中“一”与“多”的一体化正是我国目前存在的这种现实利益关系的根本反映。这种政治模式与现代西方的政治模式相比，不但具有真正民主性的特点，而且具有有效性的优点。

一体化民主政治模式是“一”与“多”的统一，是马克思主义的辩证法在政治上的巧妙运用。中国未来的民主政治建设，不在于“一”与“多”的分离，不在于到底以“一”代“多”，还是以“多”代“一”，而在于使“一”与“多”结合得更好。随着社会主义市场经济的发展，我国社会主义政治也必然会向着更加民主化的方向前进。但是，正如市场经济不仅仅有资本主义一种模式一样，民主政治也不仅仅有资本主义一种模式。在以一种公有制为主体、多种经济成分并存的社会主义市场经济基础上建立起来的民主政治，必然是一种以“一”为核心、“一”与“多”一体化的民主政治。正如我国社会主义市场经济模式是一种具有中国特色的社会主义市场经济模式一样，一体化民主政治模式是一种具有中国特色的社会主义政治模式。

10. 政策与行政过程分析的哲学基础

10.1 关于认识运动过程的阶段问题*

一

武步云同志在《也谈认识发展的阶段问题》一文(简称武文,下同)中提出:“将认识的全过程仅仅分为‘感性’、‘知性’、‘理性’三阶段。或者划分为感性和理性两个阶段,都没有完整准确地认识发展的全过程①”。并且不同意把之称为“思维具体”的“理性”看作是认识的终点。因此,他认为应该将认识的发展过程划分为这样三个阶段,即由实践到认识的感性认识阶段、理性认识阶段和由认识到实践的检验认识和发展认识的阶段。无疑,这些问题的提出对于推动认识过程的研究具有积极意义。但是,我认为对这些观点还有进一步探讨和商榷的必要。

武步云关于认识过程划分为三阶段的思想,是从毛泽东同志的《实践论》中有关论述直接引来的。为说明这种引申是否正确,我们首先有必要对毛泽东同志的这些论述作一个简略的分析。

在《实践论》中,毛泽东同志为了说明实践与认识的关系,首先对人类的认识运动过程作了仔细的考察。他认为,一切认识起源于实践,人们在实践中,开始只是认识到过程中各个事物的现象方面,看到各个事物的片面以及它们之间的外部联系,这是认识的感性阶段,即认识的第一阶段。随着社会实践的继续,使人们在实践中引起感觉和印象的东西反复多次,于是在人们的头脑中产生了关于这些事物的概念。因而使人的认识发生了第一次飞跃,进到理性认识阶段,即认识的第二阶段。因此,他指出:“由此看来,认识的过程,第一步,是开始接触外界事情,属于感觉的阶段。第二步,是综合感觉的材料加以整理和改造,属

---

* 本文原载《哲学研究》1984 年第 4 期。

① 武步云:《也谈认识发展的阶段问题》,《哲学研究》,1984 年第 2 期。

于概念、判断和推理的阶段。”[②]但是，在他看来，认识运动过程到此还没有完结。“辩证唯物论的认识运动，如果只到理性认识为止，那末还只说到问题的一半。而且对于马克思主义的哲学说来，还只说到非十分重要的那一半。”[③]所以，他认为认识运动过程在实现了第一次飞跃后，还要继续实现第二次飞跃。武文正是从这里引申出，认为认识运动在进到第二阶段即理性认识后，还要继续进到一个从认识到实践的检验认识和发展认识的第三阶段。

我认为，武文这种引申与毛泽东同志的原意有所出入。在毛泽东同志看来，人类整个认识运动过程应该区分为两半，即两个较大的阶段：一个是从实践到认识的阶段，一个是从理论到实践的阶段。只有这两个阶段的有机统一，才构成一个完整的认识过程。至于感性认识和理性认识，只不过是从实践到认识这个大阶段中的两个小阶段。正因为如此，所以毛泽东同志指出：“认识从实践始，经过实践得到了理论的认识，还须再回到实践去。”[④]整个认识过程就是“从感性认识而能动地发展到理性认识，又从理性认识而能动地指导革命实践，改造主观世界和客观世界。[⑤]”

关于这一思想，毛泽东同志在《人的正确思想是从哪里来的？》一文中作了极明确的说明：“无数客观外界的现象通过人的眼、耳、鼻、舌、身这五个官能反映到自己的头脑中来，开始是感性认识。这种感性认识的材料积累多了，就会产生一个飞跃，变成了理性认识，这就是思想。这是一个认识过程。这是整个认识过程的第一个阶段，即由客观物质到主观精神的阶段，由存在到思想的阶段。这时候的精神、思想（包括理论、政策、计划、办法）是否正确地反映了客观外界的规律，还是没有

---

② 《毛泽东选集》第1卷，北京：人民出版社，1991年版，第290页。

③ 同上书，第292页。

④ 同上。

⑤ 同上书，第296页。

证明的，还不能确定是否正确，然后又有认识过程的第二阶段，即由精神到物质的阶段，由思想到存在的阶段，这就是把第一阶段得到的认识放到社会实践中去，看这些理论、政策、计划、办法等等是否能得到预期的成功。"因此，"一个正确的认识，往往需要经过由物质到精神，由精神到物质，即由实践到认识，由认识到实践这样多次的反复，才能完成。"[⑥]可见，毛泽东同志并不是把从理论到实践的认识阶段作为与感性认识、理性认识并列的第三阶段，而是把后二者作为一个较大的阶段，而前者则是与这个较大的阶段相对应的第二阶段。毛泽东同志的这一思想，与列宁的论述是一致的。列宁指出：认识发展的辩证过程要经过两个阶段：即"从生动的直观到抽象的思维，并从抽象的思维到实践"[⑦]。

武文之所以把理论到实践的认识阶段作为与感性认识、理性认识并列的第三阶段，其原因就在于它混淆了狭义的认识与广义的认识的区别。实际上，我们通常所谓认识，包括两方面的含义。一方面，是就狭义而言，它就是指人们对客观事物及其规律的反映，主观对客观的把握；另一方面，就广义而言，它不但包括人对客观事物及其规律的反映，而且包括主观对客观的改造，在《小逻辑》中，黑格尔在唯心主义基础上对这两种思想有过明确的表述："认识的过程一方面由于接受了存在着的世界，使进入自身内，进入主观的表象和思想内，从而扬弃了理念的片面的主观性，并把这种真实有效的客观性当作它的内容，借以充实它自身的抽象确定性。另一方面，认识过程扬弃了客观世界的片面性，反过来，它又将客观世界仅当作一假象，仅当作一堆偶然的事实、虚幻的形态的聚集。它并且凭借主观的内在本性，(这本性现在被当作真实存在着的客观性)以规定并改造这聚集体。前者就是认知真理的冲力，亦即认识活动本身——理念的理论活动。后者就是实现善的冲力，亦即

⑥ 《毛泽东著作选读》下册，北京：人民出版社，1986 年版，第 839－840 页。

⑦ 《列宁全集》第 38 卷，北京：人民出版社，1984 年版，第 181 页。

意志或理念的实践活动。”[⑧]这里的所谓“认识活动本身”，亦即“理念的理论活动”，就是狭义的认识，它的任务就是要以主观认识客观，以客观的内容充实主观自身，来消除主观的片面性；而所谓包括两个方面的“认识的过程”，就是指的广义的认识，它不仅包括主观反映客观这一方面，而且还包括“主观扬弃客观世界的片面性”（即改造客观）这一方面。列宁对黑格尔的这一思想给予了高度的评价，认为“《哲学全书》第225节（就是《小逻辑》中的这一节——引者）非常好。[⑨]”

在毛泽东同志的思想中，对于狭义的认识和广义的认识的区分是清楚的。在他那里，狭义的认识就是广义的认识的第一阶段，其“任务在于经过感觉而到达于思维，到达于逐步了解客观事物的内部矛盾，了解它的规律性；了解这一过程和那一过程间的内部联系，即到达于理论的认识。[⑩]”而作为广义的认识来说，它不仅要了解事物及其规律性，而且还要通过实践证明这种了解（即认识）是否“到达于和客观过程的规律性相符合”，并且要“变主观的东西为客观的东西，即在实践中得到预想的结果。[⑪]”正由于认识有狭义和广义之分，所以毛泽东同志一方面认为认识（狭义的）过程应区分为感性认识和理性认识两个阶段（较小的）。另一方面，又认为前面两个阶段只是整个认识过程的一半（即一个较大的阶段）。如果我们不注意这种区分，就很容易得出认识过程的从实践到认识的感性认识、理性认识和由认识到实践的检验认识与发展认识的三阶段的错误结论。

二

武文认为：“划分认识的发展阶段和过程的内在根据，应是认识的内在矛盾（主体和客体、认识和实践的矛盾）的展开和解决”。我认为，

---

⑧ ［德］黑格尔：《小逻辑》，北京：商务印书馆，1981年版，第410－411页。

⑨ 《列宁全集》第38卷，北京：人民出版社，1984年版，第224页。

⑩ 《毛泽东选集》第1卷，北京：人民出版社，1991年版，第286页。

⑪ 同上书，第294页。

武文这种见解是比较深刻的，它确实触到了“划分认识的发展阶段和过程的内在根据”，与其他所谓的标准相比，不失为一种进步。有一种观点认为：划分认识阶段的标准只有两个：“一个是单纯从认识机制或认识形式去划分”，“康德是按这个标准去划分的”。“第二个标准是从认识的机制或形式与认识内容，认识方式的统一上去划分”，“黑格尔是按这个标准去划分的”。当然，如果仅仅说到这里，本来是正确的。但是，这种观点认为，马克思主义经典作家也是按黑格尔的这个标准去划分的，所不同的是：黑格尔认为是形式决定内容，而马克思主义哲学认为是内容决定形式。这种观点看到了马克思主义哲学在认识论上把黑格尔的唯心辩证法改造为唯物辩证法的一面，但它忘记了：马克思主义哲学在作这种改造的同时，还进一步加深和发展了辩证法本身。事实上，马克思主义经典作家在划分认识阶段的标准上，不但把认识的形式与内容结合起来了，认为认识运动过程的阶段性是与事物发展过程的阶段性相一致的，而且还深入到认识过程的内部矛盾，把认识过程中矛盾发展的特殊性作为划分认识阶段的标准。正是从这个意义上说，我认为武文关于划分认识阶段的标准的论述是比较深刻的。

但是，武文在划分认识阶段的标准问题上，仅仅提出了“认识的内在矛盾”就停了下来，并没有进一步指出认识过程划分为一定的阶段是由认识过程中的矛盾发展的特殊性决定的，更谈不上对这一矛盾的特殊性作具体的分析。因此，他关于“认识发展的三阶段”的划分也并没有（至少没有始终一贯地）遵守这个标准。

马克思主义的唯物辩证法认为，事物的运动、变化是一个过程，而任何过程都是连续性与阶段性的统一。事物在其发展过程中之所以显现出阶段性，这是因为贯串在整个事物发展过程中的基本矛盾在不同的时候会表现出不同的特殊性。事物发展到一定的时候会表现出一定的阶段性，是由事物发展到这时所表现出的矛盾的特殊性决定的。思维运动的规律是存在运动的规律的反映。认识的辩证运动过程也是一个连续性与阶段性相统一的过程，这一过程的阶段性也是由这一过程的矛盾的特殊性决定的。

主观和客观的矛盾(认识和实践的矛盾是在这一矛盾的基础上产生的),是认识运动过程中的基本矛盾。人类认识的目的就在于解决这一矛盾,达到主观和客观的统一。认识的运动过程就是主观和客观的矛盾不断产生和不断解决的过程,但这个矛盾在其发展过程中在不同时候又会表现出不同的特殊性。人们在认识真理的过程中先是力图以主观反映客观,使主观达到客观真理。在这里,主观与客观的矛盾表现为:主观把客观作为自己的对立面,并且认为客观世界的内容极为丰富,力图把它的内容反映于自身,以充实自己,使自己与客观一致,从而发现客观世界的规律性。但是,当人们一旦发现了客观世界的规律性以后,就力图拿这个规律去改造世界,从而证明自己的认识的真理性。在这里,主观与客观的矛盾的表现与前不同,即:主观认为客观与自己不一致,而向客观世界提出一定的要求,并以物质的手段作用于客观世界,改变它原来的样子,使它达到与自己一致,从而满足自己的需要。正是由于主观和客观的矛盾在认识过程中的前后表现出这样两种不同的特殊性,所以,毛泽东同志把整个认识过程划分为两个大的阶段,即从实践到认识的阶段和从认识到实践的阶段。

我们通常把认识的第一个大的阶段(即狭义的认识)划分为感性认识和理性认识,也是建立在这一标准的基础之上的。在感性认识阶段,主观与客观的矛盾表现为:主观与之打交道的是一些个别的客体、事物的现象及其外部联系;而在理性认识阶段则是事物的共性(即规律性)、本质及其内部联系。据此,在这里笔者和武文又有了一致的地方,即不赞成把认识过程(狭义的)划分为感性、知性和理性三个阶段。因为,在我看来,既然知性是运用范畴整理感觉材料的认识能力,它就触及到了事物的本质(尽管还只是初级的),那么,就应该把它作为理性的一个初级阶段,这样才与马克思主义认识论的一贯原则相一致。同理,我也不赞成那种把知性作为感性认识的一个阶段的看法,因为这种观点没有看到知性对事物的本质(当然还是初级的)的认识。我们知道,康德认为自然科学的认识能力是一种知性的认识能力，只有哲学才具有理性的认识能力。如果按照上一种观点去理解知性，那么，就会认为自然科学的认识能力还停留在感性认识的阶段(即使是当时的自然科学，也不是这样)，这显然与事实不相符合。

三

武文认为，理性认识应区分为三个阶段，即"抽象认识"、"具体认识"和"实践认识"，并认为从对客观对象的理论描述来讲，认识到达于"具体认识"已完成了认识过程中的第一次飞跃，但从理性认识的全过程来说，则还要继续进展到"实践认识"。这就是说，理性认识的完成并不以认识过程的"第一次飞跃"(第一次飞跃也是一个过程，从概念的形成始，直至思想、理论体系的建立止)为标志。我认为这与马克思主义经典作家的论述是不一致的。事实上，马克思主义经典作家一向都是把认识过程的第一次飞跃作为理性认识的标志。毛泽东同志认为，如果人们的认识"从感觉而到达于思维，到达于逐步了解客观事物的内部矛盾，了解它的规律性，了解这一过程和那一过程间的内部联系，即到达于论理的认识"，那么，这既是理性认识的完成，也是第一次飞跃的实现。因此，我认为不能把所谓的"实践认识作为理性认识的一个阶段"。当然，我并不否认在理性认识之后还要进行所谓的"实践认识"(实际上就是理论的具体化问题)，也不否认在进行"实践认识"时有理性的指导和渗透(应该说，这种"实践认识"是感性认识和理性认识在新的基础上的统一)。问题在于：只有把"实践认识"看成整个认识过程的后一个大的阶段(即从理论到实践的阶段)中的一个较小的阶段，才与马克思主义经典作家的思想相一致，并与实际的认识进程相符合。这样，我们就提出了从理论到实践的认识过程中是否也存在阶段以及怎样划分阶段的问题。

关于理论向实践转化的阶段问题，黑格尔曾经以其独特的唯心主义方式作过表述。他认为，"绝对观念"的发展在到达于机械性和化学性之后，就进入目的阶段。而目的的发展又要经过三个环节。"第一，主观的目的；第二，正在完成过程中的目的；第三，已完成的目的。”[12]如果我们把它翻译成唯物主义者的语言则是：人们在认识了客观事物中的机械规律和化学规律之后，就依据这些规律，去制定改造世界的实践目的，从而去具体地指导我们改造世界的实践活动，而从目的的制定到目的的实现又要经过三个阶段。照他看来，其中的第一阶段又包括三个小环节，即普遍性、特殊性和个体性，这就是从普遍到特殊，再从特殊到个别的过程；第二阶段则是目的掌握工具的过程，即普遍性表现为个体性后，这个个体就“直接指向客体，把捉住客体，把它作为自己的工具”[13]；第三阶段就是目的用工具作用于客观对象，扬弃二者各自的片面性，达到主客观的统一，从而使目的得到实现的过程。

列宁在唯物主义的基础上改造和发挥了黑格尔的上述思想，肯定人的实践活动应包括三个前提：“第一个前提：善的目的（主观的目的）对现实（‘外部现实’的关系）”；“第二个前提：外部的手段（工具），（客观的东西）”；“第三个前提就是结论：主体和客体的一致，对主观观念的检验，客观真理的标准。”[14]毛泽东同志在把马克思主义的普遍真理和中国革命的具体实践相结合的过程中，结合具体情况，对这一问题也作了很多成功的探索。例如，他在《中国革命战争的战略问题》一文中，认为要把军事理论具体地应用于指导中国革命战争的实践，“不但要研究一般战争的规律，还要研究特殊的革命战争的规律，还要研究更加特殊的中国革命战争的规律。”而且提出这一过程要经过两个阶段，第一阶段为制定计划的阶段，第二阶段为执行计划的阶段，即实行的阶段，并认为这两个阶段是两个不同的认识过程。[15]

根据上述基本思想，我认为可以把从理论到实践的认识过程划分

---

⑫ [德]黑格尔：《小逻辑》，北京：商务印书馆，1981年版，第391页。

⑬ 同上书，第392页。

⑭ 《列宁全集》第38卷，北京：人民出版社，1984年版，第233－234页。

⑮ 《毛泽东选集》第1卷，北京：人民出版社，1991年版，第171页。

为两个阶段:一个是理论具体化阶段;一个是理论客观化阶段。

第一阶段的任务是:在理论的指导下,继续深入研究实践对象自身的规律,从而制定具体的实践目的(包括计划、方针、政策等)。实践目的直接反映了实践对象自身的规律,对实践起着直接的指导作用,同时,它包含有人的主观因素,如意志、决心、价值判断等等。因此,它在事物"是什么"和人"怎样做"之间架起了一座由此及彼的桥梁,而成为理论向实践转化的中心环节。

第二个阶段的任务是:实践目的进一步掌握实现自身的手段,作为与实践对象发生物质关系的中介,以改造实践对象,完成认识过程的第二次飞跃。我们知道,不管理论怎样具体化,它还是主观的东西,不能直接与客观对象打交道,因而无法改造对象。因此,理论要客观化、对象化,必须掌握作为中介的手段,才可能直接作用于实践对象,进行真正的实践活动,按照人的需要改造客观,达到主观和客观的一致,使理论得到检验和发展,并最终使认识过程(就某一具体过程而言)中的基本矛盾(即主观和客观的矛盾)得到解决。

综上所述,我认为根据认识过程中主观和客观这一基本矛盾运动发展的特殊性,可把人类的整个认识过程区分为两个大的阶段:一个是从实践到认识的阶段,一个是从认识到实践的阶段。前一阶段又可分为感性认识和理性认识两个较小的阶段;后一阶段又可分为理论具体化和理论客观化两个较小的阶段(当然,还可以进一步细分)。

认识由实践开始,人们在实践中先是形成对事物的感性认识,然后上升到理性认识,形成思想、理论。但认识运动过程至此还没完成,还要进一步具体化为实践目的,并通过手段改造客观对象,进入新的实践领域。只有"到了这种时候,人们对于在某一发展阶段内的某一客观过程的认识运动,算是完成了。""然而对于过程的推移而言;人们的认识运动是没有完成的"。[16] 这个新的实践又会成为人们新的认识起点。

---

⑯ 《毛泽东选集》第1卷,北京:人民出版社,1991年版,第294页。

认识运动在这个新的起点上将继续进行。所以，毛泽东同志说："实践、认识、再实践、再认识，这种形式，循环往复以至无穷，而实践和认识之每一循环的内容，都比较地进到了高一级的程度。这就是辩证唯物论的全部认识论，这就是辩证唯物论的知行统一观。"⑰

⑰ 《毛泽东选集》第1卷，北京：人民出版社，1991年版，第296—297页。

10.2 目的是理论向实践转化的中心环节*

辩证唯物主义认为，人的整个认识过程包括从实践到认识和从认识到实践两个较大的阶段，而这两个较大的阶段又可区分为若干较小的阶段或环节。关于从实践到认识的阶段，一般可区分为感性认识和理性认识两个环节，这基本上为大家所公认。但从认识到实践的阶段，到底可以划分为几个环节，目前理论界尚无统一的看法。笔者就此问题曾发表过一些不成熟的看法。在《关于认识运动过程的阶段问题》(载《哲学研究》1984 年第 4 期)一文中，笔者认为，理论向实践转化是一个过程，这一过程可区分为理论具体化和理论客观化两个阶段。随后，在《试论理论向实践转化的阶段性》(载《江海学刊》1984 年第 5 期)一文中，笔者又指出：理论具体化阶段还可进一步区分为从基础理论到应用理论和从应用理论到实践目的两个环节；理论客观化阶段也可以进一步区分为主体掌握工具和用工具作用于对象的活动两个环节。这里进一步提出并力图解决的问题是：这些环节在这一转化过程中的地位是否平等？是否还有一个居于中心地位的环节？我认为这些环节在这一转化过程中的地位是不平等的，它们中间还有一个居于中心地位的环节。这个环节一方面直接与主观的理论相联系，另一方面又直接与人的实践活动相联系，从而在理论与实践之间架起了一座由此及彼的桥梁，成为它们的直接中介。这个环节就是实践目的。

一

目的，作为认识论的一个范畴，是认识的主体对自己的实践结果(即主体改造客体的结果)的一种超前反映。它一方面还是一种观念形态的东西，因而与理论有着同一的性质；另一方面，又不同于一般的理论，而与实践对象和实践主体紧密相连，这是由它本身的特点决定的。

目的反映了实践对象自身的规律，这是目的不同于一般理论的第

---

* 本文原载《求索》1985 年第 6 期。

一个特点。

列宁指出："人的目的是客观世界所产生的，是以它为前提的——认定它是现存的、实有的。"①这就是说，目的也是以自然界为基础的，因而也反映了自然界的客观规律。但是，目的所反映的规律与一般理论所反映的规律并不是同一规律。我们知道，客观世界是由许许多多的具体事物所组成的，它具有自己存在和发展的客观规律性。一般说来，理论就是对这些客观规律的反映。客观世界的规律是极其复杂的，对于这些极其复杂的规律，人们无法对它们进行一一区分。从总体而言，我们可以将整个客观世界的规律相对地区分为三个层次：第一个层次是某类事物所共有的乃至整个世界所共有的规律，它是规律中的一般；第二个层次是某类事物中某个较小的类所具有的规律，这就是规律中的特殊；第三个层次是具体事物自身的规律，它是规律中的个别。当然，这种区分是相对的，在一定意义上为一般规律的东西，在另一意义上可以为特殊规律，反之亦然。同样，我们也可把作为规律反映的理论也相对地区分为三个层次：基础理论、应用理论和实践目的。不同层次的理论是对不同层次规律的反映。基础理论所反映的是一般规律，如哲学就属于这种理论，它是对自然、社会和思维活动的最一般规律的反映；应用理论所反映的是特殊规律，如生理学就属于这种理论，它是对人的生命运动的特殊规律的反映；只有实践目的所反映的才是实践对象自身的规律。这样的目的包括人们通常所说的计划、方案、方针、政策等。

实践是主体用工具作用于具体对象的一种物质活动。具体的实践对象必须服从于整个世界存在和发展的一般规律。同时也必须服从于它所属的那一类事物的特殊规律，除此以外，它还有自身存在和发展的规律。因此，事情往往是这样：一种高深的理论，尽管十分正确，但是，如果不把它具体化为实践目的，在这种理论指导下的实践仍然有可能

---

① 《列宁全集》第38卷，北京：人民出版社，1984年版，第201页。

失败。因为这种理论只是反映了一般规律,对实践只具有间接的指导作用。而要直接指导实践,就必须要在这种理论指导下进而把握住实践对象自身的规律。在正确的理论指导下的实践,之所以还有可能失败,就在于把理论对实践的指导作用作了简单化的理解,没有注意到实践对象自身的规律,因而受到了惩罚。同理,应用理论也不能直接用于指导实践。由于只有目的反映了实践对象自身的规律(这种反映是在基础理论和应用理论的指导下进行的),因而才能对实践起着直接的指导作用。

目的能够直接指导人们的实践活动,这就为理论向实践的转化提供了可能性。

二

目的还包含人的主观因素,即意志、决心、价值判断等等,这是目的不同于一般理论的又一特点。

所谓意志。就是主体对自己的行为(包括行为的手段、对象、可能的结果及其实现的方式)的自觉确定的心理活动;决心是主体对其所确定的实践结果的实现所抱有的一种自信心;而价值判断则是主体对实践结果与其自身的需要之间的关系所作的一种判断。这三者既是不同于一般理论的特征之一,也是人的实践由于有了目的的指导而有别于动物的行为的原因之一。

我认为,人的实践与动物的本能活动的区别就在于:(一)人在实践之前就能对他的实践结果进行确定;(二)这种确定是自觉的、有意识的,即是根据自己的意志(当然必须是在规律许可的范围内)在各种可能的结果中所进行的选择;但一旦选择之后,他活动的意志又必须服从这个目的;(三)这种选择是与自身的需要相联系的,人们只选择他所需要的结果;(四)人们一旦确定了他在实践中所要达到的结果,就会对它充满信心,并从主观上加以努力去实现它。以上几个特点,一般说来,都是人的活动所特有的。也就是说意志、决心、价值判断只存在于人的目的之中,由于动物的行为是本能的、无目的的,因而它就不具备以上几方面的特性。实践目的包含有意志、决心、价值判断等主观因素,这也是人的实践之所以具有能动性的原因。

黑格尔在《小逻辑》中论述目的时写道:"善、幸福、好的愿望,依然是主观的应用。"[②]在这里。他把人的主观的"善、幸福、好的愿望"包含于目的内容之中,这个思想是比较深刻的。列宁在《哲学笔记》中摘录了这句话,足以表明列宁对这一思想的重视。他对黑格尔关于"目的"的思想极为称赞,我认为所称赞的也应包括黑格尔的这一思想。在谈到实践的前提时,列宁把目的作为实践的第一个前提,并指出:"善的目的(主观的目的)对现实('外部现实')的关系"。[③] 可以认为,列宁在这里把实践规定为主观对客观的关系,即认为目的的内容应包括主观和客观两个方面。这也足以表明,在列宁看来,实践目的也包含有主观的东西。毛泽东同志在谈到制定军事计划(目的的一种类型)时指出:必须首先研究敌我双方的情况,然后"构成判断,定下决心,做出计划"[④]。可见,在他看来,目的也应包括人的决心等主观因素在内。事实上也是如此,任何一个目的,都离不开人的意志、决心和价值判断等主观因素。例如,中国人民"抗日战争的政治目的是'驱逐日本帝国主义,建立自由平等的新中国'"[⑤]。这个目的就不但反映了中日战争发展的客观规律和趋势,而且也包含了中国人民的意志和愿望。

由于目的包含了实践主体即人的意志、决心和价值判断等主观因素。理论一旦具体化为目的时,作为主体的人就根据自己的需要开始对实践的对象、工具和可能实现的结果进行选择、确定,并下定决心努力求得这一结果。因此,在目的中不仅包含了理论向实践转化的可能性,而且也包含着这一转化的直接现实性的萌芽。

---

② 《列宁全集》第38卷,北京:人民出版社,1984年版,第233页。

③ 同上书,第231页。

④ 《毛泽东选集》第1卷,北京:人民出版社,1981年版,第180页。

⑤ 《毛泽东选集》第2卷,北京:人民出版社,1991年版,第481页。

三

目的的上述特点，决定了目的在理论向实践转化这一过程中所处的特殊地位。由于目的是对实践对象自身的规律的反映，因此，一方面，作为主观形态的东西，它能与理论沟通；另一方面，由于把握了实践对象自身的规律，它就能直接用于指导实践。更重要的是，由于它一方面是对客观事物的规律的反映，另一方面又包含人的意志、决心、价值判断等主观因素，因此，它在事物"是什么"和人"怎样做"之间架起了一座由此及彼的桥梁，从而把理论和实践连接起来。

前面我们提到，在一般理论到具体实践这一过程中，除了目的这一环节外，还有应用理论和工具这两个基本的环节。毫无疑问，这两个环节在理论向实践的转化的过程中也是极为重要的。因为，如果不经过应用理论这一环节，基础理论就不可能到达实践目的。如果没有工具，主客观之间就缺乏必要的物质中介，理论也就不能客观化为现实，因而更无法实现向实践的转化。但是，无论如何，它们在这一过程中的作用远远不及实践目的。应用理论只能起到连接基础理论与实践目的的作用，而不能直接与客观的实践活动（主要是不能与实践的主体和对象）联系起来；工具只能起到连接实践主体和实践对象的作用，而不能直接与理论联系起来。因此，我们说，在理论向实践转化过程的诸环节中，只有目的才是其中最重要的环节，即这一过程的中心环节。

目的是理论向实践转化过程中的中心环节，这同样也被实践所证明。例如，把军事理论应用于军事实践，只有在这一理论指导下，根据具体情况制定出具体的作战计划方有可能；医学理论要应用于医疗实践，只有在这一理论的指导下，根据病人的实际情况确定好具体的治疗方针，采取实际的医疗措施，方能实现。因此，任何一种理论，如果不经过目的这一环节，就无法实现向实践的转化。

近年来理论界有的同志提出，理论向实践转化必须经过"实践观念"这一中间环节。⑥ 我对这种观点基本上是赞同的。因为它一方面

---

⑥ 王永昌：《理性认识回到实践活动的中间环节初探》，《哲学研究》，1983 年第 2 期。

看到了理论到实践是一个过程，中间还必须有一环节；另一方面又看到了这一环节所具有的特点是既有观念的（理论的）特征，又有实践的特征。但是，这种观点只看到这一个环节，就不免还有简单化的倾向（尽管作者本意并非如此）。其次，他把这一环节称之为"实践观念"，也有不妥之处，似乎这一环节是观念和实践两者的相加，容易引起人们的误解。此外，尽管作者就这一问题对哲学史作了必要的考查，但还是没有很好地注意从以往的哲学中吸取营养，从而加深对这一问题的研究。如果我们注意到哲学史上已有的成果，那么，我认为应该用"目的"这个范畴来代替上述观点中的"实践观念"这一不明确的概念。

关于理论向实践的转化需要经过一定的中间环节问题，在哲学史上，康德已有初步涉猎；黑格尔作了进一步的研究。在《小逻辑》中，他把实践作为人类达到真理性认识的一个环节。照他看来，人们认识了客观世界的规律性（机械性和化学性），并不等于就达到了客观真理（即所谓绝对理念），还必须进一步应用这些规律去进行改造对象的实践活动，使主观的东西客观化，把观念的东西实现出来，转化为"外部现实性"。而在这两者之间，还存在着一个联系的环节。这个联系的环节就是目的。他说："目的性的过程是概念向客观性的转移"。[7] 列宁在唯物主义的基础上对此给予了充分的肯定，指出："这里有非常深刻的、纯粹唯物主义的内容"。[8] 今天我们在探讨这一问题时，黑格尔的这一卓越思想及其列宁对它的评价，仍然对我们具有很大的启发作用。

毛泽东同志在把马克思列宁主义的普遍真理与中国革命的具体实践相结合的过程中，结合具体实际，对理论向实践的转化的中间环节问题作了很多成功的探索。在他看来，理论向实践的转化需要经过制定目的（计划、方针、政策等）、掌握群众、进行试验等环节，[9]但其中最重

---

⑦ 《列宁全集》第38卷，北京：人民出版社，1984年版，第203页。

⑧ 同上。

⑨ 雍涛：《学习毛泽东同志的认识论思想》，《江汉论坛》，1981年第4期。

要的是目的这一环节。毛泽东同志指出:"一切事是要人做的","做就必须先有人根据客观事实,引出思想、道理、意见,提出计划、方针、政策、战略、战术,方能做得好"。[⑩] 又说:"当着某一件事情(任何事情都一样)要做,但还没有方针、方法、计划或政策的时候,确定方针、方法、计划或政策,也就是主要的、决定的东西。"[⑪]这里实际上强调了目的、计划、方针等在理论向实践转化过程中所处的极为重要的地位。前一段话说明:人们的活动是一种自觉的活动,是在一定的"思想、道理、意见"的指导下进行的,而从"思想、道理、意见"到"做"这个过程中,还要有一个"提出计划、方针、政策、战略、战术"的中间环节,人们的行动是直接在这个"计划、方针、政策、战略、战术"的指导下进行的。后一段话不但说明了如果没有目的、计划、方针等指导,实践就无法进行,同时也说明了如果一般理论不具体化为目的、计划、方案、办法、方针、政策、策略等,也就无法指导实践。可见,把目的、计划、方针、政策等作为理论向实践转化过程中的中心环节,这也是毛泽东同志的一贯思想。

从以上简略的考查中,我们可以看出,关于理论向实践转化的中间环节问题,马克思主义以前的哲学家们就对此有所研究,马克思主义经典作家们则在辩证唯物主义的基础上进一步加深了这种研究。把目的(包括计划、方针、政策等)作为理论向实践转化的中心环节,这一思想不但早已包含于黑格尔的唯心主义认识论的辩证法之中,而且也是为列宁所高度赞扬和改造了的,为毛泽东同志进一步发挥了的辩证唯物主义认识论的一个重要观点。

---

⑩ 《毛泽东选集》第 2 卷,北京:人民出版社,1991 年版,第 477 页。

⑪ 《毛泽东选集》第 1 卷,北京:人民出版社,1991 年版,第 326 页。

10.3 试论理论向实践转化的阶段性*

关于理论向实践转化过程中的阶段性问题,只是最近几年才被提上哲学研究的日程。本文试就这一过程划分为阶段性的理论依据、阶段的划分、各阶段的内容及其关系等一系列问题作初步探索,以求教于学术界。

唯物辩证法认为,事物的运动、变化是一个过程,而任何过程都是连续性与阶段性的统一。事物在其发展过程中的阶段性决定了贯串于这一过程中的基本矛盾的特殊性。同样,人类的认识过程也是分阶段的,其根据也在于贯串于这一过程中的基本矛盾在不同的时候会表现出不同的特殊性,这一基本矛盾就是主观和客观的矛盾。人类认识的总过程被区分为从实践到理论和从理论到实践的两个阶段,就在于这一矛盾在其发展过程中的前期主要表现为主观反映客观,在后期则主要是主观改造客观。而前一阶段又被区分为感性和理性两个阶段,也就在于这一矛盾在其前期表现为主观与之打交道的是一些个别的客体,后期则是客观世界中的一般性即规律性的东西。既然如此,我们在考察认识过程中的后一阶段(即从理论到实践的阶段)时,也应从分析这一阶段中的主客观矛盾的特殊性入手,把这一阶段看成一个自身完整的过程,并依据主客观矛盾的特殊性,将这一过程区分为不同的阶段,以便对它作认真细致的研究。

一

在理论向实践转化的过程中,主观与客观的矛盾与其在前一过程中相比,有其自己的特殊性,即它表现为主观力图改造客观,使客观符合自己的要求。除此以外,这一矛盾在这后一过程的辩证运动中,在不同的时候也会表现出不同的特殊性。为了说明这一特殊性,我们先得考察一下这一矛盾在这一过程中是怎样运动的。

---

* 本文原载《江海学刊》1984 年第 5 期。

我们知道，从理论到实践的过程，也就是由精神到物质的过程。这个过程的起点和终点与前一过程相比，恰好相反。前一过程运动的起点是具体的客观对象，它开始于实践，即主体与客体直接打交道，从而得到反映客体的感性材料；终点是抽象的思维，即在得到的感性材料的基础上，运用概念进行判断和推理而建立的理论。而后一过程运动的起点是抽象的思维，它开始于理论向实践对象的接近；终点是具体的客观实体，即由人通过手段作用于客观对象，使对象发生变化，从而得到一个被人改造了的、符合人的需要的客体。因此，我们可以把后一过程看成是前一过程的反向运动。这样一来，如果说前一过程是如同恩格斯所说的从个别提高到特殊性，然后再从特殊性提高到普遍性，即从个别到特殊，再从特殊到一般的过程的话，那么，这后一过程也就是从一般到特殊，再从特殊到个别的过程。毛泽东在《矛盾论》中曾经就是这样看待认识运动的总过程的。他说，人类认识的总过程可分为"两个认识的过程。一个是由特殊到一般。一个是由一般到特殊。人类的认识总是这样循环往复地进行的，而每一次的循环（只要是严格地按照科学的方法）都可能使人类的认识提高一步，使人类的认识不断地深化。"

从理论到实践的过程之所以是从普遍到特殊、再从特殊到个别的过程，这是由理论和实践的不同特点所决定的。我们知道，理论的特点在于认识一般，反映事物中的共同本质，即规律性的东西；而实践则不同，它是人用工具作用于客体的一种物质活动，它的对象是具体的客观实在。前者带有一般性，后者则带有个别性。因此，理论要指导实践，不但要把握事物中的一般规律，而且还要更进一步地把握具体的实践对象中的特殊规律，以至更加特殊的规律。毛泽东在《中国革命战争的战略问题》中所说的，我们不但要研究一般战争的规律，还要研究特殊的革命战争的规律，还要研究更加特殊的中国革命战争的规律，就是这个道理。所以理论要回到实践中去，必须首先具体化，即从一般走向特殊，从特殊走向个别。但是，这样还没有实现理论向实践的飞跃，因为这一飞跃的标志是主观作用于客观，并使客观得到改造，从而实现二者的统一。仅仅靠理论的具体化还不能达到这一目的。因为这时主观与客观的矛盾仍然停留在主观的范围内活动，它还未直接与具体的客观对象打交道。因此，要实现理论向实践的转化，主观与客观的矛盾运动还必须进一步超出主观的范围而进入客观的领域。这就是说，这一矛盾的运动不是像以前那样单纯以主观思维的形式出现，而是以客观的物质形态出现，即主观要求以物质形态来与客观对象发生关系，按照自己的需要来改造客观的物质实体。只有这样，理论才能对象化，从而实现向实践的飞跃。但是，主观不能直接作用于客观对象，只有通过中介物，才能把理论和实践联结起来，实现理论向实践的转化。因此，主客观矛盾在客观领域里的运动就表现于一系列建立中介物和利用中介物作用于实践对象的过程。

据此，我们可以把理论向实践转化的过程分为两个阶段：前一阶段称之为理论具体化阶段，后一阶段称之为理论客观化阶段。前一阶段的特点在于：一方面主观的理论越来越向客观的实践对象接近，另一方面，主观与客观的矛盾运动仍然停留在主观的范围内进行。后一阶段则不同：主观与客观的矛盾运动已超出了主观的范围而进入客观领域。即主观通过中介物来直接实现对客观对象的改造。

二

上面我们指出了理论向实践转化的过程需要经过两个阶段。那么，这两个阶段的具体内容及其相互关系怎样呢？这里试作初步探讨。

（一）理论具体化阶段。前面已经提到毛泽东关于战争规律的论述，他把战争规律分为：一般战争规律、特殊的革命战争规律、更加特殊的中国革命战争规律。其实，就整个客观事物的规律性而言，莫不如此。这就是说，事物的规律是分层次的，即有一般、特殊和个别之分。与之相适应，理论也是分层次的，这就是抽象理论、应用理论和实践目的（包括计划、方针、政策、策略等）。理论之所以能具体化，其根据就在于此。

理论具体化的第一步就是从一般走向特殊，即把抽象理论具体化为应用理论。抽象理论所反映的是客观实际中的一般规律性的东西,而实践所面临的客观实际却是具体而复杂的。具体的客观实际除受一般规律所制约外,它还受这一类事物及其自身存在和发展规律的制约。例如,中国革命战争的发展,就受三个层次的规律所制约:首先它受一般战争规律所制约,其次受革命战争规律所制约,最后(也是最主要的一点)受中国革命战争自身规律所制约。因此,反映一般规律的抽象理论要用于指导实践,必须首先具体化为反映特殊规律的应用理论。要做到这一点,毛泽东指出其认识途径是:"以这种共同的认识为指导,继续地向着尚未研究过的或者尚未深入研究过的各种具体的事物进行研究,找出其特殊的本质。"这就是说,只有在一般理论的指导下,继续深入地研究某类或某一领域的具体事物,找出它们的特殊规律,才能建立应用理论。例如,相对于唯物辩证法来讲,军事辩证法就属于应用理论。后者就是在前者的指导下,通过对战争的研究,从而在发现了战争规律的基础上而形成的。抽象理论具体化为应用理论,对于实现理论向实践的转化是十分重要的。因为,反映一般规律的抽象理论只给实践提供一些大的指导原则,而反映特殊规律的应用理论则把这些原则具体化,使之与实践接近。例如理论力学,只有具体化为工程力学,才能用于指导房屋建筑等实践。但是,实践的对象是具体的、个别的,理论要用来指导实践,还必须反映这些具体的、个别的实践对象自身的规律。因此,为实现理论向实践的转化,抽象理论在具体化为应用理论后,还有待于进一步具体化为反映实践对象自身规律的实践目的。这就是由特殊到个别的过程。为做到这一点,要求人们在实践之前,必须在理论的指导下,对具体的实践对象作深入细致的考察,广泛开展调查研究,找出它的特点,发现它的更加特殊的规律,从而制定出正确的实践目的。

实践目的反映了实践对象自身的规律,因而能直接用来指导人们的实践,这是目的不同于一般理论的一个重要特点。除此之外,它还有另一个特点,这就是:目的还包含了制定目的的人的主观因素,即意志、决心、愿望和价值判断等。这些主观意志、决心、愿望和价值判断就是人们在正确地反映了客观规律的基础上，根据事物的规律性，向客观事物提出一定的要求，企图使那些存在于人之外的“自在之物”变为“为我之物”，使客观符合主观的需要。正因为目的具有以上两个特点，这就为理论客观化作好了必要的准备。

（二）理论客观化阶段。当理论具体化为实际的目的后，理论就可以直接指导实践，这时就开始了理论向实践转化的第二阶段，即客观化或对象化阶段。一般说来，人们提出具体的实践目的，就在于要求否定理论的主观性，摆脱它的纯观念形态，从而过渡到客观性，即要求改变外部世界原来的样子，创造符合自己要求的人造客体。但是，观念的东西本身不能使客观的东西发生变化，只有通过一系列的中间环节才能达到这一目的。这里的第一环节就是实践的主体——从事实践活动的人。这样的主体一方面具有主观性，另一方面又表现为一个有意识的客体（就人的身体而言），它可以通过其身体直接与客观对象发生关系。因此，理论要客观化，首先必须掌握人。马克思指出：“思想根本不能实现什么东西。为了实现思想，就要有使用实践力量的人。”①“批判的武器当然不能代替武器的批判，物质力量只能用物质力量来摧毁；但是理论一经掌握群众，也会变成物质的力量。”②理论要掌握人，首先必须掌握人民群众，因为只有他们才是实践的真正主体。因此，必须宣传群众，组织群众，通过宣传解释，使这个理论为群众所掌握，成为全体社会实践参加者的共同观念。

理论掌握了人，就可以通过人的身体来作用于客观对象。但是，人的身体毕竟具有很大的局限性，人要达到改造世界的目的，必须借助于手段。所谓手段，就是实践主体和实践对象之间的中介物，主要是劳动工具。工具一方面是人造的，渗入了人的理性，注入了人的意志；另一

① 《马克思恩格斯全集》第2卷，北京：人民出版社，1972年版，第152页。

② 《马克思恩格斯选集》第1卷，北京：人民出版社，1995年版，第9页。

个方面，它又是一个物质实体，具有客观实在的属性，并以纯粹的物质形态出现，因而直接作用于实践对象，实践的主体和实践的手段一旦具备（我们假定实践对象已定），实践活动就可以开始了。

人们的实践活动从开始到完成也表现为一个过程。起初，实践活动总是在一个较小的范围内进行的，这种较小范围内的实践一般称之为试验。事实上，在进行大规模的实践活动之前，人们总是先要进行这种相对小型的试验，以检验实践目的是否正确、实践的条件（实践的主体和手段）是否具备。在实践活动中，主体通过手段作用于客观对象，使客观对象改变它原有的形态，以满足主观的要求，达到主客观的一致，使二者的矛盾得到解决。这样，一方面使人的目的得到实现，另一方面又使原有的理性认识得到检验，从而使人获得真理性的认识。

以上我们考察了理论向实践转化过程中两个阶级的全部内容以及它们的辩证进展，下面我们就这两个阶段的关系作一简要的分析。在前一阶段，主观的理论一步步地接近于客观的实践对象，理论有向实践转化的趋势，并正在为这种转化积极创造条件，但还没有真正实现这种转化。只有到了第二阶段，主观的理论才通过一系列的中介物与客观对象发生关系，去改造对象本身，因而真正实现了理论向实践的转化，完成了认识过程中的第二次飞跃。由此可见，前一阶段是后一阶段的准备，后一阶段是前一阶段的完成，是它的目的、结果和归宿。两者既互相区别，又互相联系，既各自相对独立，又彼此不可分离。只有二者的有机统一，才构成理论向实践转化的一个完整的认识过程，这就是它们之间的辩证的对立统一关系。

三

在哲学史中理论向实践转化的阶段性问题是为很多哲学家所重视的。德国古典哲学的开拓者康德就涉及了这一问题。从他的整个哲学体系看，由认识向实践的转化，必须经过“意志”、“自由”这样一些环节。作为马克思主义理论来源的黑格尔哲学，进一步向前推进了康德的这一思想，在客观唯心主义的基础上，对这一问题作了比较系统的研究和阐述。在《逻辑学》中，他认为，人们在认识了客观事物中的机械性和化学性等规律后，就依据这些规律去制定改造世界的实践目的。这种目的起初是主观的，与客体相对立，但它是能动的，能否定这种对立，达到主客观的统一。③ 并且，目的这种否定主客对立的活动是一个过程，用他的话说，就是一个“推理”，在这个推理中，“目的通过现实的手段作为中介与其自身相结合，而主要的特点则是对两极端的否定。”④这个过程需要经过三个阶段：“第一，主观的目的；第二，正在完成过程中的目的；第三，已完成的目的。”⑤在这三个阶段中，其中第一阶段又包含了三个环节，即普遍性、特殊性和个体性，这个阶段也就是从普遍性到特殊性、再从特殊性到个体性的过程。在这个过程中，“普遍性的概念通过特殊性与个体性获得这样的结合，使得具有自我决定力的个体成为一个能下判断的主体”⑥；第二阶段则是目的掌握工具的过程，在这个过程中，当普遍性表现为个体性后，目的就“向外转”，即这个个体性“直接指向客体，把捉住客体，把它作为自己的工具；⑦”第三阶段就是目的用工具作用于客观对象，即实践活动的过程。在这个过程中，主观目的“让客观事物彼此互相消耗，互相扬弃”⑧，从而既扬弃了客观事物的片面性，又扬弃了目的自身的片面性，达到二者的统一，使目的得到实现。这样，由理论到实践的过程就表现为既相对独立、又互不可分的三个阶段。

马克思、恩格斯、列宁、毛泽东在唯物主义的基础上进一步改造和发展了黑格尔的这一合理思想。马克思一向十分强调目的和手段在理论向实践转化过程中的作用。例如，他说：“……生产活动是由它的目

---

③ [德]黑格尔：《小逻辑》，北京：商务印书馆，1981 年版，第 387 页。

④ 同上书，第 389 页。

⑤ 同上书，第 391 页。

⑥ 同上书，第 392 页。

⑦ 同上。

⑧ 同上书，第 394 页。

的、操作方式、对象、手段和结果决定的。”[⑨]又说：“劳动者利用物的机械的、物理的和化学的属性，以便把这些物当作发挥力量的手段，依照自己的目的作用于其他的物……这样，自然物本质就成为他的活动的器官，他把这种器官加到他身体的器官上，不顾圣经的训诫，延长了他的自然的肢体。”[⑩]列宁在《哲学笔记》中直接改造和发挥了黑格尔关于理论向实践转化的阶段性思想，肯定人的实践活动应包括三个前提：“第一个前提：善的目的（主观的目的）对现实（‘外部现实’）的关系；第二个前提：外部的手段（工具），（客观的东西）；第三个前提就是结论：主体和客体的一致，对主观观念的检验，客观真理的标准。”[⑪]并认为“……人的实践＝要求(1)十外部现实性(2)。”即人的实践需要经过两个阶段，第一阶段是提出实践的要求，第二阶段是把主观的要求物化为外部的现实性。如前所述，毛泽东认为要把军事理论具体地应用于指导中国革命战争的实践，必须研究一般战争规律、特殊的革命战争规律和更加特殊的中国革命战争规律。并指出，这一过程需要经过两个阶段，第一阶段为制定计划的阶段，第二阶段为执行计划的阶段，即实行的阶段。而且对这两个阶段从理论上作了概括，他说：“指挥员使用一切可能的和必要的侦察手段，将侦察得来的敌方情况的各种材料加以去粗取精、去伪存真、由此及彼、由表及里的思索，然后将自己方面的情况加上去，研究双方的对比和相互的关系，因而构成判断，定下决心，做出计划——这是军事家在做出每一个战略、战役或战斗的计划之前的一个整个的认识情况的过程。”[⑫]而“当执行某一计划时，从开始执行起，到战局终结止，这是又一个认识情况的过程，即实行的过程。”[⑬]以上两个过程的统一就构成一个从军事理论到指导战争实践的总过程。

---

⑨ 《马克思恩格斯全集》第 23 卷，北京：人民出版社，1972 年，第 55 页。

⑩ 同上书，第 203 页。

⑪ ［俄］列宁：《哲学笔记》，北京：人民出版社，1974 年版，第 233－234 页。

⑫ 《毛泽东选集》第 1 卷，北京：人民出版社，1991 年版，第 179－180 页。

⑬ 同上书，第 180 页。

此外，他还把这一思想运用于具体的实际工作之中，如提出“一般号召与个别指导相结合”、“领导与群众相结合”等工作方法，这可以说是上述思想的具体体现。

总之，在哲学史的发展过程中，理论向实践转化的阶段性问题越来越被哲学家们所注意，尤其是马克思主义哲学的经典作家们对这一问题的研究和论述给我们留下了丰富的宝贵财富，他们的这些思想是我们进一步研究这一问题的理论依据。

10.4 从运动过程的观点看列宁的实践观*

运动过程的观点是唯物辩证法的基本观点，这一观点像一条红线一样，贯穿于列宁的全部思想，也贯穿于他的哲学实践观之中。本文试就从这一观点出发，对列宁的哲学实践观作一动态考查，以澄清理论界在有关问题上的是与非，加深对辩证唯物主义实践观的理解。

一、实践是认识过程的一个阶段

列宁认为，认识是一个运动过程，这个过程是"思维对客观的永远的、没有止境的接近"的无限进展过程。在这个过程中，充满了众多的无限复杂的矛盾，从而使这个过程表现出一定的阶段，实践就是其中之一。

把实践纳入认识过程(广义的)①，在黑格尔哲学中已有这一思想。他认为，绝对观念"是恢复为差别所丰富了的统一"，也就是主观与客观的统一，这种统一是一个过程。在这个过程中，一方面要扬弃主观的片面性，另一方面要扬弃客观的片面性。实现前者的活动是认识，实现后者的活动是实践。这两者的统一，才构成一个完整的认识过程。② 列宁认为，"毫无疑问，在黑格尔那里，在分析认识过程中，实践是一个环节，并且也就是向客观的(在黑格尔看来是'绝对的')真理的过渡。③"

列宁在改造黑格尔的这一合理思想的基础上，提出了辩证唯物主义认识论关于认识过程的理论。在这一理论中，实践被认作认识过程的一个阶段。他认为："真理是过程。人从主观的观念，经过'实践'(和技术)，走向客观真理。"④这就是说，人们对任何真理的认识，都不是一

---

* 本文原载《武汉大学学报》(哲学社会科学版) 1986 年第 3 期。

① 这里所谓广义的认识过程，就是我们通常所说的整个认识过程，它包括两大阶段即认识阶段和实践阶段；与之相对的是狭义的认识过程，这就是指的与实践阶段相对应的认识阶段。参见拙作《关于认识运动过程的阶段问题》，载《哲学研究》1984 年第 4 期。

② [德]黑格尔：《小逻辑》，北京：商务印书馆，1981 年版，第 410－411 页。

③ 《列宁全集》第 38 卷，北京：人民出版社，1984 年版，第 228 页。

④ 同上书，第 215 页。

次完成的。都必须经过一个过程。在人们通过对事物的认识形成了相应的观念或建立了相应的理论之后。认识过程至此并没有完结，也就是说，对真理的认识并未完成，因而人们还未获得客观真理。因为这种观念或理论的正确性还未得到最后检验。因此，为获得真理性的认识，还必须使认识过程继续往下一阶段运动，这一阶段就是实践。只有当把这种理论应用于实践，在实践中证明它是正确时，才能说这一认识过程相对完成了。因而只有在这时人们才谈得上认识了某一客观真理。所以列宁说，"从生动的直观到抽象的思维，并从抽象的思维到实践，这就是认识真理、认识客观实在的辩证的途径。⑤"这样，列宁就把整个认识过程区分为两个阶段：一个是从直观到思维的阶段，一个是从思维到实践的阶段。前一阶段也就是我们通常称之为"认识"的阶段，后一阶段也就是我们通常称之为"实践"的阶段。

列宁从运动过程的观点出发，把实践作为认识过程的一个阶段，这是站在辩证唯物主义立场上从分析认识过程中所得出的一个必然结论。辩证唯物主义认为，实践的观点是认识论的首先的和基本的观点，这一观点也就必然地要体现在认识过程的理论中。由于辩证唯物主义认识论把认识理解为主体对客体的反映，而这种反映是否正确又只能由实践来检验，这就可以合乎逻辑地得出一个结论：一个完整的认识过程，亦即获得真理的过程，必须要经过认识和实践这样两个阶段才能完成。在前一阶段中，认识的主要任务是以主体反映客体，以客体的丰富内容来充实主体自身，使主体趋于与客体的一致；在后一阶段中，认识的主要任务是主体的物质手段作用于客体，使主观的要求转化为外部现实性，改变客体的存在状态，使客体符合主体的需要。只有通过这两个阶段，从而使主体和客体各自完善，互相趋于一致，最后达到主体与客体的统一。

实践被纳入认识过程，作为认识过程中与认识阶段相对应并高于

---

⑤ 《列宁全集》第38卷，北京：人民出版社，1984年版，第181页。

它的一个阶段，这就通过运动过程的观点，在认识论中真正实现了理论（认识）与实践的统一。黑格尔认为，"绝对观念，原来就是理论观念和实践观念的同一，其中每一方自己单独说来都还是片面的"[⑥]。列宁对此评论道："理论观念（认识）和实践的统一——要注意这点——这个统一正是在认识论中，因为'绝对观念'（而观念＝'客观真理的东西'）是在总和中得出来的。"[⑦]这样，在列宁看来，真理的形成过程就是认识过程和实践过程的统一。认识所得到的理论只有在被实践证明之后才能成为真理。反之，只有在理论指导下进行的实践，才能作为真理的标准，也才有成功和失败之谓。理论不能脱离实践，实践也不能脱离理论，二者就每一方单独说来都是片面的，只有把理论（认识）与实践结合起来，才能得到真理。

二、实践是个过程

把实践认作一个过程，这一思想也是从黑格尔哲学开始的。恩格斯曾经指出过，把事物当成一个运动过程来理解，这是黑格尔的伟大功绩。在实践问题上也不例外。他关于"行动的推理"的论述就是在马克思主义哲学产生以前对实践过程的最好阐述，尽管披上了客观唯心主义的外衣。他把理论向实践的转化理解为一个过程，即目的性的过程，认为"目的性的过程是概念向客观性的转移。"[⑧]在这个过程中，要经过三个环节，即"主观的目的"、"正在完成过程中的目的"、"已完成的目的。"[⑨]他指出："在行动的推理中第一个前提就是善的目的和那个现实的直接关系，目的掌握这个现实，而在第二个前提中目的则把它作为外部的手段来反对外部现实。"[⑩]列宁认为，黑格尔把行动、实践作为推

⑥ 《列宁全集》第 38 卷，北京：人民出版社，1984 年版，第 236 页。

⑦ 同上书，第 236 页。

⑧ 同上书，第 203 页。

⑨ [德]黑格尔：《小逻辑》，北京：商务印书馆，1981 年版，第 391 页。

⑩ 《列宁全集》第 38 卷，北京：人民出版社，1984 年版，第 233 页。

理、逻辑的格，“这是对的！当然，这并不是说逻辑的格以人的实践作为它自己的异在（＝绝对唯心主义），相反地，人的实践经过千百万次的重复，它在人的意识中以逻辑的格固定下来。这些格正是（而且只是）由于千百万次的重复才有着先入之见的巩固性和公理的性质。”[11]列宁在对黑格尔的上述思想进行了这样的唯物主义改造之后，接着从运动过程的角度，就他的所谓“实践是一个推理”的思想进行了如下改造：

“第一个前提：善的目的（主观的目的）对现实（‘外部现实’）的关系；

第二个前提：外部的手段（工具），（客观的东西）；

第三个前提即结论：主体和客体的一致，对主观观念的检验，客观真理的标准。”[12]

在这里，列宁将黑格尔的绝对唯心主义观点改变成了辩证唯物主义认识论的观点，但同时保留了它的“合理的内核”，这就是把黑格尔的“行动的推理”理解为实践的过程（理论向实践转化的过程），而列宁这里讲的“前提”，实际上是指的实践过程的“阶段”。在这个过程中，第一阶段就是目的，它包括主观的要求和外部现实两方面的关系，因为目的一方面必须以一定的现实为基础，因而它要反映客观规律于自身；另一方面它又包含人的主观因素，即意志、决心、需要，等等。所以，列宁把它规定为主观对外部现实的关系。第二阶段是作为客观的东西（唯物主义所理解的客观）的手段，因为仅有目的，并不就是实践，辩证唯物主义所理解的实践，是一种物质的感性活动，目的还是主观的东西，不超出它，就无法进行实践。物质手段作为一种客观的东西，能对对象进行直接的作用，从而能进行真正的实践活动。所以，在这个范围它超出了主观领域，进入了客观领域。主体一旦掌握工具后，就用它来作用于对象，使其发生形态变化，达到与主体要求的一致，从而最终达到了主体

---

⑪ 《列宁全集》第 38 卷，北京：人民出版社，1984 年版，第 233 页。

⑫ 同上书，第 233－234 页。

与客体的统一,这就是实践的结果,它能够对主观观念进行检验,作为客观真理的标准。这样,列宁就在辩证唯物主义认识的基础上不但把实践理解成了认识的基础,而且把它本身理解为一个由诸阶段构成的过程,使黑格尔的这一思想获得了全新的意义。

从以上的分析中可以看出,在列宁看来,实践是一个从主观到客观的过程。如果我们拿它与认识过程(狭义的)比较一下,那么,前者的方向恰好与后者相反。因为众所周知,认识是一个从客观到主观(转变客观的东西为主观的东西)的过程。因此,我们也可以把实践过程的运动看成是认识过程的反向运动。整个认识过程正是这样经过正反两个方向的运动(即从客观到主观和从主观到客观),最后达到了主观与客观的统一。

我们对列宁关于"实践的三个前提"的思想作如是理解,是符合列宁改造黑格尔哲学的基本精神的。列宁认为,在谈黑格尔哲学时,"必须揭发、理解、拯救、解脱、清洗这种实质"[13],即辩证法的实质,而"辩证法的标准"是:"'在一切自然界的、科学的和精神的发展中'——这就是黑格尔主义的神秘外壳中所包含的深刻真理的内核![14]"发展就是过程。黑格尔关于"行动的推理"中的"合理内核"有二:(1)把实践作为理性认识向真理过渡的一个环节,即真理的标准;(2)把实践理解为一个发展的过程。列宁准确地抓住了以上两点,对它们进行了唯物主义的改造,使之成为辩证唯物主义认识论的一个组成部分。

三、理论向实践转化的途径:具体地分析具体的情况

前面我们已经指出,实践过程的第一阶段就是目的。实际上,目的是理论向实践转化的一个中心环节。如上所说,目的是主观对外部现实的关系。它一方面反映客观规律于自身,另一方面又包含了人的主观因素。因此,它在主观与客观之间架起了一座由此及彼的桥梁。因

---

⑬ 《列宁全集》第38卷,北京:人民出版社,1984年版,第147页。

⑭ 同上书,第163页。

此,理论要转化为实践,必须首先具体化为目的。

我们之所以说理论具体化为目的,是因为虽然理论与目的都反映了客观规律,但二者所反映的并不是同一个层次上的规律。我们知道,认识过程是一个从客观到主观的过程,在这个过程中,主体通过对个别事物的认识,逐渐地抽象出一般规律,从而形成理论。因此,理论所反映的是一般规律。反之,实践过程是一个从主观到客观的过程,在这个过程中,主体通过工具作用于某一具体对象,以达到一定的目的。这个目的形成于实践之前,它作为直接指导实践活动的东西,必须反映具体的实践对象自身的规律。可见,目的所反映的是具体对象的特殊规律,至于一般规律只是间接地包含于其中。因此,我们也可以把前一过程称为从特殊到一般的过程,把后一过程称为从一般到特殊的过程,这样的过程,也就是一个具体化的过程。

理论要具体化为目的,必须在理论的指导下,继续深入研究具体实践对象,找出其中的特殊规律。要做到这一点,列宁认为,必须采用具体地分析具体的情况的方法。在他看来,这一方法是理论转化为实践的基本方法和途径。

具体地分析具体的情况,这一方法所要解决的中心问题,是一般规律与特殊规律的关系问题。这一问题解决得好,理论就能顺利转化为实践。否则,再正确的理论也会在实践中失误。

列宁认为,一般规律要以特殊规律为前提,这是理论之间的同一性。他指出:"世界历史发展的一般规律,不仅丝毫不排斥个别发展阶段在发展的形式或顺序上表现出的特殊性,反而是以此为前提的。"[15]正因为一般规律是以特殊规律为前提的,二者之间存在着同一性,所以,反映一般规律的理论才有可能具体为反映特殊规律的实践目的。

具体地分析具体的情况,就是要根据一般规律去发现具体事物的特殊规律。然而,规律是隐藏在事物背后的东西,在它的表面有大堆现

---

⑮ 《列宁选集》第4卷,北京:人民出版社,1995年版,第690页。

象，我们只有透过这些表面现象才能抓住其中的本质即规律。同时，每一具体事物都处在与他物相联系的关系之中。具体地分析具体的情况，必须具体地分析那一具体事物自身多种多样的关系，以及这一事物一与其他事物的关系。但是，我们并不能把如此众多的关系放在平列的位置上，主次不分。而应该抓住其中的主要关系，即本质关系。只有这样，我们才能真正把握住某一具体事物的特殊规律。所以，列宁说："必须善于在每个时机找出链条上的一个特殊环节，必须全力抓住这个环节，以便抓住整个链条并稳稳地准备过渡到下一个环节；同时，在历史事变发展的链条里，各个环节的次序，它们的形式，它们的关联，它们之间的区别，都不像铁匠所制成的普通链条那样简或那样笨拙。"⑯这就是我们通常说的抓主要矛盾。

通过具体地分析具体的情况，从而发现了具体事物的特殊规律，我们把这些特殊规律与一般规律结合起来(具体分析是在反映一般规律的理论指导下进行的，因而一般规律与特殊规律在这里本来是结合着的)，并加进我们的主观意志，制定出具体的实践目的。有了它，我们就可以直接用它来指导我们的实践了。因此，理论与实践之间就有了联系的中介，就可以向实践转化了。所以，列宁说，"具体地分析具体的情况"，这是"马克思主义的最本质的东西、马克思主义活的灵魂。"⑰

总之，在列宁的哲学思想中，运动过程的观点贯穿于其实践观的始终。把实践看为一个运动过程，这是辩证法在实践观中的具体体现，从而也是马克思主义哲学实践观区别于以往一切旧实践观的重要标志之一。

---

⑯ 《列宁选集》第3卷，北京：人民出版社，1995年版，第526页。

⑰ 《列宁选集》第4卷，北京：人民出版社，1995年版，第290页。

10.5 毛泽东关于认识运动第二次飞跃过程思想初探*

毛泽东十分重视认识运动第二次飞跃的过程，也就是理论向实践转化的认识的过程。指出，人的认识由感性认识上升到理性认识后，“认识运动至此还没有完结。辩证唯物论的认识运动，如果只到理性认识为止，那么还只说到问题的一半，而且对于马克思主义的哲学来说，还只说到非十分重要的那一半，①”对于认识运动的前一半，即由感性认识上升到理性认识的过程，毛泽东在《实践论》中作了比较详尽的论述；对于后一半，即理论向实践转化的过程，他虽然未作专门探讨，但结合具体实际，也作过很多极为深刻的论述。努力发掘这一珍贵遗产，不仅可以加深对马克思主义认识论的研究，而且对于把马克思主义理论应用于我国当前的社会主义现代化建设的实践，也具有十分重大的意义。

一、反映不同层次规律的理论对实践的不同指导作用

毛泽东指出，人们认识世界的目的，只是为了改造世界。我们认识客观世界，就是要发现它的规律性并形成正确的认识，就在于拿这种认识去指导实践，进行改造世界的活动。

毛泽东认为，规律可分为不同的层次。在《中国革命战争的战略问题》一文中，他把战争规律分为三个层次：一般的战争规律、特殊的革命战争规律和更加特殊的中国革命战争规律。指出：“我们不但要研究一般战争的规律，还要研究特殊的革命战争的规律，还要研究更加特殊的中国革命战争的规律。”②在他看来，由于规律是分层次的，因而作为对规律的反映的理论也是分层次的。反映不同层次的规律的理论对实践

---

* 本文原载《毛泽东思想研究》1985 年第 2 期。

① 《毛泽东选集》第 1 卷，北京：人民出版社，1991 年版，第 292 页。

② 同上书，第 171 页。

有着不同的指导作用。反映一般规律的理论，对实践提供了一些大的指导原则，规定了实践活动的基本方向，对于指导实践，当然十分重要。他说："一切带原则性的军事规律，或军事理论，都是前人或今人做的过去战争经验的总结。这些过去的战争所留给我们的血的教训，应该着重地学习它。"[③]但是，这种一般理论还不能直接地、具体地指导人们的实践，因为实践所面临的客观实践是具体而复杂的，它除了受一般规律所制约外，还有自身的特殊规律，以至更加特殊的规律。因此，毛泽东认为，要指导实践，掌握一般理论还只是"一件事"，"然而还有一件事，即是从自己的经验中考证这些结论，吸取那些用得着的东西，拒绝那些用不着的东西，增加那些自己所特有的东西。这后一件事是十分重要的，不这样做，我们就不能指导战争"。[④] 这后一件事就是为了更好地指导实践而去研究特殊规律，从而建立反映特殊规律的理论。

毛泽东批评了那种认为只要掌握一般理论就能指导实践的错误看法。在第二次国内革命战争时期，有人认为只要掌握一般的战争规律或只要研究俄国的革命战争经验等，就能指导中国革命战争。毛泽东认为，这种观点抹杀了一般与特殊（以至更加特殊）的区别，将一般套用于特殊，就等于"削足适履"，这样去指导战争，难免会导致失败。

可见，在毛泽东看来，规律可分为三个层次：一般规律、特殊规律和更加特殊的规律。与之相适应，有三种不同层次的理论：反映一般规律的基础理论、反映特殊规律的应用理论和反映更加特殊规律的具体目的、计划、方案、政策、策略等。这三种不同层次的理论，分别对实践起着不同的指导作用。基础理论规定了实践活动的基本方向，给实践提供了一些基本的指导原则，但由于它所反映的规律离实践对象自身的规律较远，因而它对实践的指导作用不是直接的，而是间接的。应用理论所反映的规律与实践对象自身的规律更加接近，因而它对实践的指

③ 《毛泽东选集》第1卷，北京：人民出版社，1991年版，第181页。
④ 同上。

导作用要比基础理论直接且具体得多。但由于它所反映的规律还不是实践对象自身的规律，因而对实践的指导作用也还不是真正直接的。只有具体的目的、计划、方案、办法等等，由于它们直接地反映了实践对象自身的规律，才真正对实践起着直接指导作用。

二、目的是理论向实践转化的中心环节

有的同志认为，在毛泽东看来，理论向实践的飞跃需要经过三个必要环节：(1)一般和个别相结合，即把一般理论化为具体的目的，制定出路线、方针、政策、计划、办法；(2)宣传群众，组织群众；(3)一切经过试验。这无疑是正确的。不过如果我们细究一下毛泽东的有关论述，在这些环节中，他最重视的是具体的目的、计划、方案、办法等在这一转化过程中的作用，并且总是把目的等作为这一转化过程的中心环节。

在《中国革命战争中的战略问题》中，毛泽东提出了“战争规律”和“战争指导规律”的区别。认为研究“战争指导规律”，就是要在懂得战争规律的基础上，揭示出指导战争的规律性，属于认识过程的后一半的问题。在《论持久战》中，他认为认识过程的前一半就是要解决“是什么”的问题，而后一半则是要解决“怎样做”的问题。理论的任务就是要反映客观事物的规律性，回答客观事物“是什么”的问题。基础理论反映的是客观事物的一般规律，回答的是一般的客观事物“是什么”的问题；应用理论反映的是某类事物的特殊规律，回答的是特殊事物“是什么”的问题。具体目的则不尽相同。一方面，它也是对客观规律的反映。在这个意义上，它与基础理论和应用理论的区别只是在于：它所反映的规律是实践对象自身的规律，因而能对实践起直接的指导作用。除此之外，目的还有另一方面，即在目的中还包含了确定目的的人的主观因素，即意志、决心、愿望和价值判断等。这些就是人们在正确地反映了客观规律的基础之上，根据事物的规律性，向客观事物提出一定的要求，企图使那些存在于人之外的“自在之物”变为“为我之物”，使客观符合主观的需要。毛泽东在《论持久战》中指出：“抗日战争的政治目的

是'驱逐日本帝国主义，建立自由平等的新中国'。"[5]这里的目的就包含了以上两方面的内容。首先，这个目的不是纯主观地提出来的，它是在分析了中日双方的情况，揭示出抗日战争发展的规律性的基础上，依据这场战争发展的规律性而提出的，因而它本身就反映了中日战争的客观规律性。同时，"驱逐日本帝国主义，建立自由平等的新中国"这个目的又反映了中国人民的意志和愿望，因而在它里面又包含了人的主观因素。正因为目的既反映了客观规律，又包含了人的意志和愿望等等，所以，它在客观事物"是什么"和人"怎样做"之间架起了一座桥梁，成为理论到实践的中间环节。路线、方针、政策、计划办法等，如同目的一样，在理论到实践的过程中起着中间环节的作用。毛泽东指出；"一切事情是要人做的"，"做就必须先有人根据客观事实，引出思想、道理、意见，提出计划、方针、政策、战略、战术，方能做得好。"[6]这说明，人们的活动是一种自觉的活动，是在一定的思想、道理、意见的指导下进行的，而从"思想、道理、意见"到"做"这个过程之中，还要有一个"提出计划、方针、政策、战略、战术"的中间环节，人们的行为是直接在这个"计划、方针、政策、战略、战术"的指导下进行的。

在谈到对战争的指导时，毛泽东具体发挥上述思想。首先，他认为对战争的指导可分为两个阶段，第一阶段为制定计划的阶段，第二阶段为执行计划的阶段，即实行的阶段。在这里，他把计划作为军事理论应用于指导战争的实践过程中的一个中间环节。因为，在他看来，在实行之前，必须先要制定计划，而制定计划又离不开军事理论的指导。如果一个人对军事理论一无所知，即使他对战争对方的情况以及作战的地理条件十分熟悉，也不可能制定出正确的作战计划，因而难以指挥战争取得胜利。反之，军事理论对战争的指导作用，也只有通过具体作战计划这个中间环节才能体现出来。如果一个人对战争双方的情况和地理

⑤ 《毛泽东选集》第2卷，北京：人民出版社，1991年版，第481页。

⑥ 同上书，第477页。

条件一无所知，不能根据具体情况制定出具体的作战计划，即使它有无比高超的军事理论，也不可能指挥战争取得胜利。因为掌握了军事理论的人，还只是懂得一般战争的规律。这种规律对于指挥战争的人来说十分重要，如果不懂得它，就算不上一个好的指挥员。但是，仅仅懂得它还不够，要把它具体地用于指导一场特殊的战争，还有待于进一步了解这场特殊战争的特殊规律，因此，必然在实行对战争的指挥之前，“使用一切可能的和必要的侦察手段，将侦察得来的敌方情况的各种材料加以去粗取精、去伪存真、由此及彼、由表及里的思索，然后将自己方面的情况加上去，研究双方的对比和相互的关系，因而构成判断，定下决心，做出计划”⑦。在这里毛泽东还包含有这样一个思想，即在“做出计划”的过程中，不仅要侦察敌情、对敌我双方的情况进行分析、综合，“研究双方的对比和相互的关系”，而且还要“定下决心”，因此，计划中既包含有战争自身的客观规律，也包含有制定计划的人的主观意志和决心。正因为如此，它才构成从军事理论到指挥战争实践过程中的一个中间环节。

毛泽东把目的、计划、方针、政策等作为从理论到实践的一个极重要的中间环节，即中心环节，十分重视他们在这一过程中的作用，指出：“当某一件事情(任何事情都一样)要做，但是还没有方针、方法、计划或政策的时候，确定方针、方法、计划或政策，也就是主要的决定的东西。”⑧在他看来，如果理论不经过目的这一中间环节，一般理论不具体化为计划、方案、办法、方针、政策，就无法指导实践，而实践若没有目的、计划等作具体指导，也就无法进行。

三、目的形成过程是理论具体化过程

毛泽东指出：“要学会把马克思列宁主义的理论应用于中国的具体的环境。……离开中国特点来谈马克思主义，只是抽象的空洞的马克

---

⑦ 《毛泽东选集》第1卷，北京：人民出版社，1991年版，第179—180页。

⑧ 同上书，第326页。

思主义。因此，使马克思主义在中国具体化，使之在其每一表现中带着必须有的中国的特性，即是说，按照中国的特点去应用它，成为全党亟待了解并亟须解决的问题。”⑨这就是说，要把马克思主义的理论应用于指导中国革命的实践，首先必须将这种理论具体化，使之与作为实践对象的中国的具体特点结合起来。这种具体化的过程，也就是制定中国革命的纲领、路线、方针、政策的过程，用哲学的语言来说，就是目的的形成过程。

毛泽东认为，共性存在于个性之中，普遍性存在于特殊性之中，没有后者则没有前者。一般规律、特殊规律和更加特殊的规律的关系，也就是普遍性和特殊性、个体性的关系。在这三者的关系中，其中特殊性相对于普遍性而言是个体性，相对于个体性而言又是普遍性。因此，普遍性与特殊性的关系、特殊性与个体性的关系，都有一个共性与个性的问题，它们的关系都是前者存在于后者之中，并只有通过后者而存在。一般规律只有通过特殊规律而存在，特殊规律又只有通过更加特殊的规律而存在。反映一般规律的基础理论要应用于指导实践，必须首先具体化为反映规律的应用理论，并进而具体化为反映更加特殊规律的实践目的(计划、方针、政策等)。因为，实践对象是具体的、个别的，作为具体的、个别的客观对象，它除了受一般规律和特殊规律所制约外，还有其自身存在和发展的规律。理论要指导实践，必须在把握一般规律、特殊规律的基础上，进而把握这些具体的规律。否则，理论就成了空洞的思维产物，因而也根本无法指导实践。正是在这个意义上，毛泽东把人的整个认识过程一方面概括为：实践—认识—实践；另一方面又概括为：特殊——般—特殊。这两种表述在本质上是一致的。“特殊——般—特殊”的过程，也就是“实践—认识—实践”的过程。因为从特殊到一般的过程，就是人们通过实践，由感性认识上升为理性认识，把握事物的共同本质和规律性，从而建立理论的过程；而从一般到特殊的过

⑨ 《毛泽东选集》第2卷，北京：人民出版社，1991年版，第534页。

程，也就是人们“以这种共同的认识为指导，继续地向着尚未研究过的或者尚未深入研究过的各种具体的事物进行研究，找出其特殊的本质[10]”的过程，亦即在理论的指导下，通过对具体事物进行研究，找出其特殊规律，从而制定出具体的实践目的（计划、方针、政策等），以便将理论应用于实践的过程。因此，这一过程既是理论的具体化过程，也是目的的形成过程。

毛泽东十分重视理论的具体化，认为理论只有通过这一过程与实践对象自身的规律结合起来，它才能实现。毛泽东之所以能领导中国革命取得如此伟大的胜利，其根本原因就在于他善于把马克思主义的普遍原理与中国革命的具体实际结合起来，从而能够在一系列重大问题上制定出正确的革命纲领、路线、方针和政策，例如关于中国的革命战争问题，关于中国革命的统一战线问题，等等。正是在这种结合过程中，创造性地发展了马克思主义，提出了理论具体化的深刻思想，并在实际工作中得到了具体运用。

一般和个别相结合，领导与群众相结合的工作方法，就是上述思想在工作方法上的具体运用。一般和个别相结合，即是领导人员“具体地直接地从若干组织将所号召的工作深入实施，突破一点，取得经验，然后利用这种经验去指导其他单位。”[11]“这种经验”是一般与个别结合的产物，亦即“一般”具体化的结果，因而它能利用来更具体地“指导其他单位”。领导和群众相结合，是一般和个别相结合原则在工作方法上的进一步运用。党的领导意见，一般说来，是集体智慧的结晶，反映了事物的本质及其规律，属于理性认识，即“一般”的东西；而来自群众的意见，起初则多半是感性认识，因而是“个别”的东西。所以，领导和群众相结合，和一般与个别相结合本质上是一致的，它们都是理论具体化思想的深刻体现，它们所要解决的问题，都是怎样实现理论向实践转化的

---

⑩ 《毛泽东选集》第 1 卷，北京：人民出版社，1991 年版，第 310 页。

⑪ 《毛泽东选集》第 3 卷，北京：人民出版社，1991 年版，第 897 页。

问题。

总之，毛泽东在把马克思主义的普遍真理与中国革命的具体实际相结合的实践过程中，对于理论向实践转化的问题，作了很多成功的探索，具有十分丰富的思想。这是毛泽东对马克思主义认识论的又一伟大贡献。

作者主要科研成果

(一) 著作

1.《行政决策分析》,独著,武汉大学出版社,1991 年版。

2.《地方政策分析:体制、文化与过程》,独著,武汉大学出版社,1994 年版。

3.《权力之用》,独著,湖北人民出版社,1999 年版。

4.《经济政策与公共秩序》,独著,湖北人民出版社,2002 年版。

5.《公共部门决策的理论与方法》(第一版),独著,高等教育出版社,2003 年版。

6.《公共部门决策的理论与方法》(第二版),独著,高等教育出版社,2007 年版。

7.《市政学纲要》,主编,武汉工业大学出版社,1992 年版。

8.《行政管理学》,主编,高等教育出版社,2005 年版。

(二)论文

1.《关于认识运动过程的阶段问题》,《哲学研究》,1984 年第 4 期。

2.《试论理论向实践转化的阶段性》,《江海学刊》,1984 年第 5 期。

3.《毛泽东关于认识运动第二次飞跃过程思想初探》,《毛泽东思想研究》,1985 年第 2 期。

4.《目的是理论向实践转化的中心环节》,《求索》,1985 年第 12 期。

5.《从运动过程的观点看列宁的实践观》,《武汉大学学报》(社科版),1986 年第 3 期。

6.《浅谈我国决策的民主化和科学化》,《学习与实践》,1987 年第 2 期。

7.《行政决策学引论》,《武汉大学学报》(社科版),1987 年第 2 期。

8.《我国行政决策的经验教训与改革方向》,《高等教育与行政管理》(武汉大学学报社科论丛),1987 年第 1 期。

9.《行政信息的种类与传递方式》,《情报业务研究》,1987 年第 3 期。

10.《〈孙子兵法〉的决策原则》,《决策与信息》,1987 年第 9 期。

11.《也谈如何理解社会主义条件下的体制改革》,《中国行政管理》,1987 年第 10 期。

12.《当前我国行政管理学研究存在的主要问题及其趋势》,《中国行政管理》,1987 年第 12 期。

13.《党政分开与国家战略决策的民主化》,《湖北社会科学》,1988 年第 3 期。

14.《我国公务员制度的适用范围》,《政治体制改革道路探索》论文集,武汉大学出版社,1988 年版。

15.《县政机关廉洁化》,《当代中国县政发展》,1988 年第 12 期。

16.《政治体制改革中的文化障碍及克服途径》,《社会主义研究》,1989 年第 3 期。

17.《论我国行政决策模式的选择》,《武汉大学学报》(社科版),1990 年第 1 期。

18.《试论我国县人民政府职能体系及其运行过程中的矛盾》,《学习与实践》,1992 年第 6 期。

19.《县政决策研究现状及其趋势》,《社会科学动态》,1992 年第 7 期。

20.《论建立政策权威的必要性及其原则》,《社会主义研究》,1993 年第 2 期。

21.《关于政策的结构与结构体系》,《政策》,1993 年第 4 期。

22.《关于县政决策过程若干关系的分析》,《武汉大学学报》(社科版),1993 年第 3 期。

23.《中观决策研究的新探索——县级政府决策研究的内容与难

点》,《政治学建设与研究》,武汉大学出版社,1993年版。

24.《一体化政权组织模式论略》,《楚天主人》,1995年第2期。

25.《试论市场经济与国家公务员制度的关系》,《湖北社会科学》,1994年第2期。

26.《论一体化民主决策模式》,《武汉大学学报》(社科版),1995年第3期。

27.《我国行政学研究的现状与发展趋势》,(第二作者),《广东行政学院学报》,1995年第4期。

28.《全面提高企业素质》,《湖北日报》,1996年5月21日第3版。

29.《政策科学的发展与学科建设》(第二作者),《经济研究参考》,1996年第12期。

30.《地方政策执行:模式与效果》,《经济研究参考》,1996年第12期。

31.《论有中国特色的民主政治模式》,《政治学研究》,1997年第1期。中国人民大学《中国政治》1997年12期转载。

32.《论地方政策的决策模式》,《武汉大学学报》(社科版),1997年第2期。

33.《学习周恩来民主决策与群众路线理论》,《周恩来行政管理与政府建设》,中国行政管理学会编,知识出版社,1998年版。

34.《试论行政管理现代化及其与政治现代化的关系》,《政治学研究》,1998年第3期。

35.《邓小平经济政策思想的政治学思考》,《理论月刊》,1998年第6期。

36.《提高市民素质是塑造良好城市形象的关键》(第一作者),《市民素质与城市管理》,中国行政管理学会编,知识出版社,1998年10月版。

37.《地方政府机构改革的风险与策略选择》,《地方政府机构改革的理论与实践》,湖北省行政管理学会编,1999年3月版。

38.《列宁新经济政策思想的政治学解析》,《武汉大学学报》,1999年第3期。中国人民大学《马列主义研究》1999年第9期转载。

39.《灾害行政学:行政科学研究的新课题》,《光明日报》,1999年9月17日。

40.《政治与行政两分法:理论渊源及其评价》,《中国行政管理》,1999年第11期。

41.《利益相关性原理及其对分析政府经济政策行为的方法论意义》,《中国行政管理》,1999年第12期。

42.《政策科学的中国化与理论创新》,《北京行政学院学报》,2000年第1期。

43.《论政府政策行为的价值取向》,《政治学研究》,2000年第2期。

44.《论政府政策行为超域效应原理及其方法论意义》,《武汉大学学报》(人文社会科学版),2000年第3期。《高等学校文科学报文摘》2000年第5期转载。

45.《我国村民自治中的民主决策分析》(第二作者),《江汉论坛》,2000年第8期。

46.《试论农村社会保障对社会稳定的影响及政策建议》,《社会保障问题研究·2001》(邓大松、李珍主编),武汉出版社,2001年版。

47.《在探索中求发展》,《中国行政管理》,2001年第1期。

48.《论刘少奇的政策执行思想及其现实意义》,《中国行政管理》2001年第4期。中国人民大学《管理科学》2001年第7期转载。

49.《关于公共部门的界定与公共管理学的研究范围》,《武汉大学学报》(社会科学版),2001年第5期。中国人民大学《公共行政》2002年第1期转载。

50.《WTO与我国公共政策的范式转换》(第一作者),《天津行政学院学报》,2002年第2期。

51.《广义的社会福利理论及其对公共政策的意义》,《武汉大学学报》,2002 年第 4 期;中国人民大学《公共行政》2002 年第 6 期转载;《新华文摘》2002 年第 11 期摘登。

52.《治理视野下的政府公共服务市场化》(第一作者),《北京行政学院学报》,2002 年第 5 期。

53.《加入 WTO 与政府能力再造》(第二作者),《湖北行政学院学报》,2002 年第 5 期。

54.《公共管理学与行政管理学之区别》,《江苏社会科学》,2002 年第 6 期。

55.《行政与法治的有机结合》,《江汉论坛》,2002 年第 11 期。

56.《WTO:地方政府行为的博弈分析》(第一作者),《天津行政学院学报》,2003 年第 1 期。

57. Rural Land Policy of China: Investigation and Speculation, America: Chinese Public Administration Review, March/June, 2003.

58.《加入 WTO 与湖北省政府职能转变》(第一作者),《湖北发展研究报告·2003》,武汉大学出版社,2003 年版。

59.《WTO 与中国行政管理创新》(第一作者),《入世与政府先行》(谢庆奎主编),中信出版社,2003 年版。

60.《关于政策科学学科性质的辨析》,《江苏行政学院学报》,2004 年第 3 期。

61.《完善政府重大经济社会问题决策的基本程序》,《政策》,2004 年第 4 期。

62.《全球化视野下中国行政理念创新》(第一作者),《求索》,2004 年第 9 期。

63.《行政文明建设的价值取向与制度创新》(第一作者),《学习月刊》,2004 年第 12 期。

64.《论行政审批制度改革及其对于应对全球化挑战的意义》,《公共管理研究》,中国社会科学出版社,2005 年版。

65.《行政管理全球化:特点、动因及其意义》,《中国行政管理》2005

年第 12 期;《新华文摘》2006 年第 6 期全文转载。

66.《论公共利益及其本质属性》(第一作者),《公共管理学报》,2006 年第 1 期。

67.《全球化对当代中国行政管理的十大挑战》,《探索》,2006 年第 1 期;《公共行政》2006 年第 6 期全文转载;《北京日报》(理论周刊)2006 年 5 月 8 日版以《当前行政管理面临的十大挑战》为题转载。

68.《行政文明视角中构建我国责任行政的路径选择》(第一作者),《广西师范大学学报》(哲学社会科学版),2006 年第 4 期。

69.《国有航空科研机构改革的政策分析》,《北京航空航天大学学报》(社会科学版),2007 年第 1 期。

70.《应急管理研究:理论探讨与政策创新的统一》(第一作者),《理论探讨》,2007 年第 1 期。

71.《论以人为本的政策价值理念》,《国家行政学院学报》,2007 年第 2 期。

72.《行政管理全球化:中国的视角与机遇》,《华中师范大学学报》(人文社会科学版),2007 年第 3 期。

注:论文部分除标明作者排名次序的以外,其余均为作者独撰。

后　记

2005 年 3 月我应北京航空航天大学之邀，从武汉大学调入该校公共管理学院工作。新的学校、新的同事和新的学生给我带来了一些新鲜感，给我提出了新的挑战，带来了新的压力，同时也对过去的学校、过去的同事和过去的学生产生了很多思念之情，萌发了我对过去学术成果加以总结的念头。这既是对自己过去工作的总结，更是对自己未来工作的鞭策。

本书在编辑过程中，得到了中共中央候补委员、中国航空工业第一集团体公司党委书记兼总经理、北航兼职教授林左鸣博士和中国行政管理学会高小平研究员的指导，在本书出版之际，特向他们表示衷心的感谢！

在本书的出版过程中，得到了北京航空航天大学 211 工程项目的资助，还得到北京大学出版社、北京航空航天大学出版社的帮助。在此，特向北京航空航天大学公共管理学院有关领导与北京大学出版社有关领导、北京航空航天大学出版社的领导，特别是编辑蔡喆、何晓慧女士致以诚挚的谢意！在本书的整理过程中，我的博士生刘媛媛、胡雅芬、唐波勇同学做了大量的工作，付出了辛勤的劳动，特向她们表示感谢。

最后需要指出的是，由于这些论文发表在不同的时期，难免打上那个时代的烙印。今天看来，也许存在这样那样的问题，但那都是在特定的历史条件下完成的。为了尊重历史，本次出版几乎没有做任何修改，相信读者能够理解，并做出正确的判断。对于其中不妥之处，敬请读者提出宝贵意见。

胡象明

2008 年 3 月于北航